Johann Gottlieb Fichte, Theodor Vogt

Reden an die deutsche Nation

Johann Gottlieb Fichte, Theodor Vogt

Reden an die deutsche Nation

ISBN/EAN: 9783743327085

Hergestellt in Europa, USA, Kanada, Australien, Japan

Cover: Foto ©ninafisch / pixelio.de

Manufactured and distributed by brebook publishing software
(www.brebook.com)

Johann Gottlieb Fichte, Theodor Vogt

Reden an die deutsche Nation

J. G. Fichtes

Reden an die deutsche Nation.

Mit Fichtes Biographie

sowie mit erläuternden Anmerkungen versehen

von

Dr. Theodor Vogt,
Professor an der Wiener Universität.

Langensalza,
Druck und Verlag von Hermann Beyer & Söhne.
1881.

Inhalt.

Einleitung.

Fichtes Reden an die deutsche Nation sind ein bleibendes Denkmal für den Mut, den Patriotismus und die ideale Gesinnung eines charaktervollen Mannes. Weit entfernt von stummer Resignation und unbekümmert um persönliche Gefahren, suchte er kühn die Gelegenheit auf, um mit männlichen Worten der drohenden Erschlaffung entgegenzuwirken; unterdrückend den Schmerz über die augenblickliche Lage des Vaterlandes wußte er die Gemüter zu erheben durch die Erinnerung an eine ruhmvolle Vergangenheit und an die alte nationale Denk- und Sinnesweise, aus der ein neues und rühmliches Geschlecht erblühen könne; nicht bloß an zeitlichen Gütern zu hängen und nur Frieden und Nationalreichtum über alles zu lieben, ermahnte er die Zeitgenossen, sondern den Blick emporzurichten zu den höhern menschlichen Gütern, die zu verwirklichen Staat und Volk bestimmt seien und die zu befördern auf dem Wege einer bessern Erziehung in der Macht des Einzelnen stehe.

Die heroische Gedankenthat dieser Reden verkündigt von vornherein, daß an dem Ruhme, den Fichte bei der Mit- und Nachwelt besitzt, nicht bloß die Größe seiner wissenschaftlichen Leistungen, sondern auch seine Gesinnungstüchtigkeit und Charakterfestigkeit Anteil haben. Denn was Tiefe und Reichtum der Gedanken betrifft, so sind viele Andere mit ihm vergleichbar und an Originalität dürfte Kant ihn sogar überragen; aber jene Charakterbeschaffenheiten besaß keiner unter den deutschen Philosophen in solchem Maße wie Fichte. Er zeigte thatsächlich, daß die Wissenschaft, die immerhin wie alle Wahrheit ihren Selbstzweck behaupten mag, zugleich eine praktische Tendenz haben, also dem Guten dienen könne, oder um seine eigenen Worte zu gebrauchen, daß die Wissenschaft thatbegründend sei, daß es eine leere, in gar keiner Beziehung zur Praxis stehende gar nicht gebe und daß der Spruch: dies mag in der Theorie wahr sein, gilt aber nicht für die Praxis, nur heißen könne: für jetzt nicht, aber es soll gelten mit der Zeit. Mögen wir also andere große Männer bewundern so viel wir wollen, weil sie schärfer sahen und tiefer dachten als Andere, weil sie die Fesseln alter Vorurteile zerbrachen und durch ihre Gedanken die geistige Sehkraft späterer Generationen vergrößerten;

Fichte.   1

wenn nichts anderes an denselben uns fesselt, dann preisen wir doch nur
ihre Intelligenz, nicht ihren Charakter. Mit dem Namen Fichtes aber
ist ein logisches und ethisches Interesse zugleich verknüpft: ihn zieren
Thaten des Geistes und Thaten des Charakters. In diesem Sinne
war er ein ganzer Mann.

Möge es im Nachstehenden gelingen, von dem Entwicklungsgange
dieses Mannes, der den Entwicklungsgang eines ungewöhnlich seltenen
Charakters und eines wahrhaft zweckerfüllten Lebens bedeutet, ein an=
nähernd zutreffendes Bild, und zwar im pragmatischen Zusammenhange,
also auch mit Beziehung auf seine philosophischen Anschauungen, zu ent=
werfen.

I. Kapitel. Die Lehrjahre.

Zwischen dem Riesen= und Erzgebirge, in einer halbkreisförmig aus=
gebreiteten, nach Norden zu wellenförmig auslaufenden Verbindungskette
von mäßiger Höhe, wohnt ein deutscher Volksstamm mit eigentümlicher
Mundart, — die Oberlausitzer. Der auf granitenem Grunde ruhende
Boden ist wenig ergiebig, und so ist die ziemlich zahlreiche Bevölkerung
auf den Gewerbfleiß hingewiesen. Die Leute halten fest an altererbter
Sitte und führen eine fromme und einfache Lebensweise. In ihrem Thun
verläßlich, in der Familie Freud und Leid mit den Kindern teilend, offen=
baren sie in ihrem Charakter Bestimmtheit ohne Schroffheit, Gleichmütig=
keit ohne Schlaffheit und Bescheidenheit ohne Demut.

In diesem Lande und unter diesem Volke wurde Johann Gottlieb
Fichte in dem Dorfe Rammenau bei Bischofswerda und unweit Camenz,
dem Geburtsorte Lessings, am 19. Mai 1762 geboren [1]. Sein Vater
Christian war ein Bandweber, trieb mit seinem Erzeugnisse einen kleinen
Handel und gab sich außerdem mit Garten= und Feldbau ab; seine
Mutter Maria Dorothea war die Tochter eines bürgerstolzen und nicht
unansehnlichen Band= und Leinwandfabrikanten aus dem benachbarten
Städtchen Pulsnitz. Der Gegensätze wegen, die zwischen beiden be=
standen, war das eheliche Verhältnis keineswegs ein ideales. Der Vater
— bescheiden, nachgiebig, geduldig und unselbständig, die Mutter —
kleinstädtisch=stolz, willenshart, heftig und selbständig denkend: kein Wunder,
wenn die letztere im Hause die Herrschaft führte und ihre Energie sie
fortriß, den Frieden des Hauses mehr als nötig zu stören [2]. Johann
Gottlieb, der Erstgeborne unter sieben Geschwistern, konnte also sehr früh=
zeitig wahrnehmen, was das heiße: Ich will, und es muß geschehen!
Daß er auch gelernt hat, es ihr nachzuthun, beweisen die Handlungen
des Knaben, des Jünglings, des Mannes, so daß die Festigkeit und
Unerschütterlichkeit des Willens, welche einen wesentlichen Zug seines

---

[1] Johann Gottlieb Fichtes Leben und litterarischer Briefwechsel von seinem
Sohne Immanuel Hermann Fichte. 2. Aufl. Leipzig, 1862. I. Bd. S. 5. Dieses
Werk wird im Folgenden mit F. L. bezeichnet werden.

[2] Weinhold, Achtundvierzig Briefe von Johann Gottlieb Fichte und seinen
Verwandten. Leipzig, 1862. S. 60 vgl. 48. Sie wird sogar zanksüchtig genannt.

Charakters bildete und wie eine erworbene Anlage ihm zur zweiten
Natur wurde, ihrem Ursprunge nach auf den Einfluß der Mutter zurück=
zuführen ist, welcher er auch in den Gesichtszügen auffallend glich. Bei
aller Heftigkeit war sie doch auch eine Frau von strenger Religiosität.
Als die Konflikte, welche der starre Wille der Mutter und des Sohnes
in dessen Jünglingsjahren herbeigeführt hatte, längst vergessen waren, hat
Fichte, der eine treu religiöse Gesinnung bewahrte, späterhin ausdrücklich
anerkannt, daß er sehr viel den ersten religiösen Eindrücken verdanke,
welche die Mutter ihm eingeflößt[1]).

Über die ersten Eindrücke wird wenig berichtet, nach dem wenigen
müssen sie aber im allgemeinen sehr intensiv und lebhaft gewesen sein.
Diese Annahme erfordert überdies seine viel mehr zu einer intensiven und
schnellen als zu einer reichen Auffassung angelegte Natur. So erzählt
sein Sohn, daß Fichte an den Spielen seiner Geschwister und Genossen
sich selten beteiligte und oft stundenlang, wohl bis nach Sonnenunter=
gang, einsam auf dem Felde verweilte, bis ihn der Schäfer aus dem
Halbtraume weckte und nach Hause geleitete[2]). Er muß also sehr früh=
zeitig einen zusammenhängenden Gedankenlauf gehabt haben, der eben aus
einer intensiven Erregung stammt. Und der Entwicklung einer intensiven
Vertiefung ist der Aufenthalt auf dem Lande wahrlich günstiger als das
geräuschvolle, abwechselnde und zerstreuende Leben in der Stadt. Was
die innere Lebhaftigkeit betrifft, so gelangt dieselbe nicht bloß in der
Gebärde, sondern auch in der Macht über die Sprache zum Ausdruck.
Und auch dafür fehlte es Fichte nicht an Gelegenheiten, so unscheinbar
dieselben immerhin sein mögen. Denn mochte der Handel, den seine
Eltern trieben, noch so geringfügig sein, er nötigte doch zum Verkehr
mit verschiedenen Menschen; außerdem war ja das Leben im elterlichen
Hause kein häusliches Stillleben, sondern es gab Scenen und Wort=
wechsel. Aber die Macht über die Sprache und ein zusammenhängender
Gedankenlauf sind sehr nötige Erfordernisse für einen künftigen Redner.

Den ersten Unterricht erhielt der Knabe, bevor er die Dorfschule
besuchte, von seinem Vater. Der Unterricht wechselte ab mit ländlichen
und häuslichen Verrichtungen. Der Vater übte ihn im Lesen, lehrte ihn
fromme Lieder und Sprüche und erzählte ihm von seinen Wanderungen
durch Sachsen und Franken und das gesegnete Land der Saale. Als
dem Ältesten unter den Geschwistern fiel ihm das Amt zu, der Familie
das Morgengebet und den Abendsegen vorzulesen, also eine rednerische
Vorübung[3]) und noch dazu an einem bedeutungsvollen Inhalte anzustellen.

---

[1]) S. den Brief J. H. Fichtes bei Weinhold 48.
[2]) F. L. I. 5.
[3]) So urteilt Fichte selbst in der Schrift aus dem Jahre 1788 (nicht 1787,
wie F. L. II. 9 gedruckt ist, vgl. I. 30): „Plan anzustellender Redeübungen."

In diese Zeit fallen zwei Ereignisse, welche Kunde geben von der raschen Entwicklung seiner Thatkraft und seiner Rednergabe. Fichte war sieben Jahre alt, als ihm der Vater zur Belohnung des Fleißes die Geschichte vom gehörnten Siegfried schenkte. Diese Heldensage entsprach dem kindlichen Sinnen und Trachten in einem solchen Maße, daß er, von ihrem Inhalte gefesselt, zu allem andern die Lust verlor, im Lernen unachtsam und fahrlässig wurde, und sich eine Bestrafung zuzog. Ent= schlossen, alle diese an das Büchlein geknüpften Folgen gründlich abzu= wehren, schleuderte er dasselbe, um den Willen ins Werk zu setzen und die bereits erwachende mannhafte Gesinnung zu beweisen, weit von sich ins Wasser [1]). Die abermalige und noch dazu harte Bestrafung, die ihm hierfür zu teil wurde, lehrte Fichte freilich sehr früh, was das hieße: verkannt werden, aber das Bekanntwerden zu lernen ist dem Menschen auch notwendig. Was das Zweite betrifft, so hatte Fichte schon dem Ortspfarrer Wagner [2]), der sich für den Knaben interessierte und ihn bis= weilen unterrichtete, auf dessen Frage, was er wohl von der Predigt des vergangenen Tages ihm noch erzählen könne, den Gedankengang derselben nach den Hauptwendungen und mit den angeführten Bibelstellen ziemlich treu wiederzugeben vermocht. Als daher der Freiherr von Miltitz, ein seiner Wohlthätigkeit und seines frommen Sinnes wegen hochverehrter Mann, nach Rammenau gekommen und mit Bedauern gehört hatte, daß die Predigt seines verehrten Pfarrers bereits vorüber sei, wurde ihm mit= geteilt, es sei im Dorfe ein Knabe, der das Talent habe, eine Predigt aus dem Gedächtnisse wieder herzustellen. Fichte wird herbeigeholt und er spricht in schlichter und unerschrockener Weise, mit immer größerer Wärme und jugendlichem Feuer inmitten einer versammelten Gesellschaft die Predigt noch einmal, bis er unterbrochen werden muß [3]). In solchem Maße war die intensive Auffassung des etwa zehnjährigen Knaben [4]) an einen zusammenhängenden Gedankenlauf gewöhnt; so wurde seine Macht über die Sprache an einem der frommen häuslichen Sitte entsprechenden würdigen Gegenstande erprobt. Die Folge davon war, daß der Freiherr von Miltitz beschloß, sich des Knaben anzunehmen und ihn erziehen zu lassen. Der mit Sorgen ohnedies überhäufte Vater willigte ein, die Mutter, welche religiöser Bedenken wegen zögerte, wurde endlich beschwich= tigt, und so verließ Fichte noch in zarten Jahren das Elternhaus und die ländlichen Beschäftigungen, um gelehrten Studien nachzugehen.

Die frühzeitige Entfernung aus dem Elternhause ist den Kindern schmerzlich und oft gefährlich, aber sie befördert ihre Selbständigkeit im

---

[1]) F. L. I. 7. —
[2]) So hieß derselbe nach Weinhold S. 5. J. H. Fichte giebt irrtümlich den Namen Diendorf an. —
[3]) F. L. I. 8.
[4]) Weinhold, 6. Vgl. F. L. I. 395.

Denken und Wollen. „Der Mensch, sagt Fichte selbst[1]), soll einmal heraus=
gehoben werden aus allen den Gängelbändern, mit denen die Familien=,
Nachbar= und Landsmannverhältnisse ihn immerfort tragen und heben,
und in einem Kreise von Freunden, denen er durchaus nichts mehr gilt
als was er persönlich wert ist, ein neues und eigenes Leben beginnen, und
dieses Recht, das Leben einmal selbständig von vorn anzufangen, soll
keinem geschmälert werden." Von diesem „Rechte" durfte also Fichte
frühzeitig genug Gebrauch machen, und die lange Vorschule, welche seine
spätere Unerschrockenheit und kühne Selbständigkeit im Denken und Handeln
voraussetzt, konnte zu einer Zeit beginnen, wo die Lust zu unternehmen
und zu wagen, aber auch zu widerstreben und zu trotzen sichtbar zu
werden pflegt.

Miltitz führte den Knaben auf sein Schloß Siebeneichen[2]) bei Meißen
und übergab ihn nach kurzer Zeit, da der Knabe vom Heimweh gleichwie
vom Schmerz über teure Verstorbene ergriffen wurde, um seiner Gesund=
heit willen dem Pfarrer Krebel[3]) im nahen Niederau, einem Manne, der
zwar selbst ohne Familie war, aber für Kinder große Liebe hegte. Die
viele Liebe und Treue, welche Fichte von diesen Pflegeltern erfuhr, machte
ihm den Schmerz über die eigenen vergessen, und er verlebte bei dem
frommen Predigerpaare die glücklichsten Tage. Hier begann Fichte das
Latein zu erlernen. Da aber der Unterricht nicht regelmäßig stattfand,
und sein Wissen fragmentarisch und lückenhaft blieb, so wurde er in die
Stadtschule zu Meißen geschickt und bald darauf, im Herbste 1774[4])
in die Fürstenschule Pforta bei Naumburg aufgenommen.

Das Leben in Schulpforta, dieser berühmten Bildungsstätte berühmter
Männer, war ein klösterliches. Die Knaben wohnten in Zellen und
durften wöchentlich nur einmal und unter Aufsicht dieselben verlassen, um
bestimmte Spielplätze aufzusuchen. Die Lebensweise war eine festgeregelte,
ohne Abwechselung wiederkehrende, und die Schulgesetze wurden jährlich
einige Male öffentlich vor den versammelten Lehrern und Schülern vom
Rektor vorgelesen[5]). Sämtliche Schüler mit den Lehrern machten gleich=
sam einen kleinen Staat für sich aus[6]). Als die Seele des Unterrichts
galt das gründliche Studium des Altertums; zu Fichtes Zeit, seit 1773,
war auch für das Studium der Mathematik und der deutschen Sprache
eine günstigere Periode eingetreten[7]) Den Nachteilen, welche etwaige
Mängel der Methode für den Unterrichtserfolg haben konnten, wurde

---

[1]) „Deduzierter Plan einer zu Berlin zu errichtenden höheren Lehranstalt."
Fichtes Werke VIII. 170.
[2]) Weinhold S. 10. J. H. Fichte spricht irrtümlich von „Oberau."
[3]) Weinhold a. a. O.
[4]) Kraft, die Landesschule Pforta, Schleusingen, 1814. S. 200.
[5]) Kraft, S. 40. — [6]) A. a. O. S. 2. — [7]) A. a. O. S. 32.

durch besondere Anregung und Leistung des Privatfleißes entgegengear=
beitet. Den Schülern sollte es freistehen, nach eigener Wahl zu arbeiten,
sollte es auch zuweilen nur wenig sein[1]). So wurden die jungen Leute
gewöhnt, Ordnung zu halten und arbeiten zu lernen, und sie konnten mit
einander wetteifernd und ungestört durch Zerstreuungen und Versuchungen,
welche der Umgang in der Gesellschaft darbietet, dem Studium sich wid=
men, daher Fichte, als er später die Reform der Nationalerziehung durch
Institute mit abgeschlossener Einrichtung herbeiführen wollte, auf seine
eigene Erfahrung sich berief[2]).

Indessen anfangs beängstigte der Aufenthalt in Pforta sein Gemüt.
Die Freiheit zwischen vier engen Mauern und die freie Bewegung in
Wald und Feld bildeten einen allzustarken Kontrast und an die Stelle
des Zutrauens zu liebenden Eltern war die Furcht vor disciplinhal=
tenden Vorgesetzten getreten. Dazu kam, daß eine besondere Einrich=
tung in Schulpforta ihm den Aufenthalt sogar verbitterte. Es wurde
nämlich einem älteren Zöglinge aus den oberen Klassen ein jüngerer über=
geben, damit er, lehrend und lernend, diesem durch Unterricht nachhelfe
und in der Zelle, in der er mit ihm wohnte und schlief, als Obergeselle
die Aufsicht führe über den Untergesellen[3]). Die Intention war eine
gute; auch mochte diese Einrichtung bisweilen Anlaß zu dauernden Freund=
schaftsbündnissen sein, allein die ganze Institution verrät doch eine über=
große Vertrauensseligkeit in die jugendliche Selbstbeherrschung. Wen die
Lust reizt, der wird in der Regel und ohne lange Bedenken von der ihm
übertragenen Gewalt Gebrauch machen und Haß statt Liebe säen. In
der That hatte Fichte von seinem Obergesellen sogar Mißhandlungen zu
erdulden. „Einstmals, so erzählt sein Sohn[4]), belauschte Fichte ein
Lehrer, wie er in seiner Zelle sich übte, ein Buch abwechselnd mit der
rechten und linken Hand auf einen Schlag vom Tische zur Erde zu
schleudern. Verwundert fragte der Lehrer, was er da mache? Und halb
lachend, halb beschämt antwortete Fichte: er übe sich in der Kunst, Ohr=
feigen auszuteilen, damit er, einst Obergeselle geworden, dies ebenso gut
verstehe wie sein jetziger Gefährte, von dem er sie geduldig ertragen
müsse.“ Eine solche Behandlung aber, wie überhaupt das Gefühl,
Unrecht zu leiden verbunden mit dem Bewußtsein der Ohnmacht, wirkt
abstumpfend auf das moralische Gefühl, sowie es andererseits selbstver=
ständlich ist, daß in demjenigen, dem die übertragene Gewalt Freude
macht, die Herrschsucht zur Entwicklung gelangt. Da nun außerdem der

---

[1]) A. a. O. S. 2. 51. Die „eigene freie Geistesthätigkeit“ auf diesem
Wege geweckt zu haben, rühmt auch Klopstock, ein Zögling der Pforta, der Fürsten=
schule nach, a. a. O. S. 50.
[2]) Im „deduzierten Plan“ ꝛc., Fichtes Werke VIII. 182 werden die Fürsten=
schulen ausdrücklich erwähnt.
[3]) Kraft, S. 3. — [4]) F. L. I. 12.

mannigfache Zwang, dem die Zöglinge unterworfen waren, den Geist
der List und Verheimlichung nährte, so ist es nicht zu verwundern, wenn
Fichte auch noch in spätern Jahren klagte, daß der Aufenthalt in Schulpforta seinem Gemüte, wenn auch nicht auf die Dauer, nachteilig gewesen
sei, und daß er, dem früher jeder Gedanke einer absichtlichen Unwahrheit
ferngeblieben, am Ende dieselben Listen und Künste wie die andern habe
anwenden müssen[1]).

In diese Zeit des beängstigten und gefährdeten Gemüts fällt das
Erscheinen von Campes Robinson Crusoe. Das Mittel war rasch gefunden, eine Lage abzuändern, aus der er sich hinwegsehnte. Entschlossen,
wie er bereits war, die Handlung Robinsons nicht bloß nachzuträumen,
gab er vorerst seinem Obergesellen die drohende Erklärung ab, er werde
der argen Behandlung wegen, die er von ihm erdulden müsse, aus der
Anstalt entfliehen, und führte dann die Flucht aus, um auf irgend einer
fernen Meeresinsel die goldene Freiheit zu genießen. Indessen schon in
Naumburg lähmte die Erinnerung an seine Eltern und an ihren Gram
über sein plötzliches Verschwinden seine Schritte, er kehrte wieder zurück
und erzählte, vor den Rektor geführt, die Ursache seiner Flucht in so
offener und treuherziger Weise, daß er unbestraft entlassen und der Obhut eines andern Obergesellen übergeben wurde. Die natürliche Gutmütigkeit dieses neuen jugendlichen Nebenerziehers bewirkte, daß Fichte
das Leben in der Fürstenschule erträglicher fand.

Doch vielmehr als dieser glückliche Zufall fesselte ihn allmählich
der Unterricht und die sonstige geistige Anregung, welche in Schulpforta
dargeboten wurde. Und gesetzt auch, das Drillen im Latein sei für
die Weckung des unmittelbaren Interesses nachteilig gewesen, so fanden
doch Knaben wie Fichte teils in ihrer reichen Begabung teils in der Unterstützung der jugendlichen Korrepetitoren Hilfsquellen genug, um ungelöste
Schwierigkeiten zu überwinden, ganz abgesehen davon, daß Fichte schon
im elterlichen Hause an eine intensive und andauernde geistige Betrachtung
sich gewöhnt hatte. Seine Arbeitskraft zeigte sich bald in dem Maße
entwickelt, daß er, sowie die talentvolleren seiner Mitschüler, obwohl dies
verboten war, auch die Nacht für die Arbeit zu Hilfe nahmen. Das
Unterrichtsziel wurde von Fichte erreicht, denn er brachte es dahin, in
fließendem Latein schreiben zu können, und was seine Litteraturkenntnis
betrifft, so waren ihm außer den alten Klassikern Milton und Young,
Pope und Sterne, Klopstock und Hagedorn, Gellert und Lessing und auch
Rousseau wohlbekannt[2]). Es ist überhaupt ein glückliches Zusammen-
treffen, daß Fichtes Entwicklungsperiode mit dem kräftigen Aufblühen der
deutschen Litteratur zusammenfällt. Nach der Anschauung der Lehrer und

[1]) F. L. I. 12—13. — [2]) F. L. I. 17.

Leiter der Fürstenschule gab es freilich keine andern mustergiltigen Schrift
steller als die alten Klassiker, und die Lektüre von Schriften, welche das
Gepräge der neuen Zeit trugen, insbesondere die eines Lessing, Wieland
und Goethe, waren sogar verboten. Selbstverständlich wirkte dieses Verbot als Reizmittel, solche Lektüre aufzusuchen. Namentlich wurde Lessings
„Antigötze" von Fichte mit Ungeduld erwartet und so oft gelesen, daß
er ihn stellenweise im Gedächtnisse behielt. Von dem Rechte der Prüfung
und freien Forschung, für welche Fichte später kämpfte, mochte er schon
damals innerlich durchdrungen sein, und auch den scharfen Ton, der in
Lessings Schrift herrschte, wußte Fichte späterhin anzuschlagen. Jenes
Verbot bewirkte aber auch, daß die talentvolleren Schüler, wenn sie nur
der eigenen gegenseitigen Achtung gewiß waren, um den Tadel der Lehrer
sich nicht mehr bekümmerten und stolzen Gefühles auf die schnell errungene
Selbständigkeit des eigenen Urteils vertrauten. So hatte die Bewegung,
welche damals unter den Geistern der Nation herrschte, auch verschlossene
Schulräume ergriffen.

Fichte war 18 Jahre alt, als er Schulpforta verließ und geschickt
an Kenntnissen[1]), selbständig im Urteil, mit stolzem Selbstvertrauen[2])
und selbstverständlich mit frohen Hoffnungen die Universität in Jena und
später in Leipzig bezog. Dort wartete seiner die bitterste Not. Trotzdem seine Armut klar zu beweisen war, hatte er weder einen Anteil an
den öffentlichen Wohlthaten für Studierende, noch genoß er ein Stipendium.
Dazu kam, daß er sich seiner Armut schämte, also das Gefühl hegen
mochte, Mangel an Reichtum ziehe die Geringschätzung der Menschen
nach sich. Statt auf eingehende und zusammenhängende Studien mußte
er also seine Zeit auf ganz heterogene Dinge verwenden, um zu leben;
der Entwicklung seines Charakters waren freilich diese Leiden sehr förder-
lich. Denn die Armut ist im allgemeinen eine Schule, welche zu mora-
lischer Tüchtigkeit führt, da sie das Aufkeimen vieler Begehrungen verhindert und die Entwicklung der vorhandenen aufhält, während Reichtum
Bedürfnisse schafft, die Entwicklung der Begehrungen beschleunigt und die
endliche Herbeiführung des Gleichgewichts unter den menschlichen Bestrebungen d. i. die Herrschaft der moralischen über alle andern erschwert
oder unmöglich macht. In der Lebenszeit vollends, in welcher der Mensch
im Besitze physischer Vollkraft, aber geistig noch unabgeschlossen ist, vermag die äußere Notlage entscheidender als sonst auf die Entwicklung des
moralischen Charakters einzuwirken, da ja in späteren Jahren die Wahrnehmung, daß hinter hochmütigem Mitleid geheime Schadenfreude ver-
borgen sei, das Gemüt verbittert und die wiederholte Erfolglosigkeit, von

---

[1]) S. Fichtes Schreiben an Burgsdorf in F. L. I. 27.
[2]) Das Horazische Si fractus illabatur orbis, impavidum ferient ruinae
pflegte Fichte in Schulpforta auf die ihm gehörigen Bücher zu schreiben. F. L. I. 13.

welcher die besten Bemühungen begleitet sind, den Charakter schwindsüchtig macht. Überdies, wann hätte die Kraft, mit welcher Fichte auch in späteren Jahren seines Lebens einer schwankenden äußeren Lage zu trotzen und das Ziel seines Lebens unausgesetzt zu verfolgen vermochte, erstarken sollen, wenn nicht in der kräftigen Jugendzeit? Den Nachteil hatte jedoch seine Notlage unzweifelhaft, daß er einen viel geringeren Schatz von positiven Kenntnissen sich erwerben konnte, als dies unter günstigeren Verhältnissen ihm möglich gewesen wäre und daß bei der Zerrissenheit seiner Studien die systematische Ordnung des Gelernten den autodidaktischen Bemühungen späterer Jahre überlassen bleiben mußte.

Fichte ergriff das theologische Studium[1]) mehr des Wunsches wegen, von dem seine Eltern erfüllt waren oder weil dieses Studium ihm als der einzige Weg des Fortkommens erschien, demnach seiner Notlage wegen, als aus innerem Antriebe. Wenigstens läßt die Begierde, mit welcher er Lessings Antigötze gelesen hatte, nicht auf eine alte Vorliebe für dieses Studium schließen. Auch verband er mit theologischen Studien philologische und beteiligte sich eifrig an einem Kollegium über den heroischsten unter den altern Dichtern, — Äschylus. Daraus folgt jedoch nicht, daß er lässig oder widerstrebend den theologischen Studien oblag. Bot ja doch die fromme Sinnesart, die ihm von Kindheit an eigentümlich war, einer diesfälligen etwa aufkeimenden Gleichgültigkeit ein hinreichendes Gegengewicht dar; auch würde sein Lehrer Griesbach in Jena nicht zu seinem Gönner geworden sein, wenn es ihm an Eifer gefehlt hätte. Eine mit den theologischen Studien verbundene Übung, das Predigen, fesselte ihn sogar. Ob zwar noch kein Künstler, mochte er ein Maß von Redefertigkeiten bereits besitzen, so daß also Fichte, der schon als Kind rhetorische Vorübungen anstellte und seine Schullaufbahn in Pforta mit einer Rede über rhetorische Vorschriften beschloß[2]), seine ganze Jugendzeit hindurch nicht etwa auf sein Talent sich verließ, sondern fortgesetzt sich übte, um dereinst als Künstler im Reden zu erscheinen. Es muß aber hinzugefügt werden, daß Fichte in dem Predigen nicht ein propädeutisches Mittel für die theologische Berufsthätigkeit, sondern für ein „allgemeineres Wirken" erblickte[3]).

Darin liegt die erste Ankündigung der zukünftigen philosophischen Wirksamkeit, — eine Wirksamkeit, die nicht auf ein abgegrenztes Gebiet, gleichwie auf einen abgeschlossenen Raum, der von andern durch Scheidewände getrennt ist, sich beschränkt, da ja die Philosophie nicht eine Fachwissenschaft im gewöhnlichen Sinne des Wortes ist. Eigentliche Fach-

---

[1]) F. L. I. 18.
[2]) Der vollständige Titel lautete: Oratio de recto praeceptorum poeseos et rhetorices usu. F. L. I. 17.
[3]) F. L. I. 18.

studien hat Fichte weder als Student getrieben noch später als Kandidat. Indessen von zusammenhängenden und systematischen philosophischen Studien ist er darum anfangs doch weit entfernt. Es sind vereinzelte, freilich einschneidende Fragen, auf welche sein Nachdenken durch Petzolds Vorträge über Dogmatik in Leipzig hingeführt wird. So wird namentlich bemerkt [1]), daß er die theologischen Lehren von den Eigenschaften Gottes, von der Schöpfung, von der menschlichen Freiheit sich völlig klar und philosophisch haltbar zu machen suchte und daß das Problem der Freiheit ihn lebendig ergriffen und jahrelang beschäftigt habe. Ein Prediger, dem er die deterministische Richtung, welche seine Spekulation in dieser Beziehung angenommen hatte, mitteilte, soll ihm gesagt haben, er sei auf dem Wege, Spinozist zu werden und möge Wolfs Metaphysik als Gegengift brauchen. Es wird nun zwar weder berichtet, wie weit Fichte in diese Systeme eingedrungen, noch erzählt, in welchem Sinne er damals Determinist gewesen sei, ob er die Notwendigkeit einer äußern, mechanischen Kausalverkettung festgehalten habe oder ob er ein Prädestinationsgläubiger gewesen sei, aber für die ganze Richtung seines spätern Philosophierens ist es immerhin charakteristisch, daß grade das Problem der menschlichen Freiheit sein Interesse frühzeitig erregte. Daß übrigens seine philosophischen Spekulationen in der Zeit seiner Universitätsstudien keine systematischen waren, ist für seine philosophische Entwicklung sicherlich ohne Nachteil geblieben; er hat sechs Jahre später, also in einem reiferen Alter mit um so rascherem und eindringenderem Verständnisse die Kantsche Philosophie erfaßt.

Überblickt man die Zeit der Fichteschen Lehrjahre, so fällt eine Thatsache in die Augen, welche für seine weitere Entwicklung bedeutungsvoll geworden ist. Während Kant schon in der Jugend naturwissenschaftlichen und mathematischen Studien mit Eifer oblag [2]) und auch nachher lange Jahre hindurch selbständige Arbeiten in diesen Gebieten veröffentlichte, bis er, durch das Kausalitätsproblem ergriffen, dem Ausbau einer eigentümlichen Weltanschauung sich zuwandte, welche die Reiche der Natur und des Geistes umspannte, hat Fichte, der schon in der Jugend nicht in nennenswerter Weise mit Naturwissenschaft und Mathematik sich beschäftigte [3]), sondern vielmehr in philologischer und historisch-kritischer Gedankenarbeit seine Kräfte übte, statt auf das thatsächlich Wirkliche die Aufmerksamkeit hinzulenken, durch das Problem der Freiheit aufgerüttelt, dem Ausbau einer Weltanschauung sich zugewandt, welche vorzugsweise nur das Reich des Geistes in sich faßte. Die naturwissenschaftlich-mathematischen Studien sind es ferner hauptsächlich, welche zu genauer

---

[1]) F. L. I. 19.
[2]) S. Mein Leben Kants, Langensalza, 1878, S. 8.
[3]) Sein Sohn schweigt nämlich darüber.

Beachtung des wirklich Gegebenen hinführen: ihre geringe Pflege in der Jugend erleichterte also Fichte die Auffassung, daß alle Wissenschaft von bloß Gedachtem auszugehen habe und das Denken idealistisch sein müsse. —

II. Kapitel. Wanderjahre.

Die Studien pflegen zu beginnen, wenn die Studienzeit vorüber ist. Dies gilt schon vom künftigen Gelehrten, der mit Hilfe anerkannter wissenschaftlicher Grundsätze fortzuarbeiten bemüht ist, um wie viel mehr vom künftigen Forscher, dem die bisherigen Prinzipien und Methoden in Probleme sich verwandeln. Beinahe ein Jahrzehnt verbrachte Fichte in angestrengter Denkarbeit und Erfahrungen sammelnd, bis er sich gerüstet fühlte, mit einer selbständigen Anschauung vor die Öffentlichkeit zu treten. Aber auch die Entwicklung seines Charakters bedurfte noch geraumer Zeit, um zur unwandelbaren Festigkeit und insbesondere zur reellen Ausgestaltung jenes Zuges zu gelangen, der Fichte vor andern Denkern auszeichnet und wesentlich dazu beigetragen hat, daß sein Name bei dem ganzen deutschen Volke populär geworden ist, — des Heroismus. Daß und wie derselbe aus Thaten herauswuchs, lehrt vornehmlich die zweite Periode seines Lebens, eine Periode, in welcher Fichte den Aufenthalt beständig wechselte und von den Alpen bis zur Ostsee herumwanderte.

Von hochfliegenden Plänen war zunächst keine Rede. Als Kandidaten der Theologie fiel ihm nach Beendigung der Universitätsstudien (1784) das Los eines Erziehers zu, und er war vier Jahre lang in verschiedenen Häusern in Sachsen, zumal in Leipzig als Hofmeister thätig. War es ihm hierbei auch nicht gerade darum zu thun, pädagogische Erfahrungen zu sammeln, so lernte er doch die Menschen und das Leben in den ge= bildeten Ständen kennen. Auch mochte diese Stellung Ursache sein, daß er sich angetrieben fühlte, mit der deutschen und französischen Litteratur sich bekannt zu machen [1]). Aber die ganze Lage war eine unsichere und schwankende, und überdies blieben die Bedürfnisse seines Geistes unbe= friedigt. „Mein Aufenthalt in Leipzig, so schrieb er 1787, hilft mir zu nichts, weil ich alle Zeit auf ganz heterogene Dinge wenden muß, um zu leben." Er wandte sich daher in einem Schreiben an den sächsischen Konsistorialpräsidenten Burgsdorf, setzte seine Lage mit biederem Frei= mute auseinander und ersuchte um eine Unterstützung, um sorgenfrei sich weiteren theologischen Studien widmen zu können. Denn nichts anderes war zunächst das Ziel seiner Wünsche wie seiner frommen Gesinnung und der Anhänglichkeit an die Eltern [2]) und das Vaterland, als einmal

---

[1]) F. L. I 28.
[2]) Von einem Konflikte mit seinen Eltern ist wenigstens in dieser Zeit noch nicht die Rede.

noch sächsischer Landgeistlicher zu werden, um in der schönen Muße dieses Berufes desto ungestörter der Selbstbildung leben zu können [1]). Doch diese Wünsche sollten sich als eitel erweisen. Die damaligen sächsischen Pietisten sahen wenig auf Frömmigkeit und Vaterlandsliebe, dafür umsomehr auf lutherische Rechtgläubigkeit, wiebald Kandidaten der Theologie empfohlen wurden oder sich empfahlen, und gerade jener Rechtgläubigkeit konnte sich Fichte am wenigsten rühmen. „Ich bin weder Lutheraner noch Reformierter," sagte er in einem Briefe vertraulichster Mitteilung [2]), „sondern Christ, und wenn ich zu wählen habe, so ist mir, da doch einmal eine Christengemeinde nirgends existiert, diejenige Gemeinde die liebste, wo man am freiesten denkt und am tolerantesten lebt, und das ist die lutherische nicht, wie mirs scheint." Diese Gemeinde ist aber nach einem andern Briefe die reformierte, weil sie unter den drei im römischen Reiche tolerierten in ihrer gegenwärtigen Gestalt der wahren christlichen Religion am nächsten kommt [3]). Nichts war also natürlicher, als daß ein Mann von solcher Denkungsart bei dem Konsistorialpräsidenten Burgsdorf, dem er gleichzeitig eine schriftlich ausgearbeitete Predigt übersandt hatte, keine weitere Berücksichtigung fand. Bereits 1790 stand sein Entschluß fest, in Sachsen kein Geistlicher werden zu wollen. Dort würden gerade die gegenwärtigen jüngeren Geistlichen, die einen Grad der Aufklärung und der vernünftigen Religionskenntnis besäßen, durch eine mehr als spanische Inquisition eingezwängt; dort müßte in den Fügsamen eine knechtische, lichtscheue, heuchlerische Denkungsart entstehen [4]). Die Neigung zum theologischen Beruf, der mit seiner moralisch-praktischen Tendenz die Gelegenheit zu rednerischer Wirksamkeit verbindet, wollte aber deswegen seinem Sinne nicht entschwinden. Noch am 5. März 1793 schrieb er an seine Braut: „Werde ich statt des unmittelbaren Thuns zum Reden verurteilt, so ist meine Neigung deinem Wunsche zuvorgekommen, daß es lieber auf einer Kanzel als auf einem Katheder sei" [5]). Nichtsdestoweniger bestieg er schon nach einem Jahre den Lehrstuhl an der Universität und nicht die Kanzel, teils weil er gewohnt war, sein Schicksal der Vorsehung zu überlassen [6]) und mit demjenigen Lose zufrieden zu sein, das sie ihm zuführte, teils aber, weil ja auch der Lehrer der Philosophie eine rednerische Wirksamkeit entfalten und moralisch-praktische Tendenzen verfolgen kann, jene Neigung also nicht völlig aufgegeben zu werden braucht.

Indessen die augenblickliche Lage, in der er sich in Leipzig befand, wurde von Tag zu Tag trostloser. Alle Aussichten schienen verschwunden

---

[1]) F. L. I. 30. — [2]) F. L. I. 73. — [3]) F. L. I. 76. — [4]) F. L. I. 73.
[5]) F. L. I. 149.
[6]) Dies ist ein stehender Ausdruck Fichtes; siehe F. L. I. 49, 51, 53, 55, 57, 59, 60, 94, 151 u. a.

zu sein, und jedes ehrenwerte Mittel sich fortzuhelfen war erschöpft. Schon sank ihm der Mut, und er verbrachte in gedrückter und düsterer Stimmung den Abend vor seinem 26. Geburtstage, als ihm durch den Dichter Weiße die Einladung zukam, eine Erzieherstelle in Zürich anzutreten. Rasch wurde sein Mut wieder belebt, und er reiste, von froher Hoffnung voll, im August des Jahres 1788 zu Fuße über Nürnberg, Ulm und Lindau, Konstanz und Winterthur nach Zürich, um im Hause eines reichen und angesehenen Bürgers, des Gasthofbesitzers Ott, dessen Kinder, einen zehnjährigen Sohn und eine siebenjährige Tochter zu erziehen.

Fichte ergriff jetzt sowie früher nur aus Not den Erzieherberuf. Damit soll jedoch nicht gesagt sein, als ob es ihm an Hingebung und Gewissenhaftigkeit, Überlegung und planmäßigem Vorgehen gemangelt hätte, aber wenn schon überhaupt die Stellung eines Hofmeisters für denjenigen wenig Reiz hat, der sich frei zu bewegen und unabhängig zu denken und zu handeln gewohnt ist, um wie viel mehr mußte der selb= ständige, stolze und von Schulpforta her etwas herrschsüchtige Geist Fichtes es verschmähen, auf den Rat des Vaters der Zöglinge zu horchen, die Wünsche der Mutter zu beachten und durch Kompromisse aller Art den eigenen Sinn zu biegen und elastisch zu machen. Als die Mutter bei der Durchführung seines Erziehungsplans opponierte, ging Fichte soweit, ein „Tagebuch der auffallendsten Erziehungsfehler, die ihm vorgekommen sind", abzufassen und die darin aufgeführten Rügen der Mutter wochen= weise vorzulegen [1]). Es ist aber doch merkwürdig und ein Beweis für die imponierende Gewalt des Fichteschen Geistes, daß die Eltern sechs Vierteljahre lang (vom 1. September 1788 bis zu Ostern 1790) den Erzieher als Herrn über sich ertrugen und vielleicht noch länger ertragen hätten. „Ich verließ Zürich", schrieb er 1791 seinem Bruder, „weil es mir in dem Hause, in dem ich war, nicht ganz gefiel. Ich hatte von Anfange an eine Menge Vorurteile zu bekämpfen; ich hatte mit starr= köpfigen Leuten zu thun. Endlich, da ich durchgedrungen und sie ge= waltiger Weise gezwungen hatte, mich zu verehren, hatte ich meinen Abschied schon angekündigt, welchen zu widerrufen ich zu stolz und sie zu furchtsam waren, da sie nicht wissen konnten, ob ich ihre Vorschläge anhören würde. Ich hätte sie aber angehört. Übrigens bin ich mit großer Ehre von ihnen weggegangen: man hat mich dringend empfohlen und noch jetzt stehe ich mit dem Hause in Briefwechsel" [2]).

Die Arbeits= und Unternehmungslust, welche Fichte neben der Er= ziehungsthätigkeit entfaltete, die Energie, mit welcher er an seiner Selbst= bildung fortarbeitete, war übrigens auch darnach beschaffen, um jene

---

[1]) F. L. I. 32. — [2]) Weinhold 19.

imponierende Gewalt nicht schwächer werden zu lassen. „Eine starke, angestrengte, mannigfaltige Beschäftigung", schrieb er damals [1]), „ist die Sphäre, wo mirs wohl ist." Er machte die ersten schriftstellerischen Versuche, übersetzte die Oden des Horaz und den ganzen Sallust mit einer Einleitung über Stil und Charakter dieses Schriftstellers und schrieb eine Abhandlung über das Epos mit Rücksicht auf Klopstocks Messias. Auch beschäftigte er sich mit denjenigen neueren französischen Schriftstellern, welche in Deutschland die gelesensten und einflußreichsten geworden sind, Montesquieu und Rousseau. Zu dieser Denkarbeit kam noch eine Reihe von Predigten hinzu, die er in Zürich und an mehreren Orten in der Umgebung hielt, und zwar, wegen der Klarheit und eindringenden Kraft seines Vortrages, mit entschiedenem Beifalle [2]). Der Plan, eine Redner= schule zu errichten, blieb zwar unausgeführt, aber er bezeugt doch seine fortgesetzte Bemühung um die Kunst der Rede und seinen Eifer für die Vergrößerung des Wirkungskreises. Bloß denkend sich zu vertiefen, ohne thatkräftig sich zu äußern, ist also offenbar Fichtes Sache nicht.

Dieses Ringen und Streben wurde kräftig gefördert durch den Um= gang mit geistvollen und angesehenen Männern, wie Lavater, dem be= rühmten Prediger, Steinbrüchel, einem Professor der griechischen Sprache, Hottinger, einem geschmackvollen Philologen, u. a., vor allem, aber durch Johanna Rahn, die Tochter eines Wagmeisters und Nichte Klopstocks, welche später seine Frau werden sollte. Sie war um vier Jahre älter als Fichte und vielseitig gebildet. Tiefe Religiosität, treue Liebe und opferwillige Hingebung bildeten nach dem Zeugnisse ihres Sohnes [3]), aber auch nach der Handlungsweise, die sie in spätern Jahren offenbarte, den Grundzug ihres Charakters. Von Eitelkeit oder irgend einem auf äußern Schein gerichteten Hange war ihr Herz unberührt geblieben; im Besang des Hauses und der Familie fand sie ihr Glück und ihre Zu= friedenheit. Gegenüber dem strengen, ja bisweilen schroffen Urteile Fichtes bildete ihre milde und sanfte Denkungsart einen wohlthätigen Kontrast. Erfahrungen mannigfacher Art hatten ihr Urteil selbständig und der Umgang mit ausgezeichneten Männern, welche sich im Hause ihres Vaters allwöchentlich versammelten, hatte ihr Interesse für die geistigen Be= wegungen der Zeit rege gemacht. Sie bewahrte sich nicht nur diesen empfänglichen und gelehrigen Sinn, sondern gedachte durch Fichte sich auch weiter zu bilden [4]). — Grund genug, warum dieser bei einer an seinen Mühen teilnehmenden Frau sich daheim fühlen konnte. Er brauchte nie= mals zu besorgen, daß seine und die Angelegenheit der Frau durch eine weite Kluft getrennt bleiben und daß er wie andere hervorragende Männer seinen Blick auf einen seinem Geiste und Gemüte entsprechenden Umgang außerhalb des Hauses hinwenden müsse; ihm war es beschieden, bei

---

[1]) F. L. I. 43. — [2]) F. L. I. 33. — [3]) F. L. I. 38. — [4]) A. a. O.

einer an Vorzügen des Geistes und Gemütes reichen Frau häusliches
Glück und geistige Erholung zu finden. Aber auch auf die Erhaltung
seines idealen Strebens und die Entfaltung seines Charakters hat diese
Frau einen fördernden Einfluß ausgeübt. Schon in der ersten Zeit ihrer
Bekanntschaft bildete die Frage nach dem Hauptzwecke des Lebens einen
Gegenstand ihres Gedankenaustausches. Dieser Zweck besteht darin, sich
jede Art von Charakterbildung zu geben, nicht Glück zu suchen [1]), —
eine Auffassung, ohne welche weder sein persönlicher Charakter noch der
Charakter seiner Philosophie gewürdigt werden kann. Denn sowie die
Selbstbildung niemals abgeschlossen ist und der nach ihr Strebende eine
immer höhere Stufe zu erglimmen bemüht ist, so ist auch seine Philosophie
nicht ein durch seine Terminologie erkennbares, ein für allemal fertiges
System, sondern das Produkt einer wachsenden Vertiefung und innern
Entwicklung. Als aber späterhin zur Zeit des französischen Kriegs
Fichte die Pflichten für das Vaterland höher schätzte als diejenigen,
welche er der Familie schuldig war, und Haus und Wohnsitz verließ,
um „mit dem Staate das Schicksal zu teilen, in welchem er den Träger
der Kultur und Freiheit erblickte", — da murrte seine Gattin nicht,
sondern blieb allein zurück, weil sie, „dieses Opfer ihrem Manne schuldig
zu sein glaubte" [2]). Wenn also Fichte sagt, sein Genius habe ihm,
als er sie das erste Mal sah, ganz leise gedeutet, daß diese Bekanntschaft für sein Herz, für seinen Charakter, für seine Bestimmung nicht
gleichgültig sein werde [3]), so ist diese Ahnung in reichem Maße in Er=
füllung gegangen.

Fichte erglühte, als er sie kennen lernte, ohne jedoch zu zerfließen.
So viel Ernst und Selbstbeherrschung brachte sein Alter und eine durch
mannigfache Entbehrungen hindurchgegangene Erfahrung schon mit sich,
um der heftigsten der jugendlichen Begehrungen den nötigen Widerstand
entgegenzusetzen. Wenn er also sagt, daß keine wahre und dauerhafte
Liebe ohne innige Wertschätzung bestehen könne und daß jede andere Art
derselben Reue nach sich ziehe, und einen edlen menschlichen Charakter
entwürdige [4]), so ist das der Ausdruck seiner wirklichen Gesinnung. Doch
abgesehen von moralischen Gründen ließ auch sein Selbstgefühl und das
Vertrauen in die eigene Geisteskraft keine Erschlaffung des Gemüts auf=
kommen. Von Unterbrechungen in seinen Arbeiten war also keine Rede,
im Gegenteil: er befand sich mehr wie jemals in einer angestrengten
Thätigkeit und hatte besonders jetzt den Kopf immer voll von Plänen
und Projekten [5]). In diesem Eifer wurde er noch befeuert durch ein
Streben nach Unabhängigkeit und selbständiger persönlicher Geltung. Denn

---

[1]) F. L. I. 55, 57. — [2]) F. L. I. 367. — [3]) F. L. I. 48. — [4]) F. L. I. 41.
[5]) F. L. I. 45.

ohne gesellschaftliche Stellung und ohne litterarischen Ruf an das vermög
liche Haus seiner Braut sich anzuschließen und unabhängig zu machen,
das erschien ihm als ein unerträglicher Gedanke. Ruf und Stellung
sollten trotz aller Mittellosigkeit der eigenen Kraft abgerungen werden,
damit er würdig erscheine in den Augen seiner Braut[1]). Unter solchen
Umständen ist es erklärlich, ohne daß an eine wankelmütige Gesinnung
gedacht zu werden braucht, wenn er in derselben Zeit, da seine Briefe
an die Braut von Zärtlichkeit überfließen, an seinen Bruder schreiben
konnte, es sei immer eine gewagte Sache, sich zu verheiraten ohne ein
Amt zu haben, und er fühle zu viel Trieb und Kraft in sich, um sich
durch eine Verheiratung gleichsam die Flügel abzuschneiden und sich in
ein Joch zu fesseln, von dem er nie wieder los kommen könne[2]). Dieses
Ziel, vorerst zu einer seinen Wünschen entsprechenden und selbständigen
Stellung zu gelangen, sollte ohne Rücksicht auf den Aufenthaltsort, also
auch auf die Gefahr einer in Ungewißheit verlebten zeitweiligen Trennung
verfolgt werden. Als daher das Verhältnis zu dem Hause, in welchem
er Erzieher war, aufgelöst wurde, und seine Braut, um ihn nahe zu
wissen, sich in Bern für ihn verwendet hatte, schrieb er kurz: Bern
oder Kopenhagen, Lissabon oder Madrid oder Petersburg ist mir in Ab
sicht auf mich gleich, — und verließ Zürich im Anfang des April 1780,
um nach Leipzig zurückzugehen.

Der Aufenthalt in Zürich und noch mehr diese Reise hatten seine
Phantasie auf eine unnatürliche Höhe gespannt[3]), und mehr wie jemals
waren seine Wanderungen zu Fuß[4]) auch Wanderungen seines Geistes.
Voller Lust zu wirken, aber ohne bestimmten Wirkungskreis, gewandt und
vielseitig, aber ohne festbestimmtes Ziel in seinem Thun machte er allerlei
Pläne und eilte von einem Projekte zum andern. Fichte befand sich in
jener Periode des irren Herumschweifens der Gedanken, welche der end=
gültigen Wahl einer berufsmäßigen Thätigkeit vorauszugehen pflegt. Glück=
lich, wer sie bald überwindet! Denn das zwar bewegliche und vielseitige
aber geteilte Interesse, welches dem Menschen in dieser Zeit eigentümlich
ist, befördert nur die geistige Zersplitterung und schädigt die Konsoli=
dierung des Charakters, welche an eine bestimmte Berufsthätigkeit wie an
einen Krystallisationskern gebunden erscheint. Wer aus Neigung, Gewohn
heit oder auf fremde Anleitung hin eine Thätigkeit liebgewinnt, gelangt
zu jenem Kern auch ohne selbständige Überlegung und ist bewahrt vor
irrem Herumschweifen und allen daraus entspringenden Gefahren; ein Mann
wie Fichte hingegen, der sich selbst überlassen war, der noch an keine be
stimmte Thätigkeit sich innerlich gebunden fühlte und selbständig zu denken
von Kindheit an sich gewöhnt hatte, mußte wohl eine eigene und zwar

---

[1]) F. L. I. 81. — [2]) Weinhold 22. — [3]) F. L. I. 107.
[4]) F. L. I. 68.

principielle Überzeugung gewinnen, wenn eine bestimmte Thätigkeit ihn dauernd fesseln sollte. Es währte zwar nicht lange, und das Studium der Kantschen Philosophie brachte dem „gieb mir einen Standpunkt" Erfüllung und machte den Projekten ein Ende. Bis dahin jedoch herrschte Zerfahrenheit in seinem Thun, und es ist fast nichts als der Wechsel der vielen Pläne und Unternehmungen, welcher dem Betrachter in die Augen fällt.

Das erste schon in Zürich entstandene Projekt bestand darin, eine Fürstenerziehung zu übernehmen [1]. Klopstock, Lavater und Rahn sollten in Kopenhagen und Karlsruhe, Weimar und Würtemberg dafür thätig sein. Es scheiterte, und so hatte Fichte wahrscheinlich nicht die Wahrnehmung zu machen, auf welche Weise pädagogische Rücksichten den politischen untergeordnet werden. Auch der Gedanke, Lektor bei einem edlen Großen zu werden, beschäftigte ihn einige Zeit nach seiner Abreise [2]. In Leipzig angekommen, entwarf er den Plan zu einer Zeitschrift, in welcher das Publikum vor schädlichen Büchern gewarnt und zu nützlicher Lektüre angeleitet werden sollte [3]. Also ein moralisches Richteramt auszuüben, damit wollte er seine litterarische Laufbahn beginnen. Indessen die Ansicht befreundeter Männer, daß er dazu keinen Verleger finden würde, kam ihm einleuchtend vor [4]. Er wollte nun „lieber etwas Selbständiges ausführen, das an seinem Teile Stoff einer Kritik werden könnte, als bloß fremde Arbeiten lobend und tadelnd durchzumustern" [5]. Und wirklich begann er Novellen abzufassen, ja sogar eine Tragödie. Doch in diesem Falle besaß er Selbstkritik genug, um nach kurzer Zeit in einem Briefe die letzten als ein Fach zu bezeichnen, das am allerwenigsten das seinige sei, und was die Novellen betrifft, so seien sie eine „Leserei, die zu nichts gut ist" [6]. In der That ist die in der Gesamtausgabe seiner Werke abgedruckte Probe wenig poetisch. — Diesem ganzen Projektemachen ein Ziel zu setzen, dazu fehlte es ihm jedoch vorerst noch an dem rechten Standpunkte, von dem aus das menschliche Thun sich abschätzen läßt. „Ich könnte mir, schreibt er am 1. August, längst geholfen haben, wenn ich gewisse Projekte wollte fahren lassen, wenn ich mich gewissermaßen degradieren (!) wollte" [7]. Was ihn übrigens antrieb, diesem Worte gemäß auf seine Projekte noch stolz zu sein, war das immer stärker erwachende Bewußtsein der eigenen Geisteskraft; wenigstens mußte es demjenigen, der unterwegs Predigten hielt, „um nicht müßig zu sein" [8], sauer fallen, in der bescheidenen Rolle eines Erziehers in einem Privathause sich zurechtzufinden. Doch führte dieses Bewußtsein so wenig zu einer gesicherten Existenz, wie die wechselnden Projekte, die gemacht wurden,

---

[1] F. L. I. 56. — [2] F. L. I. 64. — [3] F. L. I. 69 und II. 11.
[4] F. L. I. 74. — [5] Brief an seine Braut, F. L. I. 115.
[6] F. L. I. 74. — [7] F. L. I. 75. — [8] F. L. I. 62.

um wieder ins Stocken zu geraten ¹). Er blieb also gerade wie vordem
darauf angewiesen, durch Erteilung von Unterricht sich den Unterhalt zu
verschaffen.

Dieses eben der vielen Pläne wegen planlose Leben Fichtes scheint
die Ursache des Konfliktes gewesen zu sein, welcher zwischen ihm und
seiner Mutter zum Ausbruche kam. Nach deren Wunsche sollte Fichte
sächsischer Dorfpfarrer werden. Sie mochte also die Erfahrungen, die
Fichte bewogen hatten in dieser Beziehung alle Wünsche aufzugeben, nicht
kennen, und sicherlich wußte sie nicht, daß der Entwicklung der Fichteschen
Natur und des Fichteschen Charakters allerlei Versuche vorausgehen und
die vergeblichen aufgegeben werden mußten, wenn sein späteres Denken
und Handeln Sicherheit erlangen sollte. Nach der Lage der Dinge hatten
beide Recht, und da beide einen starren Willen besaßen, so mußte der
Konflikt um so schärfer werden. „Mögen sie doch immer sagen, schrieb
er am 3. Januar 1791 an seinen Bruder²), ich sei irgendwo Dorf=
pfarrer; ich werde nicht kommen und ihnen widersprechen." In der That
berührte er, um seiner Mutter auszuweichen, auf seiner Wanderung nach
Schlesien im Mai desselben Jahres Rammenau nicht, sondern blieb im
nahen Bischofswerda und beschied seinen Vater und seine Brüder zu sich³).
Selbstverständlich war das Zerwürfnis kein dauerndes, und Fichte be=
handelte später seine Mutter mit kindlicher Ehrfurcht⁴). Immerhin aber
konnte er inne werden, daß ein projektenreiches und thatenarmes d. h.
zweckloses Leben mit der Sitte des elterlichen Hauses sich in Widerspruch
befinde.

Indessen das Herumschweifen der Gedanken hatte bereits aufgehört
und die innere Konsolidierung begonnen, als jener Konflikt noch unge=
schwächt fortdauerte. Ein Student wünschte, es mochte im August 1790
sein⁵), von ihm Unterricht in der Kantschen Philosophie, welche damals
auf dem Höhepunkte ihres Ruhmes und ihrer Anerkennung stand, und
Fichte vertiefte sich in das Kantsche System. Noch niemals hatte ein
Studium in so hohem Grade ihn ergriffen. Er fühlte, daß er in einer
neuen Welt von Gedanken sich befinde⁶), die Herz und Kopf erfüllen und
den ungestümen Ausbreitungsgeist zum Schweigen bringen⁷). In seiner
Denkungsart entstand durch diese Philosophie, besonders durch den mora=
lischen Teil derselben, eine Revolution⁸). Denn von jetzt an war es ihm
einleuchtend, daß aus dem angenommenen Satze der Notwendigkeit aller
menschlichen Handlungen die Verderbnis der Sitten folge⁹); von jetzt an
hielt er den Begriff der absoluten Freiheit, durch welche Pflicht, Tugend,

---

¹) F L.. I. 77. — ²) Weinhold 14. — ³) F. L. I. 119. — ⁴) Brief
Immanual Hermann Fichtes bei Weinhold 48.
⁵) F. L. I. 80. — ⁶) F. L. I. 109. — ⁷) Weinhold 20. —
⁸) F. L. I. 107. — ⁹) A. a. O. Brief an Achelis.

2*

und überhaupt eine Moral möglich werden, für „bewiesen"[1]) und glaubte hierdurch eine edlere Moral angenommen zu haben[2]); von nun an stand es ihm fest, daß hienieden gar nicht das Land des Genusses, sondern das Land der Arbeit und Mühe ist und daß jede Freude nichts weiter als eine Stärkung zu weiterer Mühe sein soll[3]); von nun an fühlte er sich auf den Standpunkt erhoben, von dem aus das menschliche Thun überhaupt in richtigerer Weise sich abschätzen läßt. Streben nach Unab= hängigkeit und persönlicher Geltung, aber auch Geschlechtsliebe, also um Kantisch zu reden, das heteronome Verhalten seines Willens hatten ihn bisher bestimmt, Pläne zu schmieden und mit hastigem Eifer an Dinge sich zu hängen, zu welchen kein inneres Bedürfnis ihn hingetrieben hatte. Jetzt aber galt ihm Glückwürdigkeit und nicht Glückseligkeit als der Zweck unseres Daseins[4]), also ein Zweck, welcher die fremden und äußern Be= weggründe des Handelns ausschließt und die Autonomie des Willens auf= recht erhält, ein Zweck ferner, welcher die eitlen Wünsche verscheucht und vor fortgesetzten Enttäuschungen bewahrt. „Da ich das Außer mir nicht ändern konnte, sagt er in einem Briefe an einen Freund[5]), so beschloß ich, das In mir zu ändern, — — und ich bin nunmehr (nach dem Studium der Kantschen Philosophie) fest überzeugt, daß die Bereitung unsres Schicksals gar nicht, sondern bloß die Kultur unsrer selbst von uns gefordert wird." „Ich denke so fort, schreibt er an einen andern Freund[6]), und es erhält und befestigt mir meine Ruhe immer tiefer."

Daß Fichte von diesen Außerungen auch innerlich durchdrungen war, beweist die Lebensweise, die er führte. Ein Mann der That, wollte er Kants strenge Pflichtenlehre auch an sich erproben.[7]). Er setzte sich also eine Tagesordnung fest und führte sie pünktlich durch. Von 5 Uhr früh bis 10 Uhr abends wurde der Tag zum größten Teile in anstrengender Arbeit zugebracht, und auch die zwei bis drei Stunden, welche nach= mittags der Erholung gewidmet wurden, waren nicht Stunden bequemer Ruhe, sondern es wurde „spazierengelaufen", durch Felder und Wälder gestürmt, besonders wenn es regnete oder windig war[8]). Durch solche anstrengende und abhärtende Kraftproben suchte er Herr über sich selbst zu werden. Entnervende und verflachende Zerstreuungen bleiben eben deswegen als unheroische und schädliche Erholungen für die Gesundheit

---

[1]) F. L. I. 110. Brief an Weißhuhn. — [2]) F. L. I. 82.
[3]) F. L. I. 108. — [4]) F. L. I. 82. — [5]) F. L. I. 107. — [6]) F. L. I. 113.
[7]) Daß die Einrichtung seiner Lebensweise mit dem Studium Kants im Zusammenhange stehe, geht aus zwei Briefen an seine Braut hervor. Er schreibt am 5. September 1790, daß er den angegebenen Lebenswandel „seit ungefähr fünf Wochen führe" und am 12. August, daß er sich jetzt über Hals und Kopf in die Kantsche Philosophie werfe und sichtbar spüre, wie Herz und Kopf dabei gewännen. F. L. I. 80, 82.
[8]) F. L. I. 84.

des Körpers und der Seele von seiner Lebensweise ausgeschlossen, — in der That einer Lebensweise, welche der wachsenden Selbstbeherrschung und Charakterfestigkeit allen Vorschub leistet. Was die Kirche betrifft, so besuchte er sie zwar wenig oder gar nicht, aber den Sonntag der Selbst= prüfung und Andacht zu widmen, hielt er für eine heilige Pflicht [1]).

Das Studium der Kantschen Philosophie bildet einen Wendepunkt in dem Lebensgange Fichtes. Alles Schwanken und Wandern seines Geistes war ans Ende gekommen, wenn auch seine äußere Lage ihn zwang, noch einige Jahre den Aufenthaltsort wechseln zu müssen. „Ich werde dieser Philosophie wenigstens einige Jahre meines Lebens widmen", — dieses Wort, welches ein Brief an seine Braut enthält [2]), findet insofern auf sein ganzes Leben Anwendung, als Fichte infolge dieses Studiums aus einem bloßen Litteraten ein Philosoph von Beruf geworden war. Selbstverständlich kein bloß beschaulicher. „Kants Moralgrundsätze, so schrieb er einem Freunde [3]), in populärem Vortrage, mit Kraft und Feuer dem Publikum ans Herz gelegt, wären vielleicht eine Wohlthat für die Welt, und ich hätte Lust, mir dies Verdienst zu erwerben." Dieser An= fang einer philosophischen Wirksamkeit, welcher sehr stark an seine alte Neigung zum Predigerstande erinnert, wurde nicht zur That; es würde auch für einen selbständig denkenden Geist wie Fichte nur eine vorüber= gehende Wirksamkeit gewesen sein. Bevor er jedoch selbständigere Unter= suchungen anstellte, wollte er sich als Kommentator versuchen und die Kritik der Urteilskraft, welche ihm der oftmaligen Wiederholungen und Digressionen halber unverständlich erschien, deutlicher machen [4]). Er ar= beitete daher vom September 1790 bis zum Anfang des Jahres 1791 eine ziemlich umfangreiche Schrift aus, welche einen Auszug und erklärende Bemerkungen zur Kritik der Urteilskraft nebst einer wissenschaftlichen Übersicht des ganzen Lehrgebäudes als Einleitung enthalten sollte [5]). Das philosophische Erstlingswerk wurde weder veröffentlicht noch vollendet; aber es würde auch diese Art der philosophischen Thätigkeit ihn nur vorübergehend gefesselt haben, denn Fichte war zum Autor geboren, nicht zum bloßen Kommentator.

Die Fortsetzung dieser philosophischen Thätigkeit und wahrscheinlich auch die Vollendung der genannten Schrift unterbrach die Kunde von einem Unglücksfall, welcher die Familie Rahn getroffen hatte. Es war bereits verabredet worden, daß Fichte nach der Drucklegung seiner Schrift nach Zürich zurückkehren, sich verheiraten und in sorgenfreier Muße schrift= stellerischen Entwürfen leben solle, als er vernehmen mußte, daß sein Schwiegervater empfindliche Vermögensverluste erlitten habe, und daß die Verbindung der Brautleute verschoben werden müsse. Statt an der

_____

[1]) F. L. I. 96. — [2]) F. L. I. 82. — [3]) F. L. I. 109. — [4]) F. L. I. 111. — [5]) F. L. I. 105.

Schwelle des Glücks stand also Fichte abermals vor den Wechselfällen einer ungewissen Zukunft; es läßt sich aber nicht beweisen, daß er darum den Mut verlor.

Zunächst war er genötigt, den Widerwillen gegen das Hofmeister=leben[1]) zu überwinden und von neuem eine Erzieherstelle aufzusuchen. Sei es nun, daß die Aussicht, einen erwachsenen Zögling weiter bilden zu können, ihn bestimmte,[2]) sei es, daß es aus andern Gründen ihm in Leipzig nicht mehr gefiel[3]): Fichte verließ diese Stadt, nahm den Antrag, als Erzieher in das Haus des Grafen Plater in Warschau einzutreten an und wanderte sechs Wochen lang (vom 28. April bis 7. Juni 1791) durch Sachsen und Schlesien nach Polen. Graf Plater war ein gut=mütiger, aber schwacher Herr; die Gräfin, eine Salondame, sprach im Kommandierton und führte im Hause den Oberbefehl. Sie verbrachte die meiste Zeit in Gesellschaften, denn für die Erziehung ihrer Kinder besorgt zu sein, das wäre gegen den guten Ton gewesen. Da Fichte ebensoviel stolze Gradheit als Mangel an Schmiegsamkeit und Unter=würfigkeit besaß, also in ihren Augen ein Mann ohne Benehmen war, so mußte er schon bei der ersten Zusammenkunft ihr Mißfallen erregen, und sie legte auch ihre unzufriedene Überraschung sofort an den Tag. Solch eitler Anmaßung setzte Fichte die entsprechende Schroffheit ent=gegen. Er bat um seine Entlassung und erwiderte, als die Gräfin durch ihren Vermittler ihm ihre Protektion zu andern Erzieherstellen antragen ließ, er sei zu wenig abgestumpft, um sich also — ausbieten zu lassen[4]). Am Ende mußte die polnische Gräfin noch froh sein, durch freiwillige Zahlung einer geforderten Entschädigungssumme von dem lästigen Deut=schen befreit zu werden.

Diese Summe sicherte Fichte auf ein Paar Monate; jedenfalls reichte sie hin, um die Reisekosten bis nach Sachsen zu decken. Indessen jugendlich sorglos, wie der bereits neunundzwanzigjährige Fichte noch immer war, dem Zuge seines Geistes folgend, „das übrige aber schlecht=hin Gott überlassend"[5]), ging er nicht, einem früheren Plane gemäß, nach Dresden[6]), sondern nach Königsberg. Dahin waren damals die Augen aller gerichtet, welche für neue und bedeutungsvolle Ideen Interesse hegten; dahin wallfahrteten alle, die durch Kants Schriften aufgerüttelt, erwärmt und begeistert worden waren, um den Weisen von Angesicht zu sehen und seine Lehren aus dessen eigenem Munde zu hören. Nach dem nahen Königsberg zu eilen, war also auch für Fichte verlockend. Ihm konnte es überdies sogar als ein Gebot der Pflicht erscheinen, dem ehr=

---

[1]) Weinhold 23. — [2]) F. L. I. 117.
[3]) In einem Briefe an seine Eltern aus Krockow vom Jahre 1792 (Wein=hold 24) ist vom Zahlen seiner Schulden die Rede, „die sich in manchen Ländern der Erde höher belaufen als man glauben sollte."
[4]) F. L. I. 127. — [5]) F. L. I. 136. — [6]) Weinhold 22.

würdigen Manne zu danken für das übergroße Maß geistiger Anregung und Erhebung, das er von ihm empfangen. Wenigstens sagt er in einem Schreiben an Kant, daß er alle seine Überzeugungen und Grundsätze ihm verdanke, ja er fügt im oratorischen Eifer sogar die überschwenglichen Worte hinzu, daß er auch seinen Charakter und das Be streben, einen haben zu wollen, Kant verdanke[1]).

Am 1. Juli 1791 traf Fichte in Königsberg ein, am 4. besuchte er Kant, der infolge seiner Berühmtheit von Fremden aus aller Herren Länder, mehr als er wünschte, besucht wurde und daher Fichte zwar freundlich, aber ohne besondere Zuvorkommenheit empfing. Ein Grund zur Auszeichnung war auch gar nicht vorhanden, und Fichte fühlte bald selbst, daß er erst etwas schaffen müsse, wenn er Kants Interesse in höherem Grade erregen sollte. Er schrieb also in dem kurzen Zeitraume von fünf Wochen[2]) die „Kritik aller Offenbarung" und überschickte das Manuskript an Kant. Erst jetzt empfing ihn dieser „mit ausgezeichneter Güte" und drückte, jedoch mehr in väterlicher als kritischer Weise, seine vollkommene Zufriedenheit über die Arbeit aus.[3]) Diese Aufnahme seiner Schrift war Fichte auch aus einem andern Grunde willkommen. Die kleine Entschädigungssumme, die er in Warschau erhalten, fing nämlich an zu Ende zu gehen, und er brauchte einen Vater umsomehr, als die noch ein Jahr vorher gehegte Meinung, daß das Geld ein „sehr geringfügiges Möbel" sei und man „mit etwas Kopf immer seine Bedürfnisse finde",[4]) sich als ein Irrtum, und die Hoffnung, er werde, wenn er kein Geld habe, selten in Verlegenheiten kommen, da die Vorsehung über ihm walte,[5]) als eine Illusion herausgestellt hatte. Denn jetzt, da er fühlte, daß „Verlegenheiten bei zunehmenden Jahren und dringenderem Ehrgefühl immer härter" das Gemüt drücken,[6]) war er doch gezwungen auf die Menschen seine Hoffnung zu setzen. Er wandte sich also in einem pietätvollen und treuherzigen, aber auch etwas selbstbewußt gehaltenen Schreiben an Kant um ein Darlehen zur Rückreise nach Sachsen und fügte, seine Aufregung unterdrückend, hinzu: „Neugier, wie es sich entwickeln wird, ist meistens alles, was ich bei solchen Vorfällen fühle".[7]) Kant eilte nun zwar nicht, diese Neugier sofort zu befriedigen, sondern antwortete, er müsse sich erst resolvieren; aber nach einigen Tagen zeigte er Fichte, statt dessen Bitte zu gewähren, in ehrenvoller und väterlicher Weise einen Ausweg aus den Verlegenheiten. Er riet ihm, die Schrift

---

[1]) F. L. I. 131.
[2]) Nicht in fünf Tagen, wie Erdmann, Geschichte der neuern Philosophie III. 1, S. 562 sagt, denn Fichtes Tagebuchnotizen beziehen sich da wo vom Anfang der Arbeit die Rede ist, auf den Monat Juli. Am 18. August sandte er sie an Kant.
[3]) F. L. I. 129. — [4]) F. L. I. 49. — [5]) A. a. O. — [6]) F. L. I. 130. — [7]) F. L. I. 135.

über die Kritik aller Offenbarung seinem Buchhändler Hartung zu ver=
kaufen und bewirkte durch seinen Freund, den Oberhofprediger Schulz,
daß Fichte bei dem Grafen Krockow in der Nähe von Danzig eine Stelle
als Erzieher erhielt und zwar als ein von Kant Empfohlener unter den
ehrenvollsten Bedingungen. Es mag nun immerhin sein, daß der Geist
und die andern trefflichen Eigenschaften der Gräfin, einer Verehrerin
Kants, seinen Aufenthalt in Danzig interessant und lehrreich machten, [1]
und daß er schon darum mit der neuen Erzieherstelle sich befreundete,
aber es ist doch auch für die Vermutung noch Raum offen, daß Fichte,
der nur widerwillig dem Hofmeisterleben sich zuwandte, den Wink des
väterlich gesinnten Kant verstanden und gewürdigt, daß er die schroffen
Eigenschaften, welche er früher in solcher Lage an den Tag gelegt, zu
unterdrücken wußte und auch darum bei dem Grafen Krockow die „an=
genehmsten Verhältnisse fand". [2] Müde geworden des langen und un=
steten Herumwanderns, hatte er in die jetzige Lage sich fügen gelernt;
müde geworden der Sorgen und Verlegenheiten, die sein Gemüt be=
unruhigten und die Arbeitskraft hemmten, harrte er anderthalb Jahre
ruhig aus, bis es seiner Braut in Zürich gelungen war, einen Teil
des Familienvermögens zu retten, und nun ihrer Verehelichung mit Fichte
kein Hindernis mehr im Wege stand; müde endlich geworden, nur immer
Erfahrungen im Umgange mit verschiedenen Menschen zu sammeln und
sich in die Gedanken anderer zu vertiefen, ohne selbst zu schaffen und in
fortlaufender und zusammenhängender Gedankenproduktion thätig zu sein,
hielt er inne, um die gewonnenen Anregungen zu verarbeiten und die
Durchbildung einer neuen Weltanschauung vorzubereiten.

Die Verarbeitung der gewonnenen Anregungen hat Fichte in drei
Schriften niedergelegt, welche für die zweite Periode seines Lebens charakte=
ristisch sind und die Wanderjahre auf eine rühmliche Weise abschließen:
„Versuch einer Kritik aller Offenbarung", [3] „Zurückforderung der Denk=
freiheit von den europäischen Fürsten, die sie bisher unterdrückten" [4] und
„Beiträge zur Berichtigung der Urteile des Publikums über die fran=
zösische Revolution". [5] Die beiden letzteren Schriften wurden in Danzig
begonnen und in Zürich vollendet; alle drei sind Anwendungen und Kon=
sequenzen der neuen Einsichten, welche der Kriticismus gewährte, wenn
auch die Durchführung eine selbständige ist. So wird, um nur Eines
hervorzuheben, nur diejenige Offenbarung als eine göttliche betrachtet,
welche durch moralische Mittel ausgebreitet wird und Gott als moralischen
Gesetzgeber ankündigt, daher das Wunder kein Beweis für die Göttlichkeit

---

[1] F. L. I. 137. — [2] A. a. O. —
[3] 1. Aufl. 1792; 2. Aufl. 1793; abgedruckt im 5. Bande der sämtlichen
Werke.
[4] Werke, 6. Bd. — [5] 1793, Werke 6. Bd.

einer Offenbarung ist.[1]) In der zweiten anonym erschienenen Schrift, Zurückforderung der Denk=, oder wie wir sagen, der Preßfreiheit, nimmt Fichte in schwunghafter Rede und in einer überaus kühnen Sprache jene Freiheit als ein unveränßerliches Recht in Anspruch.[2]) In nicht minder kühner Weise wird in den „Beiträgen"[3]) auf Kantscher Grundlage, zum Teil unter Anschließung an Montesquieu und Rousseau das Recht eines Volks, seine Staatsverfassung zu ändern, verteidigt, und zwar zu einer Zeit, da die französische Revolution sich bereits im Zustande der Ausartung befand. An mannhafter Kühnheit hatten also schon die ersten Schriften Fichtes keinen Mangel.

Aber auch an Berühmtheit sollte es denselben nicht fehlen. Durch einen Zufall und wider den Willen Fichtes war die Kritik aller Offenbarung anonym erschienen. Da nun die Anhänger des Kantianismus in Jena, dem zweiten Hauptsitze der kritischen Philosophie, von Censur=schwierigkeiten vernommen, welche eine religionsphilosophische Schrift aus Königsberg in Halle gefunden; da sie ferner gerade damals eine religions=philosophische Schrift Kants erwarteten und die veröffentlichte im Sinne seiner Lehren geschrieben war, so hielten sie Kant für den Verfasser der=selben, erhoben sie in überschwenglicher Weise und machten sie zum Gegen=stande von Disputationen, bis Kant selbst die öffentliche Erklärung ab=gab, er habe nicht den mindesten Anteil an der Arbeit des geschickten Verfassers, und er halte es für seine Pflicht, die Ehre derselben dem, welchem sie gebührt, ungeschmälert zu lassen. Es bleibt aber ehrenvoll für Fichte, daß die Verwechselung der Verfasser auf Grund dieser Schrift möglich war, und es ist ein Beweis für den völligen Mangel an Eitelkeit, wenn Fichte an seine Braut schreiben konnte: „Hunderte, die mit nicht weniger Talent auftreten, werden unter der großen Flut begraben und müssen ein halbes Leben hindurch kämpfen, um sich nur bemerkt zu machen: mich aber hebt bei meinen ersten Schritten ein unglaublicher Zufall."[4]) Die beiden folgenden Schriften bedurften eines fremden Namens nicht mehr, um Fichte den Ruf eines schriftstellerischen Sterns erster Größe zu erhalten. Schon die Titel waren Beachtung und Aufsehen erregend, da es sich ja um alte Vorurteile und drückende Übelstände, also um brennende Tagesfragen handelte. Der Inhalt aber zeigte sattsam, daß hier ein energisches Gedankengewoge eine wuchtige Sprache gefunden, und daß Fichte es verstand, abstrakte Deduktionen, also in erster Linie den Kantschen Freiheitsbegriff, aus welchem der gegebene Staat und die Rechtmäßigkeit seiner Umgestaltung beurteilt wird,[5]) ihrer Schwerverständ=lichkeit zu entkleiden und mit einer Überzeugung vorzutragen, als ob alle Sätze apodiktische Gewißheit besäßen. Die Beiträge erschienen anonym.

---

[1]) Werke V. 112 f. — [2]) Werke, Bd. VI. — [3]) Ebendas. — [4]) F. L. I. 151. — [5]) Vgl. z. B. Werke, VI. 148.

Als daher Reinhold in einer Rezension Fichte als mutmaßlichen Verfasser bezeichnet hatte, fing man an, mit seinem Namen auch die Vorstellung eines Demokraten und Jakobiners zu verknüpfen und Fichte überhaupt als den mutigsten und entschlossensten Vorkämpfer der Freiheit auf religiösem und politischen Gebiete zu betrachten.

Zur Abfassung von Schriften solchen Inhalts drängte auch der ganze bisherige Entwickelungsgang Fichtes. Von Kindheit auf an ein selbständiges Denken und Handeln gewöhnt, alle Fügsamkeit und Schmieg= samkeit hassend, mit einer Kraft, die in Mühen und Wechselfällen erstarkte, war ihm von Haus aus keine Aufgabe mehr ans Herz gewachsen, als die Entfernung von Fesseln, welche die Selbständigkeit des Denkens und Wollens der Menschen beengen oder aufheben. Darum schrieb er in einer so natürlichen Weise; darum ist er absolut frei von allem Gesuchten der schriftstellerischen Mache; darum erscheinen seine Gedanken wie von einem lebendigen Hintergrunde getragen und wie von einem innern Drange be= seelt. Er löste aber auch seine Aufgabe mit ebensoviel Wärme und Be= geisterung als Offenheit und Entschiedenheit, — auf die Gefahr hin, daß sein erstes Auftreten als trotzig, keck und anmaßend bezeichnet werde; [1] denn wann sind jemals alte und eingewurzelte Übelstände auf ruhigem und sanftem Wege, durch Konzessionsmänner und Kompromißhelden be= seitigt worden? —

III. Kapitel. System und Reformen.

Am 16. Juni 1793 kehrte Fichte nach Zürich zurück, — mit Stolz erfüllt, daß er so rasch seinen Platz in der Menschheit durch Thaten, obschon nur durch Thaten des Gedankens, zu bezahlen vermochte, und freudigen Herzens, daß es ihm gelungen war, als ein seiner Braut wür= diger Mann zurückzukehren. Der sofortigen Verbindung stellten sich zwar mancherlei Hindernisse in den Weg, und die Hochzeit konnte erst am 22. Oktober gefeiert werden, aber das unstäte Herumwandern und die Unsicherheit der Lage waren von dem Tage seiner Ankunft an vorüber und dem ruhigen Ausbau seiner eigenen philosophischen Anschauung stand kein äußeres Hindernis mehr im Wege. Diese glückliche äußere Lage, die große Erregung, von welcher die Geister damals ergriffen waren, die herrschend gewordene Ansicht, daß in der Wirksamkeit neuer Ideen die Verbesserung menschlicher Zustände wurzle, der Umgang endlich mit Freunden wie Pestalozzi und Lavater, Baggesen und Fernow bewirkten,

---

[1] Schlosser nennt es wirklich so, Geschichte des 18. Jahrhunderts, Bd. VII. 12, der fünften Aufl.

daß die Zeit seines Aufenthalts in Zürich für Fichte eine Zeit der hoffenden Begeisterung und des mutigen Entdeckens war.

Zunächst setzte er den Kampf für das Recht der unterdrückten Völker fort[1]) und schrieb in der Zeit von nur vier Wochen den zweiten Teil seiner Beiträge über die französische Revolution; hierauf wandte er sich den fundamentalen Untersuchungen über die Grundlage der Wissenschafts=lehre oder Philosophie zu, — Untersuchungen, welche sich einer Fichteschen Andeutung zufolge[2]) bis zum Jahre 1792 zurückverfolgen lassen.

Es kann nicht dieses Ortes sein, auf den Inhalt der Wissenschafts=lehre näher einzugehen: auf zweierlei ist aber gerade an dieser Stelle hinzuweisen. Die Wissenschaftslehre beweist, daß Fichte mit unerschrockenem Mute nach Konsequenz im Denken strebte, und sie macht dem Urteilenden die letzten Gründe sichtbar, warum es ihm in der Folge so leicht ge=worden ist, Denken und Handeln in Übereinstimmung zu setzen und einen unerschütterlichen, bisweilen sogar schroffen Charakter sich zu bewahren.

Fichte war es, was das erste betrifft, der zuerst das Wort Kants, daß die Dinge sich nach unsrer Erkenntnis richten müssen, vollständig zu erfüllen suchte, so daß „in allem Ernste und nicht bloß so zu sagen das Objekt durch das Erkenntnisvermögen gesetzt und bestimmt werde",[3]) Form und Stoff der Erfahrung nicht mehr besondere Stücke seien, son=dern das ganze Ding vor den Augen des Denkers entstehe,[4]) und auf diese Weise die letzte Reminiscenz an Lockeschen Sensualismus verwischt würde. Daher im Interesse einer „wohlverstandenen" Lehre Kants, dem zwar das Verdienst bleibe, die Philosophie zuerst mit Bewußtsein von äußern Gegenständen abgezogen und sie in uns selbst hineingeführt zu haben,[5]) alle Rede von äußern Gegenständen, welche „unsre Sinne rühren"[6]) und neben oder außer dem Bewußtseienden oder Subjekte unsere Erfahrungs=welt begründen sollen, als eine Halbheit, um nicht zu sagen Absurdität[7]) zurückzuweisen sei. Nicht bloß „bedingt" durch das Selbstbewußtsein soll alles Bewußtsein sich darstellen, so daß der Inhalt desselben durch irgend etwas außer dem Selbstbewußtsein begründet sein kann, sondern als „begründet" durch das Selbstbewußtsein ist alles Bewußtsein nachzuweisen; es giebt keinen Grund außer dem Selbstbewußtsein.[8]) Auf die Gefahr,

---

[1]) Was die Prinzenerziehung betrifft, welche Fichte bei diesen Erörte=rungen nicht vergißt, so äußert er sich außer in den Beiträgen, W. W. VI. 45 auch noch in einer Schrift von 1807, W. W. VII. 523 f und 555 in sehr starken Ausdrücken.
[2]) W. W. I. 473. — [3]) Erste Einleitung in die Wissenschaftslehre, W. W. I. 428. — [4]) A. a. O. 443. — [5]) Zweite Einleitung W. W. I. 479.
[6]) Kants Krit. d. r. V., Einleitung. — [7]) Zweite Einleitung, W. W. I. 486. — [8]) A. a. O. 477. In dieser Weise erwiderte Fichte den „unsanften" Angriff (a. a. O. 479), welchen Kant gegen die Art der Erkenntnis des Fichte=schen Princips in seiner Schrift „Von einem neuerdings erhobenen vornehmen Ton in der Philosophie" (S. dessen W. W. 1838. I. 173 f.) gerichtet hatte.

des theoretischen Eigensinns beschuldrigt zu werden,[1]) sollten die letzten
Konsequenzen aus der Anschauung Kants, daß die teils psychologisch,
teils logisch werdenden Anschauungsformen und Kategorien für etwas
Ursprüngliches, im erkennenden Subjekte Begründetes zu halten seien, gezogen werden.

Was ferner jene Charakterbeschaffenheit betrifft, so bietet sich zunächst der Umstand, daß Fichte von einem principiellen Grundgedanken,
der Ichheit, ausging, also jeder diesfälligen Vielheit und möglicherweise
Zersplitterung gründlich abhold war, und daß er diesen Grundgedanken
vermöge der reinen Apperception Kants wie einen neuen und unmittelbar
gewissen recht intensiv oder mit innerer Ergriffenheit erfaßte, ohne welche
ja die Gedanken nicht bis zum Handeln fortzuwirken vermögen, als Erklärungsgrund dar[2]). Indessen Einheitlichkeit und Konsequenz des Charakters ist nicht durch die Einheit eines Princips bedingt, das jemand
im wissenschaftlichen Forschen festhält; die Intensität der Gedanken aber,
wenn sie wie die Fichteschen als Erklärungsgründe der Erfahrung erscheinen, ist höchst selten so groß, daß sie nicht durch Thatsachen abge-
schwächt oder erschüttert werden könnte. Soll etwa in gleichem Maße
auch das Handeln, das ja vom Denken abhängt, erschüttert und der
Charakter brüchig werden? Wenigstens müßte zur Intensität eine herrschende Denkrichtung hinzutreten, welche den Gefahren der Abschwächung
zu trotzen imstande wäre. Aber wäre dies auch der Fall und
bliebe der moralische Gedankenkreis für die Gesamtanschauung ein
außenstehender und vernachlässigter Fremdling, so würde diese Zurück-
setzung, da sie sich auf den Willen bezieht, am Ende auch auf die Beschaffenheit des Willens fortwirken und der Einheitlichkeit des Charakters
nachteilig werden. Kurz: wenn es für die in Rede stehende Erscheinung
keinen andern Erklärungsgrund gäbe, als den angegebenen, so würde aus
der Beschaffenheit seiner Intelligenz so gut wie nichts in Beziehung auf
die Beschaffenheit seines Charakters sich ergeben und der letztere am Ende

---

[1]) F. L. I. 171.

[2]) Das ists, worauf die Angaben J. H. Fichtes hinauslaufen, welcher in
der Biographie seines Vaters die Übereinstimmung zwischen Lehre und Persönlichkeit (Lehre und Leben) ein „charakteristisches psychologisches Phänomen der Lebens-
beschreibung" und den „Mittelpunkt der biographischen Aufgabe" nennt (S. 171).
Die unerschütterliche Überzeugung sei ihm „kein Vermitteltes, also weder ein
durch bloßen Syllogismus erzeugter Begriff, noch ein durch Überlieferung ge-
wonnenes Historisches gewesen, sondern ein wirklich Erlebtes" (172) d. h. eine
neue und unmittelbare Erkenntnis (denn nur diese ist der durch Schlüsse oder
durch die Tradition mittelbar erworbenen entgegengesetzt), welche zugleich mit
innerer Ergriffenheit erfaßt wird. Was den Inhalt des „wirklich Erlebten" und
„Urgewissen" betrifft, so erblickt J. H. Fichte denselben nicht im Ich der ersten,
sondern im „Realen" oder Absoluten der zweiten Periode, obwohl doch Fichte
darauf Wert legt, von einem „schlechthin gewissen Satze" auszugehen. (Über d.
Begriff d. W. L. W. W. I. 47. Grundlage W. W. I. 91. 93.) Vgl. V. Kap.

rätselhaft erscheinen. In der That jedoch war Fichte nicht bloß von einem neuen principiellen Gedanken intensiv durchdrungen, es ist auch in seinem Forschen eine **herrschende Denkrichtung** nachweisbar, und das ist die **synthetische**, allgemein logisch genommen; und ferner erlangte das **moralische Denken** einen **präponderierenden** Einfluß auf den Zusammenhang seines ganzen Systems. Das sind die Gründe, warum es ihm so leicht wurde, Denken und Handeln in Übereinstimmung zu bringen und zu einer wahrhaft seltenen Festigkeit und Konsequenz des Charakters zu gelangen.

Daß die synthetische Denkrichtung herrschend wurde, dafür sorgte nicht wenig das Vorbild der Mathematik, die ja von Haus aus eine synthetische Wissenschaft ist und durch ihr Verfahren den Wunsch als gerechtfertigt erscheinen läßt, auch die Philosophie zum Range einer evidenten Wissenschaft zu erheben.[1]) Sowie die Mathematik bei der wissenschaftlichen Betrachtung des Quantitativen, da sie durch keine Rücksicht auf das Wirkliche gebunden ist, als ein Produkt bloßer Spekulation sich zeigt, so solle auch die Wissenschaftslehre durch Freiheit unseres nach einer bestimmten Richtung hin wirkenden Geistes hervorgebracht werden;[2]) sowie ferner die Mathematik von Axiomen oder unmittelbar gewissen Sätzen aus- und zu mittelbar gewissen oder Theoremen übergeht, so müsse auch die Wissenschaftslehre zuvörderst einen keines Beweises fähigen unmittelbar gewissen Grundsatz haben, damit er andern daraus abgeleiteten eine mittelbare Gewißheit verschaffe.[3]) Daher denn von Fichte auch in Beziehung auf das Wirkliche gar nicht in der Erfahrungswelt, sondern lediglich in unserer Gedankenwelt (in den Aussprüchen des urteilenden Subjekts) die feststehenden wissenschaftlichen Ausgangspunkte gesucht werden[4]); daher er sagen kann, der Idealismus wisse bei seinem Verfahren nichts von der Erfahrung und sehe auf sie überhaupt gar nicht, sondern gehe von seinem Anfangspunkte aus nach **seiner** Regel fort, unbekümmert, was am Ende heraus kommen werde;[5]) daher er die Gesetze des Denkens als Faktoren und das Philosophieren als ein Multiplizieren betrachtet, bei dem es höchstens wünschenswert bleibe, daß als Resultat die gegebene Zahl d. i. die gesamte Erfahrung herauskomme, welche die synthesierende Vernunft anticipierte.[6]) Die Anwendung dieses Verfahrens in der Wissenschaftslehre hatte nun freilich auch manches Mißliche. Die reine Mathematik

---

[1]) Begriff d. W. L. WW. I. 29. — [2]) A. a. O. 46 vgl. 75. Erste Einleitung, WW. I. 446. — [3]) Begriff, WW. I. 47. — [4]) A. a. O. vgl. 42. — [5]) Erste Einleitung, WW. I. 446. — [6]) A. a. O. 446. Begriff, WW. I. 75; vgl. Zweite Einleitung, WW. I. 497. Daß es übrigens, wenigstens anfangs, Momente gab, in welchem er sich die Möglichkeit, auf dem eingeschlagenen Wege zu Irrtümern zu gelangen, vor Augen hielt, beweist folgender Ausspruch: „Und wenn er (der Forscher) sich dann auch verrechnet hätte, was wäre es mehr? Was träfe ihn weiter als das bis jetzt allen Denkern gemeinschaftliche Los?" Begriff, WW. I. 76.

nämlich darf zwar aus allgemein logischen Gründen, da sie es mit bloßen, nichts Reelles bedeutenden Gedanken zu thun hat, vom Wirklichen ab= sehen, und es kann daher Archimedes die Maschine berechnen, durch welche der Erdball aus seiner Stelle bewegt wird,[1] aber die Wissenschaftslehre soll auch ihrem „Gehalte" d. h. der Realität nach, nicht wie die Logik eine bloß formale Bedeutung haben,[2] daher man den Satz: „Das Ich ist, weil es sich gesetzt hat," auch umkehren und sagen könne: „Das Ich setzt sich selbst, schlechthin weil es ist."[3] Indessen dieser wesent= liche Unterschied übte, selbstverständlich mehr auf Grund der von Kant eingeleiteten Gedankenbewegung als auf Grund sachlicher Erwägungen, keinen Einfluß auf sein Verfahren,[4] und die Realität der Dinge sank, da die Intelligenz zur ausschließlichen Quelle für die genetischen Ableitungen der gesamten Erfahrung wurde, zu etwas Erweisbarem herab.[5] Aber was hat denn das Erkennende vor dem Erkannten in Hinsicht auf das Daß (die Realität) voraus? Wird es jemals gelingen, durch bloße Gedanken den festen Boden, den man einmal verlassen, wieder zu erreichen und gleichsam durch Luftstützen die Erde zu tragen? Ist es nicht überflüssig und vergeblich, zumal doch unsere Gedanken ihrem Ursprunge nach nicht aus dem Nichts heruntergeschneit sind, sondern aus dem Reellen stammen, das Selbstverständliche und Unerweisliche, nämlich die Realität der Dinge, erweislich zu machen? Sagt doch Fichte selbst, obschon in einem andern Zusammenhange, es sei das Räsonnement auch am unrechten Orte, wenn ein Sein erräsoniert werden solle![6] All dieses Mißliche war jedoch in Fichtes Augen gar nicht vorhanden. Was für andere, die die Realität der Dinge für unerweislich halten und darum analytisch von gegebenen Thatsachen aus zu entfernten Denkresultaten fortschreiten[7] zu einer Quelle von Schwierigkeiten wird, um weder den Thatsachen zu widersprechen noch gegen die Gesetze des Denkens zu verstoßen und doch zu einer zusammen= hängenden und zusammenstimmenden Anschauung zu gelangen, das war für Fichte, der nur nach seiner (des urteilenden Subjekts) Regel, „nach

---

[1]) Begriff, WW. I. 46. — [2]) A. a. O. 49. 60. — [3]) Grundlage, WW. I. 96. — [4]) Es muß hier an Fichtes mangelhafte mathematische Ausbildung in seiner Jugend erinnert werden, s. Ende des I. Kap. — [5]) „Es darf nicht vorausgesetzt werden, was zu erweisen ist", sagt er (erste Einl. WW. I. 428) gegenüber der Ansicht des „Dogmatikers" von dem unabhängigen Bestehen der Dinge außer uns. Daß der Idealist den Grund der Erfahrung, in welcher das Ding oder das Erkannte und die Intelligenz oder das Erkennende „unzertrenn= lich" verbunden sind, in der Intelligenz ausschließlich zu erblicken berechtigt ist, wird damit begründet, daß er beide mit „Freiheit des Denkens trennen" und von dem Dinge „abstrahieren" kann (a. a. O. 425), wobei nun freilich „trennen" ein willkürliches Zerreißen und „Abstrahieren" ein bloßes Ignorieren bedeutet, daher die Natur nicht etwa unmittelbar der Naturwissenschaft gegeben ist, sondern nur mittelbar durch die Wissenschaftslehre (Begriff. WW. I. 64.) [6]) Brief an Jakobi, F. L. I. 179. — [7]) Vogt in Zillers Jahrbuch XII. 164.

den Gesetzen der synthesierenden, keineswegs analysierenden Vernunft"[1]) fortging und die Erfahrung zu einer That des menschlichen Geistes machte, ungefährlich und leicht überwindlich. Kein Wunder, wenn er bei seinen Synthesen des Gefühls zuversichtlicher Gewißheit fortdauernder inne bleiben konnte als der analytische Denker! Kein Wunder, wenn es ihm viel mehr als dem letzteren leicht geworden ist, auch in Beziehung auf den Charakter „vollkommen Eins mit sich selbst zu bleiben d. h. von keiner Zeit und keiner Veränderung der Lage abzuhängen".[2])

Was den präponderierenden Einfluß des moralischen Gedankenkreises betrifft, so kam derselbe nach dem Aufgeben der selbständigen Realität der gegebenen Dinge bald genug zum Durchbruch, denn er entschloß sich aus Neigung und mit Affekt[3]) d. h. zugleich pflichtmäßig, weil auf Ge= heiß des Sittengesetzes in uns wenigstens an die Selbständigkeit und Unabhängigkeit des Ich zu glauben.[4]) Die Abhängigkeit des Begriffs der Realität von dem der Dignität wurde aber eine bleibende, als Fichte aus theoretischen Gründen auch am eigenen Sein irre wurde.[5]) Denn nun blieb nichts anderes übrig, als auf Grund der Gewissensstimme die verlorene Realität wieder zu ergreifen,[6]) damit „das Herz endlich auf= höre zu klagen".[7]) „Durch die Gebote des Gewissens allein kommt Wahrheit und Realität in meine Vorstellungen," sagt er;[8]) „durch sie werde ich genötigt, meine Welt als Objekt und Sphäre meiner Pflichten zu betrachten und sowohl an die Realität des Ich zu glauben als den Dingen, welche mich umgeben, ein von mir unabhängiges Dasein zu= zuschreiben."[9]) Aber nicht bloß auf das Sein erstreckt sich der Einfluß des moralischen Gedankenkreises, sondern auch auf das Geschehen, welches ebendeshalb ein zweckmäßiges wird und zu einer, jedoch nur moralisch= teleologischen[10]) Auffassung der Natur und Geschichte führt, — einer nach Fichte nicht bloß möglichen, sondern notwendigen Auffassung.[11]) Die Erfahrung nämlich und folglich auch das analytische Denken zeigt uns Mangelhaftigkeiten, Unvollkommenheiten und Schlechtigkeiten die Fülle;[12]) das Sittengesetz hingegen und folglich auch das synthetische Denken fordert die Herrschaft des Sittlichen über all mein Thun,[13]) folglich auch eine bessere als die gegenwärtige Welt[14]) und einen Fortgang der Vernunft

---

[1]) Zweite Einl. WW. I. 497. — [2]) A. a. O. 512 f. — [3]) Erste Einl. WW. I. 432. — [4]) Zweite Einl. WW. I. 466 f. — [5]) Die bezeichnendste Stelle s. Bestimmung des Menschen, WW. II. 245. — [6]) A. a. O. 253. — [7]) A. a. O. 248. — [8]) A. a. O. 259. — [9]) A. a. O. 261. — [10]) Von Hegel als beschränkt verspottet, s. dessen WW. I. 141 f. — [11]) Sie ist mit Beziehung auf den Einzelnen in der „Bestimmung des Menschen" von 1800 und mit Beziehung auf die Gesell= schaft und den Staat in den „Grundzügen des gegenwärtigen Zeitalters" von 1804 und in der Staatslehre von 1813 dargelegt. — [12]) Best. d. Menschen, WW. II. 265, 312 f. u. a. — [13]) Fichte drückt das so aus: „Es ist überall nur eine Beziehung (der Welt) auf mich möglich, und alle andern sind Unterarten von dieser: meine Bestimmung, sittlich zu handeln." A. a. O. 261. — [14]) A. a. O. 265.

und Sittlichkeit im Reiche der vernünftigen Wesen.[1]) Das „Universum"
d. h. der Lauf der Welt, stellt also, wie er sagt, nicht einen in sich
zurücklaufenden Zirkel, ein Ungeheuer, das sich selbst verschlingt, dar,
sondern ein stetes Fortschreiten zum Vollkommeneren in einer geraden Linie,
die in die Unendlichkeit geht[2]) und die traurigen Ereignisse, welche die
Natur und die Geschichte der Menschen dem Beschauer darbietet, können
in dem Plane des Ewigen nur das nächste Mittel für einen sehr guten
Erfolg sein.[3])   Denn sowie die allgemeine Anziehungskraft alle Körper
halte, so vereinige, halte in sich und ordne unter sich ein übersinnliches
Gesetz alle endlichen Vernunftwesen,[4]) — ein Gesetz, welches einen Willen
bedeutet[5]) und zwar einen ewigen Willen, der in unsern Gemütern die
Welt fortbildet und erhält[6]) und dessen Leben unser Leben ist.[7])

     Indem jedoch Fichte in Ansehung der Betrachtung des Laufes der
Welt ausdrücklich die erfahrungsmäßige Beurteilung von der apriorisch

---

[1]) A. a. O. 312. vgl. 319. Zu bemerken ist übrigens, daß die teleologischen
Betrachtungen Fichtes, soweit sie sich auf die Welt beziehen, einen äußerlichen
Charakter annehmen und zum Teil in Betrachtungen über beschränkt menschliche
Zwecksetzungen verlaufen, da seinem ganzen Standpunkte gemäß der Welt als
einem versinnlichten Materiale unsrer Pflicht, nur eine unselbständige Realität
und geglaubte Wirklichkeit zukommt. — [2]) A. a. O. 317. — [3]) A. a. O. 313.
— [4]) A. a. O. 296. — [5]) A. a. O. 297. — [6]) A. a. O. 303. — [7]) Und
zwar im guten wie im bösen Sinne, denn „sogar das in der Welt, was wir böse
nennen, die Folge des Mißbrauchs unsrer Freiheit, ist nur durch ihn" (307),
da ja das böse „Mittel sein kann, um ein vorhandenes Übel hinwegzuschaffen"
(312) in dem an sich guten und absolut zweckmäßigen Plane des Ewigen.
Die Ursache dieser eigentümlichen Wendung der teleologischen Auffassung Fichtes
liegt in seiner Lehre von der absoluten Freiheit. Daß diese Lehre bedenklich, geht
zum Teil schon aus seiner eigenen Darlegung hervor. Da nämlich einerseits die
absolute Freiheit oder das Subjektive in mir (System d. Sittenl. WW. IV. 53)
als etwas „absolut Anfangendes, Neusetzendes" (WW. VII. 592) mich zu einem
absolut Bestimmenden oder Indeterminierten, anderseits das Sittengesetz oder das
Objektive in mir als etwas ebenfalls „absolut sich selbst Bestimmendes" (WW. IV.
55) mich zu einem Determinierten macht; da ferner Ich als die Identität von
Subjekt und Objekt ein (durch Freiheit) Bestimmendes und ein (durch das Sittengesetz) Bestimmtes, Indeterminiertes und Determiniertes zugleich bin (a. a. O. 53),
so bin ich auch insofern „undenkbar" (a. a. O. 42). Durch die Annahme einer
absoluten Freiheit gerate ich also mit mir selbst in Widerspruch. Diese Lehre ist
aber auch noch aus einem andern Grunde bedenklich. Als absolut Freier bin ich auch
unabhängig vom Sittengesetz, möglicher Weise also schlecht. Fichte nimmt nun
freilich an, daß die freien Wesen zur Vernunft und Sittlichkeit bestimmt sind
(WW. II. 313), aber eben indem sie dazu „bestimmt" d. h. prädestiniert sind,
die Tugend also zu einer „angebornen Genialität" (WW. IV. 537) oder „Anlage" (a. a. O. 568) wird, sind sie absolut unselbständig geworden und sowie
auf Grund jener Annahme ein Genie zur Tugend, so ist auf Grund der Erfahrung auch ein Genie zum Laster denkbar. Die Lehre von der absoluten Freiheit
ist also auch Schuld, daß Fichte in seiner teleologischen Auffassung zu einer der
metaphysischen Grenze des Erkennens (Vogt in Zillers Jahrbuch XII. 216 f.)
präjudizierenden und der thatsächlichen Bestimmbarkeit unsres Wollens durch unser
Denken widersprechenden moralischen Prädestination gelangt.

moralischen unterschied, den Gegensatz zwischen gegebener Unvollkommenheit und geforderter Vollkommenheit zum Zwecke der teleologischen Betrachtung festhielt und in dem Aufbau seiner Weltanschauung die Rechte des apriorischen Denkwegs in unverkümmertem Maße zu wahren suchte, war er trotz der auferlegten Beschränkung in den Erwägungen geschützt sowohl gegen Hegelsche Vergötterungen des Bestehenden als gegen die gefährliche Maxime jener, welche grundsätzlich oder aus Abneigung den aposteriorischen Erkenntnisweg für den einzig richtigen halten und den Einfluß des apriorischen Denkens auch dort, wo er Berücksichtigung heischt, zurückweisen [1]), und er hatte eine Übereinstimmung des Denkens und Thuns d. h. diesfalls des ethischen Urteils und der methodischen Behandlung dafür eingetauscht, die es ihm leicht machte, auch seine Denk- und Sinnesweise in Übereinstimmung zu bringen und charakterfest zu bleiben.

Fichte hoffte durch die Denkrichtung, die er eingeschlagen, eine „Umstimmung des wissenschaftlichen Verfahrens" [2]) und „Umkehrung der Denkart"[3]) zu bewirken, er lebte also, wenigstens anfangs, der Zuversicht, daß es ihm trotz seiner „geringen Bekanntschaft mit der philosophischen Litteratur"[4]) gelingen werde, Zeitgenossen und Spätergeborene an die Anwendung des synthetischen Denkwegs in allen, auch den nichtsynthetischen Wissenschaften zu gewöhnen und den präponderierenden Einfluß des moralischen Gedankenkreises[5]) in den Gemütern zu befestigen.

Noch mit dem ersten Entwurfe der Wissenschaftslehre beschäftigt, also aufgeregt und ergriffen von dem neuen Prinzip, erhielt er von seinen Schweizer Freunden, voran von Lavater, die Aufforderung, Vorträge über die neueste Philosophie zu halten, und er hielt einen Kursus von Vorlesungen über die Wissenschaftslehre in ihrer ursprünglichsten Form. Sein Vortrag war fesselnd, und Lavater dankte ihm in den schmeichelhaftesten Ausdrücken.[6]) Es wurde aber auch ein frisches Gedankenkonzept unmittelbar mitgeteilt, und daß Fichte auch später es immer so hielt, ist eine der Hauptursachen, warum seine Darstellung auch spitzfindiger Untersuchungen so lebendig gestaltet war.

Jener privaten Aufforderung folgte sehr bald die öffentliche der Weimarschen Regierung nach, die Reinholdsche Lehrkanzel an der Universität Jena zu übernehmen. Fichte zögerte anfangs, die Stätte seines höchsten philosophischen Ruhmes sofort zu betreten, da er mit seiner Philosophie „noch nicht völlig im Reinen sei"[7]). Indessen einem Manne, der absichtlich einen „festen Buchstaben" d. h. eine abgeschlossene Form und bleibende Terminologie in der Darstellung seiner Anschauungen vermied, um

---

[1]) A. a. O. 180. 190. — [2]) Begriff, WW. I. 35. — [3]) Erste Einleitung, WW. I. 421. — [4]) A. a. O. 419. — [5]) Oder den „Primat der praktischen Vernunft" nach dem geläufigeren Ausdrucke. — [6]) F. L. I. 191. [7]) A. a. O. 197.

Fichte. 3

die Lehre gegen gedankenlose Nachsprecher zu schützen [1]), war es leicht, alle Bedenklichkeiten zu überwinden, und so folgte er dem Rufe für Ostern 1794. Die Universität Jena stand damals in hohem Rufe. Außer andern angesehenen Lehrern wirkte dort seit fünf Jahren Friedrich Schiller und durch eine Persönlichkeit wie Reinhold war Jena zum begehrten Sammelpunkte für die Freunde der Kantschen Philosophie geworden. Neben Weimar als Sitz der schönen Literatur glänzte also Jena als Sitz der Wissenschaften. An die Wirksamkeit Fichtes wurden deshalb an und für sich große Erwartungen geknüpft. Seine Persönlichkeit aber erhöhte die Spannung. Denn Fichte besaß nicht nur seit der Veröffentlichung der Kritik aller Offenbarung einen glänzenden litterarischen Namen, die Beiträge über die französische Revolution hatten ihn auch — zur Freude der akademischen Jugend — zum kühnsten Vorkämpfer für die Freiheit von jeder Art despotischer Willkür, also zum Demokraten gemacht, daher Goethe, trotzdem die Weimarsche Regierung die Freiheit im Lehren und Schreiben begünstigte [2]), Fichtes Berufung einen Akt der Verwegenheit nannte, da er über die wichtigsten Sitten- und Staatsgegenstände „vielleicht nicht ganz gehörig" sich erklärt habe [3]). Daß Fichte auch ohne den Rat Hufelands, der zuerst auf die Berufung Fichtes gedrungen haben soll [4]), Mäßigung und Klugheit genug besitzen würde, um unnütze und am unrechten Orte vorgebrachte Äußerungen zu vermeiden, dies scheint bei den erhobenen Bedenken nicht weiter erörtert worden zu sein.

Fichte kam und übertraf alle Erwartungen. Das größte Auditorium in Jena war für seine erste öffentliche Vorlesung zu eng; die ganze Hausflur, der Hof stand voll, auf Tischen und Bänken standen sie übereinander [5]). Wer ihn hörte, wurde fortgerissen. So groß war der Erfolg seiner Antrittsrede, wie es der seines ersten schriftstellerischen Auftretens gewesen war. Die halbe Universität brachte ihm am Abend eine solenne Musik und ein Vivat [6]). Viele würdige Männer suchten seinen Umgang, und Wieland und Goethe sprachen vorteilhaft von ihm [7]); auch der Herzog Karl August zeichnete ihn persönlich aus [8]), und die Regierung setzte Vertrauen in seine Rechtschaffenheit und Klugheit [9]).

In der That mußte ein Mann, der durch Großheit gegen seinen gefälligen Vorgänger kontrastierte und imponierte, der mit Gewandtheit die frische Meditation in fließende Rede umzusetzen verstand [10]), der

---

[1]) Begriff d. W. L. I. 36. — [2]) Brief Hufelands in F. L. I. 194. — [3]) Göthes Annalen, W. W. 1856, XXVII. 25. — [4]) F. L. I. 194. — [5]) A. a. O. 211. — [6]) A. a. O. 215. — [7]) A. a. O. 212. — [8]) A. a. O. 215. — [9]) A. a. O. 216.

[10]) Fichtes Vortrag war ein freier und der Entwurf lag auf ein einzelnes Blatt geschrieben vor ihm auf dem Katheder. Forberg, ein Schüler Reinholds und Zuhörer Fichtes, schrieb unter dem 7. Dezember 1794 in sein Tagebuch: Fichte hört man geben und graben und suchen nach Wahrheit. F. L. 219. 233.

Genialität offenbarte in der Auffindung neuer Probleme und in der Be
handlung alter [1]), der Ernst und Mut in der Überwindung der größten
Schwierigkeiten an den Tag legte [2]), der in der Rede feurig und wuchtig
im Ausdrucke war [3]), — ein Mann mit solchen persönlichen Eigenschaften
mußte von vornherein eines großen äußern Erfolgs gewiß sein.

Aber nicht bloß diese persönlichen, guten Teils der Natur verdankten
Eigenschaften beseelten ihn; auch nicht der bloß äußere oder vorübergehende
Erfolg entsprach jemals seinem Sinn: Fichte handelte nach Grundsätzen,
die des innern Erfolges gewiß sein konnten. Es ist erhebend, zu sehen,
wie es ihm in der kurzen Spanne eines Lustrums mehr wie irgend
einem seiner Kollegen gelang, Jena zum Mittelpunkte des wissenschaftlichen
Strebens zu machen und dessen Universität zum Höhepunkte ihres Glanzes
zu führen. Obwohl die reichen Mittel seiner Begabung ihm gestatteten,
auch weniger wertvollen Zielen nachzugehen und ihnen Bedeutung zu ver=
schaffen, so sollte es doch an Fichte als Lehrer sich zeigen, auf welche
Weise der Gedanke, daß alle Wissenschaft schlechthin eine praktische Ten=
denz [4]), demnach alle Wahrheit dem sittlich Guten zu dienen habe, ins
Werk gesetzt würde. Denn nicht ein bloß logisches Interesse bethätigte
er bei allem Lehren; nicht das Verlangen wurde sichtbar, durch Vor=
führung neuer Thatsachen oder Lösung alter und schwieriger Fragen eine
nur erkenntnismäßige Befriedigung herbeizuführen; noch weniger war er
selbstverständlich seine Sache, durch interessante Vorträge und schöne Worte,
wo doch die Sache schweigt und welche keines Menschen Würde ange=
messen sind, am wenigsten der eines akademischen Lehrers [5]), die Aufmerk=
samkeit vorübergehend in Anspruch zu nehmen: vielmehr suchte er dahin
zu wirken, alles Denken, Lehren und Studieren dem Zwecke dienstbar
zu machen, daß der Mensch sich seiner Bestimmung nähere d. h. daß es
sittlich immer besser werde [6]). Daher er die Wissenschaft als etwas
Ehrwürdiges und Heiliges [7]) und die Universität als eine Erziehungs=

---

[1]) Die Natur entsteht ihm nämlich, was das Letztere betrifft, durch eine
Art von produktiver Einbildungskraft, sie wird aber nicht einer regelrechten
Beobachtung unterworfen. Erste Einleitung, W. W. I. 443. 448. F. L. 230.
Herbarts Brief in Alihns und Zillers Zeitschrift I. 323. Ein Rezensent meinte
daher, Fichte solle das „dunkle Gefühl des Richtigen" oder das „Genie" lieber
Schöngeistern, Künstlern u. a. überlassen. Begriff d. W. L. W. W. I. 73.
[2]) Forberg in F. L. I. 221.
[3]) Forberg sagt: Fichtes Vortrag rauscht daher wie ein Gewitter, das sich
seines Feuers in einzelnen Schlägen entladet. A. a. O.
[4]) Staatslehre W. W. IV. 394. Brief an Kant in F. L. II. 160. Vgl. oben
die Einleitung.
[5]) Vgl. Wesen des Gelehrten, W. W. VI. 437.
[6]) Bestimmung des Gelehrten, VI. 294. 300.
[7]) Wesen d. Gel. VI. 386.

3*

anstalt [1]) betrachtete; daher die Rücksicht auf die Bildung des Charakters [2]) und die Teilnahme für die ganze Persönlichkeit des Studierenden [3]).

Nichts Geringeres also, als eine gründliche Reform des ganzen wissenschaftlichen Lebens und Treibens an der Universität kündigte die Wirksamkeit Fichtes schon bei ihrem Beginn an, wie ja denn überhaupt jede aus moralischen Antrieben entsprungene und auf das gewöhnliche wissenschaftliche Treiben [4]) angewandte Thätigkeit noch Gott weiß wie lange eine gründliche wird genannt werden müssen. Als Mann der That aber führte Fichte zuerst im Werk und frohen Mutes aus, was er über ein Jahrzehnt später mit einer schon Resignation atmenden Stimmung in ausführlichen und durch vieles Detail, zumal mit Be= ziehung auf äußere Einrichtungen erweiterten Plänen der Behörde in Vorschlag brachte [5]).

Das Erste nun, was Fichte that, um diese Reform durchzuführen, waren moralische Kollegien; seine erste öffentliche Vorlesung handelte von der Bestimmung des Gelehrten. Vielleicht niemals mag ein aka= demischer Redner mit so tief empfundener Wärme das Gefühl für die Erhabenheit ihrer Bestimmung in der Brust der Jünglinge geweckt und gewiß selten jemand so energisch die angehenden Gelehrten ermahnt haben, eine männlichere Denkungsart, ein stärkeres Gefühl für Erhabenheit und Würde und einen feurigeren Eifer für die Erfüllung ihrer Bestimmung anzunehmen [6]). Ein Jahr vorher hatte er in einem Briefe an seine Braut gesagt, lieber auf der Kanzel als auf dem Katheder reden zu wollen, wenn er zum Reden verurteilt würde [7]). Dieser Wunsch schien auch in seiner jetzigen Lage erfüllt worden zu sein. Später zwar hat Fichte mit praktischen Betrachtungen theoretische verknüpft, was er thun mußte, so lange die „Achtung für die göttliche Idee" [8]) welche unter dem Sittengesetze steht [9]) und Grund der Erscheinung ist [10]), der „letzte Zweck" [11]) für den „Gelehrten=Erzieher" [12]) war, aber es waren, wie schon die Titel „Bestimmung des Menschen" und „Anweisung zum seligen Leben" beweisen, Vorlesungen ähnlichen Charakters.

Von weittragenderer, weil auch auf die theoretische Philosophie, ja sogar auf alle Fachwissenschaften anwendbarer Bedeutung ist die Re=

---

[1]) Deduzierter Plan rc. VIII. 118. — [2]) Wesen d. Gel. VI. 408.
[3]) A. a. O. 356. Bestimmung d. Gel. VI. 332. Akadem. Freiheit rc. VI. 470. Deduzierter Plan rc. VIII. 101.
[4]) Sich selbst bewundern und preisen manche, welche die Wissenschaft be= wundern und preisen. Vgl. Wesen des Gel. VI. 378.
[5]) „Ideen für die innere Organisation der Universität Erlangen" (1805—1806) und „Deduzierter Plan einer zu Berlin zu errichtenden höheren Lehranstalt" (1807).
[6]) Vgl. namentlich W. W. VI. 334. — [7]) F. L. I. 149. — [8]) Wesen des Gel. VI. 432. — [9]) A. a. O. 366. — [10]) A. a. O. 360. — [11]) A. a. O. 432. — [12]) A. a. O. 429.

form, welche Fichte in Beziehung auf die Form des Universitätsunterrichts ins Werk setzte. Hierbei ging er von einer Idee aus, welche nach
seiner Anschauung eine diesfällige Reform forderte, einer Idee, welche
die Fichteschen Bestrebungen mit den Pestalozzischen in Berührung brachte,
einer Idee endlich, welche später Herbart, jedoch unter wesentlich anderer
Begründung, zum Zwecke alles Unterrichts erhoben hat. Diese Idee ist
nicht etwa in der Forderung einer „gleichförmigen Entwicklung aller
Anlagen und Fähigkeiten zur höchstmöglichen Vollkommenheit" [1]) ausgedrückt, denn diese scheinbare Accomodation an landläufige und ziemlich
gedankenlose Redensarten verschwindet, wenn man sich vergegenwärtigt,
daß nach Fichtes Anschauung alle Kräfte des Menschene an sich Eine
Kraft sind [2]) also der Gedanke nahe liegt, daß jene Idee in der Wissenschaftslehre wurzele. Da nämlich die lediglich durch die Selbstbestimmung
oder absolute Freiheit [3]) bestimmbare [4]) Beschaffenheit des ursprünglichen
Ich), welche allem Bewußtsein zu Grunde liegt und allein es möglich
macht [5]), ein Thun ist [6]); da ferner bei der wiederkehrenden Vermengung
der Begriffe Realität und Dignität diese ursprüngliche geistige Thätigkeit
zugleich als etwas Würdiges betrachtet wird [7]), demnach von einem
Grundgesetz der geistigen Natur des Menschen gesprochen werden kann,
daß er geistige Thätigkeit unmittelbar anstrebe [8]), so besteht der „eigentliche" d. h. nächste Zweck für den Gelehrten-Erzieher darin, seine An-
vertrauten, entsprechend dem „eigentlichen Charakter der Jugend" [9]), über
dies bloß leidende Auffassen zur Selbstthätigkeit zu führen [10]) oder
seine innere Kraft zu entwickeln [11]), welche die allgemeine Beschaffenheit
und Form des sittlichen Willens ist [12]). Dieses bedachte Ziel nun, Weckung
der Selbstthätigkeit oder des Kraftgefühls, ist es eben, welches Herbart
aus ethischen, keineswegs aus realen Gründen unter dem Namen des
unmittelbaren Interesses für allen Unterricht forderte, und dieses Ziel ist

---

[1]) Bestimmung d. Gel. VI. 314.
[2]) A. a. O. und Aphorismen über Erziehung, W. W. VIII. 353.
[3]) System der Sittenlehre, W. W. IV. 125: „Als Intelligenz, Subjekt
des Bewußtseins, bin ich absolut frei und nur von meiner Selbstbestimmung
abhängig."
[4]) Erste Einleitung, W. W. I. 427.
[5]) Grundlage, W. W. I. 91.
[6]) Zweite Einleitung, W. W. I. 495. Statt „Thun" sagt Fichte auch
„Handlung der Intelligenz", „innere Thätigkeit", a. a. O. 492.
[7]) Zweite Einleitung, W. W. I. 507: „Alles beruht darauf, daß man
seiner Freiheit durch den steten Gebrauch derselben mit klarem Bewußtsein sich
recht innig bewußt worden und sie uns über alles teuer geworden sei."
[8]) Reden an d. deutsche Nation, § 19.
[9]) Wesen des Gelehrten, W. W. VI. 398.
[10]) A. a. O. 433. — [11]) Zweite Einleitung, W. W. I. 507.
[12]) Reden an d. d. Nation, § 22. 24.

es, um dessentwillen Fichte glaubte, daß die Pestalozzische Thätigkeit den Boden für das allgemeinere Verständnis der Wissenschaftslehre ebne [1]).

Die Fichtesche Idee enthält zwar theoretische Voraussetzungen, welche ihn in seinem Handeln hätten aufhalten oder in Selbstwidersprüche ver= wickeln können [2]), aber sein Gefühl, die Stimme des Gewissens und das Vertrauen auf Gott helfen ihm über diese Schwierigkeiten hinweg [3]).

Um nun die Selbstthätigkeit in den Zuhörern zu wecken, richtete Fichte seine Vorträge als das zunächst sich darbietende Mittel für jenen

---

[1]) Er sagt in den Dialogen über den Patriotismus, W. W. XI. 267: „Die Seele des Pestalozzischen Lebens war Liebe zu dem armen verwahrlosten Volke: seine Liebe wurde ihm so gesegnet, daß er mehr fand, als er suchte, das einzige Heilmittel für die gesamte Menschheit. Daß er zugleich das einzige Mittel gefunden habe, eine Generation zu bilden, die fähig sei, die Vernunftwissenschaft zu verstehen, wird ihm selber, wenn er erfährt, daß dies von mir gesagt worden, sogar wunderlich vorkommen, wenn nicht etwa gerade von da aus ihm ein Licht aufgeht über den eigentlichen Zweck der Wissenschaftslehre."

[2]) Wegen der Annahme einer absoluten Freiheit nämlich, ohne welche Moralität nicht möglich sein soll (System der Sittenlehre, W. W. IV. 276, 336), darf von gar keiner kausalen Einwirkung des Erziehers oder Lehrers auf den Zögling die Rede sein, sondern nur von einer Wechselwirkung mit dem (absolut freien) Zögling (Zweite Einleitung W. W. I. 507). Da nun aber diese Einwirkung doch thatsächlich erfolgt, so gerät Fichte in einen Widerspruch, indem er, dieß anerkennend, sofort hinzufügt: die Erziehung könne das erstere (Einwirkung) nur da werden, wo sie das letztere nicht sein könne (als ob diese Möglichkeit durch die absolute Freiheit nicht eben ausgeschlossen wäre!) und er ist ferner genötigt, die Entwicklung des moralischen Charakters für wunderbar zu halten d. h. unerklärt zu lassen. Bei der Lehre von der Freiheit in An= wendung auf das empirische Subjekt ständen wir an der Grenze aller Begreiflich= keit (Syst. d. Sitt. IV. 181) und der natürliche Mensch müsse, da er nicht durch eigene Kraft sich zum Übernatürlichen zu erheben vermöge, durch die Kraft des Übernatürlichen selbst, also wunderbar, erhoben werden (Wesen des Gel. VI. 372). Höchstens von einem „Genie zur Tugend" könne man nach Analogie mit einem vorzüglichen Grade der intellektuellen Fähigkeiten sprechen, um sich jene wunder= bare Entwicklung wenigstens vorstellig zu machen, da äußere Umstände keine Kausalität ausüben und das Wie unerklärlich bleibe, wenn Einzelne über alle Hindernisse sich emporheben (Syst. d. Sitt. IV. 185). Wie aber, wenn jemand ein Genie zum Laster besäße? Dann lautet die Fichtesche Meinung: „Mir ist mehr daran gelegen, daß ich ihre" (absolute) „Freiheit" (d. h. bloße Willkür) „ehre" (!), „als daß ich" (z. B. schlechte Gewohnheiten) „verhindere oder auf= hebe, was mir beim Gebrauche derselben böse scheint" (Bestimmung des Menschen, W. W. II. 311). Wäre ich vom Gegenteil überzeugt, so müßte ich also das Böse achten und anders handeln, als ich denke.

[3]) „Im Thun besteht" (nun einmal) „unsere Bestimmung" (Best. des Menschen, W. W. II. 249) und das Gewissen, dieses Bewußtsein unserer höheren Natur (Syst. d. Sitt. IV. 147), belehrt mich und gebietet mir in jeder beson= deren Lage meines Daseins, was ich bestimmt in dieser Lage zu thun, was ich in ihr zu meiden habe (Best. des Menschen II. 248) und was die Folgen meiner Handlungen betrifft, so müssen wir notwendig annehmen, daß der ewige Wille alles zum Besten lenken werde (a. a. O. 311).

Zweck [1]) in der Weise ein, daß sie ohne Prunk, da er schöne Worte haßte, aber durch Reichtum des Ausdrucks und Fülle der Gedanken, durch Ernst und Nachdruck, von dem sie getragen waren, durch Lebendig- keit und Frische, „als ob er die Untersuchungen eben anstellte [2]), endlich durch die Kraft der Überzeugung, die in ihnen lebte, — die Zuhörer- schaft intensiv zu erregen und in Ergriffenheit zu versetzen vermöchten. Was er selbst vom mündlichen Vortrage des Gelehrten-Erziehers forderte, daß er stets neu sei [3]), d. h. eine von den unendlich vielen Gestalten der Einen Grundidee darstelle [4]), das hat er getreulich und wie ein Mann, der in seinem Berufe aufgeht, in Erfüllung gebracht, weshalb denn auch sein ganzes System einer abgeschlossenen Form und feststehenden Terminologie entbehrte. Nicht ein Haufen sklavischer und brutaler Nach- beter sollte groß gezogen [5]), sondern allen Achtung für die Wissenschaft eingeflößt werden [6]). Was aber die Festigkeit seiner Überzeugung betrifft, so sprach Fichte wie ein Mann, der individuell nie irren kann [7]) und unerschütterlich daran festhält, daß das System des menschlichen Geistes, dessen Darstellung die Wissenschaftslehre sein soll, absolut gewiß und infallibel sei [8]). Wer ihn hörte, mußte an seine Worte glauben [9]).

Indessen Vorträge allein schützen, auch wenn sie einen zusammen- hängenden Kursus bilden [10]), die bloß reproduzierenden Zuhörer nicht vor dem Zustande des träumenden Hingebens [11]) und blinder Nachbeterei, sind also ein unzureichendes Mittel für die Weckung der Selbstthätigkeit. Zwar stellte Fichte, damit eine wo möglich selbständige Verarbeitung der in den Vorträgen empfangenen Anregungen zu Tage trete, Aufgaben an seine Zuhörer, [12]) aber diese Appellation an den guten Willen ist doch noch keine geregelte Institution und überdies hatte Pestalozzi deutlich genug hervor- gehoben, wie sehr bloße Kenntnisse ohne Fertigkeiten vom Übel seien. Fichte richtete also Konversatorien ein, in welchen die fortfließende Rede in wechselseitige Unterredung sich verwandelte, der Schüler durch seine Äußerungen, Fragen und dadurch veranlaßte Gegenfragen in einen

---

[1]) Wesen d. Gelehrten, VI. 429. — [2]) Forberg in F. L. I. 221 — [3]) Wesen d. Gel. VI. 436. — [4]) A. a. O. 435. — [5]) Begriff d. W. L. W. W. I. 36. — [6]) Wesen d. Gel. VI. 432.

[7]) Als Reinhold im Begriffe stand, die dritte philosophische Metamorphose durchzumachen und an Fichte schrieb, der Philosoph solle bedenken, daß er als Individuum irren könne, daß er als solches von andern lernen könne und müsse, erwiderte dieser in etwas schroffer Weise: Wissen Sie, lieber Reinhold, welche Stimmung Sie da beschreiben? die eines Menschen, der in seinem Leben noch nie von irgend etwas überzeugt gewesen. F. L. II. 291 f.

[8]) Begriff d. W. L. W. W. I. 76.

[9]) Forberg schreibt, an Fichte sei, auch wenn man ihn nicht verstanden, geglaubt worden, wie niemals an Reinhold geglaubt werden sei. F. L. I. 219.

[10]) F. L. I. 226 f. — [11]) Organisation 2c. WW. XI. 277.

[12]) A. a. O. 291.

expressiven Sokratischen Dialog hineingeführt werde und durch schriftliche Lösung von Aufgaben, die an ihn gestellt wurden, zu beweisen hatte, ob er das Mitgeteilte frei zu gebrauchen und selbständig zu verarbeiten imstande sei. [1]) Die Folge dieser aus methodischem Geiste stammenden Einrichtung war, daß ein edler Wetteifer zwischen den Studierenden sich entwickelte und ihr Ehrgefühl angefeuert wurde, daß in Jena damals außer der Heilkunde unter Hufeland nur Philosophie mit Eifer betrieben und die Kenntnisse nicht durch die leidigen testimonia und examina erzwungen wurden. [2]) Unter den zahlreichen Schülern werden hervorgehoben: Herbart, Hölderlin, J. J. Wagner, Joh. Erich von Berger, Josef Rückert, Lehmus, Hülsen, Süvern, Muhrbeck, Erichson, Böhlendorf, Smidt, Gries, Thaden, Johann Rist. [3]) Aber nicht bloß Philosophen hat Fichte gebildet, auch viele tüchtig gesinnte Menschen, und daß die Zahl der letzteren weit größer war als die der ersteren, dürfen wir bei der praktisch-ethischen Tendenz seiner Wirksamkeit den Berichterstattern [4]) sicherlich glauben.

Diese intensive Lehrthätigkeit war von einer ebenso intensiven schriftstellerischen Arbeit begleitet, und er veröffentlichte teils in kleineren Aufsätzen im philosophischen Journal, teils in selbständigen Werken innerhalb eines ungewöhnlich kurzen Zeitraums die Grundzüge seines Systems. Noch im Jahre 1794 erschien die Schrift „Über den Begriff der Wissenschaftslehre" und die „Grundlage der gesamten Wissenschaftslehre"; ihr folgte 1795 der „Grundriß des Eigentümlichen der Wissenschaftslehre", 1796 und 1797 die „Grundlage des Naturrechts" (zwei Teile) und 1798 das „System der Sittenlehre nach Prinzipien der Wissenschaftslehre". Aber alles, was Fichte schrieb, war der möglichst vollendet gestaltete Ausdruck für die aus seiner Lehrthätigkeit erwachsene Gedankenarbeit, [5]) nicht daß umgekehrt der Inhalt seines mündlichen Vortrags der nachträgliche Ausdruck dessen war, was er als Schriftsteller zu leisten oder in der Welt zu gelten sich etwa vorgesetzt. Einem wahrhaft zweckerfüllten

---

[1]) A. a. O. 278. Konversatorien und schriftliche Ausarbeitungen verlangt Fichte auch im deduzierten Plan rc., WW. VIII. 105.

[2]) Organisation rc. XI. 290. — [3]) F. L. I. 236. — [4]) Nämlich Immanuel Hermann Fichte und Steffens, F. L. I. 237.

[5]) Fichte schreibt am 27. August 1796 an Reinhold: „Ich lese des Tags drei Kollegien, eins über eine mir ganz neue Wissenschaft, wo ich das System erst aufbaue, indem ich es darstelle; zwei, die ich schon gelesen, die ich aber bearbeite, als ob ich sie nie bearbeitet hätte" (F. L. II. 228) und am 27. März 1797: „Ich habe sie" (die Wissenschaftslehre) „ganz umgearbeitet, so als ob ich sie nie bearbeite hätte und von der alten nichts wüßte. Ich lasse diese Bearbeitung im Philosophischen Journal abdrucken, versteht sich wieder von neuem aus den alten Heften bearbeitet" (F. L. II. 236). „Ein weggelegtes Buch von mir selbst", — dies möge nach einem Briefe vom 18. Juli 1800 hinzugefügt werden, „lese ich wie eins des Mannes im Monde" (a. a. O. 291).

Leben wie dem Fichteschen standen die gewöhnlichen Gelehrten-Motive fern und mit Recht nennt er die Behandlung der Wissenschaften eine elende, da man allerlei Fakta und Meinungen, wie sie uns unter die Hände kommen, zusammenrafft, ohne irgend einen Zusammenhang oder einen Zweck, außer dem, sie zusammenzuraffen und über sie hin und her zu schwatzen.[1]) Nichts Geringeres als die oberste Aufsicht über den wirk lichen Fortgang des Menschengeschlechts und die stete Beförderung dieses Fortgangs ist nach Fichte die Bestimmung des Gelehrtenstandes, daher es zwar nicht die Aufgabe des Gelehrten ist, daß er sein Fach wirklich weiter bringen müsse, wohl aber, daß er redlich forschend und gewissen= haft einen jeden Satz prüfend streben müsse, sie weiter zu bringen, daß er in allen Menschen das Gefühl des Wahren entwickle und läutere und den letzten Zweck des Menschen, sittliche Veredlung, vor Augen halte[2]). Bei einer solchen Denk= und Sinnesweise war er dagegen gesichert, je= mals um niedrigerer Zwecke willen seine Kraft einzusetzen und sein Fach nur wie ein Handwerk zu lieben[3]). Seine Lehre erfuhr zwar, wie das bei der synthetischen Behandlung der gesamten Erfahrung natürlich war, vom Standpunkte, ich will nicht sagen des gesunden Menschenverstandes, aber doch der Logik der Thatsachen, die derbsten Angriffe[4]), aber dessen= ungeachtet konnte er bereits 1798 sagen, daß sein System glücklichere Schicksale gehabt, als wohl irgend einem andern zu Teil geworden sei[5]) und wenn man auch mit Recht hinzufügen kann, bei dem Aufschwunge der Philosophie seit dem Auftreten Kants hätte ein hervorragender Geist in kurzem sich die ihm gebührende Anerkennung erringen müssen, so hat doch an der Anerkennung Fichtes die Rechtschaffenheit der Gesinnung und das zweckbewußte Streben reichen Anteil.

Aber nicht bloß im Lehren und Schreiben offenbarte sich Fichtes reformatorische Thätigkeit, sie versuchte sich auch in neuartigen Einrich= tungen und kehrte sich gegen bestehende Übelstände. Daraus erwuchsen ihm Konflikte und er konnte sattsam erfahren, daß man grade bei einer

---

[1]) S. die Schrift über Friedrich Nikolai, WW. VIII. 5. Der hohen Zwecke wegen, deren Erfüllung er in den Werken eines Schriftstellers forderte, konnte darum auch nur Fichte mit solcher Erbitterung des Gemüts über jenen Buchmacher schreiben. — [2]) Best. des Gel. VI. 328 f. Begriff d. W. L. I, 76. — [3]) Vgl. Wesen des Gel. VI. 436.
[4]) Fichte selbst berichtet über die Aufnahme seines Systems in der 2. Vor= rede zum Begriff der W. L. I. 34 folgendes: „Wenige ergriffen die vernünftigere Maßregel, vorläufig zu schweigen und sich erst ein wenig zu bedenken; die mehreren ließen ihr dummes Staunen über die neue Erscheinung unverhohlen blicken und empfingen sie mit blödsinnigem Gelach und abgeschmacktem Spott; die gutmütigeren unter diesen wollten zur Entschuldigung des Verfassers glauben, daß die ganze Sache bloß ein übel ausgedachter Spaß sei, während andere im Ernste nachsannen, wie man ihn bald „im Innern gewisser milder Stiftungen" versorgen könne.
[5]) A. a. O. 35.

solchen Wirksamkeit zwar das beste Gewissen haben, aber vor Verdäch=
tigungen, Unterstellungen und plumpen Hindernissen darum keineswegs
geschützt sei[1]).

In Erinnerung an Döderleins homiletische Sonntagsvorlesungen in
Jena und Semlers ascetische in Halle begann Fichte im Winter=Semester
1794—1795 zu einer Stunde, in welcher kein Gottesdienst stattfand,
moralische Sonntagsvorlesungen zu halten und zwar nicht ohne sich vor=
her erkundigt zu haben, ob sein Vorgehen gesetzlich zulässig sei. Diese
Reden waren dem Inhalte nach ähnlich den über die Bestimmung des
Gelehrten gehaltenen, aber sie waren nicht von wissenschaftlicher Art und
gingen auch gar nicht auf eigentlichen Unterricht, sondern auf Bildung
des Herzens zur Tugend[2]). Darüber beschuldigte ihn das Oberkonsi=
storium in Weimar, in welchem ein Herder saß, eines gesetz= und ord=
nungswidrigen Beginnens und nannte sein Unternehmen einen „intendierten
Schritt gegen den öffentlichen Landesgottesdienst[3]).“ Eine damals be=
kannte politische Zeitschrift aber behauptete, daß die Weltverwirrer durch
den Professor Fichte in Jena auf den öffentlichen Gottesdienst der Christen
einen förmlichen Angriff zu thun und ihn durch Aufrichtung eines Ver=
nunftgötzendienstes zu stören sich erfrecht hätten[4]). Die Weimarer Regie=
rung wies zwar in ihrem Dekrete an den akademischen Senat[5]) diese
Verdächtigungen zurück, nannte aber doch das Fichtesche Unternehmen etwas
Ungewöhnliches und wollte die Sonntagsvorlesungen äußerstenfalls nur
in den Stunden nach geendigtem Nachmittagsgottesdienst gestatten. In=
folge dessen wurden sie abgebrochen.

Noch widerwärtiger waren die Erfahrungen, welche ihm der Ver=
such, die Ordensverbindungen unter den Studierenden aufzuheben, ein=
trugen. Öffentliche Auftritte und Klagen über Zügellosigkeiten, welche
Mitglieder dieser Verbindungen begangen, waren damals an der Tages=
ordnung[6]). Die sonderbarsten Begriffe über akademische Freiheit waren
bei ihnen im Umlauf, und fast schien es, als ob die ersten Äußerungen
einer mannhaften Selbständigkeit in einer andern als rohen Form gar
nicht denkbar wären. Äußere Gewalt, Bedrohung mit Strafen und ge=

---

[1]) Den Konflikt mit seinem „Kollegen“ Schmidt (F. L. I. 197) übergehe
ich. Fichte hatte eigene Gedanken, und das war Grund genug zum Hasse für erb=
gesessene Besitzer fremder Gedanken. Er widmete ihm schließlich eine ziemlich um=
fangreiche Abfertigung (WW. II. 421) und that dies, wozu er ja Grund hatte,
mit Stolz. Ingleichen berühre ich nicht den Konflikt mit Schiller (s. den Fichte=
Schillerschen Briefwechsel, F. L. II. 372 und die weitläufige Auseinandersetzung
in F. L. I. 237), ein Konflikt, der offenbar auf Mißverständnis und vorübergehende
Empfindlichkeit des letzteren zurückzuführen ist und in der Folge auf das persön=
liche Verhältnis zwischen beiden Männern keinen störenden Einfluß ausgeübt hat.
[2]) Fichtes Verantwortungsschreiben, F. L. II. 23. — [3]) Bericht des Ober=
konsistoriums an die Landesregierung, a. a. O. 20. — [4]) F. L. I. 255. —
[5]) Abgedruckt in F. L. I. 41. — [6]) Fichtes Verantwortungsschrift, F. L. I. 49. —

richtliche Untersuchungen erwiesen sich als fruchtlos, dem Unfug ein Ende zu machen. Fichte versuchte, was noch nicht versucht worden war, durch überzeugende Belehrung und Verbesserung der Grundsätze das Übel an der Wurzel zu treffen. Er hielt Vorlesungen über die Ordensverbindungen und brachte es in kurzer Zeit durch die Eindringlichkeit und Un= widerlegbarkeit seiner Rede dahin, daß Abgeordnete aus den Orden zu ihm kamen nnd begehrten, ihnen den Entsagungseid, den sie zu leisten allgemein willig wären, noch an diesem Tage abzunehmen[1]). Hierzu nicht bevollmächtigt, verwies sie Fichte an den Prorektor, und dieser wiederum gab ihnen den Rat, sich an die Regierung zu wenden. Schon diese Verschleppung mußte, da die Angelegenheit vier Höfe zu durchlaufen hatte, auf den guten Eifer der Ordensmitglieder abkühlend wirken, und einer von den drei Orden, die Unitisten, traten zurück[2]). Dazu kam, daß das Gerücht verbreitet war, Fichte treibe in der ganzen Sache ein intriguenhaftes Spiel, um sich beim Hofe beliebt zu machen, und einige Mitglieder des genannten Ordens warfen in der Neujahrsnacht 1795 unter ehrenrührigen Schmähungen mit Steinen ihm die Fenster ein[3]). Als die von der Regierung zur Abnahme des Entsagungseides abgesandte Kommission endlich ankam, schworen die Abgesandten der andern Ver= bindungen unter Fichtes Vermittlung zwar diesen Eid und man hielt ihnen alles, was man ihnen versprochen; da aber die Unitisten ungestraft irotzen durften, traten die aufgelösten Orden nach einem solchen Beispiele wieder zusammen, und Fichte wurde zum zweiten Male nächtlicher Weile und so gröblich insultiert, daß sein Schwiegervater dem Tode nahe ge= bracht wurde und seine Frau erkrankte[4]). Nach solchen Mißhandlungen verließ er mit Erlaubnis des Herzogs die Stadt und verbrachte den Sommer 1795 in Osmannstädt, um dort abzuwarten, bis sich die Ge= müter beruhigt hätten und die Aussicht vorhanden sei, seine Lehrthätig= keit ungestört wieder aufnehmen zu können. Den Erfolg indessen hatten die Bemühungen Fichtes für die Hebung und Veredlung studentischer Sitte doch, daß sich in Jena unter seiner wesentlichen Mitwirkung eine „Gesell= schaft der freien Männer" bildete, welche schon durch diese Bezeichnung ihre Selbständigkeit von dem Zwange der Ordensverbindungen an den Tag legten und als treue Anhänger seine Pläne im Kreise der Studierenden beförderten[5]).

---

[1]) A. a. O. 50. — [2]) Brief an Reinhold, F. L. II. 218. — [3]) Rechen= schaftsbericht, F. L. II. 53. 55. — [4]) A. a. O. 70. 219. — [5]) F. L. I. 257. —

IV. Kapitel. Wendepunkt.

Die reformatorische Thätigkeit, welche Fichte entfaltete, hatte ihm einen weitverbreiteten Ruf *verschafft und aus den entferntesten Gegenden Deutschlands zog lediglich seinetwegen eine beträchtliche Anzahl Studierender jährlich nach Jena [1]); auch das „Philosophische Journal", welches er mit Niethammer herausgab, war zu einer gefürchteten litterarischen Macht geworden [2]), als plötzlich und scheinbar wie aus heiterm Himmel ein Blitz in diese ebenso verdienstvolle als gesegnete Thätigkeit hineinfuhr, um ihr ein jähes Ende zu bereiten. Ich sage scheinbar. Denn es ist unwahrscheinlich, daß es einem feigen Anonymus, als die Fichtesche Philosophie auf die Theorie der Religion sich zu erstrecken begann, durch die Denunziation, daß Fichte atheistische Lehren verbreite und die Jugend verderbe, gelungen sein sollte, am Ende seine Entlassung herbeizuführen; und es ist ebenso unwahrscheinlich, daß ein vertrauliches und nachher gegen Fichte mißbrauchtes Schreiben einen wesentlichen Einfluß auf einen solchen Ausgang ausgeübt haben sollte. Sowie die kommenden Saatfrüchte, um ein Fichtesches Gleichnis zu gebrauchen, nicht im Säen des Landmannes, sondern in der Naturordnung ihren zureichenden Grund haben, so hatte auch die schließliche Entlassung Fichtes nicht in der Aussaat jenes Anonymus noch in jenem Schreiben, sondern in der Gedankenordnung, welche er über göttliche Dinge zu entwickeln begann und welche der trotz Kant doch noch immer in der Gesellschaft im allgemeinen herrschenden Gedankenordnung widerstritt, ihren zureichenden Grund. Es half nichts, diejenigen Dogmatisten zu schelten, welche das Ding an sich für keine Chimäre hielten: die Welt glaubt nun einmal nicht daran, daß die Erfahrung keine feststehenden wissenschaftlichen Ausgangspunkte darbiete und daß alles daraus Erschlossene ohne notwendige Gültigkeit sei; auch ist der physikotheologische Beweis für das Dasein Gottes ebendeshalb der populärste, weil er aus der Beschaffenheit und Anordnung der Dinge der gegenwärtigen, erfahrungsmäßig gegebenen Welt geführt wird, demnach zugleich das Ansehen eines Erklärungsgrundes gewinnt. Daß Fichte dies verkannte und in der synthetischen, also von Gedachtem, nicht vom Wirklichem ausausgehenden Gedankenbewegung den allein seligmachenden Denkweg erblickte, dies war sein principieller Irrtum, und dieser Irrtum ist es in letzter Instanz inwiefern sein Schicksal ein tragisches genannt werden kann, da ja niemals das Schicksal eines ganz unschuldig Unterdrückten, wie es Fichte den zwei genannten Ursachen zufolge gewesen sein würde, ein tragisches heißt.

Nachdem Kant, entsprechend einem großen Zuge der geistigen Gedankenbewegung des achtzehnten Jahrhunderts, die Pfade der alten Meta-

---

[1]) Studentenbittschrift, F. L. I. 307. — [2]) A. a. O. 265.

physik verlassen und in dem erkennenden Subjekte die feststehenden Prinzipien gesucht[1]), ergriff Fichte diesen Grundgedanken, suchte ihn, wie an gegeben, konsequenter durchzuführen und bediente sich, den Spuren des mathematischen Denkens folgend, der synthetischen oder richtiger der synthesierenden Methode wie einer geläufigen Handhabe. Kein Wunder, daß er nun, nachdem sein Denken, und zwar zu allerletzt[2]), den höchsten Problemen sich zugewandt, dasselbe Verfahren einhielt, um auf diese Fragen neues Licht, aber auch neuen Schatten zu werfen.

Aus dem moralischen Bewußtsein nämlich stammt, was die Lichtseite betrifft, unmittelbar und wie etwas ursprünglich Gewisses (daher ja der Name „Gewissen") der Gedanke, daß und was ich wollen soll[3]). Ein echtes Wollen ist aber ohne die Voraussetzung der Erreichbarkeit des Gewollten nicht möglich[4]) d. h. es steht zwar nicht in unsrer Macht, wie viel, ja ob wir das Gewollte wirklich erreichen werden, aber wir halten, indem wir unsrem Willen gemäß handeln, den wirklichen Erfolg doch für möglich, so wahr wir wirklich handeln und alles Wirkliche die Möglichkeit notwendig in sich schließt. Ohne die Voraussetzung der Erreichbarkeit des Gewollten (des Gelingens) würde der sittliche Wille mit all seiner innern Reinheit und Rechtschaffenheit eine begrabene Tugend darstellen, gradeso wie in der Gedankenmitteilung zurückhaltend und verschlossen wird, wer unter lauter Unverständigen lebt. Der Sämann würde auch nicht die Körner, die er zu seiner Nahrung brauchen kann, der Erde anvertrauen, wenn er nicht so sicher auf die Naturordnung als Bürgen der künftigen Früchte rechnete, daß er im Glauben an sie seine Körner daran wagt[5]); und ebenso sicher rechnet der moralische Wille auf eine moralische Weltordnung als Bürgen des wirklichen Erfolgs, daß er im Glauben an sie seine Kräfte, die er zu vielem anderen gebrauchen könnte, daran wagt, um auch unter Hindernissen mutig auszuharren und die sittlichen Gebote zu erfüllen[6]). Dieser Glaube ist ein religiöser Glaube. Daß nun Fichte die Gesinnung des moralisch Handelnden von dem erreichten Erfolge unterschied und vermöge dieser Unterscheidung den Ort genau zu bezeichnen vermochte, an welchem das Denken gezwungen ist, zum religiösen Glauben seine Zuflucht nehmen zu müssen, darin besteht das Scharfsinnige und Verdienstvolle seiner Deduktion.

Aber der Glaube an eine moralische Weltordnung ist nach Fichte kein Glaube an einen moralischen Weltordner und damit beginnt die

[1]) Vogt im Jahrbuch für wissenschaftliche Pädagogik XII. 174. [2]) Gerichtl. Verantwortung ꝛc. WW. V. 270. Die erste auf Kantschen Prämissen ruhende Schrift über die Kritik aller Offenbarung hatte er längst aufgegeben, a. a. O. — [3]) Vgl. Über d. Grund unsres Glaubens ꝛc. WW. V. 183. — [4]) Zillers Ethik 452. Vermöge seiner theoretisch-idealistischen Denkweise spricht Fichte nicht vom Wollen, sondern von unserm „Wesen" WW. V. 183. — [5]) Aus einem Privatschreiben ꝛc. WW. V. 388. — [6]) In dieser Weise lassen sich die Ausführungen Fichtes a. a. O. 389—394 auf einen Satz reduzieren. —

Schattenseite seiner Deduktion. Der Begriff von Gott nämlich als einer besondern Substanz oder als ein besonderes Wesen, das Ursache der moralischen Weltordnung sei, soll unmöglich und widersprechend, jene moralische Weltordnung soll lebendig und wirkend, soll selbst Gott sein[1]). Gleichwie die Seele habe auch Gott nur die Bedeutung eines logischen d. h. bloß gedachten, nichts Wirkliches voraussetzenden Subjekts, keines= wegs die einer reellen Substanz[2]). Denn da Sein, Substantialität nur sinnliche Prädikate seien[3]), so sei Substanz etwas in der Wahr= nehmung zu Belegendes, also etwas Konkretes, während jene beiden Be= griffe nur durch Denken und zwar ein an sich nicht notwendiges, nicht konkretes, sondern abstraktes Denken entstanden seien[4]). Aber ist denn alles abstrakte Denken, zumal das auf die äußere Wahrnehmung bezüg= liche, ein willkürliches oder beliebiges Denken, dem eine sichere faktische Grundlage fehlte? Bezieht es sich nicht auf die Erfahrung? Repräsentiert es nicht Faktisches? Ist nicht grade ein beliebiges, durch kein notwendiges Denken entstandenes Abstraktum ein leeres, inhaltlich bedeutungsloses? Doch gesetzt, Substanzialität habe nur die Bedeutung eines sinnlichen Prädikats und man müßte „rein philosophisch" von Gott so reden: „Er ist (= logische Copula) kein Sein, sondern ein reines Handeln (Leben und Prinzip einer übersinnlichen Weltordnung), gleichwie auch ich endliche Existenz kein Sein, sondern ein reines Handeln bin: — pflichtmäßiges Handeln, als Glied jener übersinnlichen Weltordnung"[5]), so ist zuvörderst klar, daß diese Rede nichts als eine Übertragung der prinzipiellen Fichte= schen Anschauung auf die religiöse ankündigt. Denn sowie die Beschaffen= heit des ursprünglichen Ich ein Thun oder Handeln ist[6]), so soll auch die Beschaffenheit Gottes gedacht werden, daher die moralische Weltord= nung, welche Gott selbst ist, nicht als ordo ordinatus, sondern als ordo ordinans aufzufassen ist[7]). Aber die Frage nach der Beschaffenheit jenes Thuns, nach dem nähern Inhalte der Ichheit oder des reinen Selbst= bewußtseins führt Fichte selbst auf die Erklärung, jene innere Thätigkeit als eine in sich zurückgehende sei ein Gewebe von Relationen, ein Zirkel und darum „undenkbar"[8]). Und dieser dunkle Begriff sollte andere auf= zuhellen imstande sein? Wird nicht das Handeln Gottes, wenn es, wie es muß, als ein inneres gefaßt wird, da ja die Prädikate der Aus= dehnung und Substantialität von der wahren Idee Gottes zurückgewiesen werden[9]), nicht ebenso als ein in sich zurückgehendes, also am Ende wiederum als etwas Undenkbares erscheinen? Droht nicht der Begriff Gottes, da ihm durchaus nicht die Bedeutung einer Substanz d. h. eines

---

[1]) Über d. Grund unsres Glaubens ꝛc. WW. V. 186. — [2]) Rückerinne= rungen ꝛc. WW. V. 368. — [3]) Gerichtl. Verantw. ꝛc. V. 261. — [4]) Rück= erinnerungen ꝛc. V. 368. — [5]) Gerichtl. Verantw. V. 261. — [6]) S. III. Kapi= tel. — [7]) Aus einem Privatschreiben ꝛc. WW. V. 382. — [8]) System d. Sitten= lehre WW. IV. 42. — [9]) Gerichtl. Verantw. ꝛc. WW. 261.

Bestehenden und Beharrenden[1]) zukommen soll, auf dem Boden seines eigenen Systems zu einem problematischen zu werden? Doch wie mag es wohl überhaupt kommen, daß Substantialität, Kausalität, kurz „alle weiteren Bestimmungen des Seins, Beharrens und Bestehens"[2]) wie ein „Schulgeschwätz" verachtet[3]) und wie ein „verwerflicher, den Menschen durchaus zu Grunde richtender Aberglaube"[4]) verabscheut werden? Auf diese Frage giebt die von Kant zuerst gebrauchte, von Fichte konsequenter durchgeführte und nachher zu einem breiten Strome entwickelte, synthesierende Methode eine hinreichende Antwort. Wer die Realität der gegebenen Dinge, da sie etwas Selbstverständliches und Unerweisliches ist, nicht gleich zu Anfang als feststehend d. h. nicht weiter ableitbar anerkennt, in so großer Ungewißheit auch sonst das Denken in Beziehung auf die Qualität der Dinge leben mag, der wird zwar wie Fichte auf Grund der Logik der Thatsachen in ein Nicht=Ich verwickelt werden, aber alles Heil im erkennenden Subjekte suchen, um durch dessen Denkakte die verlorene Realität zu sichern, — freilich schlecht genug im Hinblicke auf die „Undenkbarkeit" des Prinzips —, und er wird, weil nicht die gegebenen Dinge ihn reizen auf analytischem Wege zum Wesen der Dinge vorzudringen — denn die wahrgenommenen und wechselnden Qualitäten können nicht ihr Wesen ausmachen — bei dem Begriffe einer scheinbaren Substanz stehen bleiben[5]), die wirkliche aber verlieren und auf diese Weise die Begriffe von Gott und Seele als Produkte des „zusammenfassenden, abstrahierenden Denkens" nur für logische Subjekte ohne reelle Bedeutung erklären[6]). Gott steht zur Welt der gegebenen Dinge eben auch in Beziehung, nicht bloß zu uns Menschen, und eben darum ist er als eine Substanz auffaßbar. Auch bedarf der religiöse Glaube eines reellen Bürgen, wenn die moralische Gesinnung vom Mute zum Handeln begleitet sein soll, und ein Bürge von bloß logischer Bedeutung ist so gut wie gar kein Bürge. Weil also Fichte vermöge der moralischen Weltordnung, welche ein Produkt des bloßen, reinen d. h. synthetischen Denkens ist[7]), an einen wirklichen Erfolg des moralisch Handelnden glaubte, aber einen auf analytischem Wege erreichbaren wirklichen Bürgen für diesen Erfolg leugnete, so täuschte er die aufgeregten Erwartungen und lud den Schein einer atheistischen Denkweise auf sich).

Fichte hatte die Grundzüge seiner Religionstheorie in der Abhandlung „Über den Grund unsres Glaubens an eine göttliche Weltregierung" niedergelegt und 1798 im Philosophischen Journal veröffentlicht. Die Abhandlung verfolgte stillschweigend zugleich den Nebenzweck, dem un=

---

[1]) A. a. O. 260. — [2]) A. a. O. — [3]) Über d. Grund unsers Glaubens 2c. WW. V. 188. — [4]) Aus einem Privatschreiben 2c. WW. V. 395. — [5]) „Gott ist eine Substanz, heißt nach unserem Systeme: er ist ausgedehnte Materie, und läßt sich sehen, hören, fühlen 2c. Gerichtl. Verantw. WW. V. 261. — [6]) Rück-erinnerungen 2c. WW. V. 368. — [7]) Gerichtl. Verantw. WW. V. 261.

mittelbar folgenden Aufsatze Forbergs „Entwicklung des Begriffs der Religion", welchem er als Herausgeber und insofern Censor die Aufnahme pro auctoritate nicht verweigern wollte und mit widerlegenden Noten unter dem Texte auf Forbergs ausdrückliches Verlangen nicht begleiten sollte[1]), als berichtigender Vorläufer zu dienen. Denn dieser Aufsatz zeigte zwar die Anwendung transcendental-philosophischer Sätze auf die Theorie der Religion, aber in einer Weise, die ihre Stärke im Negieren sucht, und überdies in einer kecken und am Schlusse sogar frivolen Sprache[2]). Nichtsdestoweniger blieb Fichte ein halbes Jahr völlig unangefochten[3]) und weder kirchliche noch politische Behörden erhoben Rekriminationen.

Da erschien nun das anonyme „Schreiben eines Vaters an seinen studierenden Sohn über den Fichteschen und Forbergschen Atheismus"[4]), welches ohne Rücksicht auf den Zusammenhang Fichtescher Philosopheme nachzuweisen suchte, daß jene beiden Männer jungen Leuten den Glauben an Gott „verdächtig machen und den Samen der Immoralität ausstreuen". Indessen, als wäre es nicht genug, durch solche Verdächtigungen, durch unentgeltliche Verteilung der Schrift in Leipzig und Dresden und anderwärts Beweise einer feindseligen Gesinnung gegen Fichte an den Tag gelegt zu haben, unterzeichnete der feige und machinierende Anonymus außerdem sein Schreiben mit G..... und mußte so dem Gerüchte Glauben zu verschaffen, daß der damals berühmte und verdiente Theolog Gabler in Altdorf bei Nürnberg, von wo aus die Schrift debutiert wurde, der Verfasser sei. Gabler veröffentlichte nun zwar in der allgemeinen Litteraturzeitung eine „Notgedrungene Protestation gegen ein falsches Gerücht"[5]), beschuldigte die Verbreiter des Gerüchts einer groben Verleumdung, die er ihrer eigenen Scham und Schande überlasse, und bezeichnete die Broschüre als eine „wo nicht eigentlich delatorische, doch leidenschaftliche und polemische"; dennoch war die Schrift, da ihr Verfasser den Fichteschen Satz: der Begriff von Gott als einer besondern Substanz sei unmöglich und widersprechend, als nackte atheistische Erklärung dem gemeinen religiösen Bewußtsein plausibel zu machen gesucht hatte[6]), der Anstoß zu der nun gegen Fichte beginnenden Bewegung.

Bereits am 19. November 1798 erließ die kurfürstlich sächsische Regierung ein Reskript, in welchem unter Hinweis auf dieselben in jenem

---

[1]) Brief an Reinhold. F. L. II. 250. — [2]) Der Schluß lautet: „Ist nicht der Begriff eines praktischen Glaubens mehr ein spielender als ein ernsthafter philosophischer Begriff? — Die Antwort auf diese verfängliche Frage überläßt man billig dem geneigten Leser selbst und damit zugleich das Urteil, ob der Verfasser des gegenwärtigen Aufsatzes am Ende auch wohl mit ihm nur habe spielen wollen." F. L. I. 274. — [3]) Gerichtl. Verantw. WW. V. 251. — [4]) Abgedruckt in Fichtes WW. V. 304. — [5]) Abgedruckt in Fichtes WW. V. 302 und F. L. II. 80. — [6]) Fichtes WW. V. 314. —

anonymen Schreiben enthaltenen Stellen die Konfiskation über das philo=
sophische Journal wegen der „atheistischen Äußerungen" ausgesprochen
wurde[1]). Dieselbe Regierung forderte außerdem sechs benachbarte Regie=
rungen, darunter nur die preußische vergebens auf, dieselbe Maßregel zu
ergreifen[2]), ja sie richtete sogar ein in ermahnendem, das Souveränitäts=
gefühl des andern Hofes keineswegs berücksichtigendem Tone gehaltenes
Requisitionsschreiben vom 18. Dezember 1798 an den Weimarschen Hof[3]),
auf daß derselbe ohne Rücksicht auf die akademische Freiheit, also durch
Begehung eines Unrechts Fichte und Forberg wegen ihres „frevelhaften
Beginnens zur Verantwortung ziehe und nach Befinden ernstlich bestrafen
lasse." Schon am 27. Dezember wandte sich die Weimarsche Regierung
in einem Reskript[4]) an den Senat der Universität Jena mit dem Be=
gehren, Fichte als Verfasser und Niethammer als Herausgeber „mit ihrer
Verantwortung zu vernehmen."

Diese Bereitwilligkeit ist um so auffallender, als doch der Hof und
die Regierung in Weimar freisinnig dachten und der Einfluß Göthes da=
selbst ein unbestrittener war. Ein Atheist schlechtweg war überdies dem
früher Gesagten zufolge Fichte gar nicht, denn es wird ja ein Prinzip
einer übersinnlichen Weltordnung als Bürge für den Erfolg des mora=
lisch Handelnden ausdrücklich postuliert, und ein Pantheist, wie andere und
zwar „wackere Männer" meinten[5]), war er ebensowenig, denn Gott kommt
überhaupt kein Sein, also auch kein immanentes zu; er selbst nennt sich viel=
mehr, wegen der Ableitung der gesamten Erfahrungswelt aus der Gedanken=
welt, einen Akosmisten[6]). Die vorgebliche atheistische Denkweise Fichtes er=
klärt also die Willfährigkeit der Weimarschen Regierung nicht. Es giebt
jedoch einen andern und viel stichhaltigeren Erklärungsgrund. Fichte stand
schon zur Zeit seiner Berufung nach Jena im Rufe eines Mannes von poli=
tisch radikaler Gesinnung, daher man in den ersten Jahren seines Jenenser
Aufenthalts nicht ermangelte, Briefe von ihm und an ihn zu unterschlagen
oder erbrochen ankommen zu lassen[7]). Als eine vorstürmende, über alles
Bestehende sich hinwegsetzende Natur hatte er sich nun zwar in der ganzen
Zeit seiner Jenenser Thätigkeit nicht erwiesen, aber gewisse Äußerungen
aus den „Beiträgen" über die Rechtmäßigkeit einer Revolution waren
auch nicht vergessen, und dann hatten Vorurteil und Neid, die nun ein=
mal die Wirksamkeit großer Männer begleiten, bereits in dem Konflikte,
welchen ihm die moralischen Sonntagsvorlesungen eintrugen, gezeigt, wie
wenig jemand vor ungünstigen Auslegungen geschützt sei. Kurz: Fichte
konnte als der gefürchtete Repräsentant derjenigen Ideen erscheinen, welche

---

[1]) Wiederum zweimal abgedruckt, in Fichtes WW. V. 193 und F. L. II. 76,
aber mit einer Variante. — [2]) Ger. Verantw. V. 280. — [3]) Abgedr. F. L. II.
82. — [4]) Abgedr. F. L. II. 83. — [5]) Aus einem Privatschreiben rc. WW. V.
380. — [6]) Ger. Verantw. V. 269. — [7]) A. a. O. 291.

schuld waren, daß damals in Frankreich mit so erschreckendem Erfolge an dem Umsturze von Thron und Altar gearbeitet wurde und alle konservativ gesinnte Gemüter in Europa und alle im Glück erworbener Rechte lebende Besitzer in zitternde Aufregung versetzt wurden. An der religiösen Anschauung rütteln, das heißt ja im allgemeinen an den Grundfesten der bestehenden Kirche rütteln, welche noch immer der Hort aller konservativen Interessen gewesen ist. Wenn also die Weimarer Regierung willfähriger wurde, als sie es vielleicht wollte, so geschah dies instinktmäßig und in letzter Instanz nicht aus religiösen, sondern aus politischen Gründen, also im Interesse bestehender Rechte, worunter die Souveränitätsrechte ja auch gehören. Religiös freisinnig zu denken, allenfalls auch in gelehrten Fachzeitschriften zu schreiben, das war nach der in Weimar herrschenden Stimmung schon erlaubt, nur handeln sollte man nicht (aus politischen Gründen) diesem Denken gemäß, oder wie die verschämte Sprache lautet: nicht so viel Aufhebens sollte man mit der Sache machen [1]).

Daß diese Stimmung in Weimar gegen Fichte fortdauernd die herrschende blieb, dafür sorgte in nicht geringem Grade der Einfluß eines Mannes, der wegen der „gräulichen unaufhaltsamen Folgen der gewaltthätig aufgelösten Zustände ein- für allemal am Bestehenden festhielt", und dieser Mann war Goethe. Schon einige Jahre früher hatte er den „Bürgergeneral" geschrieben, ingleichen die „Aufgeregten" und die „Unterhaltungen der Ausgewanderten" entworfen, weil ihn der Umsturz alles Vorhandenen schreckte und es ihn verdroß, daß dergleichen Influenzen sich nach Deutschland erstrecken und verrückte, ja unwürdige Personen das Heft ergreifen könnten [2]). Was die religiösen Dinge betrifft, so bleibt es nach Goethe selbstverständlich jedermann unbenommen, freisinnig zu denken, aber seinen Freiheitssinn auch zu äußern, würde politisch unklug sein, denn es ist nach ihm „freilich besser, über Gott und göttliche Dinge ein tiefes Stillschweigen zu beobachten" [3]).

Aber nichts widersprach dem ganzen Wesen und Charakter Fichtes mehr, als eine Verleugnung der eigenen Grundsätze, ein Doppelspiel zwischen Denken und Handeln. Im Bewußtsein seines guten Rechts als akademischer Lehrer, — denn das Weimarsche Reskript war der Beginn des Eingriffs in die akademische Freiheit —, im Bewußtsein ferner, daß

---

[1]) Der Schluß des Weimarschen Reskripts lautet: „Wir begehren daher hiermit gnädigst, Ihr wollet abgedachte Professoren umsomehr, als wir zu besorgen Ursache haben, daß der Inhalt jener im Druck erlassenen Aufsätze auch ein Gegenstand ihrer Vorlesungen sein möge, mit ihrer Verantwortung vernehmen", und Schiller schreibt am 26. Januar 1799 an Fichte: „Dieser (der Herzog) erklärte ganz rund, daß man Ihrer Freiheit im Schreiben keinen Eintrag thun würde und könne, wenn man auch gewisse Dinge nicht auf dem Katheder gesagt wünsche". F. L. II. 392.
[2]) Göthes Annalen 20. 42. — [3]) A. a. O. 26.

durch offene Darlegung seiner Überzeugungen die Wahrheit gewinne, und endlich, weil er den ganzen Zusammenhang zwischen der Anklage und den politischen Beweggründen durchschaut hatte, wurden seine Äußerungen viel umfangreicher und eindringlicher, als sie es in der kleinen Abhandlung gewesen waren, welche den Anstoß zu der Verfolgung gegeben hatte. Er veröffentlichte daher zuerst, was er ohne jede Aufforderung, sich zu ver= antworten, zu thun verpflichtet gewesen wäre, weil das kurfürstliche Kou= fiskationsreskript durch alle Zeitungen gegangen war, die „Appellation an das Publikum über die durch das kurfürstliche Reskript ihm beige= messenen atheistischen Äußerungen", protestierte darin mit kräftigen Worten gegen die geplante Unterdrückung des freien Forschungtriebes [1]) und suchte, die Spitze umkehrend, nachzuweisen, daß nicht der Kantisch=Fichtesche prak= tisch=religiöse Glaube, sondern grade die mit eudämonistischen Vorstellungen durchsetzten religiösen Anschauungen der gegnerischen Ankläger es seien, welche des Atheismus verdächtig wären. Die zweite Schrift aber galt dem Weimarschen Reskript und lautet: „Gerichtliche Verantwortung gegen die Anklage des Atheismus". Sie ist ein Denkmal der akademischen Freiheit und ein Beweis dafür, daß es dem Bewußtsein des guten Rechts leicht ist, Mut zu offenbaren und dem Scharfsinn unschwer, die Hinter= gedanken ans Tageslicht zu ziehen. Sie ist kein Plaidoyer [2]), welches das Recht zu klagen von gegnerischer Seite voraussetzt; denn es giebt keinen Rechtstitel, aus dem ein erlaubter Angriff auf die wahre aka= demische Freiheit [3]) ableitbar wäre, und niemals läßt sich für Urteilsfähige das Recht in Unrecht verwandeln. Falsche Lehren und unrichtige Argu= mente können nur durch wahre Lehren und richtigere Argumente bekämpft werden; jede Art von äußerer Gewalt fügt der Wahrheit selbst einen unnennbaren Schaden zu. „Wie soll denn", sagt Fichte unter anderem im ersten Teile, „dem Unglücklichen und in Irrtümer geratenen je ge= holfen werden, wenn er seine Irrtümer nicht vortragen soll, damit sie ein anderer hebe? Soll etwa nur die Religion mächtiger Personen privi= legiert sein, die der denkenden Köpfe aber vogelfrei? Sogar Göze, trüb= seligen Angedenkens, habe gemeint, es müsse erlaubt sein, Einwürfe gegen die Religion mit Bescheidenheit vorzubringen, wenn auch nur darum, damit die Lehrer in Atem erhalten werden. Oder sollen sie etwa nicht in Atem erhalten werden? Grade dadurch, daß erhabene Regierungen der noch vor kurzem beinahe über die ganze Oberfläche von Europa unterdrückten Geistesfreiheit einen Zufluchtsort eröffnet hätten, hätten sie sich um die Vervollkommnung der Menschen ewig dauernde Verdienste

---

[1]) WW. V. 198. — [2]) Wie Kuno Fischer (Gesch. b. neuern Philos. V. 283) meint, auf dessen unsichere Beurteilung in dieser ganzen Streitfrage die Dar= stellung Goethes von Einfluß gewesen zu sein scheint. — [3]) Vogt im Jahrbuch f. wiss. Pädgt. XII. 162 f. 204. f.

erworben. Überdies" — und diese Frage beantwortet Fichte an zweiter Stelle —: „sind denn die angefochtenen Lehren atheistisch?" — und er sucht nun mit logischer Präcision, also noch schärfer als in der Appellation das Gegenteil nachzuweisen, um endlich an letzter Stelle die eigentlichen Motive, aus welchen das ganze Verfahren gegen ihn entsprungen, bloß= zulegen und in Beziehung auf seine Person zu beleuchten. „Eine aus unreiner Quelle fließende Schrift", so sagt er unter anderm, „wäre nicht imstande gewesen, mehrere Regierungen gegen mich in Bewegung zu setzen, aber ich bin ihnen ein Demokrat, ein Jakobiner, von dem man jede Gräuel erwarten und gegen den man keine Ungerechtigkeit begehen kann, und es ist gar nicht mein Atheismus, den sie gerichtlich verfolgen, sondern mein Demokratismus. Aber man schlage doch meine Grundlage des Naturrechts auf, und man wird keinen Schriftsteller nennen können, der sich entscheidender und mit stärkeren Gründen gegen die demokratische Regierungsform als eine absolut rechtswidrige Verfassung erklärt hat. Weder in meinen äußern Handlungen noch in meinem Charakter ist etwas, das den Vorwurf des Demokratismus rechtfertigen könnte. In meinem Charakter ist eine entschiedene Liebe zu einem spekulativen Leben; aber die Liebe der Wissenschaft, und ganz besonders die der Spekulation, wenn sie den Menschen einmal ergriffen hat, nimmt ihn so ein, daß er keinen andern Wunsch übrig behält, als den, sich in Ruhe mit ihr zu beschäf= tigen. Indem ich dieser Angriffe müde bin, will ich für diesesmal ent= weder für mein ganzes Leben mir Ruhe verschaffen oder mutig zu Grunde gehen!"

Die beiden Schriften machten selbstverständlich in Weimar einen höchst ungünstigen Eindruck. Man wunderte sich höheren Orts, daß Fichte in Betreff der ersteren nicht erst angefragt. Als ob ein öffentlich herausgeforderter Gelehrter in gelehrten Dingen erst mit einer Behörde unterhandeln müßte![1]) Die zweite aber drängte zu der Entscheidung: entweder der Wahrheit mutig die Ehre zu geben und das Recht zu beschützen d. h. die Lehr= und Schreibfreiheit nicht zu gefährden[2]) und die unberechtigten Zumutungen Kursachsens zurückzuweisen oder offen ein Unrecht zu begehen, die akademische Freiheit zu verletzen und Fichte seines Amts zu entsetzen[3]). Die schlimmste Politik in Kriegszeiten, hatte Fichte ausdrücklich gewarnt[4]), ist die, einen Mittelweg zu gehen und es beiden Parteien recht zu machen, man verderbe es dann sicher bei beiden und gerate in den allerschlimmsten Ruf. Und zwischen Recht und Unrecht, wenn die Wahl auf die Spitze gestellt ist, giebt es vollends keinen Mittel-

---

[1]) Vgl. Fichtes Sendschreiben an Reinhold, F. L. II. 86 und Schillers Brief an Fichte, a. a. O. 392. — [2]) Ger. Verantw. WW. V. 296. — [3]) Die Furcht vor diesem Dilemma mag Schuld daran sein, daß manche viel lieber sich beeilten, den Gegnern Konzessionen zu machen, als einem Charakter wie Fichte die volle Anerkennung zu zollen. — [4]) Ger. Verantw. V. 274.

weg, da man nicht gleichzeitig dem Unrechte nachgeben und das Recht aufrecht erhalten kann. Aber in Weimar hatte man sich zwar mit „Verwegenheit" entschlossen, Fichte nach Jena zu berufen, aber in der Stunde der Gefahr regierte die Schwachmütigkeit, und so wollte man lieber den Weg der Charakterlosigkeit gehen, Kursachsen einige Willfährigkeit beweisen, Fichte aber einiges Unrecht anthun, indem man letzteren mit einem geringen Verweise der zugestandenen Unvorsichtigkeit durchlassen, dieses an Kursachsen berichten, für ihn intercedieren und in seinem Namen Besserung versprechen werde [1]).

Die Ausführung eines bestimmten Entschlusses ließ aber auch nach der Übergabe der Verantwortungsschrift, die keine Unvorsichtigkeit zugestanden und einen Verweis herauszufordern schien, noch immer auf sich warten. Wie sollte auch der Mattherzige Kraft besitzen?! Doch galt es außerdem noch, dem Publikum und späteren Zeiten gegenüber die Handlungsweise scheinbar zu rechtfertigen und so das Dekorum zu retten. Etwa vom Wohle der Universität zu sprechen, die mit einem Interdikte in Kursachsen bedroht war, und gleichzeitig die Lehrfreiheit zu schädigen, das mochte wohl niemandem ratsam erscheinen, da ja das erstere ohne die letztere nicht bestehen kann und in der Folge ebendeswegen die Universität Jena herabsank. Was ferner die Sache betrifft, so war Fichte nicht widerlegbar: es blieb also nichts anderes übrig, als die äußere Form seines gesellschaftlichen Benehmens d. h. den in den Verteidigungsschriften herrschenden „Ton" zum Vorwande zu nehmen, um scheinbar den Verweis zu rechtfertigen, und Goethe ist es, der nun handelnd in den Vordergrund tritt und den zaghaften Weimaranern diesen Ausweg zeigt, ohne freilich in dem ganzen Streit eine besonders preiswürdige Rolle zu spielen. Er nennt Fichtes Verteidigung „leidenschaftlich" und ein Privatschreiben an einen Minister, auf das ich zurückkomme und welches nicht, wie Goethe sagt, beim Ministerium „eingereicht" wurde, „heftig" [2]); er schreibt ferner in einem Briefe an Schlosser emphatisch: „Ich für meine Person gestehe gern, daß ich gegen meinen eigenen Sohn votieren würde, wenn er sich gegen ein Gouvernement eine solche Sprache erlaubte" [3]). Daß der Ton

---

[1]) Sendschr. an Reinhold, F. L. II. 86—87. — [2]) Annalen 128. —
[3]) F. L. I. 291. Da übrigens auch Reinhold sich brieflich über Fichtes „Ton" ausgelassen, erwiderte dieser unter dem 3. Mai 1799: „Was Sie mir eigentlich anmuten, wenn Sie über meinen Ton, denn doch auch in einem etwas starken Tone, sprechen, ist dies: teils, dieses gelehrte Publikum so kindisch, unverständig und langsam begreifend vorauszusetzen, als ich mir es nur irgend zu denken vermag, teils in einem mir angeworfenen Prozesse nicht Partei, sondern kalter, sogar günstiger Richter zu sein, der der Sache des Gegners noch nachhilft und Vorteile geltend macht, deren er sich selbst begeben. Ich habe nach aufrichtiger Selbstprüfung gefunden, daß ich bis jetzt zu dieser Rolle zu bescheiden war" (F. L. II. 254), und schon früher hatte Fichte auf die Ausstellungen Reinholds in Beziehung auf den „Ton" erwidert: „Haben Sie Gründe gegen meine Gründe, so bitte ich

des Charaktervollen von schwachmütig gewordenen als schriller Mißton
empfunden werde, daran zu denken, fehlte es in Weimar augenblicklich
an der nötigen Besinnung; ein jeder andere Ton aber als der der Ent=
rüstung, denn dies war der Fichtesche Ton, würde wohl den Personen
seiner Gegner, nur nicht der Sache angemessen gewesen sein. Es stünde
wahrhaft traurig um die Kulturentwicklung der Menschheit, wenn nicht
Männer wie Fichte der Zähigkeit herkömmlicher Meinungen, den Ein=
flüsterungen der Schwäche und den eigenen Gefahren Trotz zu bieten und
für Lehr= und Schreibfreiheit mannhaft einzustehen imstande wären. Göthe
sagt zwar, gleichsam sachlich einwendend, daß die Fichteschen Äußerungen
über göttliche Dinge den „hergebrachten Ausdrücken zu widersprechen
schienen" [1]), aber solche Traditionen sind dem Denker Steine, die man
wegwirft. Es mußte der philosophische Beweis geliefert werden, daß Fichte
atheistische Lehren verbreite, und dann wäre er auch ohne Verletzung der
akademischen Freiheit seinem verdienten Geschicke anheimgefallen; geschah
dies nicht, so blieb nur der juristische Nachweis übrig, daß er den be=
stehenden Gesetzen oder auch der guten Sitte widersprechende Handlungen
begehe, daß er also die akademische Freiheit mißbrauche und darum eine
Bestrafung verdiene. Aber niemals wird der Widerspruch mit „herge=
brachten Ausdrücken", mit dem bloßen Buchstaben oder der Ton der
Schreibweise ein Anrecht auf Bestrafung eines akademischen Lehrers und
Verletzung der akademischen Freiheit begründen. Es ist charakteristisch,
ich weiß nicht, ob mehr für die Schwäche oder die Verworrenheit, daß
man Fichte die Hervorkehrung des Rechtsstandpunktes, den doch die
Weimarer Regierung kompetenter Weise einnehmen konnte und sollte, —
verübelte.

Ein äußerer Umstand sorgte inzwischen auch dafür, daß Fichte ohne
Wanken auf seinem Standpunkte auszuharren und einer Sache treu zu
bleiben vermochte, welche die Sache des Rechts und der akademischen
Freiheit war. Wilhelm Jung nämlich, kurfürstlich mainzischer Hofrat
und Leiter der Studienkommission, hatte den Auftrag erhalten, einen um=
fassenden Plan für die Neugestaltung der Universität auszuarbeiten. Er

---

Sie, mir dieselben mitzuteilen, und seien Sie der aufmerksamsten und gewissen=
haftesten Überlegung derselben versichert, meines offenen Geständnisses, daß ich un=
recht habe, und meiner Besserung versichert. Diejenigen, welche sich mündlich mit
mir über meine Philosophie unterhalten, meine Zuhörer und andere, klagen sicher=
lich nicht über Ungeduld und Härte" (a. a. O. 239). Luther, der übrigens
durch fürstlichen Schutz gesichert war vor päpstlichen Angriffen auf seine Lehrfrei=
heit, hatte auch nicht den gewünschten Götheschen Ton, aber wenn es die Wahr=
heit gelte, so meinte er: „Ärgernis hin, Ärgernis her; Not bricht Eisen und kennt
kein Ärgernis. Ich soll der schwachen Gewissen schonen, sofern es ohne Gefahr
meiner Seelen geschehen mag. Wo nicht, so soll ich meiner Seelen raten; es
ärgere sich dann die halbe oder die ganze Welt".
   [1]) Annalen, 128.

forderte Fichte im Jahre 1798 auf, ihm seine Ideen darüber mitzuteilen
und eröffnete ihm die Aussicht, daß er an dem „neuen Institute" in
Ausführung derselben wenigstens nicht durch altes Herkommen oder schon
vorhandene Einrichtungen gehemmt zu werden fürchten dürfe. Ebenso
gab er ihm den Auftrag, andere Lehrer in gleichem Geiste für diesen
Plan anzuwerben¹). Es hatten also mit Jenenser Professoren Vor=
besprechungen stattgefunden und wahrscheinlich hatten einige von ihnen,
darunter Paulus, Fichte die Zusicherung gegeben, daß, wenn dieser die
Demission erhielte, sie dann ebenfalls ihre Demission fordern würden²).
Die Unterhandlungen mit Jung waren jetzt (März 1799) ihrem Ab=
schlusse nahe.

Fichte hätte nun unter solchen Aussichten den ihm zugedachten Ver=
weis³) ruhig abwarten und mit der Forderung seiner Demission beant=
worten können, um ohne Sorgen für seine bürgerliche Existenz und für
seine Ehre dorthin zu gehen, wo es ihm vergönnt sein würde, die „himm=
lische Luft" der akademischen Freiheit⁴) zu atmen. Indessen statt abzu=
warten, wie es sein eigener Wille war⁵), ergriff er, obschon es verzeih=
lich, aber freilich unvorsichtig ist, in kritischen Lagen Personen zu ver=
trauen, die nur Lust zum Handeln besitzen, aber keinen Mut, — auf fremden,
nämlich Paulus Rat⁶), des damaligen Prorektors, der nunmehr als Mit=
handelnder erscheint, eine Präventivmaßregel und schrieb an den Kurator
der Universität, Geheimrat Voigt folgenden Brief⁷). Seine Ehre ver=
biete es ihm, Regierungen, die ihm eines derben Verweises durch den
akademischen Senat für wert geachtet hätten (Fichte spricht also sicher=
lich nicht kategorisch), länger unterworfen zu sein, und es würde ihm
nichts übrig bleiben, als den Verweis durch Abgebung seiner Demission zu
beantworten und diesen Brief der allgemeinsten Publizität zu übergeben.
Die Schuldigkeit gebiete, noch folgendes hinzuzusetzen. Es sei von einem
neuen Institute die Rede, und mehrere gleichgesinnte Freunde, welche in der
Verletzung seiner Lehrfreiheit die ihrige als mitverletzt ansehen würden,
hätten ihm das Wort gegeben, die Akademie zu verlassen und ihn zu
begleiten; auch hätten sie ihn berechtigt, Voigt dieses bekannt zu machen.

Der Brief war nicht ganz nach dem Geschmacke Paulus', der wie
ein Vermittler ihn persönlich in Weimar überbrachte; er hätte im Tone
vorstelliger⁸), also nachgiebiger, vielleicht devoter sein sollen, und Fichte

¹) F. L. I. 299. — ²) S. den Brief Augustis, F. L. I. 300. — ³) Goethe
spricht a. a. O. wie von einem bloßen Gerücht, aber ohne es zu widerlegen, ob=
wohl er doch davon wissen konnte. — ⁴) So bezeichnet sie Fichte selbst in der Rede
über die akademische Freiheit, WW. VI. 452. — ⁵) Bericht über den Begriff der
Wissenschaftslehre und die bisherigen Schicksale derselben, WW. VIII. 404. —
⁶) F. L. I. 297. — ⁷) Der Brief ist abgedruckt in F. L. II. 89 f. — ⁸) S.
Paulus' Brief in F. L. I. 298.

schrieb im Bewußtsein des guten Rechts und berief sich abermals auf die Lehrfreiheit.

Aber einen unberechneteren Schritt hätte Fichte gar nicht thun können. Denn Leuten gegenüber von Lehrfreiheit zu reden, welche sie zwar „im Prinzip" d. h. diesfalls nur scheinbar anerkannten, in der Praxis aber Kursachsen zu Liebe sie zu verletzen sich anschickten: mußte das nicht wie darauf abgesehen scheinen, das böse Gewissen wachzurufen? Ferner aber hätte Fichte vermuten können, daß Leute, die ihn zwar des guten Willens, von dem sie gegen ihn erfüllt seien, im Munde versicherten, hingegen im Herzen, wie die Folge lehrte, gegen ihn als einen, der nur Verlegen=heiten bereitet, die übelste Gesinnung hegten, jenen Brief zur willkommenen Handhabe machen würden, um die Katastrophe herbeizuführen. Schien es ja doch ·nun endlich am Tage zu liegen, daß Fichte, aller Subordi=nation bar, gegenüber der Regierung in einem „heftigen" und „drohen=den" Tone zu sprechen wage und daß er darum den Verweis verdiene; war es doch nun möglich geworden, die etwas schroffe Weise, die in der Entwicklung seines Denkens begründet war und ihn verführte, auf fremden Rat eine Präventivmaßregel zu ergreifen, überhaupt einzugehen, trotz der Bedeutung des Mannes für die Universität und trotz des guten Rechts, welches auf seiner Seite stand, ihm so hoch wie möglich anzurechnen.

Obwohl also der Brief seinem Inhalte nach und nach dem Aus=spruche des Ministers Dohm in Berlin[1]), der in solchen Dingen ein Urteil haben konnte, ein Privatschreiben war, so wurde er doch wie ein amtliches Aktenstück behandelt oder vielmehr mißbraucht, und Goethe war es, welchen die Hofluft kurzsichtig und schwach gemacht hatte und welcher[2]) bei dem Schwanken der andern Räte, namentlich Voigts, der Fichte nach Jena gerufen, die Maßregel durchsetzte, ihm die Demission zu erteilen und den „Rat des Wanderns" zu geben, und als man ihm vorwarf, dadurch der Universität einen unersetzlichen Schaden zugefügt zu haben, in die Worte ausbrach: „Ein Stern geht unter, der andere erhebt sich!"

Fichtes Brief ist vom 22. März 1799 datiert. Schon am 2. April ging an den akademischen Senat ein vom Herzoge unterschriebenes Reskript[3]) ab, in welchem die von den Professoren Fichte und Niethammer unter=nommene Verbreitung der nach dem gemeinen Wortverstande[4]) so selt=samen und anstößigen Sätze als sehr unvorsichtig erkannt und der Senat aufgefordert wird, den beiden Professoren ihre Unbedachtsamkeit zu ver=weisen. Dem Reskript war ein kurzes Postskript beigefügt, des Inhalts,

---

[1]) F. L. I. 304. — [2]) Allerdings nur auf Grund von mündlichen über=lieferungen, welche Fichte dem Sohne wurden (F. L. I. 288), aber jede andere Handlungsweise würde mit seiner Beurteilung der ganzen Angelegenheit im Wider=spruch stehen. — [3]) Abgedruckt in F, L. II. 93. — [4]) Das Goethesche „nach den hergebrachten Ausdrücken" ist dem Sinne nach mit diesem Worte identisch.

daß die von Fichte erklärte Abgebung seiner Demission sofort angenommen würde.

Also Verweis und Entlassung zugleich! Fichte gerät momentan in Verwirrung über diese Härte. Da nähert sich abermals Paulus als Ratgeber, quält und preßt ihm nach dem Mißerfolge des ersten Rats einen zweiten, noch inkonsequenteren, aber später von Fichte selbst ebenso verurteilten als bereuten Schritt ab [1]), einen einlenkenden Brief zu schreiben, der seine frühere Erklärung limitieren und seine Demissionsabgabe von der eigenen Entschließung abhängig machen sollte. Als ob man jemals Gnade bei denen suchen sollte, auf deren Billigkeit man nicht rechnen kann! Der Bescheid des Herzogs lautete, daß dieser Brief von ihm nicht angesehen worden als in der Entscheidung etwas ändernd.

Um aber das Maß der üblen Gesinnung vollends über Fichtes Haupte auszuleeren, versuchte man in Weimar — zum traurigen Beweis, daß auch die aufgeklärtesten Männer kleinlicher Handlungen fähig sind — gegen die Bittschrift von 300 Studierenden zu Gunsten Fichtes einen kontraminierenden Schritt mittels einer fingierten Studentenbittschrift [2]); es wurden ferner die beiden Briefe Fichtes an Voigt, um ersteren bloßzustellen, in der Nationalzeitung veröffentlicht [3]); und als endlich Fichte, um durch seine Gegenwart in Jena die ohnedies erregten Gemüter der Studierenden nicht noch mehr zu irritieren, bei dem Fürsten von Schwarzburg-Rudolstadt um die Erlaubnis nachsuchte, in seinem Lande den Aufenthalt nehmen zu dürfen, wurde dieser Wunsch durch Weimarsche Intriguen vereitelt [4]).

Er büßte also viel härter, als er es verdiente, dafür, daß er gegen die herrschenden religiösen Vorstellungen verstoßen, denn auch die Mainzer Aussichten schwanden, sei es nun, daß Frankreichs wegen, welches in Mainz herrschte, sei es daß wegen Mangels an Worthalten und an Entschlossenheit der Kollegen [5]) die Ausführung des Plans scheiterte. Aber auch die Verletzer der akademischen Freiheit und Urheber des tumultuarischen Verfahrens gegen Fichte fanden ihren Lohn, und Goethe sieht sich selbst genötigt, zu berichten, es habe ein heimlicher Unmut aller Geister sich so bemächtigt, daß man in der Stille sich nach außen umthat und zuletzt Hufeland der Jurist nach Ingolstadt, Paulus und Schelling nach Würzburg wanderten [6]); von dem „Gipfel des Flors" aber, auf welchem die Universität Jena zu Fichtes Zeiten stand [7]), ist seitdem nicht mehr die Rede gewesen.

Sowie jedoch der Wundervogel Phönix in der Sage, nachdem er sich selbst verbrannt, aus seiner Asche verjüngt wieder entstand, so raffte

<hr>

[1]) Bericht rc. WW. VII. 404 f. — [2]) F. L. I. 307. — [3]) A. a. O. 306. — [4]) A. a. O. 308. — [5]) Fichtes Sendschreiben an Reinhold, F. L. II. 92. — [6]) Annalen 129. — [7]) A. a. O. 62.

sich auch ein Mann von der Kraft des Geistes und Charakters wie Fichte zu einem verjüngten Dasein wieder empor. Die Schroffheit seines Wesens, an welcher übrigens das Feuer der Jugend auch seinen Anteil hatte, ver= wandelte sich allmählich in Milde, und anstatt die Besorgnisse Göthes, er sei für sich und die Welt verloren und werde angeblich wegen seiner thörichten Anmaßung auf dem weiten Erdenrunde eine Existenz wie die in Jena nicht wiederfinden[1]), irgendwie zu bestätigen, vollbrachte er in Preußen, wohin er auf Dohms Einladung sich wandte[2]) und wo ein nach außen selbständiger und von religiöser Engherzigkeit freier König regierte[3]), Thaten des Geistes und Charakters, welche seinen Namen zum populärsten und gefeiertsten unter allen deutschen Philosophen und in allen deutschen Landen gemacht haben. —

V. Kapitel. Das Absolute und das Vaterland.

In den ersten Tagen des Juli 1799 entfernte sich Fichte plötzlich und ohne Aufsehen, damit nicht wieder die Weimarsche Regierung hin= dernd dazwischen trete, aus Jena und ging nach Berlin. Seine An= kunft war rasch bekannt, und der Staatsrat d. i. das höchste Regierungs= kollegium der Minister faßte in aller Eile den Beschluß, bis zur An= kunft des Königs ihn polizeilich beobachten zu lassen. Diese Maßregel war sehr überflüssig, denn der König wollte nicht, daß Fichte belästigt werde, und dieser suchte nach den vielen Aufregungen, in welche die Er= eignisse in Jena und die Abfassung aufgenötigter Verteidigungsschriften ihn versetzt hatten, nichts als einen „stillen Winkel, um gedeckt von den Bannstrahlen der Priester und den Steinigungen der Gläubigen ein paar Jahre in Ruhe zu verleben, bis die Gährung des Publikums und sein Ekel an demselben vorüber sei"[4]). Er fand nicht bloß diese Ruhe, er fand auch eine Anzahl teilnehmender Freunde: vor allen Friedrich Schlegel und dessen Bruder Wilhelm, dann Schleiermacher und Vern= hardi, Woltmann und Hufeland den Arzt, welche von Jena herüber= gekommen waren, Süvern und August Zeune, die Gymnasiallehrer, endlich die Dichter Öhlenschläger, Tieck und Chamisso.

Aber Ruhe vor Anfeindungen und auch der Besitz von Freunden heben niemanden über die Sorgen einer ungesicherten Existenz hinaus. Er wandte sich an Reinhold, damit dieser Jakobi bewege, Fichte zur

---

[1]) Goethes Brief an Schlosser, F. L. I. 291. — [2]) F. L. I, 309. — [3]) „Ist es wahr", so äußerte er sich nach Fichtes Ankunft, „daß er mit dem lieben Gott in Feindseligkeiten begriffen ist, so mag dies der liebe Gott mit ihm abmachen, mir thut das nichts". Fichtes Brief an seine Frau, F. L. I. 324. — [4]) Brief an Reinhold, F. L. I. 306.

Erlangung der Professur in Heidelberg bei der pfalzbayrischen Regierung behilflich zu sein[1]. Aber es war vergebens und an eine Versorgung im Preußischen war vorläufig kaum zu denken[2]. Indessen trotz der prekären Lage ist nicht eine Spur von Entmutigung in den Berichten zu entdecken. Sein Ruf, und noch mehr sein Gewissen und seine Geistes= kraft sorgten auch reichlich genug für die Erhaltung des guten Mutes. Denn bei der Berühmtheit seines Namens konnte Fichte auf Einkünfte rechnen, die ihm seine Schriften abwerfen würden. Was sein Gewissen betrifft, so hatte ja an Fichtes religiöser Anschauung das Bedürfnis des moralischen Menschen teil; das Bewußtsein aber, von moralischen Mo= tiven geleitet gewesen zu sein, ist ein guter Trost gegenüber unverdienten Angriffen und eine reiche Quelle des Mutes, ja sogar, wie seine nächste Schrift „die Bestimmung des Menschen" beweist, des geistigen Schwunges. Was endlich die Geisteskraft anbelangt, die es ja auch einem kleineren Manne ermöglicht, in den Wechselfällen der äußern Lage über Sorgen sich hinwegzusetzen und die nötigen Hilfsmittel herbeizuschaffen, so besaß sie Fichte in einem Maße, daß er die Fortbildung seiner ganzen Welt= anschauung in Angriff zu nehmen und durchzuführen imstande war.

Die Frage nach dieser Fortbildung ist zu einer Quelle von Schwierig= keiten für die Beurteilung der ganzen Persönlichkeit Fichtes geworden, seitdem Schelling dessen spätere Philosophie eine übel versuchte Selbst= verbesserung genannt und derselben Synkretismus der Grundlage der Wissenschaftslehre in Verbindung mit gewissen ihm anfänglich fremden Ideen vorgeworfen, wodurch seine Philosophie aus dem Charaktervollen, wodurch sie zuerst ausgezeichnet gewesen, nur ins Charakterlose sich ver= loren[3]. Diese Beschuldigung des Systemwechsels, des Schwankens zwischen verschiedenen prinzipiellen Auffassungen, welche die Festigkeit und Konsequenz seines Charakters in ein zweifelhaftes Licht stellen würde[4], stützte sich auf den von Schelling bis an sein Lebensende festgehaltenen Beweis= grund[5], daß ja Fichte selbst in der Grundlage der Wissenschaftslehre

---

[1] Brief an Reinhold, F. L. II. 269. — [2] Brief an seine Frau, F. L. I. 321. — [3] Die Anschauung, daß Fichtes Philosophie in der zweiten Periode ein verändertes System gewesen, ging überhaupt von denjenigen aus, welche die von Fichte eingeführte idealistische Denkrichtung in ihrer Weise fortsetzten, daher Hegel sogar absprechend sich zu äußern vermag (s. dessen WW. XV. 578). Derselben Ansicht ist Erdmann in seiner älteren Gesch. d. Philos. 3. Bd. 2. Abt. S. 1—39, und Zeller in seiner Geschichte der deutschen Philos. geht S. 635 soweit, Fichtes „ganzes System" darum einer „widerspruchsvollen Unklarheit" zu beschuldigen. — [4] Ich brauche wohl kaum zu bemerken, daß diese Festigkeit zwar nicht an einen bestimmten Gedankenkreis, aber an die fortdauernde Wirksamkeit desselben Ge= dankenkreises gebunden ist, daher ich oben (III. Kap. S. 28) im Gegensatz zu J. H. Fichte nicht den Inhalt des Gedankenkreises, sondern dessen formale Beschaffen= heiten als Erklärungsgründe anführte. — [5] Philos. d. Offenb. WW. 2. Abt. Bd. III. 54.

gesagt habe, eines jeden Ich selbst sei die einzige höchste Substanz.
Daher sei das System auf dem Reflexionsstandpunkte stehen geblieben [1])
und die bloß logisch verfahrende Wissenschaftslehre stelle nur den for-
mellen Beweis des Idealismus dar [2]).   Fichte mochte dagegen sagen
was er wollte: es war umsonst; die Grundlage der Wissenschaftslehre
mochte selbst gegen jene Auslegung sprechen, indem auf den citierten der
Nachsatz folgte: „aber unser System fügt einen praktischen Teil hinzu,
der den ersten begründet und bestimmt und die ganze Wissenschaft dadurch vollendet" [3]): auch das war vergeblich.   Schellings zugleich im
eigenen Interesse gethaner Ausspruch behielt eine autoritative Bedeutung,
und die Menschen glauben an Autoritäten.   Kein Wunder, wenn in der
Folgezeit Fichtes Polemik gegen Schelling — denn um Hegel bekümmerte
er sich gar nicht weiter — einen erbitterten Ton annahm [4]).

Indessen diese ganze von Schelling eingeleitete Annahme eines
Systemwechsels ist eine grundlose [5]).   Fichte selbst beginnt die Vorrede
seiner Anweisung zum seligen Leben" (1806) mit den Worten: „Diese
Vorlesungen, zusammengenommen mit denen, die unter dem Titel: „Grundzüge des gegenwärtigen Zeitalters" und denen über das Wesen der Gelehrten erschienen sind, machen ein Ganzes aus von populärer Lehre,
dessen Gipfel und höchster Lichtpunkt die gegenwärtigen bilden: und sie
sind insgesamt das Resultat meiner seit sechs bis sieben Jahren mit
mehr Muße und im reiferen Mannesalter unablässig fortgesetzten Selbst-

---

[1]) Fichte-Schellingscher Briefwechsel, F. L. II. 362. 365.   Der Ausdruck
wird von Hegel wiederholt; s. dessen WW. I. 154. 244. — [2]) F. L. II. 327.
Das „leere Ich" fügt Hegel hinzu (WW. XV. 578) sei mit irgend einem Inhalte „poetischer, prophetischer, sehnsüchtiger Art" erfüllt werden. — [3]) Fichtes
WW. I. 122. —

[4]) Den Vorwurf, auf dem Reflexionsstandpunkte stehen geblieben zu sein, welchen
zuerst Fichte gegenüber Kant erhoben und Schelling gegenüber Fichte nur wiederholt hatte, verdient übrigens die Schellingsche und Hegelsche Philosophie eben so
sehr, wenn nicht in höherem Maße als die Fichtesche, da in der letzteren die
Naturerkenntnis vernachlässigt ist, während in der Schellingschen Philosophie durch
phantasiemäßige Konstruktionen, in der Hegelschen durch ein aus Akten des setzenden oder urteilenden Subjekts gebildetes Schema eine Naturphilosophie und Metaphysik auferbaut und auf diese Weise durch bloße Begriffe oder fingierte reale Gedanken über die Natur, deren Realität durch bloße Gedanken niemals wieder er-
reichbar ist, wie bald man sie einmal verlassen, eben nur reflektiert wird. —

[5]) S. vor allem Löwe, die Philosophie Fichtes nach dem Gesamtergebnisse
ihrer Entwicklung, Stuttgart 1862, — ein Buch, in welchem es sich überhaupt
und in erster Linie um die in Rede stehende Frage handelt.   Auch in der histo-
risch-genetischen Analyse der Fichteschen Philosophie, welche Kuno Fischer im
5. Bde. seiner Gesch. d. Philos. (Heidelber 1868) giebt, wird „jeder Abbruch be-
stritten und in der Veränderung ohne Abbruch der Charakter einer stetig fortschreitenden Entwicklung erkannt" (S. 1005) und Erdmann hat im Grundriß
der Geschichte d. Phil. (Berlin, 1866) seine frühere Ansicht modifiziert.   Auf eine
Verwechselung zwischen Lehre und Persönlichkeit, welche an einer Stelle des letzteren Werkes sich findet, komme ich zurück.

bildung an derjenigen philosophischen Ansicht, die mir schon vor dreizehn Jahren zu teil wurde, und welche, obwohl sie, wie ich hoffe, manches an mir geändert haben dürfte, dennoch sich selbst seit dieser Zeit in keinem Stücke geändert hat."[1]) In der That ist Fichte in den wesentlichen Charakterzügen seines Philosophierens sich immer treu geblieben. So sucht, was das Verfahren betrifft, die Vernunft nach wie vor die gesamte Erfahrung gleichsam mathematisch zu anticipieren[2]) und subjektivistisch die Möglichkeitsgründe zusammenzustellen[3]), oder, wie Fichte einmal sagt, „Alles als apriorisch zu erkennen"[4]), sie mag nun sich denkend die Handlungen der Intelligenz oder wissend das Leben des Absoluten beschreiben. Die absolute Spontaneität (der actus purus des reinen Thuns) behält seine prinzipielle Bedeutung als eines letzten Bewirkenden, sie mag nun als eine in sich zurückgehende Thätigkeit (reine Ichheit) oder als absolutes Wissen (absolutes Für, Von und Durch) oder als das eine auf sich selber ruhende und sich selbst tragende Leben oder endlich als absolute Tendenz zum Absoluten (das Hyperabsolute) dargestellt werden. Die Welt und die gegebenen Dinge haben nach wie vor keine Realität im Sinne eines vom Denken unabhängigen Bestehens, sondern sie hängen vom Denken ab, sie mögen nun als Produkte der Einbildungskraft[5]) oder als Anschauungsformen des absoluten Begriffs[6]), als Emanationen des absoluten Wissens oder als immanente Erscheinungen des Einen Vernunftlebens oder Hyperabsoluten gefaßt werden. Gleicht ja der Weltprozeß vom Fichteschen Standpunkte aus einem Drama, dessen Personen aus Thathandlungen der Intelligenz bestehen. Gott selbst aber oder das Hyperabsolute wird nach wie vor als das im moralischen Gefühl sich ankündigende Ideal des ewig Vernünftigen ohne Selbstbewußtsein und Persönlichkeit vorgestellt, mag er nun als moralische Weltordnung oder als das Eine, unveränderliche und sich selbst liebende wahrhafte Leben oder als die höchste Synthesis, das Band der Geisterwelt erscheinen, in dem wir sein sollen und in dem wir sind, wenn wir wahrhaft sind, was wir sein sollen. Endlich bleibt das kategorische Soll nach wie vor die Selbstrealisierung des Absoluten, es mag nun gemäß der älteren Sittenlehre als einer ursprünglichen Pflichtenlehre von einer in der Welt als dem Materiale der Pflicht durch die schöpferische Freiheit herbeigeführten

---

[1]) Vgl. den Brief an Jakobi v. 1806, F. L. II. 179. — [2]) S. oben 3. Kap. S. 29 und nunmehr auch W. L. v. 1801, § 1. — [3]) Löwe, 48 f. — [4]) Transsc. Log. WW. IX. 131. — [5]) rectius: Bildungskraft, setzt Fichte später hinzu, Thatsl. b. Bew. WW. IX. 488. — [6]) Selbstverständlich ist auch das empirische Bild des Ich oder der Mensch eine bloße Erscheinung. „Wo habe ich in Schriften oder auf dem Katheder", ruft Fichte einmal aus, „das Wort Mensch je in den Mund genommen, außer etwa, um, wie eben jetzt, die Nichtigkeit und Sinnlosigkeit dieses Wortes zu zeigen?" Transsc. Log. WW. IX. 336.

Erfüllung der Pflicht als des wahren Ansich[1]), oder gemäß der spätern Sittenlehre als einer ursprünglichen Tugendlehre von einer in der Sinnen= welt als der Sphäre für die äußere und innere Freiheit durch das Thun des Gottbegeisterten geschaffenen Darstellung des Heiligen und Guten als des wahrhaft Realen und innern Wesens Gottes[2]) die Rede sein, sowie ja denn auch nach dem Angegebenen nach wie vor die Präponderanz des moralischen Gedankenkreises und die Abhängigkeit der Realität von der Dignität hervorleuchtet.

Kein Systemwechsel also, und keine Untreue gegen sich selbst, sondern grade das konsequente Festhalten an gewissen fundamentalen Gedanken der Spekulation von den ersten erkenntnistheoretischen Aufgaben angefangen bis hinauf zu den Problemen der Religionswissenschaft ist der Fichteschen Philosophie eigentümlich. Nur die Probleme wechselten und die Bedeu= tung der prinzipiellen Begriffe wurde abstrakter und tiefer, dasselbe Wesen seiner Philosophie erscheint in anderen Formen. Diese Eigentümlichkeit ist in erster Linie durch die wechselnde, zur Auslegung auffordernde Termi= nologie verdunkelt worden[3]), in entfernter Weise aber durch den ganzen Standpunkt, der das feststehende Gegebene zu ignorieren gestattet und alles Heil in einer selbstgeschaffenen, aber schwankenden Begriffswelt zu suchen gebietet. Ebendarum befindet sich Fichte zwar, wie ihm Schelling vor= warf, auf dem Reflexionsstandpunkte, aber es folgt daraus nichts in Be= ziehung auf einen angeblichen Systemwechsel. Weit entfernt also, daß die Festigkeit und Konsequenz seines Charakters wegen des vorgeblichen Systemwechsels bezweifelt werden könnte, so ist die Identität der funda= mentalen Gedanken in der ersten wie in der zweiten Periode vielmehr ein Beweis für jene Charakterbeschaffenheit.

Eine andere und für die zweite Periode seiner Wirksamkeit insbe= sondere, aber auch für die Lebensgeschichte überhaupt wichtige Frage ist die, ob die Grenzen seines philosophischen Gedankenkreises auch Grenzen seines Charakters waren? Diese Frage muß ver= neint werden. Es gab in Fichtes Persönlichkeit gewisse weiche Stellen, welche, wenn die Gelegenheit sich darbot oder Umstände dazu aufforderten, bisweilen gewaltig und unbekümmert um die Fesseln des philosophischen Systems hervorbrachen und demnach Lehre und Persönlichkeit als zwei

---

[1]) Sittenl. WW. IV. 172. — [2]) Anweisung, WW. V. 469 f. —
[3]) So bedeutet „Sein" bald etwas Sinnliches, eine bestimmte Modifikation des Bewußtseins, bald einen Faktor der absoluten Thätigkeit, d. h. also bald ein Produkt, bald einen Akt (vgl. Löwe 41 f.); ebenso erscheint das Sollen nach der Verschiedenheit des Verhältnisses, in welches das Individuum sich zu ihm stellt, als ein anderes (Löwe 165 f.). Fichte gab Reinhold einmal den Rat, nicht so viel Wert auf seine Ausdrücke zu legen und Worte Worte sein zu lassen. Er glaube zwar festiglich, daß, was er angeschaut, und größtenteils, was er ge= dacht habe, sich nicht umstoßen lasse, aber, was er gesagt, möge zum Teil sehr unrichtig sein.

verschiedene und wohl auseinanderzuhaltende Quellen für die Thaten seines Geistes und Charakters anzusehen sind [1]). Sich selbst d. h. seiner persönlichen Überzeugung oder Fichtesch zu reden, seinem empirischen Ich blieb er darum immer getreu, nicht aber seinem philosophierenden Ich, und dies ists grade, was ihm persönlich von unsrem Standpunkte aus zur Zierde gereicht. So ist auf Grund seiner philosophischen Prämissen die Annahme einer persönlichen Fortdauer und der Unsterblichkeit der Seele nicht zulässig, aber das persönliche Verlangen trieb ihn doch bisweilen zu dieser Annahme und bewirkte, daß die Entscheidungen, die er zu verschiedenen Zeiten abgegeben, eine geringe Übereinstimmung zeigen [2]). Der Charakter wahrer Sittlichkeit soll nach Fichte in der Selbstverleugnung oder Selbstlosigkeit bestehen, als ob die Selbständigkeit des empirischen Ich, die Voraussetzung beider, etwas Selbstverständliches wäre, aber aus seinen philosophischen Voraussetzungen folgt nicht Selbstverleugnung, sondern Selbstleugnung [3]). Die Idee des Wohlwollens hat innerhalb des Fichteschen Systems so wenig Sinn, wie innerhalb des Spinozistischen, sofern nämlich das Wohlwollen die Selbständigkeit des Einzelnen voraussetzt, nach Fichte aber allem einzelnen Sein nur eine Phänomenalexistenz zukommt [4]); und doch sind die Stellen sehr zahlreich, nicht bloß in dem Briefwechsel mit seiner Frau, sondern auch in seinem Naturrecht, seiner Sitten- und Staatslehre, in welchen das Gefühl edler Menschenliebe zu Worte kommt. Mit seinem frühern Kosmopolitismus endlich, und der Lehre, daß die Quelle des rechtmäßigen Bestandes des Staates in dem künstlichen Bande des Vertrages wurzele, war Fichte auf dem besten Wege, zu nationaler Gleichgültigkeit zu gelangen: als jedoch Napoleon in Deutschland einbrach, war Fichte ein ebenso glühender Patriot als eifriger Lobredner des natürlichen Bandes der Sprache [5]), ja statt an seine Phänomenalexistenzen zu denken, erblickt der Vorkämpfer für nationale Selbständigkeit in den Nationen nunmehr „wirkliche und lebendige Weltkräfte" [6]).

Doch zunächst wurde die Fortbildung seines Systems, zu welcher ja die religiöse Frage den Anstoß gegeben [7]), in Angriff genommen. Es ist nun sehr auffällig, daß Fichte in der ganzen Zeit seines Berliner Aufenthalts so wenig Schriften veröffentlichte, in welchen die fortgebildete

---

[1]) Aus diesem Grunde habe ich oben im 3. Kap. S. 27 nicht wie J. H. Fichte von einer Übereinstimmung zwischen „Lehre und Leben oder Lehre und Persönlichkeit", sondern von einer Übereinstimmung zwischen Denken und Handeln gesprochen. — [2]) Löwe 224—230. — [3]) A. a. O. 153. — [4]) Wissenschaftslehre von 1804, WW. X. 147. — [5]) Die Nichtübereinstimmung, welche Erdmann (Grundriß d. Gesch. d. Phil. II. 456) in dieser Beziehung Fichte zum Vorwurf macht, beruht also auf einer Verwechselung von Lehre und Persönlichkeit. — [6]) Rede an seine Zuhörer 1813, WW. IV. 606. — [7]) Gerichtl. Verantw. WW. V. 270. S. oben 4. Kap. S. 45.

Lehre systematisch und schulgerecht vorgetragen worden wäre. Denn der „Sonnenklare Bericht über das Wesen der neuesten Philosophie" (1801), welcher von propädeutischer Art ist, das abwehrende „Antwortschreiben an Reinhold" (1801) und die Rezension von Bardilis Grundriß der ersten Logik (1800), der „geschlossene Handelsstaat" (1800), ein socia= listischer Anhang zu seinem Naturrecht, und endlich die Satyre über Nikolai (1801) können noch zu den Schriften der ersten Periode gerechnet werden. Die wiederholte Bearbeitung der Wissenschaftslehre hingegen vom Jahre 1801, 1804, 1810 und 1813, die Rechts= und Sittenlehre (1812), die transcendentale Logik (1812), die Thatsachen des Bewußtseins (1813) und die Staatslehre (1813) wurden insgesamt erst nach seinem Tode herausgegeben, während die von Fichte selbst veröffentlichten Schriften, mit Ausnahme des kurzen Berichts über die Wissenschaftslehre von 1810, in einem populären Tone, obwohl deshalb nicht leichtverständlich geschrieben sind und außerdem eine ethisch=praktische Tendenz verfolgen. So vor allem die „Bestimmung des Menschen" (1800), ein mit feuriger Wärme geschriebenes Buch, welches nach seiner eigenen Erklärung nicht für Philo= sophen von Profession bestimmt ist und den Leser anziehen und erwärmen und kräftig von der Sinnlichkeit zum Übersinnlichen fortreißen soll[1]); ferner die geschichtsphilosophischen „Grundzüge des gegenwärtigen Zeit= alters" (vorgetragen zu Berlin 1804—1805), in welchen der Boden der Verstandesreligion zu dem Zwecke durchmessen wird, daß wir beim Durchgehen durch diese Ansicht veredelt werden[2]); weiterhin die Vor= lesungen über das Wesen der Gelehrten (1805), welche als eine neue und verbesserte Ausgabe der vor zwölf Jahren erschienenen Vorlesungen über die Bestimmung des Gelehrten bezeichnet werden[3]); dann die fundamentalste der von Fichte selbst veröffentlichten Schriften der zweiten Periode, die „Anweisung zum seligen Leben oder auch Religionslehre" (Vorlesungen gehalten zu Berlin 1806), als deren nächster Zweck nicht ein wissenschaft= licher, sondern ein praktischer angegeben wird[4]), und endlich die Reden an die deutsche Nation (1808).

Diese Erscheinung ist aber erklärlich. Fürs erste nämlich fühlte sich Fichte, wenn auch nicht gleichgültig, so doch wie von jeher ältere und überzeugungsfeste Philosophen den mitlebenden jüngeren gegenüber inner= lich zu abgeschlossen, um sich in Vor= und Fundamentalfragen mit andern, zumal mit der „toten" und „totgläubigen" Seinsphilosophie, wie er die Schellingsche nannte[5]), weitläufig auseinanderzusetzen, und so zog er es vor, zwar an seiner Fortbildung, wofür ja die erwähnten Schriften ein beredtes Zeugnis ablegen, energisch weiterzuarbeiten, aber mit deren Ver= öffentlichung an sich zu halten. Fürs zweite aber war mit Fichtes

---

[1]) WW. II. 167 f. — [2]) WW. VII. 243. 251. — [3]) WW. VI. 349. — [4]) WW. V. 553. — [5]) WW. V. 404. VI.. 363 f. VIII. 370.

Persönlichkeit das Streben nach der Verwirklichung ethisch-praktischer Zwecke[1]) und die Lust, durch seine Beredtsamkeit auf ein unbeschränktes Auditorium in diesem Sinne einzuwirken, zu sehr verwachsen, als daß er nicht die angegebenen Schriften hätte veröffentlichen sollen. Auf die Wirksamkeit innerhalb der Schule sich zu beschränken, dies war, wie schon die Beiträge über die französische Revolution und die Zurückforderung der Denkfreiheit beweisen, Fichtes Sache von Haus aus nicht. Er wollte in das öffentliche Leben eingreifen und auf die Bedürfnisse des Volkes Rücksicht nehmen. Dieser Trieb war in Jena zurückgehalten worden und sein ungünstiges Geschick war gerade die Ursache, daß der Nation an die Stelle eines jugendlich kühnen ein geläuterter Volksschriftsteller und Volksredner zurückgegeben wurde, der durch seine Begeisterung für das Wohl und Glück der Menschheit eine ideale Gesinnung weckte, der durch Tiefe der Gedanken und Kraft der Sprache die Zuhörer emporzuheben verstand und der durch die Richtung seines Geistes zum Mittelpunkte der romantischen Kreise in Berlin und später durch seinen Patriotismus der Erwecker einer jedoch nur vorübergehend erschlafften Nation geworden ist.

Außer den genannten öffentlichen Vorlesungen hielt Fichte in der ersten Zeit seines Berliner Aufenthalts über Aufforderung seiner Freunde auch Privatvorlesungen, in welchen eine illustre Versammlung die Zuhörerschaft bildete. Es hatten sich junge Gelehrte und Beamte, Adelige und angesehene Staatsbeamte, namhafte Gelehrte und Künstler im Hörsaale zusammengefunden; auch die Minister Schrötter und Altenstein, der Großkanzler Beyme und einmal sogar der Fürst Metternich hatten es nicht verschmäht, bei Fichte Anregung und Belehrung zu suchen. Beyme berichtete über den Gesamteindruck der Vorträge, daß Tiefsinn des Forschens und die Einwirkung einer sittlich heroischen Persönlichkeit jeden mit sich fortgerissen habe.[2])

Eine geregelte akademische Thätigkeit verhieß das Jahr 1804, in welchem er von drei verschiedenen Seiten ehrenvolle Anerbietungen erhielt: Zuerst von Rußland, welches bei der damals ausgeführten neuen Organisation der Universität Charkow den Lehrstuhl der Philosophie auf eine ausgezeichnete Weise besetzen wollte, — ein Anerbieten, das er anzunehmen aus naheliegenden Gründen nicht geneigt war; sodann von der bayerischen Regierung, die philosophische Lehrstelle an der Universität Landshut zu übernehmen. Die Verhandlungen hierüber gerieten aber in einer etwas auffälligen Weise ins Stocken, und es scheint, als ob es den Gegnern derjenigen Reformen des philosophischen Studiums, welche Fichte bei der Berufung vorgeschlagen, gelungen wäre, Fichtes Berufung

---

[1]) Vgl. oben die Einleitung und Fichtes Staatslehre, WW. IV. 394 f.
[2]) F. L. I. 352.

zu hintertreiben. Endlich aber erhielt er durch Bennes und Altensteins Vermittelung von der preußischen Regierung die Vokation als Professor der Philosophie auf die preußische Universität Erlangen, mit der ihm besonders angenehmen Bestimmung, nur während des Sommers dort zu verweilen, im Winter aber nach Berlin zurückkehren zu dürfen, um wie bisher daselbst philosophische Vorträge zu halten. Gleichzeitig bemühte sich Hufeland, um Fichte in Berlin festzuhalten, ihm die Mitgliedschaft der Akademie zu verschaffen. Aber Fichte wurde in die philosophische Klasse nicht aufgenommen, — nach einem damals geläufigen Wort eben deshalb, weil er ein Philosoph war, in Wahrheit aber, weil der Ni-kolaische Anhang damals über die Majorität verfügte.

Die Vorlesungen in Erlangen wurden im Sommer 1805 mit einem Kollegium gleichen Inhalts begonnen wie einst in Jena: „Über das Wesen des Gelehrten" oder nach der Benennung im Lektionsverzeich-nisse: De moribus eruditorum. Auch alle andern auf die Reform des Universitätsunterrichts bezüglichen Einrichtungen, welche er bei den Unter-handlungen mit Bayern brieflich skizziert [1]) und ein Jahrzehnt früher in Jena erfahrungsmäßig erprobt hatte [2]), sollten nunmehr, nur umfassender und planmäßiger ins Leben treten und Fichte schrieb im Winter 1805 bis 1806 die „Ideen für die innere Organisation der Universität Er-langen" [3]). Allein weder an die Verwirklichung dieser Pläne noch an die Fortsetzung seiner Lehrthätigkeit war vorerst zu denken. Der schon seit einem Jahre drohende und endlich zum Ausbruch gekommene Krieg trieb Fichte aus dem gewohnten philosophischen Geleise heraus und be-schäftigte seinen Geist beinahe ausschließlich so lange, bis es ihm gelang, nach Überwindung der Aufregungen mit der neuen Lage der Dinge sich philosophisch auseinander zu setzen und das Bedürfnis seines Herzens, zur Errettung des Vaterlandes beizutragen, soviel er vermöchte, zu be-friedigen.

Es mag aber auch überhaupt selten ein Krieg den Patrioten in eine so intensive Aufregung versetzt haben, als der preußisch-französische vom Jahre 1806, und der Deutschgesinnte konnte in Zweifel sein, ob er durch das schmachvolle Verhalten der Vaterlandskämpfer oder die Gewaltthate des Feindes mehr erbittert worden sei. Auf der einen Seite ein König, der zwar persönlich achtbar, aber furchtsam und unentschlossen war und die Kränkung, welche Preußen bei der Bildung des französischen Deutschlands, genannt Rheinbund, erfahren, ignoriert hatte; unfähige, adelige Führer, welche auf Grund der Erinnerung an Friedrich den Großen und den siebenjährigen Krieg sich für unüberwindlich hielten und gegenüber einem Meister der Strategie und Taktik nur Planlosigkeit, Mangel an Ordnung in ihren Anstalten und eine schlechte Organisation

---

[1]) F. L. 1. 354—356. — [2]) WW. XI. 278. 284, — [3]) A. a. O. 275 f.

der Heeresabteilungen entwickelten; und feige Kommandanten, welche die
mit allem versehenen Festungen ohne Kampf übergaben, als ob, wie
Napoleon schrieb, zu ihrer Eroberung Husaren genügten: auf der andern
Seite ein Mann, der im Streben nach abenteuerlicher Machtvergrößerung
die Nationen als solche ignorierte und Land und Leute wie einen Acker
behandelte, über den man willkürlich schaltet, der die Thore Berlins in
unrühmlicher Weise ihres Schmuckes beraubte und die Königin in Bulletins
herabsetzte, der endlich beim Friedensschluß von dem ausgesogenen Lande
eine unerschwingliche Kriegskontribution forderte und den König als einen
Regenten von Rußlands Gnaden beleidigte, als ob er den Satz der
alten Prometheussage bestätigen wollte, daß alle, die erst seit kurzem
die Herrschergewalt an sich gerissen, hartherzig seien; zu alledem aber
noch Helfershelfer, die das Land plünderten, um sich zu bereichern und
nach dem Edikt gegen den englischen Handel nur gegen diejenigen will=
fährig waren, die sie bestachen, den ehrlichen Mann aber zu Grunde
richteten! Hätte die Geschichte nicht von der That Schills, von dem
Verhalten Blüchers und dem heldenmütigen Kampfe der 240 Grenadiere
unweit Stettin zu berichten: wahrlich, man könnte glauben, daß die
herrschende Mutlosigkeit auch das Volk ergriffen und der um die Hälfte
seines Gebiets verkleinerte letzte Repräsentant des deutschen Vaterlandes
sein verdientes Schicksal gefunden hätte.

Fichte entwarf zu Beginn des Krieges, da ein allgemeiner Enthu=
siasmus erwacht war, den Plan zu Reden an die deutschen Krieger und
wünschte die Armee zu begleiten[1]), um das Gefühl der rechten Ehr=
und Vaterlandsliebe in den Kämpfenden lebendig zu erhalten. Die Re=
gierung lehnte aber das ungewöhnliche Anerbieten vorerst dankend ab,
weil die Beredtsamkeit erst nach dem Siege an ihrem Orte sei. Als
nun die Kunde von der niederschmetternden Niederlage bei Jena und
Auerstädt nach Berlin kam und die Vortruppen des Feindes vor den
Thoren der offenen Stadt erwartet wurden, verließ er Haus und Fa=
milie, um nicht „seinen Nacken unter das Joch des Treibers zu beugen"[2])
und ging nach Königsberg, sich freuend, daß ihm nicht, wie Müller und
Humboldt, die „schmachvolle Ehre" zuteil geworden, von Napoleon
empfangen zu werden.[3])

In Königsberg beschloß er eine zweite Schlacht abzuwarten. An
die Fortsetzung der gewohnten Arbeit zu denken, dies gestattete das auf=
geregte Gemüt natürlich nur wenig. Zwar hielt er im Winter 1806
bis 1807 Vorlesungen über die Wissenschaftslehre[4]), aber, wie es scheint,
mehr um die Pflichten der ihm provisorisch zugewiesenen Professur zu
erfüllen, als aus innerem Drange. Der Strom seiner Gedanken be=
gleitete das immer düsterer werdende Schicksal des Vaterlandes. Aber

---

[1]) F. L. I. 363. — [2]) A. a. O. 382. — [3]) A. a. O. — [4]) A. a. O. 370.

5*

als Einer, der in der herrschenden Verwirrung die ruhige Besinnung sich bewahrte, ging er nicht auf in Klagen darüber, daß die „höchsten Angelegenheiten der Menschheit zerrüttet und unwürdigen Händen anheim= gefallen"[1], sondern sann auf ein Mittel, durch welches sie in Zukunft in bessere Hände gelangen und wieder geordnet werden könnten. Folgt man den Spuren des ersten Dialogs über Patriotismus[2], welcher von dem Pochen auf Erfahrung und Routine und zu allermeist auf die gött= liche Barmherzigkeit auch von seiten derer, welchen die Verwaltung des Staatswesens anvertraut ist, daneben aber von der Abnahme des wissen= schaftlichen Ernstes, von der frivolen Verachtung der Wissenschaft, ja sogar von der Unempfänglichkeit für das Verständnis derselben erzählt[3]; und erwägt man, daß im zweiten Dialog[4] das radikale Mittel, um jene Unempfänglichkeit zu verhindern und den wissenschaftlichen Ernst wieder zu beleben, in einer besseren Erziehung erblickt wird[5], so liegt es am Tage, welche Wege sein Denken einschlug, woher er die Rettung der Gesellschaft erwartete und warum vielleicht schon am 18. Dezember 1806 das „Spekulieren trefflich von statten ging".[6] Er schreibt am 3. Juni 1807 an seine Gattin: „Kannst Du Pestalozzis ,Wie Gertrud ihre Kinder lehrt' bekommen, so lies es ja. Ich studiere jetzt das Er= ziehungssystem dieses Mannes und finde darin das wahre Heilmittel für die kranke Menschheit, sowie auch das einzige Mittel, dieselbe zum Ver= stehen der Wissenschaftslehre tauglich zu machen."[7] Aber die nahende Entscheidung im Kriege verhinderte, daß dieser erste Keim zu den „Reden an die deutsche Nation", welcher während des Königsberger Aufenthalts Gestalt gewonnen und im zweiten Dialog über den Patriotismus die ersten Früchte getragen, zur vollen Entwickelung gelangen konnte. Denn bald nach der unglücklichen Schlacht bei Friedland marschierten die Fran= zosen in Königsberg ein (am 6. Juni) und Fichte flüchtete zuerst nach Memel, dann nach Kopenhagen, um so lange dort zu bleiben, bis der Friede abgeschlossen wäre. Der Friede kam bald (9. Juli); aber es war der härteste, den Preußen jemals geschlossen, denn es verlor die Hälfte seines Reichs, besaß nur den Schein einer selbständigen Existenz und blieb bis zur Zahlung der Kriegsentschädigung d. i. bis Ende 1808 von den Franzosen besetzt. „Ich glaubte", schrieb Fichte schmerzerfüllt am 29. Juli, „die deutsche Nation müsse erhalten werden; aber siehe, sie ist ausgelöscht."[8]

Ende August kehrte Fichte nach Berlin zurück, — voller Lust zur Arbeit „nach einem so langen Müßiggange"[9] und in der Absicht, dort

---

[1] Brief vom 27. November 1806. F. L. I. 371. — [2] Geschrieben im Juni 1806, vor dem Ausbruch des Krieges, WW. XI. 224. — [3] A. a. O. 235 f. — [4] Geschrieben im Juni 1807, WW. XI. 248. — [5] A. a. O. 262 f. [6] F. L. I. 376. — [7] A. a. O. 389. — [8] A. a. O. 397. — [9] A. a. O. 399.

fort zu privatisieren, bis sich für ihn eine angemessene Beschäftigung fände. Er fand sowohl Gelegenheit zu einer Arbeit von weittragender Bedeutung als die Aussicht auf eine Thätigkeit an der Universität. Umfassende Reformen in den verschiedenen innern Angelegenheiten des Staats ins Werk zu setzen, war überhaupt und unmittelbar nach dem Friedensschlusse der Wille des Königs. Nach den großen äußern Unglücksfällen, die den Staat getroffen, sollten im Innern neue Quellen des Glücks erschlossen werden, um der Zukunft des Staates eine Gasse zu bahnen. Auf die Treue und Opferwilligkeit, den Mut und die Rührigkeit des Volks konnte er hierbei rechnen. Geniale Männer standen ihm bei seinem Vorhaben zur Seite und das, was Stein für die Verbesserung der innern Verwaltung und Scharnhorst für die neue Organisation des Heeres damals gethan haben, bleibt unvergessen in der Geschichte des preußischen Staates. Auch auf das Unterrichtswesen sollten die Reformen durch Gründung einer Universität in Berlin nach einem neuen Plane ausgedehnt werden, und Fichte als der dritte von jenen wackern Männern, der auf diesem Gebiete „wie Keiner lebendig fühle, was uns Not thue", wurde von Beyme ersucht, sein Nachdenken auf die zweckmäßigste Ausführung der königlichen Absicht zu lenken [1])

In der That war Fichte zur Mitwirkung bei der Universitätsorganisation berufen wie Einer! Hatte er doch in Jena segensreiche Reformen ins Leben gerufen und erst kürzlich für die Universität Erlangen die Grundgedanken einer neuen Organisation zusammengestellt! In der gegenwärtigen bedrängten Lage des Vaterlandes nun gewann diese Organisation in seinen Augen eine ganz andere Tragweite. Nicht bloß für die Entwickelung der Wissenschaften sollte die Universität Bedeutung haben, sondern zusammenwirkend mit allen andern Institutionen des öffentlichen Unterrichts sollte sie in integrierender Weise beitragen zur neuen Nationalerziehung [2]). So stellte sich Fichte, da sein Plan auch die Berücksichtigung des mittleren und niederen Schulwesens erforderte, von vornherein eine sehr umfassende Aufgabe. Und er löste dieselbe in einer beispiellos kurzen Zeit. Denn schon nach einer Woche übergab er Beyme den „Plan einer in Berlin zu errichtenden höheren Lehranstalt" [3]) und in den Wintermonaten 1807—1808 hielt und veröffentlichte er die „Reden an die deutsche Nation" [4]).

Die Wärme und der Eifer, mit welcher Fichte seine Aufgabe ergriff und so rasch zu Ende führte, wurzelte zum guten Teil in seiner Persönlichkeit, nicht in seiner Lehre. Die letztere hätte ihn auch ermuntern können, der ganzen pädagogischen Frage mit Gleichgiltigkeit zu begegnen. Denn abgesehen davon, daß nach Fichte nur von einem

---

[1]) D. a. O. 409. — [2]) Ded. Plan W. W. VIII. 204. — [3]) Er wurde erst nach seinem Tode 1817 veröffentlicht. — [4]) F. L. I. 421.

„niedern Standpunkte" aus[1]) Kausalität zwischen Erzieher und Zögling, und Bestimmbarkeit der Zustände des letzteren durch die Maßregeln des ersteren stattfindet, da ja äußere Umstände überhaupt nicht auf uns ein= wirken, sondern vom „höchsten Standpunkte" aus d. h. von der Annahme einer angeblich absoluten Freiheit nur von einer sogenannten Wechsel= wirkung[2]) zwischen dem Erzieher und dem absolut freien Zögling d. h. einer Kausalität des letzteren mit sich selbst die Rede sein kann, dessen ursprünglich als „Affekt der Achtung"[3]) vorhandene Moralität[4]) durch keine theoretische Überzeugung sich erzwingen läßt[5]), demnach sogar die Möglichkeit der Erziehung in Frage gestellt wird, an welcher doch jeder Lehrer und Erzieher solange festhält, als er von der Wirklichkeit seiner Einwirkung und der Bestimmbarkeit des Zöglings überzeugt bleibt, — ich sage, abgesehen davon, so führt ja, wie bereits erwähnt[6]), Fichtes Indeterminismus zu einem krassen Prädeterminismus oder zu der Annahme, daß jedem Individium im göttlichen Weltplane eine bestimmte Stelle angewiesen sei[7]), daß in den Individuen schon durch die Geburt eine Anlage, Verwandtschaft zum Himmelreich liege[8]), daß die Zöglinge ihrer ursprünglichen Bestimmung nach edler oder unedler geboren sind[9]), und auch der Mangel in der Verstandesanlage wie der Besitz derselben Gottes Fügung sei[10]) und daß die Bildung von der individuellen Anlage ab= hänge[11]), die wir weder abzuändern, noch, wenn sie schlecht wäre, zum Guten hinzuwenden, noch überhaupt nach unserem Willen zu entwickeln oder fortzubilden vermögen[12]), — lauter Annahmen, welche die Not= wendigkeit der Erziehung ausschließen. Denn unter solchen Voraus= setzungen entwickelt sich, wie Fichte selbst sagt[13]) die Moralität mit Frei= heit im Umgange von selbst und allein aus dem Herzen des Menschen[14]). In der zweiten Periode vollends, die man im Gegensatz zur ersten oder erkenntnistheoretischen die religionsphilosophische nennen kann, liegt in der Meinung, daß allem einzelnen Sein nur eine Phänomenalexistenz zukomme.[15]) und daß keiner die Anforderung der höheren Moral an sich

---

[1]) Wes. d. Gel. VI. 350 vergl. 3. Kap. S. 38. — [2]) Zweite Einl. WW. I. 509. — [3]) Syst. d. Sitt. WW. IV. 317. Reden an die deutsche Nation § 17 und § 138. — [4]) Jener Affekt soll nämlich „ungebraucht und unentwickelt", gleichsam eingehüllt, schlafend (als ob er früher gewacht hätte!) in der Seele oder in der Natur des Menschen liegen, System der Sittenl. WW. IV. 317. Der höchste Standpunkt verläuft hier offenbar in eine bloße Redensart. — [5]) A. a. O. 316. — [6]) 3. Kap. S. 32. — [7]) Staatslehre WW. IV. 584. — [8]) A. a. O. 568. — [9]) A. a. O. 454. — [10]) A. a. O. 585. — [11]) WW. VII. 546. [12]) Patr. Gespr. WW. XI. 262. — [13]) Syst. d. Sitt. WW. IV. 349. — [14]) Er sagt zwar „mit Freiheit und durch die bloße vernünftige Erziehung", aber letzterer Beisatz hat hier keinen Sinn. — [15]) W. L. 1804. WW. X. 147. In der ersten Periode galt der Einzelne noch etwas; Ich war gegenüber der Natur und der Welt des Gegebenen das Absolute, Selbständige (Syst. d. Sitt. WW. IV. 50); in der zweiten Periode hingegen ist Gott das Eine und absolut Selbständige (W. L. 1804. WW. X. 146).

selber thun könne, an den sie nicht schon, ohne alles sein Zuthun ergangen [1]), eben auch keine Aufforderung, die Erziehung für eine dringende und von den Menschen wohlzubesorgende Angelegenheit zu halten, sondern in dieser Beziehung auf Gottes Fügungen oder am Ende auch auf das Schicksal sich zu verlassen.

Aber seine Persönlichkeit ertrug es nicht, den Zeitereignissen ruhig zuzusehen, ohne handelnd einzugreifen, sei es auch nur durch Thaten des Gedankens; er blieb persönlich bis an sein Lebensende überzeugt, daß der Mensch an der Verwirklichung ethisch-praktischer Zwecke zu arbeiten habe, daß die Wissenschaft thatbegründend sein [2]) und alle Theorie und Spekulation, der an sich eine „Leerheit an praktischer Wirksamkeit beiwohne" [3]), auf die Praxis beziehen müsse [4]). Wie hätte auch sonst in Jena die Ausgestaltung seines Systems mit der Reform des Universitätsunterrichts Hand in Hand gehen und später das Emporsteigen zur abstrakten Höhe des Absoluten mit der Fürsorge für das unterdrückte Vaterland sich verbinden können! Unbekümmert um die Phänomenalexistenz des Einzelnen und seines Aufgehens im Absoluten zeigte er, mehr wie fast alle andern, seine selbständige Existenz und suchte, wie Keiner, das Gefühl des Werts der Selbständigkeit in andern zu beleben. Seine Persönlichkeit war es also in erster Linie, welche ihn antrieb, sich mit Wärme und Eifer in die pädagogische Frage zu vertiefen und durch reformatorische Vorschläge pädagogischer Art dem „verbrüderten Geschlechte" zu Hilfe zu kommen.

Damit soll jedoch keineswegs gesagt sein, als ob die Pädagogik von Fichtes philosophischen Prämissen gar keinen Vorteil davon getragen und die Reden an die deutsche Nation wie der Universitätsplan nur ein vorübergehendes Phänomen der damaligen Zeit und ohne irgend einen beständigen Wert seien [5]). Richtig verstanden sind darin auch für einen andern Standpunkt der Beurteilung reformatorische Ideen enthalten. Da nämlich, wie bereits erwähnt, die absolute Spontaneität des reinen Thuns die prinzipielle Bedeutung eines letzten Bewirkenden hat und unser wahres Sein wie unsre höchste Freiheit [6]) in diesem unveränderlichen [7]), durch den Gebrauch uns theuer gewordenen [8]), also zugleich wertvollen Leben oder

---

[1]) Anweisung, W.W. V. 473. Aus der Individualität eine Wahrheit schöpfen, heißt sie aus Gott schöpfen (Staatsl. W.W. IV. 540), als des sittlichen Gesetzgebers (W.W. VII. 608). — [2]) Staatsl. W.W. IV. 394. — [3]) A. a. O. 589. Das höchste Gut war für Fichte, wie es sich in seiner zweiten Periode herausstellte, ein theoretisches. Löwe 143. — [4]) Syst. d. Sitt. W.W. IV. 290. — [5]) Im Angesichte einer neuen Ausgabe der Reden an die deutsche Nation und bei dem Umstande als Fichtes Persönlichkeit eine zur pädagogischen Thätigkeit sich hinneigende war, rechtfertigt sich der nachstehende Versuch einer zusammenhängenden Darstellung der an vielen und verschiedenen Orten abgehandelten pädagogischen Grundanschauungen an diesem Orte wohl von selbst. — [6]) Anweisung W.W. V. 524. — [7]) A. a. O. 406. — [8]) Zweite Einl. W.W. I. 507 Reden § 18 a. E. —

reinen Thun besteht, so kann der Zweck der Erziehung oder des Unter=
richts, wie wir sagen würden [1]), soll anders das „Grundgesetz der geistigen
Natur des Menschen"[2]) Berücksichtigung finden, nur in der Weckung
des Interesse oder der Selbstthätigkeit bestehen. Alles kommt darauf
an, was der Zögling geistig vermöge, nicht darauf, was da erlernt
sei[3]) also auch nicht auf ein Quantum des Wissens oder ein Maß des
Erkenntnisstoffes, am allerwenigsten auf ein leidendes gedächtnismäßiges
Auffassen und mechanisches Auswendiglernen, um den Schein des Denken=
könnens zu retten[4]). Dies ist in der That eine reformatorische Idee,
wiebald man sich nur besinnt, daß Selbstthätigkeit nicht deshalb, weil
sie ein Naturgesetz sondern ein Idealgesetz ist, d. h. auf Grund eines
objektiven Urteils wertvoll ist, und wiefern man hinzunimmt, daß
geistiges Leben und Selbstthätigkeit im Menschen nichts Ursprüngliches,
sondern ein Produkt psychischer Entwicklung ist[5]). Auch das ist richtig,
wenn Fichte die Selbstthätigkeit die „allgemeine Form des sittlichen
Willens" nennt[6]), da ja ein selbständiger sittlicher Wille sowie ein
selbständiger Charakter sie immer voraussetzt.

Fichtes Erziehungszweck, welcher schon der indeterministischen An=
schauung wegen mit dem Unterrichtszweck zusammenfällt, ist auch der
Zweck des Universitätsunterrichts. Nicht um die Fertigkeit also,
Kenntnisse mechanisch wieder von sich zu geben[7]), auf welche gelehrte
Zunftgenossen dringen, auch nicht um Einführung in dasjenige wissen=
schaftliche Leben, welches den historisch entwickelten geistigen Bedürfnissen
eines Volkes entspricht, handelt es sich hier, sondern ebenfalls nur um
Weckung der Selbstthätigkeit, wie es gemäß dem höheren, wissenschaft=
lichen, philosophischen Standpunkt das Grundgesetz des menschlichen Geistes
fordert und die wahre akademische Freiheit, jener „belebende Odem der
Universität" und jene „himmlische Luft, in welcher alle Früchte derselben
aufs fröhlichste sich entwickeln und gedeihen"[8]). Daher die Universitäts=
frage in seinen Augen nicht wie in andern Entwürfen, auch dem Schleier=
macherschen, eine bloß rechtliche, das Verhältnis der Lehrer untereinander
und zur Unterrichtsbehörde regelnde Frage war[9]), sondern eine Frage
der geistigen Kultur, bei welcher es im wesentlichen auf das „Wechsel=
leben der Lehrer mit den Schülern"[10]) ankommt. Selbstthätigkeit be=
deutet aber in Ansehung des Universitätsunterrichts Weckung eines

---

[1]) Fichte gebraucht beide Ausdrücke wie gleichbedeutend, Aphor. W.W. VIII.
354 oder er spricht von „intellektueller Erziehung," Patr. Gespr. W.W. XI. 264. —
[2]) Reden § 19. — [3]) Aphor. VIII. 356. — [4]) Reden § 21. — [5]) So faßte
Herbart den Unterrichtszweck auf, welcher somit seinem historischen Ursprunge
nach aus dem Fundament des Idealismus herausgewachsen ist. — [6]) Reden § 22. —
[7]) Vergl. W.W. VIII. 100. — [8]) W.W. VI. 452. — [9]) Köpke, die Gründung
der Universität zu Berlin, 1860 S. 45. Rechtlicher Natur sind andere Institutionen
mit andern Zwecken eben auch. — [10]) W.W. VIII. 127.

selbständigen Urteils[1]), — ein Zweck durch dessen Verfolgung die Universität zu einer Akademie im antiken Sinne des Wortes oder zu einer Sokratischen Schule werde[2]) und den Namen einer Erziehungsanstalt verdiene[3]). In dieser Akademie würden zwar fortfließende Reden auch ihre Stelle finden, wichtiger jedoch[4]) seien fürs Erste Examina „im Geiste der Kunst, nicht des Wissens" d. h. Examina, in welchen der Examinand zeigt, daß er zu produzieren, nicht bloß zu reproduzieren, zu urteilen, nicht blos aufzusagen imstande sei; ferner Konversatorien mit expressivem Sokratischen Dialog zwischen Lehrling und Meister d. h. Diskussionen, nicht Debatten[5]), und endlich Aufgaben, welche der Lehrling im Geiste der Kunst schriftlich ausarbeitet[6]). Würde hingegen bloß Aneignung von Kenntnissen zum Zwecke des Universitätsunterrichtes erhoben, so strebe man nach einem vergänglichen Gute, denn was wir mechanisch erworben, verschwindet auch wieder nach mechanischen Gesetzen[7]). Da einem solchen Zwecke fortlaufende Vorträge genügten, so erweise sich die Universität als eine überflüssige und schädliche Anstalt. Denn der rezitierende Professor sei dann durch ein Buch ersetzbar, ja das letztere sei für ein aufmerksames Studium vorzuziehen[8]). Überdies aber kämen bei einer solchen Einrichtung die jungen Männer in einen Zustand des träumenden Hingebens hinein[9]), und es würde durch sie Verwilderung der Sitten bewirkt[10]).

Soweit waren Fichtes Ideen reformatorisch, mochten sie ihm auch in Beziehung auf die Universitätsreform Verkennung eintragen[11]).

---

[1]) Diese Formulierung ergiebt sich schon aus dem Syst. d. Sitt. v. 1798 (WW. IV. 262), in welcher das Auswendiglernen fremder Gedanken ohne eigenes Urteil eine Störung der Geistesentwickelung genannt wird. Die Fichtesche Formulierung lautet: „Kunst des wissenschaftlichen Verstandesgebrauchs" (WW. VIII. 100—102. 161. XI. 278)); aber er fügt hinzu, daß unter „Verstand" hier Beurteilungsvermögen zu verstehen sei (WW. VIII. 103) und auch die andern Ausführungen weisen darauf hin, daß es sich um die Entwicklung eines selbständigen Urteils handle. — [2]) WW. VIII. 100. 104. — [3]) A. a. O. 119. — [4]) WW. XI. 278. — [5]) Bei einer solchen Untersuchungsform, meint der platonische Sokrates (Plat. rep. p. 348 A), sind wir Richter und Redner zugleich, während, wenn wir uns in fortfließenden Reden ergehen, wir der Richter bedürfen, damit sie das Gute in denselben zählen und messen und dann entscheiden. — [6]) Fichtes WW. VIII. 105. — [7]) A. a. O. 101. — [8]) A. a. O. 93. — [9]) WW. XI. 277. — [10]) WW. VIII. 99. Mit Beziehung auf diese Art des Unterrichtes nannte Jakobi in dem Schreiben, in welchem er Fichte der bayerischen Regierung empfahl, die akademischen Anstalten und Einrichtungen ein ungereimtes Gemisch von Kultur und Barbarei. F. L. I. 356. — [10]) Humboldt, der jedes nähere Eingehen auf Fichtes Plan abgelehnt, sagte, man müsse eben tüchtige Männer berufen und das Ganze sich allmählich ankandieren lassen (nach dem Bilde eines allmählich an schießenden Krystalls). F. L. I. 416. Als ob man die Erfüllung würdigerer Zwecke dem natürlichen Laufe der Dinge überlassen und abwarten, mittlerweile aber sich mit dem bloß äußern Erfolg der Frequenz begnügen solle. Infolgedessen trat Fichte von den ferneren Verhandlungen zurück, und Schleiermacher in den Vordergrund.

Anders verhält es sich mit der Methode. Zwar im allgemeinen ergiebt sich allerdings die Forderung, nur solche Mittel anzuwenden, welche die Selbstthätigkeit, dieses „unmittelbar, notwendig und ohne alle Ausnahme Wohlgefällige" anreizen[1]): also in Ansehung des Universitäts= unterrichts, wie erwähnt, nur solche Mittel, die ein selbständiges Denken, und Urteilen aufkommen lassen[2]); im Volksschulunterricht nicht, wie das beim frühzeitigen Lese= und Schreibeunterrichte geschehe, Überlieferung von bloßen Zeichen, ohne daß der Zögling etwas fasse[3]) d. h. doch Einübung in Fertigkeiten ohne Rücksicht auf das Verhältnis des Gelesenen zum Vorstellungskreis des Lesenden, sondern Anschauungsunterricht, der die Aufmerksamkeit errege und auf den schon Pestalozzi gedrungen; in der Geometrie Konstruktionsversuche des Zöglings, wenn er zu Lehr= sätzen und hierbei zugleich zum Bewußtsein seiner eigenen (setzenden und entgegensetzenden) Erkenntnisthätigkeit gelangen soll[4]); im klassischen Sprachunterricht nicht ein beiläufiges Verstehen, wie es der gewöhnliche Unterricht mit seinem ungefähren Dolmetschen des Sinnes herbeiführe, sondern ein Begreifen der Sache d. h. doch wohl ein vollständiges Ein= dringen in den Sinn des Gelesenen[5]). Aber welchen bestimmten Gang der Unterricht einzuschlagen habe, damit jede einzelne psychische Thätig= keit sich wirklich und ungestört zu entfalten vermöge und die ganze Persön= lichkeit weder zersplittert noch verschlechtert werde[6]), darauf giebt Fichte so gut wie gar keine Antwort. Er sagt: „die Anregung und Ent= wicklung der Liebe für den erkannten Gegenstand knüpft sich an den folgegemäßen Lehrgang am Faden der Empfindung und Anschauung von selbst und kommt ohne allen unsern Vorsatz oder Zuthun"[7]). Bei jenen allgemeinen methodischen Weisungen hat es also sein Bewenden.

---

[1]) Reden § 18. — [2]) Die später öfter wiederholten Äußerungen, daß es im Universitätsunterricht viel mehr auf methodische Schulung, als auf Aneignung von Kenntnissen ankomme, und ferner die Verbreitung von Konversatorieen be= weisen, daß Fichtes philosophisch begründete Gedanken fortwirkten, mochte auch sein Plan ursprünglich ignoriert werden. — [3]) Reden § 136. — [4]) Reden § 21. — [5]) Aphor. WW. VIII. 354. — [6]) Fichte sagt, was das letztere betrifft, sehr schön, aber freilich wiederum ganz allgemein: „Der Mensch muß irgend einen Mittelpunkt haben, auf den er alles bezieht. Ist ihm alles andere entzogen, so bleibt er sich selbst in seinem sinnlichen Dasein. Dies ist ihm das Sichere, „denn es ist das Allerletzte und Schlechteste" (Staatsl. IV. 516). Aus diesem Gedanken würde aber in Beziehung auf die Einrichtung der Methode folgen, daß, wenn dieselbe einen richtigen „Weg zum Ziele" bedeuten soll, sie auf Auswahl, Aufeinanderfolge und Zusammenhang der Unterrichtsfächer Rücksicht nehmen müßte. Ziller, Jahrbuch f. wiss. Pädagogik. VI. 281 f. und neuerdings (einer äußern Nötigung wegen) XIII. 113 f. — [7]) Reden § 145. Vgl. Patr. Gespr. XI. 265. Er fügt freilich an ersterer Stelle hinzu: Das Kind habe einen natürlichen Trieb nach Klarheit und Ordnung, welcher in jenem Lehrgange befördert werde, aber das dürfte ein ideales Kind sein. Die erfahrungsmäßig bekannten offenbaren, wenn sie sich selbst überlassen sind, vielmehr einen Trieb nach Unklarheit und Unordnung.

Dann ist aber die Theorie für die gegebenen Bedürfnisse der Praxis zu leer und unbestimmt, und sie erscheint in den Augen desjenigen, der nach speziellen und psychologisch begründeten Weisungen zu handeln begehrt, wie ein Freibrief, der dem Lehrer gestattet, im einzelnen zu thun, was er wolle, im allgemeinen aber trotz der weiten Kluft zwischen Theorie und Praxis darauf stolz zu sein, daß er zur „Klasse der schöpferischen Geister" gehöre [1]). Freilich ist vom Standpunkte der indeterministischen psycho= logischen Anschauung Fichtes jede anders beschaffene Methode unzulässig. Giebt es keine positive moralische Erziehung d. h. eine solche, die sich den Zweck setzte, den Zögling zur Tugend zu bilden [2]), geht der Geist des Zöglings nach seiner Regel fort [3]), und ist sogar die Möglichkeit und Notwendigkeit der Erziehung in Frage gestellt, dann hat es keinen Sinn, den Vorstellungskreis des Zöglings auf psychologisch gesetzmäßigem Wege zu regulieren und z. B. für Reihenbildung mit Hilfe von Asso= ciationsgesetzen zu sorgen, und es ist völlig überflüssig, auf die Herbei= schaffung von konkreten Imperativen für das pädagogische Handeln be= dacht zu sein [4]). Gesetzt jedoch, der Zögling würde, was ja die Er= fahrung häufig genug bestätigt, von Unlust zum Lernen ergriffen und wäre zerstreut: soll er dann etwa an der Hand psychologisch begründeter Weisungen determiniert und zur Selbstthätigkeit zurückgeführt werden? Allerdings, antwortet Fichte, soll derselbe in diesem Falle determiniert werden, aber nicht durch begründete Maßregeln, sondern durch ein „absolutes Nichtdulden des Zerstreutseins" [5]). Auf diese Weise schlägt der Fichtesche Indeterminismus in den allerschlimmsten Determinismus um, und wie in Fichtes Rechtslehre die absolute Freiheit mit dem Zwange beisammenzuwohnen gezwungen wird [6]), so soll auch in seiner Pädagogik die freie Selbstthätigkeit des Zöglings mit blinder Unterwerfung unter den Willen des Erziehers verträglich sein [7]).

Eine Lichtseite bietet indessen Fichtes Methodik doch dar. Da es nämlich eine Bestimmbarkeit des Zöglings durch den kausalen Einfluß

---

[1]) Staatsl. IV. 587. — [2]) Aphor. WW. VIII. 358. — [3]) Vergl. Reden § 28. — [4]) Mit der Form des Lehrplans verhält es sich auf ähnliche Weise. Aber von dem vulgären Lehrplane würde sich der Fichtesche dadurch unterscheiden, daß die simultanen sowohl als die successiven Eigentümlichkeiten des vulgären in der Willkür und dem Zwange der Erwachsenen, des Fichteschen hingegen in der Willkür und den Einfällen des Zöglings ihre Rechtfertigungsquelle hätten. — [5]) Aphor. WW. VIII. 357. — [6]) Löwe 213. — [7]) „Dieser Punkt ist wichtiger, fügt Fichte a. a. O. hinzu, als es scheint, und ich getraue mir zu behaupten, daß man das Menschengeschlecht mit einem Streiche von allen seinen übrigen Gebrechen geheilt haben würde, wenn man jeden von dem Zerstreutsein geheilt und ihn dahin gebracht hätte, nur allemal seine ganze unzerstreute Aufmerksamkeit auf das zu richten, was er jetzt treibt." In der That folgt der Richtung der Aufmerksamkeit der Gedanke, das Gefühl, der Wille, die That, der ganze Mensch (Exner, Psych. d. Hegelschen Schule 36). Aber brauchten der Pädagog und der Staatsmann nicht spezieller zu wissen, für welche Dinge sie dieselbe erwarten dürfen, für welche

des Erziehers gar nicht giebt und der letztere in der Wechselwirkung
mit dem ersteren die Freiheit als absolute Bedingung der Moralität zu
achten hat [1]), andererseits aber der Endzweck des Sittengesetzes die absolute
Unabhängigkeit und Selbständigkeit der Vernunft ist und zu diesem zwar
unerreichbaren Ziele doch eine stäte und ununterbrochene Annäherung
stattfindet [2]), so kann der einzelne in der Fürsorge für eine allgemeine
moralische Bildung [3]) nur darauf ausgehen, direkt an den Willen des
anderen zu appellieren und ihn zur Überzeugung zu bringen oder vielmehr zu nötigen [4]) d. h. intensiv zu erregen und zu ergreifen, damit auf
diese Weise Übereinstimmung hervorgebracht werde [5]) und die Wahrheit
desto mehr gewinne [6]). Eine solche intensive Erregung des Zöglings
ist pädagogisch in der That zulässig, jedoch selten und aus bestimmten
Zwecken [7]).

Jener Endzweck des Sittengesetzes ist nach Fichte die absolute Selbstständigkeit der Vernunft überhaupt [8]) und die Individuen sind nur als
Werkzeuge und Behikel des Sittengesetzes zu betrachten [9]). Mit diesem
Gedanken ist bereits ein ebenso radikaler als charakteristischer Zug der
pädagogischen Anschauungen Fichtes angekündigt [10]). Da nämlich der
Einzelne, theoretisch betrachtet, eine Phänomenalexistenz ist, praktisch aber
vermöge der Konsequenzen der Lehre von der absoluten Freiheit prädestiniert,
also unselbständig ist oder eine „ursprüngliche Bestimmung" hat [11]), anderseits aber die Annäherung an den Endzweck des Sittengesetzes im allgemeinen gefordert wird [12]), so kann es sich bei der Erziehung, deren
allgemeiner Zweck darin besteht, daß jeder mit klarer Einsicht verstehen

---

fordern können, wie sie anzuregen sei, wie hoch sie gespannt werden dürfe, damit
sie nicht in Kraftlosigkeit und Ekel ende; bedürften beide keines andern Rats als
den des absoluten Nichtduldens des Zerstreutseins: das Menschengeschlecht müßte
ja von allen seinen übrigen Gebrechen bereits geheilt sein.

[1]) Syst. d. Sitt. WW. IV. 232. — [2]) A. a. O. 209. — [3]) A. a. O.
233. — [4]) A. a. O. Fichte nennt seinen „Sonnenklaren Bericht" auf dem Titel
einen „Versuch, den Leser zum Verstehen zu zwingen." — [5]) WW. IV. 234. —
[6]) A. a. O. 247. Daher werden auch in der letzten der Reden an die deutsche
Nation die Jünglinge, die Alten u. s. w. „beschworen," einen mannhaften Entschluß zu fassen. — [7]) Vogt in Zillers Jahrbuch XII. 135—137. — [8]) Syst.
d. Sitt. IV. 232. — [9]) A. a. O. 231. — [10]) Die Möglichkeit der Anknüpfung
der Fichteschen Staatspädagogik an die Sittenlehre von 1798 beweist übrigens
schon, daß es unrichtig ist, von einer doppelten pädagogischen Anschauung Fichtes
zu sprechen, einerseits vom Standpunkte des Systems der Sittenlehre, andererseits
vom Standpunkte der Reden an die deutsche Nation (S. Strümpell, die
Pädagogik der Philos. Kant, Fichte und Herbart, Braunschweig, 1843). Auch
darf, um von vielen andern Schriften zu schweigen, die Staatslehre von 1813,
in welcher der staatspädagogische Gedanke zum Abschluß gelangt, nicht übergangen
werden. — [11]) Staatsl. WW. IV. 454. vergl. 568. 584. In gleicher Weise
haben auch die Nationen ihre Bestimmung, Reden § 42. vergl. WW. VII. 563. —
[12]) „Das Eine, woran mir gelegen sein kann, ist der Fortgang der Vernunft und
Sittlichkeit im Reiche der vernünftigen Wesen." Best. d. M. II. 312.

solle den Willen Gottes an ihn [1]), nicht um eine als persönliches
Besitztum, sondern als Gemeingut sich ankündigende Erkenntnis
handeln, welche zur Mitteilung treibt, so daß dann ein geistiges Leben
ist, das sich selbst gestaltet und die Personen aus und durch sich [2]), und
es darf die Erziehung nicht mehr der Familie überlassen bleiben, sondern
alle Erziehung muß ein öffentliche sein. Der Zusammenhang zwischen
Eltern und Kindern solle demnach, da die Familienerziehung niemals die
beste sei, weil sie nicht durch den besonneusten Verstand geleitet sein
könne [3]), aufgehoben werden, durchaus wie bei Platon [4]). Nur dürfte,
im Gegensatze zu letzterem keine Kinderfabrik eingerichtet werden [5]); auch
solle nicht wie bei Platon nur eine geringe Zahl der musischen Bildung
teilhaft werden, sondern die Volkserziehung müsse, da die Bildung nichts
Erbliches bei sich führe [6]) und die Individuen nur den Fähigkeiten nach
verschieden sind [7]), eine allgemeine sein [8]). Diese allgemeine und öffent=
liche Erziehung sei zunächst eine Nationalangelegenheit, sodann aber, da
Volk und Vaterland als Träger und Unterpfand der irdischen Ewigkeit
den Staat regieren müßten, der (an sich) nur Recht und Frieden für die
Zwecke des sinnlichen Daseins wolle, auch Staatsangelegenheit [9]). Der
Staat mit allen seinen Zwangsmitteln müsse sich als Erziehungsinstitut
betrachten, um den Zwang entbehrlich zu machen [10]) und die Anstalten
oder Bildungsfabriken, welche der Staat errichtet [11]), müßten abgesonderte
und für sich selbst bestehende Gemeinwesen bilden [12]), sogar diejenigen,
welche zu einer höheren als der von der allgemeinen Volkserziehung dar=
gebotenen Verstandeseinsicht aufsteigen [13]), die Universitätsstudierenden, seien
von aller andern Lebensweise abzusondern und vollkommen zu isolieren [14]).
Sowie also auf Grund der Einrichtungen des Vernunftstaates die Schließung
des Handelsstaates nach außen gefordert wird und der Freihändler, der mit
seiner Einsicht und seinem Willen für die Verbesserung der Qualität der
Ware und billigere Preise sorgen wollte, auf jede Weise von seinem
Vorhaben abzuhalten ist [15]), so wäre auch für den Staat als Erziehungs=
institut die Schließung nach außen zu fordern und jeder Vater, der mit
seiner Einsicht und seinem Willen auf das geistige Wohl seiner Kinder
bedacht sein wollte, wäre daran schlechthin zu hindern.

Das Bedenkliche dieser Anschauung ist augenscheinlich. So wenig
im wirtschaftlichen Leben des Staates das Gefühl der Verpflichtung und
Verantwortlichkeit des einzelnen, von welchem der Freihandel die Er=

---

[1]) Staatsl. WW. IV. 583. — [2]) A. a. O. 591. — [3]) WW. VII. 587. —
[4]) A. a. O. 584. — [5]) A. a. O. 589. — [6]) A. a. O. 547. — [7]) A. a. O.
532. — [8]) Staatsl. WW. IV. 454. — [9]) Reden § 117. — [10]) WW. VII.
575. — [11]) A. a. O. 589. — [12] Reden § 26. 128. — [13]) Staatsl. WW. IV.
454. — [14]) Universitätsplan, WW. VIII. 110. — [15]) „Die Menschen wollen
durchaus frei sein, sich gegenseitig zu Grunde richten,“ sagt Fichte im „Geschlossenen
Handelsstaat“ (WW. III. 358) gegenüber dem Freihandel.

langung von Gewinn abhängig macht, unberücksichtigt bleiben soll, so
wenig darf die natürliche Sympathie und das daraus entspringende
Wohlwollen, durch deren Einfluß die elterliche Erziehung eine segens=
reiche wird, ignoriert werden. Es wäre traurig, wenn in einem recht=
lich geordneten Staatsschulwesen, dessen Herstellung wahrlich zu wünschen
ist [1]), die Eltern rechtlos sein sollten und die Kinder in Gemeinschaften,
die immer Übel bei sich führen [2]) und unter der Obhut von Staats=
erziehern, für welche sie gleichgültige Exemplare sind, verderben müßten.
Und wäre doch der Gewinn, den das Ganze davontragen soll, die
Opfer wert, welche den einzelnen zugemutet werden! So aber bietet
die Organisation der Lehrer, deren nötige Zahl ohne weiteres von Gottes
Hilfe zu erwarten ist [3]) und bei deren Beschaffenheit es nicht auf eine
wohlwollende Gesinnung, sondern lediglich auf die Höhe ihrer Intelligenz
ankommt [4]) nichts weniger als eine Gewähr für eine gedeihlich sich ent=
wickelnde Staatserziehung. Da nämlich der Lehrerstand als der herr=
schende Stand [5]) und als die letzte und inappellable Instanz [6]) über
die ganze Einteilung in Stände und Klassen und zu welchem der=
selben jedes Individuum für seine Person gehöre, zu entscheiden hat [7]),
so ist der Lehrernachwuchs von der diskretionären Gewalt des Regenten=
und Lehrerkorps [8]) abhängig gemacht. Aber nicht eine autokratische,
sondern nur eine autonomische Organisation bietet gegen Willkür Schutz [9]).
Beständen die Lehrer=Regenten z. B. aus Männern mit Fichtescher
Anschauung, nach welcher nicht die Freiheit des Einzelnen, sondern die
Freiheit an sich das Endziel der sittlichen Thätigkeit ist, demnach als
Ziel des Strebens von Seiten des individuellen oder natürlichen Ichs
nur Erhaltung und Förderung des sinnlichen Daseins übrig bleibt [10]),
so würden ihre Entscheidungen nur Verwirrungen herbeiführen.

Indessen bei allem Bedenklichen, das der Fichteschen Staatspäda=
gogik innewohnt, enthält doch auch sie eine große Lichtseite, wie bald
man sich nur besinnt, daß mit dem Ergreifen staatspädagogischer und
auch wirtschaftlicher Maßregeln nicht notwendig, zugleich ein Aufgehen
des Menschen im Bürger oder eine socialistische Unselbständigkeit des
Einzelnen zu Gunsten der bloßen **Allgemeinheit** gewisser an sich

---

[1]) Dörpfeld, die freie Schulgemeinde, Gütersloh 1863. — [2]) Herbarts
Werke XI. 331 f. — [3]) Da der Mensch eine ursprüngliche Bestimmung hat und
jedem unter den freien Individuen eine bestimmte Stelle im göttlichen Weltplane
angewiesen ist (Staatsl. WW. IV. 568), so muß der Staat, was seinen Bedarf
an Lehrern betrifft, eben auf Gott vertrauen. — [4]) Die Lehrer, welche den höchsten
menschlichen Verstand ihrer Zeit und ihres Volkes repräsentieren sollen, liefern
den Beweis, daß sie es w'rklich sind, indem sie andere zu objektiver Erkenntnis zu
bringen vermögen, Staatsl. IV. 444—453. — [5]) A. a. O. 451. — [6]) A. a. O.
455. — [7]) A. a. O. — [8]) A. a. O. 587. — [9]) Vogt in Zillers Jahrb. XII.
143 f. — [10]) Löwe 267.

vielleicht nicht schlechter Grundsätze [1]) bezweckt werden müßte. Denn
der Staat hat nach Fichte moralische Zwecke zu erfüllen und
darum staatspädagogische Maßregeln zu ergreifen. Nicht in
einem abstrakten Begriffe, so wird schon im Naturrecht gelehrt [2]), als
ein Compositum, sondern in der That sollen die Menschen vereinigt
sein, als ein Totum. Schon die Naturveranstaltung des Staats hebe
die Unabhängigkeit der Glieder vorläufig auf und verschmelze einzelne
Mengen zu einem Ganzen, bis die Sittlichkeit das ganze Geschlecht in
Eins umschaffe. Es müsse ferner, so heißt es in der Staatslehre [3]),
was das Verhältnis des wirklichen Staates zum Vernunftreiche betreffe,
noch auf dieser Welt dazu kommen, daß Gott allein und allgemein
herrsche, als sittliches Wesen, durch freien Willen und Einsicht. Und
darum müßten auch alle ohne Ausnahme zur Fähigkeit, den Willen
Gottes an ihnen klar einzusehen [5]), zur sittlichen Bildung [4]), erzogen werden.

In der That ist die Fürsorge des Staats für die moralische
Solidität des Einzelnen zugleich eine Fürsorge für die Erhaltung und
Entwicklung seiner selbst [6]) und umgekehrt, soll die Gesundheit des Staatswesens erhalten werden, so müssen staatspädagogische d. h. die Moralität
des Einzelnen befördernde Maßregeln ergriffen werden [7]). Diese Maß-

---

[1]) Gemäß einem verbreiteten logischen Vorurteil, während doch die Quantität
für die Wahrheit eines Satzes etwas Sekundäres ist, Lott, zur Logik § 10. —
[2]) WW. III. 203. — [3]) WW. IV. 579. — [4]) A. a. O. 583. — [5]) Reden
§ 28. — [6]) Der römische Staat stellte, wo er nur immer seinen Fuß hinsetzte,
eine rechtliche Ordnung unter den Völkern her. Aber die Entwicklung des Rechts
und des Richterstandes schützte, da die allgemeine Volksbildung vernachlässigt blieb,
das Reich nicht vor allmählichem Verfall und endlichem Untergang. In neuerer
Zeit hingegen ging die weitere Entwickelung der staatlichen Ordnung nach Auf=
lösung der mittelalterlichen mit der Entwickelung des öffentlichen Unterrichts, und
zwar auf Anregung der Reformatoren selbst, Hand in Hand. — [7]) Eine Staats=
pädagogik, welche nur den Standpunkt des Examens kennen möchte, hätte freilich
mit der Moralität nichts zu thun und verdiente den Namen gar nicht, den sie
führt. Denn bei ihr handelte sich's z. B. nur um Philologismus und Gelahrtheit,
gegen welche sich auch Fichte kehrt (WW. VII. 602), und um die Herrschaft einer
gelehrten Kaste, (ähnlich wie beim Schutzzoll um die Privilegien einer gewissen
Klasse), daher auch unmoralische Maßregeln (z. B. die auf Ehrgeiz, Rangsucht und
Neid berechneten Censuren, welche im Lotto ihre wirtschaftliche Parallele haben,
vergl. Fichte's WW. VII. 526) ergriffen werden könnte. Bei einer solchen Be=
schaffenheit der Staatspädagogik bleibt es fraglich, ob auch nur die unterstützende
Thätigkeit des Staates gerechtfertigt sei und ob nicht schon Adam Smith das
Richtige gesagt habe, wenn er behauptet, daß der Aufwand, den der Staat in
Ansehung des öffentlichen Unterrichts mache, Mangel an Eifer und Bequemlichkeit
der Lehrer, Verschlechterung des Schulwesens und Erhaltung von gesellschaftlichen
Übelständen nach sich ziehe ("Über die Natur und die Ursachen des Nationalreich-
tums," 1776, 5. Buch 1. Kap. 3. Abteil. 2. Abschn.). In der That ist die
Unterstützung des Staates, wenn sie nur der Herstellung eines Compositums, oder
wie ich lieber sagen möchte, eines Aggregates dient, welches ja ohne dieselbe auch
zustande kommt, wenn nicht schädlich, so doch überflüssig.

regeln werden dem Einzelnen Schranken auferlegen, ohne seine Selb=
ständigkeit zu vernichten. Ohnedies wird ja der Einzelne gern, sowohl
pädagogisch als wirtschaftlich, seiner Willkür Opfer auferlegen, wenn
er sich nur bewußt ist, daß es zu seinem eigenen und zum Heile des
Ganzen geschieht. Soll aber der Einzelne sein Maß von Selbständig=
keit behalten, so kann der Staat nicht die Familienerziehung aufheben,
d. h. die ganze Erziehung übernehmen, sondern nur einen Teil, den
Schulunterricht, demnach die Unterstützung und Organisation der Lehrer
und des Unterrichts in seine Hand nehmen; und soll das Ganze sich
gedeihlich entwickeln, so kann die Mitwirkung des Staates nicht bloß
darin bestehen, der Erziehung milde Gaben zu spenden und den Fort=
schritt von einzelnen Künstlern, auf die er warten müßte, abhängig zu
machen [1], sondern es werden auch auf den Lehrplan und die Methode
bezügliche Maßregeln hinzukommen müssen, welche den Forderungen der
wissenschaftlichen Pädagogik entsprechen und zeigen, auf welche Weise der
Einzelne mittelbares Objekt der Staatspädagogik sei.

Die pädagogische Thätigkeit war die letzte, welche Fichte redend
und schreibend entfaltete, und sie bildete zugleich den Glanzpunkt seines
Lebens. In den Reden an die deutsche Nation zumal, welche die gar
zahlreichen pädagogischen Andeutungen und Überlegungen in den Werken
Fichte's am meisten vereinigt zeigen, sollte es offenbar werden, welche
Dienste der praktische Idealismus seiner Lehre und die moralische Energie
seiner Persönlichkeit der Pädagogik und zugleich dem Vaterlande zu leisten
imstande und wie hoch, um die Gedanken von andauerndem Werte her=
vorzuheben, die moralische Abzweckung der Erziehung, das selbstthätige
Interesse des Zöglings beim Unterricht und eine würdige Organisation
des Staatsschulwesens zu schätzen sei; in den Reden sollte es offenbar
werden, auf welche Weise der wahre Patriotismus sich zu äußern habe,
daß nämlich der von ihm Beseelte nach Herstellung eines durch das Band
der Sprache zusammengehaltenen deutschen Nationalstaates mit einer mehr
republikanischen Verfassung streben könne, daß er aber dieses Streben
nicht auf Grund der bloßen Eigenart der Nation, sondern auf Grund
der höheren und allgemeinmenschlichen Güter, welche die Deutschen zu
hüten und pädagogisch zu entwickeln, auf Grund des Kulturfortschritts,
den sie zu tragen bestimmt sind, ins Werk zu setzen berechtigt sei; in
der Gedankenthat jener Reden endlich sollte das volle Maß seines un=
erschrockenen Mutes offenbar werden; denn während er sie hielt, wurde
seine Stimme gar oft von den Trommeln französischer Tambours, welche

---

[1] Das ist Ansicht Herbarts, wie er sie zwei Jahre nach der Veröffent=
lichung der Fichteschen Reden an die deutsche Nation äußerte. S. dessen Werke XI.
367 f. — Daß der Einzelne mittelbares, aber freilich nicht unmittelbares Objekt
der Staatspädagogik sein könne und solle, wie Fichte meinte, dies ward von
Herbart übersehen. Vogt in Zillers Jahrbuch XII. 141 f.

durch die Straßen Berlins zogen, übertäubt [1]) und es scheint, als ob
er von den französischen Aufpassern, welche im Saale erschienen, nur
nicht recht verstanden worden sei, daß er einer kriegsrechtlichen Behand=
lung entging.

Fichte las, während er die Reden schrieb, Episoden aus den Annalen
des Tacitus über Deutschland und sprach dabei die kräftigsten Stellen
laut vor sich hin, die der römische Geschichtschreiber dem germanischen
Helden und Besieger des Varus in den Mund legt, um dann neube=
geistert der eigenen Arbeit sich zuzuwenden [1]). Diese Mittel der Selbst=
anfeuerung erklären nicht etwa die Einfachheit und Gedrungenheit seiner
Schreibweise, denn darin glich Fichte von Haus aus antiken Schrift=
stellern, sondern daß das Feuer, mit dem er sein Werk ergriffen, un=
unterbrochen fortzulodern und die mannhafte deutsche Gesinnung, die ihn
beseelte und die er in andern zu wecken und zu erhalten bemüht war,
in Einem großen Zuge sich zu entfalten vermochte.

Aber das Maß der Anstrengung, mit welcher er sich der Arbeit
hingegeben, die bekümmerte Stimmung, mit welcher er die gedrückte
Lage des Vaterlandes fortwährend begleitete, und wahrscheinlich auch
das wechselnde Leben in dem vorangegangenen Winter hatten bewirkt,
daß auch die Gesundheit eines Mannes, von dessen Natur Hufeland
äußerte, sie besitze Überkraft (Hypersthenie) [3]), endlich angegriffen wurde.
Ein Nervenleiden erfaßte ihn, und es traten gichtische Beschwerden hinzu,
die selbst ein dreimaliger Gebrauch des Teplitzer Bades nicht völlig zu
heilen vermochte. Doch war er nach einiger Zeit soweit gekräftigt, um
bei der Eröffnung der Berliner Universität (1810) der Wissenschaft,
und bei Beginn des Befreiungskrieges dem Vaterlande in gewohnter
Hingebung dienen zu können.

Die Berliner Universität war, trotzdem der Staat in der größten
finanziellen Bedrängnis sich befand, mit glänzender Freigebigkeit aus=
gestattet worden. Es sollte, wie ein Regierungserlaß sagte, in der neuen
Hochschule ein Asyl für deutsche Art und Wissenschaft gegründet werden,
zur Wiederbelebung des Volksgeistes in Moralität, Patriotismus und
Anhänglichkeit an die Verfassung [4]). Die Erhebung und Thatkraft des
deutschen Volks geschah also an einem würdigen Orte und für eine
würdige Sache, und wohl keiner war mehr bereit, für die angegebenen
Zwecke an der Universität zu wirken, als Fichte. Zu bedauern war
freilich, daß manche seiner Ratschläge in Beziehung auf die Organisation
und innere Einrichtung unbenutzbar waren und daß namentlich die Auf=
hebung der Familienerziehung und Ersetzung durch eine öffentliche, wie
er sie in den Reden an die deutsche Nation dargelegt, ihn auch bezüglich
der Universität zur Forderung einer Institutserziehung führte, die doch,

---

[1]) F. L. I. 421. — [2]) F. L. I. 427. — [3]) A. a. O. 426. — [4]) A. a. O. 431.

zumal in großen Städten und bei zahlreichem Zuspruch, nur äußere
Gewandtheit und Geschicklichkeit, aber keine innere Solidität zu bewirken
droht [1]); anderseits jedoch würden seine Vorschläge, wenn das Haltbare
und Wesentliche, das sein Universitätsplan enthält, von dem Unhaltbaren
und Unwesentlichen genau unterschieden worden wäre [2]), schon damals
eine andere Beurteilung und vielleicht auch Berücksichtigung erfahren
haben und das Müllersche: (Eine Universität wird nicht instituiert, sondern
sie macht sich [3]), nicht wie eine Instanz betrachtet worden sein [4]).

Die Amtsführung an der neuen Universität war Anfangs eine
schwierige und es erwuchsen bei dem provisorischen Zustande und wegen
Mangels eines festen Statuts und einer vorgeschriebenen Geschäftsord-
nung dem Rektor, der zugleich organisieren und verwalten sollte, Com-
petenzkonflikte und unnötige Verwicklungen [5]); der erste vom König er-
nannte Rektor (Schmalz) entging sogar der Maßregelung nicht [6]). Ebendarum wurde bei der ersten Rektorswahl für das zweite Jahr Fichte
als derjenige ausersehen, der bei der Festigkeit und Energie seines Cha-

---

[1]) Im allgemeinen kann man sagen, daß Internate vor Zerstreuungen,
Verführungen und den Gefahren eines ungeregelten Lebens schützen, daß sie aber
auch die Entwickelung des Ehrgeizes, der Lieblosigkeit und des Pennalismus be-
fördern. Ist die gesellschaftliche Atmosphäre verdorben, dann empfiehlt sich die
Einrichtung von Internaten, wiewohl es auch dann noch fraglich bleibt, ob die
Jugend durch sie hermetisch verschlossen werden könne; ist aber der Zustand der
Gesellschaft ein gesunder, dann sind Internate überflüssig. Die Zwecke exclusiver
Stände werden freilich durch das Internat sicherer erreicht, aber nicht solchen
Zwecken hat Fichte dienen wollen. — [2]) Unhaltbar ist der Vorschlag, daß aller
Universitätsunterricht von encyklopädischen Vorlesungen, welche „allgemeine Über-
sichten und Resultate" enthalten sollen (W.W. VIII. 129), auszugeben habe. Denn
es ist weder von Fichte nachgewiesen noch überhaupt nachweisbar, daß durch solche Vorträge „Seichtigkeit, Trägheit und Sucht nach wohlfeilem Glanze" nicht erzeugt
werde. Der Lehrling wird wirklich unterrichtet und zugleich orientiert, wenn ihm
das logisch Werdende hingestellt, z. B. in der Weise, wie es pädagogisch richtig
in Herbarts Einleitung in die Metaphysik (s. dessen W.W. I. 173—336) geschehen
ist, nicht aber, wenn ihm das Gewordene hingeschüttet wird. Besteht aber die
Encyklopädie in der Angabe der „charakteristischen Unterscheidung des Verstandesgebrauchs in diesem Fache," in dem Vorlegen der „Teile dieser Wissenschaft und in
der nötigen Litteraturkenntnis" (Fichtes W.W. VIII. 128), dann ist zu befürchten,
daß die Zusammenstellung solcher Fragen und Probleme und Titel ohne Antworten
und Lösungen und Ausführungen zwar Anklang und Anhang finden, aber der Verbreitung eines ernsten wissenschaftlichen Strebens und Arbeitens hinderlich sein
werden. Ebensowenig haltbar ist, was Fichte über die Stellung der einzelnen
Fachwissenschaften im Gegensatze zur Philosophie sagt, wenn er z. B. die Philologie
gar nicht ein Erkenntnisgebiet, sondern nur ein Kunstmittel der Verständigung
nennt (A. a. O. 131). Unwesentlich sind die auf die Kleidung der Regularen
bezüglichen Vorschläge (A. a. O. 146), denn die Kleidung kann auch zur Livrée der
Eitelkeit werden. Dem geforderten Aufgeben des Einzelnen im Allgemeinen empfahl
sich freilich diese äußere Uniformität. — [3]) F. L. I. 414. — [4]) Wenigstens ist die Universität dann nicht sicher davor, daß sich auf ihrem Boden eine Wissenschaftsatomistik
entwickle. Vgl. oben S. 73 Anmerk. 11.— [5]) A. a. O. 433.— [6]) A. a. O. 432.

rafters die Schwierigkeiten nach oben und nach unten zu überwinden und der Hochschule eine würdige Stellung zu erkämpfen imstande sei. Aber auch Fichte war es nicht möglich, allen Anforderungen des Rektorats zu entsprechen. Nicht seiner Grundsätze wegen, sondern wegen der Verschiedenheit der unter den Senatsmitgliedern herrschenden Ansichten. Als nämlich das Unwesen der Landsmannschaften und Orden mit den herkömmlichen Ausschreitungen auch in Berlin zu Tage trat, kämpfte Fichte dagegen, sowie er schon in Jena dagegen gekämpft hatte [1]). Sein Verfahren fand Opposition, und Schleiermacher zumal meinte, dergleichen Erscheinungen sollten mehr nur als Produkte der Natur und Geschichte betrachtet werden [2]) und man solle die beginnende Hochschule nicht in den Ruf ungewöhnlicher Strenge bringen [3]). Infolge dessen bat Fichte im Februar 1812 um seine Entlassung vom Rektorate, und erhielt dieselbe auch, aber mit der feigen und unwürdigen Motivierung, „da er wegen seiner Reden an die deutsche Nation ohnehin bei den französischen Behörden übel notiert sei" [4]). Dagegen gelang es ihm, in anderer Weise zur Reform der Landsmannschaften beizutragen. Er forderte in einem Gutachten [5]) zur Gründung von gesellschaftlichen Verbindungen unter den Studierenden aller deutschen Universitäten auf, welche die Pflege für die Ausbildung des Geistes und des Körpers, und zwar „mit Beziehung auf die Erhaltung des deutschen Volkes" als ihre Aufgabe betrachten sollten. Aus dieser Anregung sind [6]) die späteren Burschenschaften hervorgegangen.

Die Gelegenheit zu Thaten für Verbindungen solcher Art sollte bald genug kommen. Ein Jahr nach der Abgabe jenes Gutachtens ward der russische Feldzug unternommen, der große Vorläufer des großen Befreiungskrieges. Fichte wurde vor dem Anrücken der Franzosen gewarnt, daß er als einer der gefürchtetsten Aufwiegler gegen Frankreich das Ärgste zu gewärtigen habe, und es wurde ihm geraten, nach Rußland zu entfliehen. Er antwortete, wie ein mutiger Charakter antwortet: sein Leben gehöre der Wissenschaft und dem Vaterlande; nicht seine Flucht, wohl aber sein ruhiges Verbleiben und getreues Arbeiten in der angewiesenen Sphäre könne beiden nutzen. So möge ihn jedes Schicksal treffen [7]). Die Franzosen durchzogen indessen Berlin zunächst als Verbündete und Fichte war deßhalb außer Gefahr.

Er folgte den Ereignissen mit der bestimmten Ahnung, daß Europas Geschick an einem Wendepunkt angelangt sei [8]). Als aber York von Napoleon abgefallen (Dez. 1812) und die Absicht des zagenden, aber dem allgemeinen Volkswillen endlich nachgebenden Königs nach seiner

---

[1]) S. namentlich den letzten Teil der Rede über die einzig mögliche Störung der akademischen Freiheit, WW. VI. 458 f. — [2]) F. L. II. 124. — [3]) F. L. I. 435. — [4]) A. a. O. 437. — [5]) abgedr. in F. L. II. 133 f. — [6]) Auch nach dem Urteile von Gervinus, F. L. I. 448. — [7]) A. a. O. 438. — [8]) A. a. O. 439.

Überfiedlung nach Breslau (25. Jan. 1813) durch einen vertrauten
Schüler bekannt geworden war, da war sein Entschluß gefaßt, nach seinen
Kräften am bevorstehenden Kampfe teilzunehmen. Er schloß die Vor=
lesungen des Wintersemesters am 18. Februar 1813 mit einer Rede [1]),
die eine Aufforderung war, sich an dem Kampfe zu beteiligen, welcher
einen Kampf für die Interessen der Menschheit bedeute und das Vater=
land reinige von der erlittenen Schmach; er kam noch einmal auf seinen
Plan von 1806 zurück, das Heer als moralisch=philosophischer Redner
begleiten zu dürfen und die in letzter Instanz Beschließenden und Han=
delnden in die rechte Stimmung zu verseßen d. h. im königlichen Haupt=
quartier, wo zugleich die meisten Studenten freiwillig dienten, als Redner
zu wirken [2]), und bat seinen Freund Nikolovius, der in der Behörde der
geistlichen Angelegenheiten eine bedeutende Stelle bekleidete, um die Ver=
mittlung der Ausführung seines Entschlusses; endlich nahm er selbst nach
der Einführung des Landsturmes, bei dem die letzte Verteidigung sein
sollte, an seinen Übungen teil und hoffte sogar, daß man ihn auch zu
ernster Mitwirkung gegen den Feind benußen werde [3]). Den wackern
Entschluß, an der Verteidigung des Vaterlandes mitzuwirken, teilten noch
viele andere Männer der Universität, und 28 verpflichteten sich gegen=
seitig, für die hinterbliebenen Familien der Umgekommenen sorgen zu wollen [4]).

Jener Wunsch, als Redner mit dem Heere zu gehen, ging zwar
jetzt sowenig wie 1806 in Erfüllung, aber er hat einen kräftigen Beleg
für die Art der Ausführung seines Plans in der Rede hinterlassen, mit
welcher er die Vorlesungen über die Staatslehre im Sommersemester
1813 einmal unterbrach und welche „Über den Begriff des wahren
Krieges" überschrieben ist [5]). Nicht zeitliche Güter oder Herrscherzwecke
rechtfertigen jemals einen Krieg: da vielmehr das Leben sittlichen Zwecken
zu dienen hat, sittliche Zwecke aber nicht ohne Freiheit erfüllt werden
können, so tritt die Notwendigkeit eines Krieges ein, wenn der Gang
der Entwicklung eines Volkes gewaltsam abgebrochen und hiedurch seine
Freiheit und Selbständigkeit angegriffen worden ist. Die Rede schließt
mit der berühmt gewordenen Charakteristik Napoleons, bei dessen un=
ersättlicher Begierde nach Machterweiterung immer deutlicher die „Grille"
offenbar werde, persönliche Herrschergelüste zu befriedigen [6]).

Die Gelegenheit, am Kampfe teilzunehmen und für die Befreiung
des Vaterlandes sein Leben einzusetzen, fand er zwar nicht. Er beneidete
Äschylus, den thatenschildernden Marathonskämpfer aus einer thatenreichen
Zeit. Es bedurfte auch gar nicht jener Teilnahme, um seine Ent=
schlossenheit zu bekräftigen. Der Mut und die Überzeugungstreue, die

---

[1]) abgedr. WW. IV. 601 f. — [2]) F. L. I. 446. — [3]) A. a. O. 452. —
[4]) F. L. II. 139. — [5]) Fichtes WW. IV. 401—430. — [6]) Im grellen Gegen=
saße hiezu bewunderte Hegel in Napoleon eine Weltseele. Rosenkranz, Hegels
Leben 229.

er unter Schwachen und Schwankenden bewahrt hatte, bewiesen genug,
daß sein Wille die That bedeute. Dennoch waren es, wenn auch nur
in mittelbarer Weise, Dienste für das Vaterland, welche er, der noch
in voller Manneskraft stand und noch weiter zu wirken berufen schien,
mit seinem Leben bezahlte. Als nämlich nach den Siegen von Groß-
beeren und Dennewitz, welche die drohende Gefahr von Berlin ab-
wendeten, die Spitäler der Stadt mit Verwundeten und Kranken, besonders mit Nervenkranken überfüllt waren, da war seine Gattin, die
wie ein deutsches Weib an ihrem Manne hing und durch seine ganze
Sinnesweise wie durch seinen Patriotismus erhoben und befeuert worden
war, eine der Ersten, die mit dem Willen des Mannes und aus eigenem Entschlusse sich zur Pflege der Kranken erbot. Fünf Monate
lang tröstete und wartete sie mit aufopfernder Hingebung die Kranken,
bis sie ein heftiger Ausbruch des Nervenfiebers, das sie sich durch Ansteckung zugezogen hatte, am 3. Januar 1814 aufs Krankenlager warf.
Die Krankheit entwickelte sich rasch und in bedenklicher Weise. Eben
schien die Gefahr ihren Höhepunkt erreicht zu haben und die Hoffnung
auf Wiedergenesung verschwunden zu sein, als zugleich der Tag heran-
kam, an welchem Fichte den Wiederbeginn der Vorlesungen über die
Wissenschaftslehre angekündigt hatte. Er nahm Abschied von der be-
wußtlosen Kranken und besaß das übermenschlich erscheinende Maß von
Selbstbeherrschung, um zwei Stunden hintereinander über die abstraktesten
Dinge vortragen zu können. Nach Hause eilend hört er den Eintritt
einer wohlthätigen Krise und von Freude überwältigt, neigt er sich mit
Inbrunst über die Gattin, um die Gerettete zu begrüßen. Dies scheint
der Augenblick gewesen zu sein, in welchen ihm selbst der Keim der
Krankheit eingeflößt ward. Schon am andern Tage fühlte er ein be-
deutendes Übelbefinden und wie der Sturmwind dem starken Baume
verderblicher ist als dem schwachen, so war auch diese Krankheit für
die starke Konstitution Fichte's gefährlicher als für die schwache seiner
Frau. Nach wenigen Tagen wurde sein Kopf in betäubender Weise
ergriffen, und er verlor das Bewußtsein. In einem der letzten von den
lichten Augenblicken, die immer seltener wurden, vernahm er die freudige
Kunde von Blüchers Übergang über den Rhein und dem Vordringen
der Verbündeten in Frankreich. Am 27. Januar, dem 11. Tage nach
dem Ausbruch der Krankheit, verschied der Mann, der, gleich groß durch
Thaten des Gedankens wie des Charakters, eine Leuchte für kommende
Jahrhunderte war.

Reden

an

die deutsche Nation.

Erſte Rede.

—

Vorerinnerungen und Überſicht des Ganzen.

1. Als eine Fortſetzung der Vorleſungen, die ich im Winter vor drei Jahren allhier an derſelben Stätte gehalten, und welche unter dem Titel: Grundzüge des gegenwärtigen Zeitalters, gedruckt ſind, habe ich die Reden, die ich hiermit beginne, angekündigt. Ich hatte in jenen Vor= leſungen gezeigt, daß unſere Zeit in dem dritten Hauptabſchnitte der geſamten Weltzeit ſtehe, welcher Abſchnitt den bloßen ſinnlichen Eigennutz zum Antriebe aller ſeiner lebendigen Regungen und Bewegungen habe [1]; daß dieſe Zeit in der einzigen Möglichkeit des genannten Antriebes ſich ſelbſt auch vollkommen verſtehe und begreife; und daß ſie durch dieſe klare Einſicht ihres Weſens in dieſem ihren lebendigen Weſen tief be= gründet und unerſchütterlich befeſtigt werde.

Mit uns gehet, mehr als mit irgend einem Zeitalter, ſeitdem es eine Weltgeſchichte gab, die Zeit Rieſenſchritte [2]). Innerhalb der drei Jahre, welche ſeit dieſer meiner Deutung des laufenden Zeitabſchnittes verfloſſen ſind, iſt irgendwo dieſer Abſchnitt vollkommen abgelaufen und beſchloſſen. Irgendwo hat die Selbſtſucht durch ihre vollſtändige Ent= wickelung ſich ſelbſt vernichtet, indem ſie darüber ihr Selbſt, und deſſen Selbſtändigkeit verloren; und ihr, da ſie gutwillig keinen andern Zweck, denn ſich ſelbſt, ſich ſetzen wollte, durch äußerliche Gewalt ein ſolcher anderer und fremder Zweck aufgedrungen worden. Wer es einmal unternommen hat, ſeine Zeit zu deuten, der muß mit ſeiner Deutung

---

[1] Nach der hiſtoriſchen Konſtruktion, welche jene „Grundzüge" geben, war das erſte Zeitalter das des vorgeblichen „Normalvolks" (WW. VII. 133), bei welchem die Vernunft als Inſtinkt ſicher und gleichmäßig wirkte; im zweiten Zeit alter herrſchte die Vernunft als äußerlich zwingende Autorität (a. a. O. 11); das dritte iſt des des räſonnierenden Verſtandes und des Egoismus; das vierte Zeitalter, welches bevorſteht, iſt das des wahren Wiſſens, und das fünfte wird das Welt= alter der wahren und höchſten Kunſt ſe'n.

[2] Man wird es dem patriotiſchen Gemüte Fichtes zu Gute halten, wenn die Eindrücke der erlebten Zeit ihn verleiteten, eine vergrößernde Ausdrucksweiſe zu gebrauchen.

auch ihren Fortgang begleiten, falls sie einen solchen Fortgang gewinnt; und so wird es mir denn zur Pflicht, vor demselben Publikum, vor welchem ich etwas als Gegenwart bezeichnete, dasselbe als vergangen anzuerkennen, nachdem es aufgehört hat die Gegenwart zu sein.

2. Was seine Selbständigkeit verloren hat, hat zugleich verloren das Vermögen einzugreifen in den Zeitfluß, und den Inhalt desselben frei zu bestimmen [1]); es wird ihm, wenn es in diesem Zustande verharret, seine Zeit, und es selber mit dieser seiner Zeit, abgewickelt durch die fremde Gewalt, die über sein Schicksal gebietet; es hat von nun an gar keine eigne Zeit mehr, sondern zählt seine Jahre nach den Begebenheiten und Abschnitten fremder Völkerschaften und Reiche. Es könnte sich erheben aus diesem Zustande, in welchem die ganze bisherige Welt seinem selbstthätigen Eingreifen entrückt ist, und in dieser ihm nur der Ruhm des Gehorchens übrig bleibt, lediglich unter der Bedingung, daß ihm eine neue Welt aufginge, mit deren Erschaffung es einen neuen und ihm eigenen Abschnitt in der Zeit begönne, und mit ihrer Fortbildung ihn ausfüllte; doch müßte, da es einmal unterworfen ist fremder Gewalt, diese neue Welt also beschaffen sein, daß sie unvernommen bliebe jener Gewalt, und ihre Eifersucht auf keine Weise erregte, ja, daß diese durch ihren eignen Vorteil bewegt würde, der Gestaltung einer solchen kein Hindernis in den Weg zu legen. Falls es nun eine also beschaffene Welt, als Erzeugungsmittel eines neuen Selbst und einer neuen Zeit, geben sollte, für ein Geschlecht, das sein bisheriges Selbst, und seine bisherige Zeit und Welt verloren hat, so käme es einer allseitigen Deutung selbst der möglichen Zeit zu, diese also beschaffene Welt anzugeben.

Nun halte ich meines Orts dafür, daß es eine solche Welt gebe, und es ist der Zweck dieser Reden, ihnen das Dasein und den wahren Eigentümer derselben nachzuweisen, ein lebendiges Bild derselben vor ihre Augen zu bringen, und die Mittel ihrer Erzeugung anzugeben. In dieser Weise demnach werden diese Reden eine Fortsetzung der ehemals gehaltenen Vorlesungen über die damals gegenwärtige Zeit sein, indem sie enthüllen werden das neue Zeitalter, das der Zerstörung des Reichs der Selbstsucht durch fremde Gewalt unmittelbar folgen kann und soll.

3. Bevor ich jedoch dieses Geschäft beginne, muß ich Sie ersuchen vorauszusetzen, also daß es Ihnen niemals entfalle, und einverstanden zu sein mit mir, wo und inwiefern dies nötig ist, über die folgenden Punkte:

---

[1]) Zeitliches Leben ist nach Fichte ein Kampf um Selbständigkeit und Freiheit als das höchste Gut und die notwendige Beschaffenheit des Lebens, welches ohne Freiheit gar keinen Wert hat. Staatsl. W.W. IV. 410 f. Dies gilt sowohl vom Leben des Einzelnen als ganzer Völker, diesen „wirklichen und lebendigen Weltkräften" (a. a. O. 606) und dieser „gewissen hoch individuellen Weise, den Vernunftzweck zu befördern" (Polit. Fragm. W.W. VII. 563).

a) Ich rede für Deutsche schlechtweg, von Deutschen schlechtweg, nicht anerkennend, sondern durchaus bei Seite setzend und wegwerfend alle die trennenden Unterscheidungen, welche unselige Ereignisse seit Jahrhunderten in der einen Nation gemacht haben. Sie, C. B., sind zwar meinem leiblichen Auge die ersten und unmittelbaren Stellvertreter, welche die geliebten Nationalzüge mir vergegenwärtigen, und der sichtbare Brennpunkt, in welchem die Flamme meiner Rede sich entzündet; aber mein Geist versammelt den gebildeten Teil der ganzen deutschen Nation, aus allen den Ländern, über welche er verbreitet ist, um sich her [1]), bedenkt und beachtet unser aller gemeinsame Lage und Verhältnisse, und wünschet, daß ein Teil der lebendigen Kraft, mit welcher diese Reden vielleicht Sie ergreifen, auch in dem stummen Abdrucke, welcher allein unter die Augen der Abwesenden kommen wird, verbleibe, und aus ihm atme, und an allen Orten deutsche Gemüter zu Entschluß und That entzünde. Bloß von Deutschen und für Deutsche schlechtweg sagte ich. Wir werden zu seiner Zeit zeigen, daß jedwede andere Einheitsbezeichnung oder Nationalband entweder niemals Wahrheit und Bedeutung hatte, oder, falls es sie gehabt hätte, daß diese Vereinigungspunkte durch unsre dermalige Lage vernichtet, und uns entrissen sind, und niemals wiederkehren können; und daß es lediglich der gemeinsame Grundzug der Deutschheit [2]) ist, wodurch wir den Untergang unsrer Nation im Zusammenfließen derselben mit dem Auslande, abwehren, und worin wir ein auf ihm selber ruhendes, und aller Abhängigkeit durchaus unfähiges Selbst wiederum gewinnen können. Es wird, so wie wir dieses letztere einsehen werden, zugleich der scheinbare Widerspruch dieser Behauptung mit anderweitigen Pflichten und für heilig gehaltenen Angelegenheiten, den vielleicht dermalen mancher fürchtet, vollkommen verschwinden.

Ich werde darum, da ich ja nur von Deutschen überhaupt rede, manches, das von den allhier versammelten nicht zunächst gilt, aussprechen, als dennoch von uns geltend, so wie ich anderes, das zunächst

---

[1]) Die „Gebildeten, d. i. bis zur Idee der Freiheit Entwickelten aufzufordern, daß sie die Gelegenheit brauchen, um wenigstens ihr Recht theoretisch geltend zu machen und auf die Zukunft zu weisen,“ wird auch als Aufgabe einer politischen Schrift vom J. 1813 bezeichnet. WW. VII. 546. Vergl. unten § 11.

[2]) Daß hierunter nicht eine bloße und an sich wertlose nationale Eigenart zu verstehen sei, darüber f. § 42 f. und Einl. V. Kap. S. 80. Andere Nationen z. B. die Franzosen, haben ein geschichtliches Selbst; der Deutsche hat ein metaphysisches (Polit. Fragm. WW. VII. 566). „Dem germanischen Volksstamm,“ sagt er a. a. O. 602 vergl. 572, „welcher nicht gefesselt ist von der unübersteiglichen Schranke des Nationellen, kommt es auf die Herausbildung der Menschheit im Staate an.“ Der Wortbedeutung nach heiße Deutsch f. v. a. völkisch d. h. ein Ursprüngliches und Selbständiges, nicht zu einem andern Gehöriges und Nachb'lt eines Andern (F. L. II. 133); und seinen Charakter bezeichne Ernst, Ausdauer, Suchen des redlichen Gewinns und Streben mehr nach dem Wesen als nach dem Scheine (der Patriotismus, WW. XI. 232).

nur von uns gilt, aussprechen werde, als für alle Deutschen geltend. Ich erblicke in dem Geiste, dessen Ausfluß diese Reden sind, die durch einander verwachsene Einheit, in der kein Glied irgend eines andern Gliedes Schicksal für ein ihm fremdes Schicksal hält, die da entstehen soll und muß, wenn wir nicht ganz zu Grunde gehen sollen, — ich erblicke diese Einheit schon als entstanden, vollendet und gegenwärtig dastehend.

b) Ich setze voraus solche deutsche Zuhörer, welche nicht etwa mit allem, was sie sind, rein aufgehen in dem Gefühle des Schmerzes über den erlittenen Verlust, und in diesem Schmerze sich wohlgefallen, und an ihrer Untröstlichkeit sich weiden, und durch dieses Gefühl sich abzu=finden gedenken mit der an sie ergehenden Aufforderung zur That; sondern solche, die selbst über diesen gerechten Schmerz zu klarer Be=sonnenheit und Betrachtung sich schon erhoben haben, oder wenigstens fähig sind, sich dazu zu erheben. Ich kenne jenen Schmerz, ich habe ihn gefühlt wie einer, ich ehre ihn; die Dumpfheit, welche zufrieden ist, wenn sie Speise und Trank findet und kein körperlicher Schmerz ihr zugefügt wird, und für welche Ehre, Freiheit, Selbständigkeit leere Namen sind [1]), ist seiner unfähig: aber auch er ist lediglich dazu da, um zu Besinnung, Entschluß und That uns anzuspornen; dieses Endzwecks ver=fehlend, beraubt er uns der Besinnung und aller uns noch übrig ge=bliebenen Kräfte, und vollendet so unser Elend; indem er noch überdies, als Zeugnis von unsrer Trägheit und Feigheit, den sichtbaren Beweis giebt, daß wir unser Elend verdienen. Keinesweges aber gedenke ich Sie zu erheben über diesen Schmerz durch Vertröstungen auf eine Hilfe, die von außen her kommen solle, und durch Verweisungen auf allerlei mögliche Ereignisse und Veränderungen, die etwa die Zeit herbeiführen könne: denn, falls auch nicht diese Denkart, die lieber in der wanken=den Welt der Möglichkeiten schweifen, als auf das Notwendige sich heften mag, und die ihre Rettung lieber dem blinden Ohngefähr, als sich selber, verdanken will, schon an sich von dem sträflichsten Leichtsinne und der tiefsten Verachtung seiner selbst zeugte, so wie sie es thut, so haben auch noch überdies alle Vertröstungen und Verweisungen dieser Art durchaus keine Anwendung auf unsre Lage. Es läßt sich der strenge Beweis führen, und wir werden ihn zu seiner Zeit führen, daß kein Mensch, und kein Gott, und keines von allen im Gebiete der Möglich=keit liegenden Ereignissen uns helfen kann, sondern daß allein wir selber uns helfen müssen, falls uns geholfen werden soll. Vielmehr werde ich sie zu erheben suchen über den Schmerz, durch klare Einsicht in unsre Lage, in unsre noch übrig gebliebene Kraft, in die Mittel unsrer Rettung.

---

[1]) Solche leben in der Finsternis, denn „Finsternis ist die Gedankenlosigkeit, die Frivolität, der Leichtsinn der Menschen.‟ Grundzüge W.W. VII. 248.

Ich werde darum allerdings einen gewissen Grad der Besinnung, eine gewisse Selbstthätigkeit und einige Aufopferung anmuten, und rechne darum auf Zuhörer, denen sich soviel anmuten läßt. Übrigens sind die Gegenstände dieser Anmutung insgesamt leicht und setzen kein größeres Maß von Kraft voraus, als man, wie ich glaube, unserm Zeitalter zu- trauen kann; was aber die Gefahr betrifft, so ist dabei durchaus keine.

c) Indem ich eine klare Einsicht der Deutschen, als solcher, in ihre gegenwärtige Lage hervorzubringen gedenke, setze ich voraus Zuhörer, die da geneigt sind, mit eignen Augen die Dinge dieser Art zu sehen, keineswegs aber solche, die es bequemer finden, ein fremdes und aus- ländisches Sehwerkzeug, das entweder absichtlich auf Täuschung berechnet ist, oder das auch natürlich, durch seinen andern Standpunkt und durch das geringere Maß von Schärfe, niemals auf ein deutsches Auge paßt, bei Betrachtung dieser Gegenstände sich unterschieben zu lassen. Ferner setze ich voraus, daß diese Zuhörer in dieser Betrachtung mit eigenen Augen den Mut haben, redlich hin zu sehen auf das, was da ist, und redlich sich zu gestehen, was sie sehen und daß sie jene häufig sich zeigende Neigung, über die eignen Angelegenheiten sich zu täuschen, und ein weniger unerfreuliches Bild von denselben, als mit der Wahrheit bestehen kann, sich vorzuhalten, entweder schon besiegt haben, oder doch fähig sind, sie zu besiegen. Jene Neigung ist ein feiges Entfliehen vor seinen eignen Gedanken, und kindischer Sinn, der da zu glauben scheint, wenn er nur nicht sehe sein Elend, oder wenigstens sich nicht gestehe, daß er es sehe, so werde dieses Elend dadurch auch in der Wirklichkeit aufgehoben, wie es aufgehoben ist in seinem Denken. Dagegen ist es mannhafte Kühnheit, das Übel fest ins Auge zu fassen, es zu nötigen, Stand zu halten, es ruhig, kalt und frei zu durchdringen und es auf- zulösen in seine Bestandteile [1]). Auch wird man nur durch diese klare Einsicht des Übels Meister, und geht in der Bekämpfung desselben ein- her mit sicherem Schritte, indem man, in jedem Teile das Ganze über- sehend, immer weiß, wo man sich befinde, und durch die einmal erlangte Klarheit seiner Sache gewiß ist; dagegen der andere, ohne festen Leit- faden und ohne sichere Gewißheit, blind und träumend herumtappt.

Warum sollten wir denn auch uns scheuen vor dieser Klarheit? Das Übel wird durch die Unbekanntschaft damit nicht kleiner, noch durch die Erkenntnis größer; es wird nur heilbar durch die letztere; die Schuld aber soll hier gar nicht vorgerückt werden. Züchtige man durch bittere Straf-Rede, durch beißenden Spott, durch schneidende Verachtung die

---

[1]) „Um Mut zu zeigen," sagt F. in der Rede an seine Zuhörer v. 1813 (WW. IV. 608), „bedarf es nicht, daß man die Waffen ergreife; den weit höheren Mut, mit Verachtung des Urteils der Menge treu zu bleiben seiner Über- zeugung, mutet uns das Leben oft genug an."

Trägheit und die Selbstsucht, und reize sie, wenn auch zu nichts Besserem, doch wenigstens zum Hasse und zur Erbitterung gegen den Erinnerer selbst, als doch auch einer kräftigen Regung, an, — so lange die notwendige Folge, das Übel, noch nicht vollendet ist, und von der Besserung noch Rettung oder Milderung sich erwarten läßt. Nachdem aber dieses Übel also vollendet ist, daß es uns auch die Möglichkeit auf diese Weise fortzusündigen benimmt, wird es zwecklos und sieht aus wie Schadenfreude, gegen die nicht mehr zu begehende Sünde noch ferner zu schelten; und die Betrachtung fällt sodann aus dem Gebiete der Sittenlehre in das der Geschichte, für welche die Freiheit vorüber ist, und die das Geschehene als notwendigen Erfolg aus dem Vorhergegangenen ansieht. Es bleibt für unsere Reden keine andere Ansicht der Gegenwart übrig, als diese letzte, und wir werden darum niemals eine andere nehmen.

Diese Denkart also, daß man sich als Deutschen schlechtweg denke, daß man nicht gefesselt sei selbst durch den Schmerz, daß man die Wahrheit sehen wolle, und den Mut habe ihr ins Auge zu blicken, setze ich voraus, und rechne auf sie bei jedem Worte, das ich sagen werde, und so jemand eine andere in diese Versammlung mitbrächte, so würde derselbe die unangenehmen Empfindungen, die ihm hier gemacht werden könnten, lediglich sich selbst zuzuschreiben haben. Dies sei hiemit gesagt für immer, und abgethan; und ich gehe nun an das andre Geschäft, Ihnen den Grundinhalt aller folgenden Reden in einer allgemeinen Übersicht vorzulegen.

4. Irgendwo, sagte ich im Eingange meiner Rede, habe die Selbstsucht durch ihre vollständige Entwickelung sich selbst vernichtet, indem sie darüber ihr Selbst und das Vermögen, sich selbständig ihre Zwecke zu setzen, verloren habe. Diese nunmehro erfolgte Vernichtung der Selbstsucht war der von mir angegebne Fortgang der Zeit, und das durchaus neue Ereignis in derselben, das nach mir eine Fortsetzung meiner ehemaligen Schilderung der Zeit so möglich wie notwendig machte; diese Vernichtung wäre somit unsre eigentliche Gegenwart, an welche unser neues Leben in einer neuen Welt, deren Dasein ich gleichfalls behauptete, unmittelbar angeknüpft werden müßte, sie wäre daher auch der eigentliche Ausgangspunkt meiner Reden; und ich hätte vor allen Dingen zu zeigen, wie und warum eine solche Vernichtung der Selbstsucht aus ihrer höchsten Entwicklung notwendig erfolge.[1]

---

[1] Obwohl hier und in dem Folgenden die Neigung Fichtes, aus allgemeinen Begriffen zu konstruieren, sowie er es gewohnt ist, zumal in den „Grundzügen,“ hervorleuchtet, so ist doch auch das Gesagte ein Beleg für die ganze mannhafte Kühnheit, deren er fähig war. Für denjenigen übrigens, der die Anführung speziellerer Thatsachen wünschen sollte, wird Fichte noch deutlicher in dem Politischen Fragmente von 1807 (WW. VII. 519 f.), welches mit dem auch in der Staatslehre (WW. IV. 409) wiederholten Worte beginnt, daß der Mensch in der Regel desto schlechter sei, je älter und vornehmer er sei.

Bis zu ihrem höchsten Grade entwickelt ist die Selbstsucht, wenn, nachdem sie erst mit unbedeutender Ausnahme die Gesamtheit der Regierten ergriffen, sie von diesen aus sich auch der Regierenden bemächtigt, und deren alleiniger Lebenstrieb wird. Es entsteht einer solchen Regierung zuvörderst nach außen die Vernachlässigung aller Bande, durch welche ihre eigne Sicherheit an die Sicherheit anderer Staaten geknüpft ist, das Aufgeben des Ganzen, dessen Glied sie ist, lediglich darum, damit sie nicht aus ihrer trägen Ruhe aufgestört werde, und die traurige Täuschung der Selbstsucht, daß sie Frieden habe, so lange nur die eignen Grenzen nicht angegriffen sind; sodann nach innen jene weichliche Führung der Zügel des Staats, die mit ausländischen Worten sich Humanität, Liberalität und Popularität nennt [1]), die aber richtiger in deutscher Sprache Schlaffheit und ein Betragen ohne Würde zu nennen ist.

Wenn sie auch der Regierenden sich bemächtigt, habe ich gesagt. Ein Volk kann durchaus verdorben sein, d. i. selbstsüchtig, denn die Selbstsucht ist die Wurzel aller andern Verderbtheit, — und dennoch dabei nicht nur bestehen, sondern sogar äußerlich glänzende Thaten verrichten, wenn nur nicht seine Regierung eben also verdirbt; ja die letztere sogar kann auch nach außen treulos und pflicht= und ehrvergessen handeln, wenn sie nur nach innen den Mut hat, die Zügel des Regiments mit straffer Hand anzuhalten, und die größere Furcht für sich zu gewinnen. Wo aber alles eben genannte sich vereiniget, da geht das gemeine Wesen bei dem ersten ernstlichen Angriffe, der auf dasselbe geschieht, zu Grunde, und so, wie es selbst erst treulos sich ablöste von dem Körper, dessen Glied es war, so lösen jetzo seine Glieder, die keine Furcht vor ihm hält, und die die größere Furcht vor dem Fremden treibt, mit derselben Treulosigkeit sich ab von ihm, und gehen hin, ein jeder in das Seine. Hier ergreift die nun vereinzelt stehenden abermals die größere Furcht, und sie geben in reichlicher Spende, und mit erzwungen fröhlichem Gesichte dem Feinde, wo sie kärglich und äußerst unwillig dem Verteidiger des Vaterlandes gaben; bis späterhin auch die von allen Seiten verlassenen und verratenen Regierenden genötigt werden, durch Unterwerfung und Folgsamkeit gegen fremde Pläne ihre Fortdauer zu erkaufen; und so nun auch diejenigen, die im Kampfe für das Vaterland die Waffen weg=warfen, unter fremden Panieren lernen, dieselben gegen das Vaterland tapfer zu führen. So geschieht es, daß die Selbstsucht durch ihre höchste Entwicklung vernichtet, und denen, die gutwillig keinen andern Zweck, denn sich selbst, sich setzen wollten, durch fremde Gewalt ein solcher anderer Zweck aufgedrungen wird.

5. Keine Nation, die in diesen Zustand der Abhängigkeit herab=gesunken, kann durch die gewöhnlichen und bisher gebrauchten Mittel

---

[1]) S. unten § 53.

sich aus demselben erheben. War ihr Widerstand fruchtlos, als sie noch im Besitze aller ihrer Kräfte war, was kann derselbe sodann fruchten, nachdem sie des größten Teils derselben beraubt ist? Was vorher hätte helfen können, nämlich wenn die Regierung derselben die Zügel kräftig und straff angehalten hätte, ist nun nicht mehr anwend= bar, nachdem diese Zügel nur noch zum Scheine in ihrer Hand ruhen und diese ihre Hand selbst durch eine fremde Hand gelenkt und geleitet wird. Auf sich selbst kann eine solche Nation nicht länger rechnen; und eben so wenig kann sie auf den Sieger rechnen. Dieser müßte ebenso unbesonnen, und ebenso feige und verzagt sein, als jene Nation selbst erst war, wenn er die errungenen Vorteile nicht fest hielte, und sie nicht auf alle Weise verfolgte. Oder wenn er einst im Verlauf der Zeiten doch so unbesonnen und feige würde, so würde er zwar eben also zu Grunde gehen, wie wir, aber nicht zu unserm Vorteile, sondern er würde die Beute eines neuen Siegers, und wir würden die sich von selbst verstehende, wenig bedeutende Zugabe zu dieser Beute. Sollte eine so gesunkene Nation dennoch sich retten können, so müßte dies durch ein ganz neues, bisher noch niemals gebrauchtes Mittel, vermittelst der Er= schaffung einer ganz neuen Ordnung der Dinge, geschehen. Lassen sie uns also sehen, welches in der bisherigen Ordnung der Dinge der Grund war, warum es mit dieser Ordnung irgend einmal notwendig ein Ende nehmen mußte, damit wir an dem Gegenteile dieses Grundes des Unter= gangs das neue Glied finden, welches in die Zeit eingefügt werden müßte, damit an ihm die gesunkne Nation sich aufrichte zu einem neuen Leben.

6. Man wird in Erforschung jenes Grundes finden, daß in allen bisherigen Verfassungen die Teilnahme am Ganzen geknüpft war an die Teilnahme des Einzelnen an sich selbst, vermittelst solcher Bande, die irgendwo so gänzlich zerrissen, daß es gar keine Teilnahme für das Ganze mehr gab, — durch die Bande der Furcht und Hoffnung für die Angelegenheit des Einzelnen aus dem Schicksale des Ganzen, in einem künftigen und in dem gegenwärtigen Leben. Aufklärung des nur sinnlich berechnenden Verstandes war die Kraft, welche die Verbindung eines künftigen Lebens mit dem gegenwärtigen durch Religion aufhob, zugleich auch andere Ergänzungs= und stellvertretende Mittel der sittlichen Denk= art, als da sind Liebe zum Ruhm und National=Ehre, als täuschende Trugbilder begriff; die Schwäche der Regierungen war es, welche die Furcht für die Angelegenheiten des Einzelnen aus seinem Betragen gegen das Ganze, selbst für das gegenwärtige Leben, durch häufige Straflosigkeit der Pflichtvergessenheit aufhob, und ebenso auch die Hoffnung unwirksam machte, indem sie dieselbe gar oft, ohne alle Rücksicht auf Verdienste um das Ganze, nach ganz andern Regeln und Bewegungsgründen be= friedigte. Bande solcher Art waren es, die irgendwo gänzlich zerrissen, und durch deren Zerreißung das gemeine Wesen sich auflöste.

Immerhin mag von nun an der Sieger das, was allein auch er
kann, emsiglich thun, nämlich den letzten Teil des Bindungsmittels, die
Furcht und Hoffnung für das gegenwärtige Leben, wiederum anknüpfen
und verstärken; damit ist nur ihm geholfen, keinesweges aber uns, denn
so gewiß er seinen Vorteil versteht, knüpft er an dieses erneute Band
zu allererst nur seine Angelegenheit, die unsrige aber nur in so weit,
inwiefern die Erhaltung unsrer als Mittel für seine Zwecke ihm selbst
zur Angelegenheit wird. Für eine so verfallne Nation ist von nun an
Furcht und Hoffnung völlig aufgehoben, indem deren Leitung ihrer Hand
entfallen ist, und sie zwar selber zu fürchten hat und zu hoffen, vor ihr
aber von nun an kein Mensch sich weiter fürchtet, oder von ihr etwas
hofft; und es bleibt ihr nichts übrig, als ein ganz anderes und neues,
über Furcht und Hoffnung erhabenes Bindungsmittel zu finden, um die
Angelegenheit ihrer Gesamtheit an die Teilnahme eines jeden aus ihr
für sich selber anzuknüpfen.

7. Über den sinnlichen Antrieb der Furcht oder Hoffnung hinaus,
und zunächst an ihn angrenzend, liegt der geistige Antrieb der sittlichen
Billigung oder Mißbilligung, und der höhere Affekt des Wohlgefallens
oder Mißfallens an unserem und anderer Zustande [1]). So wie das an
Reinlichkeit und Ordnung gewöhnte äußere Auge durch einen Flecken,
der ja unmittelbar dem Leibe keinen Schmerz zufügt, oder durch den
Anblick verworren durch einander liegender Gegenstände dennoch gepeinigt
und geängstet wird, wie vom unmittelbaren Schmerze, indes der des
Schmutzes und der Unordnung Gewohnte sich in denselben recht wohl befindet: eben also kann auch das innere geistige Auge des Menschen so
gewöhnt und gebildet werden [2]), daß der bloße Anblick eines verworrenen
und unordentlichen, eines unwürdigen und ehrelosen Daseins seiner selbst
und seines verbrüderten Stammes, ohne Rücksicht auf das, was davon
für sein sinnliches Wohlsein zu fürchten oder zu hoffen sei, ihm innig
wehe thue, und daß dieser Schmerz dem Besitzer eines solchen Auges,
abermals ganz unabhängig von sinnlicher Furcht oder Hoffnung, keine
Ruhe lasse, bis er, so viel an ihm ist, den ihm mißfälligen Zustand
aufgehoben, und den, der ihm allein gefallen kann, an seine Stelle gesetzt
habe. Im Besitzer eines solchen Auges ist die Angelegenheit des ihn
umgebenden Ganzen durch das treibende Gefühl der Billigung oder
Mißbilligung an die Angelegenheit seines eignen erweiterten Selbst, das
nur als Teil des Ganzen sich fühlt und nur im gefälligen Ganzen sich
ertragen kann, unabtrennbar angeknüpft; die Sichbildung zu einem
solchen Auge wäre somit ein sicheres und das einzige Mittel, das einer

---

[1]) S. Einleitung, V. Kap. S. 70.
[2]) Nämlich durch das gute Beispiel und das Vorzeigen von achtungswerten
Dingen, Syst. d. Sitt. WW. IV. 317.

Fichte.   7

Nation, die ihre Selbständigkeit, und mit ihr allen Einfluß auf die öffentliche Furcht und Hoffnung verloren hat, übrig bliebe, um aus der erduldeten Vernichtung sich wieder ins Dasein zu erheben und dem entstandenen neuen und höheren Gefühle ihre National = Angelegenheiten, die seit ihrem Untergang kein Mensch und kein Gott weiter bedenkt, sicher anzuvertrauen. So ergiebt sich denn also, daß das Rettungsmittel, dessen Anzeige ich versprochen, bestehe in der Bildung zu einem durchaus neuen, und bisher vielleicht als Ausnahme bei Einzelnen, niemals aber als allgemeines und nationales Selbst, dagewesenem Selbst, und in der Erziehung der Nation, deren bisheriges Leben erloschen und Zu= gabe eines fremden Lebens geworden, zu einem ganz neuen Leben, das entweder ihr ausschließendes Besitztum bleibt, oder, falls es auch von ihr aus an andere kommen sollte, ganz und unverringert bleibt bei un= endlicher Teilung; mit einem Worte, eine gänzliche Veränderung des bis= herigen Erziehungswesens ist es, was ich, als das einzige Mittel die deutsche Nation im Dasein zu erhalten, in Vorschlag bringe.

8. Daß man den Kindern eine gute Erziehung geben müsse, ist auch in unserm Zeitalter oft genug gesagt, und bis zum Überdrusse wiederholt worden, und es wäre ein Geringes, wenn auch wir unseres Ortes dies gleichfalls einmal sagen wollten. Vielmehr wird uns, so wir ein anderes zu vermögen glauben, obliegen, genau und bestimmt zu untersuchen, was eigentlich der bisherigen Erziehung gefehlt habe, und anzugeben, welches durchaus neue Glied die veränderte Erziehung der bisherigen Menschenbildung hinzufügen müsse.

Man muß, nach einer solchen Untersuchung, der bisherigen Er= ziehung zugestehen, daß sie nicht ermangelt, irgend ein Bild von religiöser, sittlicher, gesetzlicher Denkart und von allerhand Ordnung und guter Sitte vor das Auge ihrer Zöglinge zu bringen, auch daß sie hier und da dieselbe getreulich ermahnt habe, jenen Bildern in ihrem Leben einen Abdruck zu geben; aber mit höchst seltnen Ausnahmen, die somit nicht durch diese Erziehung begründet waren, indem sie sonst an alle durch diese Bildung Hindurchgegangenen, und als die Regel, hätten eintreten müssen, sondern die durch andere Ursachen herbeigeführt worden, — mit diesen höchst seltenen Ausnahmen, sage ich, haben die Zöglinge dieser Er= ziehung insgesamt nicht jenen sittlichen Vorstellungen und Ermahnungen, sondern sie haben den Antrieben ihrer ihnen natürlich und ohne alle Beihilfe der Erziehungskunst erwachsenden Selbstsucht gefolgt [1]); zum

---

[1]) In ihnen ist, gemäß den Ausführungen des Systems d. Sittenl. (W.W. IV. 315) nur der Trieb nach Glückseligkeit, welcher sich auf den Naturtrieb gründet, herrschend. Da aber das Wesen der Unmoralität darin bestehe, daß die Befriedigung des Naturtriebs der letzte Zweck meines Handelns sei, während doch das Sittengesetz fordere, daß ich diesen Trieb einem höheren Antriebe ganz und gar unterordne, so würden die Menschen, wenn man sie auf jenem Wege in der

unwidersprechlichen Beweise, daß diese Erziehungskunst zwar wohl das
Gedächtnis mit einigen Worten und Redensarten, und die kalte und
teilnehmungslose Phantasie mit einigen matten und blassen Bildern anzu-
füllen vermocht, daß es ihr aber niemals gelungen, ihr Gemälde einer
sittlichen Weltordnung bis zu der Lebhaftigkeit zu steigern, daß ihr Zög
ling von der heißen Liebe und Sehnsucht dafür, und von dem glühen-
den Affekte, der zur Darstellung im Leben treibt und vor welchem die
Selbstsucht abfällt, wie welkes Laub ergriffen worden; daß somit diese
Erziehung weit davon entfernt gewesen sei, bis zur Wurzel der wirklichen
Lebensregung und Bewegung durchzugreifen und diese zu bilden, indem
diese vielmehr, unbeachtet von der blinden und ohnmächtigen Erziehung,
allenthalben wild aufgewachsen sei, wie sie gekonnt habe, zu guter Frucht
bei wenigen durch Gott Begeisterten, zu schlechter bei der großen Mehrzahl. Auch ist es dermalen vollkommen hinlänglich, diese Erziehung
durch diesen ihren Erfolg zu zeichnen, und kann man für unsern Behuf
sich des mühsamen Geschäfts überheben, die innern Säfte und Adern
eines Baumes zu zergliedern, dessen Frucht dermalen vollständig reif ist,
und abgefallen, und vor aller Welt Augen liegt, und höchst deutlich und
verständlich ausspricht die innere Natur ihres Erzeugers. Der Strenge
nach wäre, dieser Ansicht zufolge, die bisherige Erziehung auf keine
Weise die Kunst der Bildung zum Menschen gewesen, wie sie sich denn
dessen auch eben nicht gerühmt, sondern gar oft ihre Ohnmacht, durch
die Foderung, ihr ein natürliches Talent oder Genie als Bedingung
ihres Erfolgs voraus zu geben, freimütig gestanden; sondern es wäre
eine solche Kunst erst zu erfinden, und die Erfindung derselben wäre die
eigentliche Aufgabe der neuen Erziehung. Das ermangelnde Durchgreifen
bis in die Wurzel der Lebensregung und -Bewegung hätte diese neue
Erziehung der bisherigen hinzuzufügen, und wie die bisherige höchstens
etwas am Menschen, so hätte diese den Menschen selbst zu bilden, und
ihre Bildung keineswegs, wie bisher, zu einem Besitztume, sondern vielmehr zu einem Besitztume, persönlichen Bestandteile des Zöglings zu
machen.

Unmoralität erst recht bestärke, nur dressiert, nicht kultiviert. Ähnlich wie Fichte
an obiger Stelle urteilen auch Kant und Herbart. Jener sagt (S. 76 meiner
Ausgabe von Kants Pädagogik): „Wir leben im Zeitpunkte der Disciplinierung,
Kultur und Civilisierung, aber noch lange nicht in dem Zeitpunkte der Morali
sierung;" und dieser (s. dessen WW. X. 130): „Wer die hier angesponnenen
Reflexionen (über den Einfluß des Gedankenkreises auf den Charakter) fortführen
will, wird schwerlich umhin können, der Überzeugung voll zu werden; die Bildung
des Gedankenkreises ist der wesentlichste Teil der Erziehung. Er vergleiche aber
alsdann auch den gemeinen Schulkram und den Gedankenkreis, welcher hievon zu
erwarten ist. Er überlege, ob es weise sei, wenn fort und fort der Unterricht wie
eine Darreichung von Notizen behandelt wird." Vergl. XII. Jahrb. f. wissensch.
Pädagog. 199—203.

7*

9. Ferner wurde bisher diese also beschränkte Bildung nur an die sehr geringe Minderzahl der eben daher gebildet genannten Stände gebracht, die große Mehrzahl aber, auf welcher das gemeine Wesen recht eigentlich ruht, das Volk, wurde von der Erziehungskunst fast ganz vernachlässigt und dem blinden Ohngefähr übergeben. Wir wollen durch die neue Erziehung die Deutschen zu einer Gesamtheit bilden, die in allen ihren einzelnen Gliedern getrieben und belebt sei durch dieselbe Eine Angelegenheit; so wir aber etwa hierbei abermals einen gebildeten Stand, der etwa durch den neu entwickelten Antrieb der sittlichen Billigung belebt würde, absondern wollten von einem ungebildeten, so würde dieser letzte, da Hoffnung und Furcht, durch welche allein noch auf ihn gewirkt werden könnte, nicht mehr für uns sondern gegen uns abfallen und uns verloren gehen. Es bleibt sonach uns nichts übrig, als schlechthin an alles ohne Ausnahme, was deutsch ist, die neue Bildung zu bringen, so daß dieselbe nicht Bildung eines besondern Standes, sondern daß sie Bildung der Nation schlechthin als solcher und ohne alle Ausnahme einzelner Glieder derselben werde, in welcher, in der Bildung zum innigen Wohlgefallen am Rechten nämlich, aller Unterschied der Stände, der in andern Zweigen der Entwicklung auch fernerhin stattfinden mag, völlig aufgehoben sei und verschwinde; und daß auf diese Weise unter uns keineswegs Volks-Erziehung, sondern eigentümliche deutsche National-Erziehung entstehe.

10. Ich werde Ihnen darthun, daß eine solche Erziehungskunst, wie wir sie begehren, wirklich schon erfunden ist, und ausgeübt wird, so daß wir nichts mehr zu thun haben, als das sich uns Darbietende anzunehmen, welches, so wie ich dies oben von dem vorzuschlagenden Rettungsmittel versprach, ohne Zweifel kein größeres Maß von Kraft erfordert, als man bei unserm Zeitalter billig voraussetzen kann. Ich fügte diesem Versprechen noch ein anderes bei, daß nämlich, was die Gefahr anbelange, bei unserm Vorschlage durchaus keine sei, indem es der eigene Vorteil der über uns gebietenden Gewalt erfordere, die Ausführung jenes Vorschlags eher zu befördern, als zu hindern. Ich finde zweckmäßig, sogleich in der ersten Rede über diesen Punkt mich deutlich auszusprechen.

Zwar sind so in alter wie in neuer Zeit gar häufig die Künste der Verführung und der sittlichen Herabwürdigung der Unterworfenen als ein Mittel der Herrschaft mit Erfolg gebraucht worden; man hat durch lügenhafte Erdichtungen und durch künstliche Verwirrung der Begriffe und der Sprache die Fürsten vor den Völkern, und diese vor jenen verläumdet, um die entzweiten sicherer zu beherrschen, man hat alle Antriebe der Eitelkeit und des Eigennutzes listig aufgereizt und entwickelt, um die Unterworfenen verächtlich zu machen und so mit einer Art von gutem Gewissen sie zu zertreten: aber man würde einen sicher zum Verderben führenden Irrtum begehen, wenn man mit uns Deutschen diesen Weg einschlagen wollte. Das Band der Furcht und der Hoffnung abgerechnet, beruht der Zusammenhang desjenigen Teils des Auslandes, mit dem wir dermalen in Berührung gekommen, auf den Antrieben der Ehre und des Nationalruhms; aber die deutsche Klarheit hat vorlängst bis zur unerschütterlichen Überzeugung eingesehen, daß dieses leere Trugbilder sind, und daß keine Wunde und keine Verstümmelung des Einzelnen durch den Ruhm der ganzen Nation geheilt wird; und wir dürften wohl, so nicht eine höhere Ansicht des Lebens an uns gebracht wird, gefährliche Prediger dieser sehr begreiflichen und manchen Reiz bei sich führenden Lehre werden. Ohne darum noch neues Verderben an uns zu nehmen, sind wir schon in unsrer natürlichen Beschaffenheit eine unheilbringende Beute; nur durch die Ausführung des gemachten Vorschlages können wir eine heilbringende werden: und so wird denn, so gewiß das Ausland seinen Vorteil versteht, dasselbe, durch diesen selbst bewegt, uns lieber auf die letzte Weise haben wollen, denn auf die erste.

11. Insbesondere nun wendet mit diesem Vorschlage meine Rede sich an die gebildeten Stände Deutschlands, indem sie diesen noch am ersten verständlich zu werden hofft, und trägt zu allernächst ihnen an, sich zu den Urhebern dieser neuen Schöpfung zu machen, und dadurch teils mit ihrer bisherigen Wirksamkeit die Welt auszusöhnen, teils ihre Fortdauer in der Zukunft zu verdienen. Wir werden im Fortgange dieser Reden ersehen, daß bis hieher alle Fortentwicklung der Menschheit in der deutschen Nation vom Volke ausgegangen, und daß an dieses immer zuerst die großen Nationalangelegenheiten gebracht und von ihnen besorgt und weiter befördert worden; daß es somit jetzo zum erstenmale geschieht, daß den gebildeten Ständen die ursprüngliche Fortbildung der Nation angetragen wird, und daß, wenn sie diesen Antrag wirklich ergriffen, auch dies das erstemal geschehen würde. Wir werden ersehen, daß diese Stände nicht berechnen können, auf wie lange Zeit es noch in ihrer Gewalt stehen werde, sich an die Spitze dieser Angelegenheit zu stellen, indem dieselbe bis zum Vortrage an das Volk schon beinahe vorbereitet und reif sei, und an Gliedern aus dem Volke geübt werde, und dieses nach kurzer Zeit ohne alle unsere Beihilfe sich selbst werde helfen können, woraus für uns bloß das erfolgen werde, daß die jetzigen Gebildeten und ihre Nachkommen zum Volke werden, aus dem bisherigen Volke aber ein anderer, höher gebildeter Stand emporkomme.

12. Nach allem ist es der allgemeine Zweck dieser Reden, Mut und Hoffnung zu bringen in die Zerschlagenen, Freude zu verkünden in die tiefe Trauer, über die Stunde der größten Bedrängnis leicht und sanft hinüber zu leiten. Die Zeit erscheint mir wie ein Schatten, der über seinem Leichname, aus dem so eben ein Heer von Krankheiten ihn heraus getrieben, steht, und jammert, und seinen Blick nicht loszureißen

vermag von der ehedem so geliebten Hülle, und verzweifelnd alle Mittel versucht, um wieder hinein zu kommen in die Behausung der Seuchen. Zwar haben schon die belebenden Lüfte der andern Welt, in die die abgeschiedene eingetreten, sie aufgenommen in sich, und umgeben sie mit warmem Liebeshauche, zwar begrüßen sie schon freudig heimliche Stimmen der Schwestern und heißen sie willkommen, zwar regt es sich schon und dehnt sich in ihrem Innern nach allen Richtungen hin, um die herrlichere Gestalt, zu der sie erwachsen soll, zu entwickeln; aber noch hat sie kein Gefühl für diese Lüfte, oder Gehör für diese Stimmen, oder wenn sie es hätte, so ist sie aufgegangen in Schmerz über ihren Verlust, mit welchem sie zugleich sich selbst verloren zu haben glaubt. Was ist mit ihr zu thun? Auch die Morgenröte der neuen Welt ist schon angebrochen und vergoldet schon die Spitzen der Berge, und bildet vor den Tag, der da kommen soll. Ich will, so ich es kann, die Strahlen dieser Morgen= röte fassen und sie verdichten zu einem Spiegel, in welchem die trost= lose Zeit sich erblicke, damit sie glaube, daß sie noch da ist, und in ihm ihr wahrer Kern sich ihr darstelle, und die Entfaltungen und Gestaltungen desselben in einem weissagenden Gesichte vor ihr vorüber gehen. In diese Anschauung hinein wird ihr denn ohne Zweifel auch das Bild ihres bisherigen Lebens versinken und verschwinden, und der Tote wird ohne übermäßiges Wehklagen zu seiner Ruhestätte gebracht werden können.

Zweite Rede.

Vom Wesen der neuen Erziehung im allgemeinen.

13. Das von mir vorgeschlagene Erhaltungsmittel einer deutschen Nation überhaupt, zu dessen klarer Einsicht diese Reden zunächst Sie, und nebst Ihnen die ganze Nation führen möchten, geht als ein solches Mittel hervor aus der Beschaffenheit der Zeit, so wie der deutschen National=Eigentümlichkeiten, so wie dieses Mittel wiederum eingreifen soll in Zeit und Bildung der National=Eigentümlichkeiten. Es ist somit dieses Mittel nicht eher vollkommen klar und verständlich gemacht, als bis es mit diesen, und diese mit ihm zusammen gehalten, und beide in voll= kommner gegenseitiger Durchdringung dargestellt sind, welche Geschäfte einige Zeit erfordern, und so die vollkommne Klarheit nur am Ende unsrer Reden zu erwarten ist. Da wir jedoch bei irgend einem einzelnen Teile anfangen müssen, so wird es am zweckmäßigsten sein, zuvörderst jenes Mittel selbst, abgesondert von seinen Umgebungen in Zeit und Raum, für sich in seinem innern Wesen zu betrachten, und so soll denn diesem Geschäfte unsere heutige und nächstfolgende Rede gewidmet sein.

Das angegebene Mittel war eine durchaus neue und vorher noch nie also bei irgend einer Nation dagewesene National=Erziehung der Deutschen. Diese neue Erziehung wurde schon in der vorigen Rede zur Unterscheidung von der bisher üblichen also bezeichnet: die bisherige Erziehung habe zu guter Ordnung und Sittlichkeit höchstens nur ermahnt, aber diese Ermahnungen seien unfruchtbar gewesen für das wirkliche Leben, welches nach ganz andern, dieser Erziehung durchaus unzugänglichen Gründen sich gebildet habe. Im Gegensatz mit dieser müsse die neue Erziehung die wirkliche Lebensregung und =Bewegung ihrer Zöglinge nach Regeln sicher und ohnfehlbar bilden und bestimmen können.

14. So nun etwa hierauf jemand also gesagt hätte, wie denn auch wirklich diejenigen, welche die bisherige Erziehung leiten, fast ohne Aus= nahme also sagen: Wie könnte man denn auch irgend einer Erziehung mehr anmuten, als daß sie dem Zöglinge das Rechte zeige und ihn getreulich zu demselben anmahne; ob er diesen Ermahnungen folgen wolle, das sei seine eigne Sache, und wenn er es nicht thue, seine eigne

Schuld; er habe freien Willen, den keine Erziehung ihm nehmen könne: so würde ich hierauf, um die von mir gedachte neue Erziehung noch schärfer zu bezeichnen, antworten, daß gerade in diesem Anerkennen und in diesem Rechnen auf einen freien Willen des Zöglings [1]) der erste Irrtum der bisherigen Erziehung und das deutliche Bekenntnis ihrer Ohnmacht und Nichtigkeit liege. Denn indem sie bekennt, daß nach aller ihrer kräftigsten Wirksamkeit der Wille dennoch frei, d. i. unentschieden schwankend zwischen Gutem und Bösem bleibe, bekennt sie, daß sie den Willen, und da dieser die eigentliche Grund-Wurzel des Menschen selbst ist, [2]) den Menschen selbst zu bilden durchaus weder vermöge, noch wolle oder begehre, und daß sie dies überhaupt für unmöglich halte. Dagegen würde die neue Erziehung gerade darin bestehen müssen, daß sie auf dem Boden, dessen Bearbeitung sie übernähme, die Freiheit des Willens ganz vernichtete, und dagegen strenge Notwendigkeit [3]) der Entschließungen, und die Unmöglichkeit des entgegengesetzten in dem Willen hervorbrächte, auf welchen Willen man nunmehro sicher rechnen und auf ihn sich verlassen könnte.

Alle Bildung strebt an die Hervorbringung eines festen bestimmten und beharrlichen Seins, das nun nicht mehr wird, sondern ist, und nicht anders sein kann, denn so wie es ist. Strebte sie nicht an ein solches Sein, so wäre sie nicht Bildung, sondern irgend ein zweckloses Spiel; hätte sie ein solches Sein nicht hervorgebracht, so wäre sie eben noch nicht vollendet. Wer sich noch ermahnen muß und ermahnt werden, das Gute zu wollen, der hat noch kein bestimmtes und stets bereit stehendes Wollen, sondern er will sich dieses erst jedesmal im Falle des Gebrauches machen; wer ein solches festes Wollen hat, der will, was er will, für alle Ewigkeit, und er kann in keinem möglichen Falle anders wollen, denn also, wie er eben immer will; für ihn ist die Freiheit des Willens vernichtet und aufgegangen in der Notwendigkeit. Dadurch eben hat die bisherige

---

[1]) D. h. auf einen individuellen freien Willen. Denn von diesem kann weder nach Fichte die Rede sein, da ja dem Einzelnen nur eine Phänomenalexistenz zukommt (S. oben 5. Kap. S. 61, 63), noch soll davon die Rede sein, denn der Mensch wird nur, wiebald er durch die höchste Freiheit seine eigene (individuelle) Freiheit und Selbständigkeit aufgibt und verliert, des göttlichen Seins teilhaftig (Anweisung, WW. V. 524). Nicht Freiheit des Einzelnen, sondern Freiheit an sich ist ja Endziel der sittlichen Thätigkeit (s. oben 5. Kap. S. 70).

[2]) Der Wille ist der einzig mögliche Schöpfer der Natur und Freiheit heißt: keine Natur über dem Willen. Staatsl. WW. IV. 384.

[3]) Hierunter ist nicht eine reale, sondern eine sittliche oder ideale Notwendigkeit zu verstehen, welcher gegenüber alle individuelle Willkür ausgeschlossen ist. Der obige Gedanke wird von Fichte auch so formuliert: die Erziehung müsse die Kunst besitzen, alle Menschen ohne Ausnahme unfehlbar zu der Einsicht zu bringen, daß der Mensch unter dem Willen Gottes stehe (der ja sittlicher Gesetzgeber ist, WW. VII 608) und daß er ohne den Gehorsam nichts sei und eigentlich gar nicht da (Staatsl. WW. IV. 584).

Zeit gezeigt, daß sie von Bildung zum Menschen weder einen rechten Begriff, noch die Kraft hatte, diesen Begriff darzustellen, daß sie durch ermahnende Predigten die Menschen bessern wollte, und verdrießlich ward und schalt, wenn diese Predigten nichts fruchteten. Wie konnten sie doch fruchten? Der Wille des Menschen hat schon vor der Ermahnung vor= her, und unabhängig von ihr seine feste Richtung; [1]) stimmt diese zu= sammen mit deiner Ermahnung, so kommt die Ermahnung zu spät, und der Mensch hätte auch ohne dieselbe gethan, wozu du ihn ermahnest, steht sie mit derselben im Widerspruche, so magst du ihn höchstens einige Augenblicke betäuben; wie die Gelegenheit kommt, vergißt er sich selbst und deine Ermahnung und folgt seinem natürlichen Hange. Willst du etwas über ihn vermögen, so mußt du mehr thun, als ihn bloß anreden, du mußt ihn machen, ihn also machen, daß er gar nicht anders wollen könne, als du willst, daß er wolle. Es ist vergebens zu sagen, fliege — dem der keine Flügel hat, und er wird durch alle deine Ermahnungen nie zwei Schritte über den Boden empor kommen; aber entwickle, wenn du kannst, seine geistigen Schwungfedern, und lasse ihn dieselben üben und kräftig machen, und er wird ohne alle dein Ermahnen gar nicht anders mehr wollen oder können, denn fliegen.

15. Diesen festen und nicht weiter schwankenden Willen muß die neue Erziehung hervorbringen[2]) nach einer sichern und ohne Ausnahme wirksamen Regel; sie muß selber mit Notwendigkeit erzeugen die Not= wendigkeit, die sie beabsichtiget. Was bisher gut geworden ist, ist gut geworden durch seine natürliche Anlage, durch welche die Einwirkung der schlechten Umgebung überwogen wurde; keineswegs aber durch die Er= ziehung, denn sonst hätte alles durch dieselbe hindurch Gegangene gut werden müssen: was da verdarb, verdarb eben so wenig durch die Er= ziehung, denn sonst hätte alles durch sie hindurch Gehende verderben müssen, sondern durch sich selber und seine natürliche Anlage; die Erziehung war in dieser Rücksicht nur nichtig, keineswegs verderblich, das eigentliche bil= dende Mittel war die geistige Natur. Aus den Händen dieser dunklen und nicht zu berechnenden Kraft nun soll hinführo die Bildung zum Menschen unter die Botmäßigkeit einer besonnenen Kunst gebracht werden, die an allem ohne Ausnahme, was ihr anvertraut wird, ihren Zweck sicher erreiche, oder, wo sie ihn etwa nicht erreichte, wenigstens weiß, daß sie ihn nicht erreicht hat, und daß somit die Erziehung noch nicht

---

[1]) S. oben Einleitung S. 32, Anmerkung 8 und 5 Kap. S. 70.
[2]) Dieser am Ende von § 16 wiederholte Ausdruck ist nicht im deterministischen Sinne zu verstehen, daher im § 16 vom „Anreizen" der Selbstthätigkeit die Rede ist. Es ist überhaupt schwierig, die rein indeterministische, Kausalität nur durch Selbstbestimmung statuierende Lehre (s. Syst. d. Sitt. W.W. IV. 92 vergl. 349 f.) in klarer und vor Mißverständnissen sichernder Weise zum sprachlichen Ausdruck zu bringen.

geschlossen ist. Eine sichere und besonnene Kunst, einen festen und un=
fehlbaren guten Willen im Menschen zu bilden, soll also die von mir
vorgeschlagene Erziehung sein, und dieses ist das erste Merkmal.

16. Weiter — der Mensch kann nur dasjenige wollen, was er liebt;
seine Liebe ist der einzige, zugleich auch der unfehlbare Antrieb seines
Wollens und aller seiner Lebensregung und =Bewegung.¹) Die bis=
herige Staatskunst als selbst Erziehung des gesellschaftlichen Menschen
setzte als sichere und ohne Ausnahme geltende Regel voraus, daß jeder=
mann sein eigenes sinnliches Wohlsein liebe und wolle, und sie knüpfte
an diese natürliche Liebe durch Furcht und Hoffnung künstlich den guten
Willen, den sie wollte, das Interesse für das gemeine Wesen. Abge=
rechnet, daß bei dieser Erziehungsweise der äußerlich zum unschädlichen
oder brauchbaren Bürger gewordene dennoch innerlich ein schlechter Mensch
bleibt, denn darin eben besteht die Schlechtigkeit, daß man nur sein sinn=
liches Wohlsein liebe und nur durch Furcht oder Hoffnung für dieses,
sei es nun im gegenwärtigen oder in einem künftigen Leben, bewegt
werden könne; — dieses abgerechnet, haben wir schon oben ersehen, daß
diese Maßregel für uns nicht mehr anwendbar ist, indem Furcht und
Hoffnung nicht mehr für uns, sondern gegen uns dienen, und die sinn=
liche Selbstliebe auf keine Weise in unsern Vorteil gezogen werden kann.
Wir sind daher sogar durch die Not gedrungen,²) innerlich, und im
Grunde gute Menschen bilden zu wollen, indem nur in solchen die deutsche
Nation noch fortdauern kann, durch schlechte aber notwendig mit dem
Auslande zusammenfließt. Wir müssen darum an die Stelle jener Selbst=
liebe, an welche nichts Gutes für uns sich länger knüpfen läßt, eine andere
Liebe, die unmittelbar auf das Gute, schlechtweg als solches, und um
sein selbst willen gehe, in den Gemütern aller, die wir zu unsrer Nation
rechnen wollen, setzen und begründen.

Die Liebe für das Gute schlechtweg als solches, und nicht etwa um
seiner Nützlichkeit willen für uns selber, trägt, wie wir schon ersehen
haben, die Gestalt des Wohlgefallens an demselben: eines so innigen
Wohlgefallens, daß man dadurch getrieben werde, es in seinem Leben
darzustellen. Dieses innige Wohlgefallen also wäre es, was die neue
Erziehung als festes und unwandelbares Sein ihres Zöglings hervor=
bringen müßte; worauf denn dieses Wohlgefallen durch sich selbst den un=
wandelbar guten Willen desselben Zöglings als notwendig begründen würde.

---

¹) „Die ganze Form und Kraft des Lebens besteht in der Liebe und entsteht
aus der Liebe." Anweisung, WW. V. 401.

²) Nämlich, was wir aus eigener Einsicht thun sollten, da ja die Selbstliebe
etwas Endliches und Hinfälliges ist, Anweisung WW. V. 408. „Gerade das ja,"
wird a. a. D. hinzugesetzt, „daß nichts Endliches und Hinfälliges sie befriedigen
kann, das ja gerade ist das einzige Band, wodurch die Menschen noch mit dem
Ewigen zusammenhängen."

17. Ein Wohlgefallen, das da treibt einen gewissen Zustand der Dinge, der in der Wirklichkeit nicht vorhanden ist, hervorzubringen in derselben, setzt voraus ein Bild dieses Zustandes, das vor dem wirklichen Sein desselben vorher dem Geiste vorschwebt und jenes zur Ausführung treibende Wohlgefallen auf sich ziehet. Somit setzt dieses Wohlgefallen in der Person, die von ihm ergriffen werden soll, voraus das Vermögen, selbstthätig dergleichen Bilder, die unabhängig seien von der Wirklichkeit, und keinesweges Nachbilder derselben, sondern vielmehr Vorbilder, zu ent=werfen. Ich habe jetzt zu allernächst von diesem Vermögen zu sprechen, und ich bitte, während dieser Betrachtung ja nicht zu vergessen, daß ein durch dieses Vermögen hervorgebrachtes Bild eben als bloßes Bild, und als dasjenige, worin wir unsre bildende Kraft fühlen, gefallen könne, ohne doch darum genommen zu werden als Vorbild einer Wirklichkeit, und ohne in dem Grade zu gefallen, daß es zur Ausführung treibe;[1]) daß dies letztere ein ganz anderes und unser eigentlicher Zweck ist, von dem wir später zu reden nicht unterlassen werden, jenes nächste aber lediglich die vorläufige Bedingung enthält zu Erreichung des wahren letzten Zwecks der Erziehung.

18. Jenes Vermögen, Bilder, die keinesweges bloße Nachbilder der Wirklichkeit seien, sondern die da fähig sind, Vorbilder derselben zu werden, selbstthätig zu entwerfen, wäre das erste, wovon die Bildung des Ge=schlechts durch die neue Erziehung ausgehen müßte. Selbstthätig zu ent=werfen, habe ich gesagt, und also, daß der Zögling durch eigne Kraft sich erzeuge, keinesweges etwa, daß er nur fähig werde, das durch die Erziehung ihm hingegebene Bild leidend aufzufassen, es hinlänglich zu verstehen, und es, also wie es ihm gegeben ist, zu wiederholen, als ob es nur um das Vorhandensein eines solchen Bildes zu thun wäre. Der Grund dieser Forderung der eignen Selbstthätigkeit in diesem Bilden ist folgender: nur unter dieser Bedingung kann das entworfene Bild das thätige Wohlgefallen des Zöglings an sich ziehen. Es ist nämlich ganz etwas anderes, sich etwas nur gefallen zu lassen und nichts dagegen zu haben, dergleichen leidendes Gefallenlassen allein höchstens aus einem leidenden Hingeben entstehen kann; wiederum aber etwas anderes, von dem Wohlgefallen an etwas also ergriffen werden, daß dasselbe schöpferisch werde und alle unsre Kraft zum Bilden anrege. Von dem ersten, das in alleweg in der bisherigen Erziehung wohl auch vorkam, sprechen wir nicht, sondern von dem letzten.[2]) Dieses letzte Wohlgefallen aber wird

---

[1]) Das Bild würde diesfalls nur dazu dienen, der theoretischen Betrachtung ein schönes Schauspiel darzubieten, ohne praktische Bedeutung gewonnen zu haben oder Motiv des Handelns geworden zu sein. S. § 24.

[2]) „Alles unser Lehren muß auf Erweckung des Selbstdenkens abzielen, oder wir bringen in unsrer schönsten Gabe der Menschheit ein sehr gefährliches Geschenk." Beiträge, WW. IV. 44.

allein dadurch angezündet, daß die Selbstthätigkeit des Zöglings zu=
gleich angereizt, und an dem gegebenen Gegenstande ihm offenbar werde,
und so dieser Gegenstand nicht bloß für sich, sondern zugleich auch als
ein Gegenstand der geistigen Kraftäußerung gefalle, welche letztere un=
mittelbar, notwendig und ohne alle Ausnahme wohlgefällt. [1]

19. Diese im Zöglinge zu entwickelnde Thätigkeit des geistigen Bildens
ist ohne Zweifel eine Thätigkeit nach Regeln, welche Regeln dem Thätigen
kund werden bis zur Einsicht ihrer einzigen Möglichkeit in unmittelbarer
Erfahrung an sich selber; also, diese Thätigkeit bringt hervor Erkenntnis,
und zwar allgemeiner und ohne Ausnahme geltender Gesetze. [2] Auch
in dem von diesem Punkte aus sich anhebenden freien Fortbilden ist un=
möglich, was gegen das Gesetz unternommen wird, und es erfolgt keine
That, bis das Gesetz befolgt ist; wenn daher auch diese freie Fortbildung
anfangs von blinden Versuchen ausginge, so müßte sie doch enden mit
erweiterter Erkenntnis des Gesetzes. Diese Bildung ist daher in ihrem
letzten Erfolge Bildung des Erkenntnisvermögens des Zöglings, und zwar
keineswegs die historische an den stehenden Beschaffenheiten der Dinge,
sondern die höhere und philosophische an den Gesetzen, nach denen eine
solche stehende Beschaffenheit der Dinge notwendig wird. Der Zögling lernt.

Ich setze hinzu: der Zögling lernt gern und mit Lust, und er mag,
so lange die Spannung der Kraft vorhält, gar nichts lieber thun, denn
lernen, denn er ist selbstthätig, indem er lernt, und dazu hat er unmittel=
bar die allerhöchste Lust. [3] Wir haben hieran ein äußeres teils unmittel=
bar ins Auge fallendes, teils untrügliches Kennzeichen der wahren Erziehung
gefunden, dies, daß ohne alle Rücksicht auf die Verschiedenheit der na=
türlichen Anlagen und ohne alle Ausnahme jedweder Zögling, an den
diese Erziehung gebracht wird, rein um des Lernens selbst willen, und
aus keinem andern Grunde, mit Lust und Liebe lerne. Wir haben das
Mittel gefunden, diese reine Liebe zum Lernen anzuzünden, dies, die un=
mittelbare Selbstthätigkeit des Zöglings anzuregen und diese zur Grundlage
aller Erkenntnis zu machen, also, daß an ihr gelernt werde, was ge=
lernt wird.

Diese eigne Thätigkeit des Zöglings in irgend einem uns bekannten
Punkte nur erst anzuregen, ist das erste Hauptstück der Kunst. Ist dieses

---

[1] S. Einleitung S. 37 und 38.

[2] Dieser Satz wird deutlicher in § 21.

[3] „Die Jugend ist das Alter der sich erst entwickelnden Kraft: allenthalben
sind noch Triebe und Prinzipe übrig, die in neuen Schöpfungen aufzugeben be=
stimmt sind: der Jugend eigentlicher Charakter ist rastlose, nie unterbrochene
Thätigkeit; natürlich und sich selbst überlassen, kann sie nie ohne Beschäftigung sein.
Sie träge zu erblicken ist der Anblick des Winters mitten im Frühling, der An=
blick des Erstarrens und Verwelkens der soeben erst aufgekeimten Pflanze." Wesen
d. Gel. WW. VI. 398; vergl. 433.

gelungen, so kommt es nur noch darauf an, die angeregte von diesem Punkte aus immer im frischen Leben zu erhalten, welches allein durch regelmäßiges Fortschreiten [1]) möglich ist, und wo jeder Fehlgriff der Erziehung auf der Stelle durch Mißlingen des Beabsichtigten sich entdeckt. Wir haben also auch das Band gefunden, wodurch der beabsichtigte Erfolg unabtrennlich angeknüpft wird an die angegebene Wirkungsweise, das ewige und ohne alle Ausnahme waltende Grundgesetz der geistigen Natur des Menschen, [2]) daß er geistige Thätigkeit unmittelbar anstrebe.

20. Sollte jemand, durch die gewöhnliche Erfahrung unserer Tage irre geleitet, sogar gegen das Vorhandensein eines solchen Grundgesetzes Zweifel hegen, so merken wir für einen solchen zum Überflusse an, daß der Mensch von Natur allerdings bloß sinnlich und selbstsüchtig ist, so lange die unmittelbare Not und das gegenwärtige sinnliche Bedürfnis ihn treibt, und daß er durch kein geistiges Bedürfnis, oder irgend eine schonende Rücksicht sich abhalten läßt, dieses zu befriedigen; daß er aber, nachdem nur diesem abgeholfen ist, wenig Neigung hat, das schmerzhafte Bild desselben in seiner Phantasie zu bearbeiten und es sich gegenwärtig zu erhalten, sondern daß er es weit mehr liebt, den losgebundenen Gedanken auf die freie Betrachtung dessen, was die Aufmerksamkeit seiner Sinne reizt, zu richten, ja daß er auch einen dichterischen Ausflug in ideale Welten gar nicht verschmäht, indem ihm von Natur ein leichter Sinn beiwohnt für das Zeitliche, damit sein Sinn für das Ewige einigen Spielraum zur Entwickelung erhalte. Das letzte wird bewiesen durch die Geschichte aller alten Völker, und die mancherlei Beobachtungen und Entdeckungen, die von ihnen auf uns gekommen sind; es wird bewiesen bis auf unsere Tage durch die Beobachtung der noch übrigen wilden Völker, falls nämlich sie von ihrem Klima nur nicht gar zu stiefmütterlich behandelt werden, und durch die unsrer eignen Kinder; es wird sogar bewiesen durch das freimütige Geständnis unserer Eiferer gegen Ideale, welche sich beklagen, daß es ein weit verdrießlicheres Geschäft sei, Namen und Jahreszahlen zu lernen, denn aufzufliegen in das, wie es ihnen vorkommt, leere Feld der Ideen, welche sonach selber, wie es scheint, lieber das zweite thäten, wenn sie sichs erlauben dürften, denn das erste. Daß an die Stelle dieses naturgemäßen Leichtsinns der schwere Sinn trete, wo auch dem Gesättigten der künftige Hunger und die ganzen langen Reihen alles möglichen künftigen Hungers als das einzige seine Seele füllende vorschweben und ihn immerfort stacheln und treiben, wird in unserm Zeitalter durch Kunst bewirkt, beim Knaben durch Züchtigung seines natürlichen Leichtsinns, beim Manne durch das Bestreben für einen klugen Mann zu gelten, welcher Ruhm nur demjenigen zu Teil wird, der jenen Gesichts-

---

[1]) S. unten § 145, und Einleitung 5. Kap. S. 74 u. 75.
[2]) A. a. O. S. 74.

punkt keinen Augenblick aus den Augen läßt; es ist dies keineswegs Natur,
auf die wir zu rechnen hätten, sondern ein der widerstrebenden Natur
mit Mühe aufgedrungenes Verderben, das da wegfällt, so wie nur jene
Mühe nicht mehr angewendet wird.

21. Diese unmittelbar die geistige Selbstthätigkeit des Zöglings an=
regende Erziehung erzeugt Erkenntnis, sagten wir oben; und dies giebt
uns Gelegenheit, die neue Erziehung im Gegensatze mit der bisherigen
noch tiefer zu bezeichnen. Eigentlich nämlich und unmittelbar geht die
neue Erziehung nur auf Anregung regelmäßig fortschreitender Geistes=
thätigkeit. Die Erkenntnis ergiebt sich, wie wir oben gesehen haben, nur
nebenbei und als nicht außenbleibende Folge. Ob es daher nun zwar
wohl diese Erkenntnis ist, in welcher allein das Bild für das wirkliche
Leben, das die künftige ernstliche Thätigkeit unsers zum Manne gewordenen
Zöglings anregen soll, erfaßt werden kann; die Erkenntnis daher aller=
dings ein wesentlicher Bestandteil der zu erlangenden Bildung ist, so kann
man dennoch nicht sagen, daß die neue Erziehung diese Erkenntnis un=
mittelbar beabsichtige, sondern die Erkenntnis fällt derselben nur zu. Im
Gegenteile beabsichtigte die bisherige Erziehung geradezu Erkenntnis, und
ein gewisses Maß eines Erkenntnisstoffes. Ferner ist ein großer Unter=
schied zwischen der Art der Erkenntnis, welche der neuen Erziehung neben=
bei entsteht, und derjenigen, welche die bisherige Erziehung beabsichtigte.
Jener entsteht die Erkenntnis der die Möglichkeit aller geistigen Thätig=
keit bedingenden Gesetze dieser Thätigkeit. Z. B. wenn der Zögling in
freier Phantasie durch gerade Linien einen Raum zu begrenzen versucht,
so ist dies die zuerst angeregte geistige Thätigkeit desselben. Wenn er in
diesen Versuchen findet, daß er mit weniger denn drei geraden Linien
keinen Raum begrenzen könne, so ist dieses letztere die nebenbei entstehende
Erkenntnis einer zweiten ganz andern Thätigkeit des das zuerst angeregte
freie Vermögen beschränkenden Erkenntnisvermögens. [1] Dieser Erziehung
entsteht sonach gleich bei ihrem Beginnen eine wahrhaft über alle Er=
fahrung erhabene, übersinnliche, notwendige und streng allgemeine Er=
kenntnis, [2] die alle nachher mögliche Erfahrung schon im voraus unter
sich befaßt. Dagegen ging der bisherige Unterricht in der Regel nur
auf die stehenden Beschaffenheiten der Dinge, wie sie eben ohne daß man
dafür einen Grund angeben könne, seien und geglaubt und gemerkt
werden müßten; also auf ein bloß leidendes Auffassen durch das lediglich
im Dienste der Dinge stehende Vermögen des Gedächtnisses, wodurch es

---

[1] Der ersteren Thätigkeit entspricht das setzende, der letzteren das entgegen=
setzende Ich, s. Einl 5. Kap. S. 74.

[2] In der ersten Ausgabe vom Jahre 1808 und auch in der Gesamtausgabe
ist „streng notwendige und allgemeine Erkenntnis" gedruckt. Aber „streng not=
wendig" hat keinen Sinn; vergl. den Anfang von § 19 und Kants Kritik der
reinen Vernunft. Einleitung § 2.

überhaupt gar nicht zur Ahndung des Geistes, als eines selbständigen, und uranfänglichen Prinzips der Dinge selber kommen konnte. [1] Es vermeine die neuere Pädagogik ja nicht durch die Berufung auf ihren oft bezeugten Abscheu gegen mechanisches Auswendiglernen und auf ihre be= kannten Meisterstücke in sokratischer Manier gegen diesen Vorwurf sich zu decken; denn hierauf hat sie schon längst wo anders den gründlichen Bescheid erhalten, daß diese sokratischen Räsonnements gleichfalls nur me= chanisch auswendig gelernt werden, und dies ein um so gefährlicheres Aus= wendiglernen ist, da es dem Zöglinge, der nicht denkt, dennoch den Schein giebt, daß er denken könne; daß dies bei dem Stoffe, den sie zur Ent= wickelung des Selbstdenkens anwenden wollte, nicht anders erfolgen konnte, und daß man für diesen Zweck mit einem ganz andern Stoffe anheben müsse. Aus dieser Beschaffenheit des bisherigen Unterrichts erhellet, teils warum in der Regel der Zögling bisher ungern und darum lang= sam und spärlich lernte, und in Ermangelung des Reizes aus dem Lernen selber fremdartige Antriebe unterlegt werden mußten, teils geht daraus hervor der Grund von bisherigen Ausnahmen von der Regel. Das Gedächtnis, wenn es allein und ohne irgend einem andern geistigen Zwecke dienen zu sollen in Anspruch genommen wird, ist vielmehr ein Leiden des Gemüts, als eine Thätigkeit desselben, und es läßt sich einsehen, daß der Zögling dieses Leiden höchst ungern übernehmen werde. Auch ist die Be= kanntschaft mit ganz fremden und nicht das mindeste Interesse für ihn habenden Dingen und mit ihren Eigenschaften ein schlechter Ersatz für jenes ihm zugefügte Leiden; deswegen mußte seine Abneigung durch die Vertröstung auf die künftige Nützlichkeit dieser Erkenntnisse, und daß man nur vermittelst ihrer Brot und Ehre finden könne, und sogar durch un= mittelbar gegenwärtige Strafe und Belohnung überwunden werden; — daß somit die Erkenntnis gleich von vorn herein als Dienerin des sinn= lichen Wohlseins aufgestellt wurde, und diese Erziehung, welche in Absicht ihres Inhalts oben als bloß unkräftig für Entwicklung einer sittlichen Denkart aufgestellt wurde, um nur an den Zögling zu gelangen, das moralische Verderben desselben sogar pflanzen und entwickeln, und ihr In= teresse an das Interesse dieses Verderbens anknüpfen mußte. [2] Man wird

---

[1] „Sie wissen durchaus gar nichts, und man hat sie nirgends bis zum Wissen (gelangen und daran) haften lassen, sondern immer sie fortgetrieben bis zu einem andern provisorisch ins Gedächtnis lassen; wie sollten sie je von dem Wissen selber wissen können?" Patr. Gespr. WW. XI. 262.

[2] „Da die eine und ewige Wahrheit das Einzige ist, was die Menschen zu Einigkeit der Gesinnung verbindet und d'eselben als Einheit in ihren ewigen Urquell einsenkt; so ist unmittelbar klar, daß, wie die Wahrheit ausgetilgt ist aus dem Geschlechte, und jeder Einzelne nur in einer selbstgeschaffenen Nebelwelt lebt, notwendig reine Selbstsucht die einzige Triebfeder des menschlichen Lebens werden, Bürgersinn aber, Moralität und Religion notwendig verschwinden müsse." A. a. O. 262—263.

ferner finden, daß das natürliche Talent, welches als Ausnahme von der
Regel in der Schule dieser bisherigen Erziehung gern lernte und des=
wegen gut, und durch diese in ihm waltende höhere Liebe das moralische
Verderben der Umgebung überwand und seinen Sinn rein erhielt, durch
seinen natürlichen Hang, jenen Gegenständen ein praktisches Interesse ab=
gewann, und daß es, von seinem glücklichen Instinkte geleitet, vielmehr
darauf ausging, dergleichen Erkenntnisse selbst hervorzubringen, denn da=
rauf, sie bloß aufzufassen; sodann, daß in Absicht der Lehrgegenstände,
mit denen, als Ausnahme von der Regel, es dieser Erziehung noch am
allgemeinsten und glücklichsten gelang, dieses insgesamt solche sind, die
sie thätig ausüben ließ, so wie z. B. diejenige gelehrte Sprache, in der
bis aufs Schreiben und Reden derselben ausgegangen wurde,[1] beinah
allgemein ziemlich gut, dagegen diejenige andere, in der die Schreibe= und
Rede=Übungen vernachläſſigt wurden, in der Regel sehr schlecht und ober=
flächlich gelernt und in reiferen Jahren vergessen worden. Daß daher
auch aus der bisherigen Erfahrung hervorgeht, daß es allein die Ent=
wickelung der geistigen Thätigkeit durch den Unterricht sei, die da Luft
an der Erkenntnis, rein als solcher, hervorbringe, und so auch das Gemüt
der sittlichen Bildung offen erhalte, dagegen das bloß leidende Empfangen
eben so die Erkenntnis lähme und töte, wie es ihr Bedürfnis sei, den
sittlichen Sinn in Grund und Boden hinein zu verderben.

22. Um wieder zurückzukehren zum Zöglinge der neuen Erziehung:
es ist klar, daß derselbe, von seiner Liebe getrieben, viel, und da er alles
in seinem Zusammenhange faßt, und das Gefaßte unmittelbar durch ein
Thun übt, dieses viele richtig und unvergeßlich lernen werde. Doch ist
dieses nur Nebensache. Bedeutender ist, daß durch diese Liebe sein Selbst
erhöhet und in eine ganz neue Ordnung der Dinge, in welche bisher nur
wenige von Gott begünstigte von ohngefähr kamen, besonnen und nach
einer Regel eingeführt wird. Ihn treibt eine Liebe, die durchaus nicht
auf irgend einen sinnlichen Genuß ausgeht, indem dieser, als Antrieb,
für ihn gänzlich schweigt, sondern auf geistige Thätigkeit um der Thätig=
keit willen, und auf das Gesetz derselben um des Gesetzes willen.
Ob nun zwar nicht diese geistige Thätigkeit überhaupt es ist, auf
welche die Sittlichkeit geht, sondern dazu noch eine besondere Richtung
jener Thätigkeit kommen muß, so ist dennoch jene Liebe die allgemeine
Beschaffenheit und Form des sittlichen Willens; und so ist denn diese
Weise der geistigen Bildung, die unmittelbare Vorbereitung zu der
sittlichen; die Wurzel der Unsittlichkeit aber rottet sie, indem sie den sinn=
lichen Genuß durchaus niemals Antrieb werden läßt, gänzlich aus. Bis=

[1] Nämlich die lateinische. Fichte fordert daher auch im griechischen Unterricht,
mit welchem übrigens der Unterricht in den klassischen Sprachen anzufangen habe,
Sprachübungen. Aphor. WW. VIII. 355.

her war dieser Antrieb der erste, der da angeregt und ausgebildet wurde, weil man außerdem den Zögling gar nicht bearbeiten und einigen Einfluß auf denselben gewinnen zu können glaubte; sollte hinterher der sittliche Antrieb entwickelt werden, so kam derselbe zu spät und fand das Herz schon eingenommen und angefüllt von einer andern Liebe. Durch die neue Erziehung soll umgekehrt die Bildung zum reinen Wollen das erste werden, damit, wenn späterhin doch die Selbstsucht innerlich erwachen oder von außen angeregt werden sollte, diese zu spät komme und in dem schon von etwas anderm eingenommenen Gemüte keinen Platz für sich finde.

23. Wesentlich ist schon für diesen ersten, sowie für demnächst an= zugebenden zweiten Zweck, daß der Zögling von Anbeginn an ununter= brochen und ganz unter dem Einflusse dieser Erziehung stehe, und daß er von dem Gemeinen gänzlich abgesondert und vor aller Berührung damit verwahrt werde.[1] Daß man um seiner Erhaltung und seines Wohlseins willen im Leben sich regen und bewegen könne, muß er gar nicht hören, und eben so wenig, daß man um deswillen lerne, oder daß das Lernen dazu etwas helfen könne. Es folgt daraus, daß die geistige Entwickelung in der oben angegebenen Weise, die einzige sein müsse die an ihn gebracht werde, und daß er mit derselben ohne Unterlaß beschäftigt werden müsse, daß aber keineswegs diese Weise des Unterrichts mit dem= jenigen, der des entgegengesetzten sinnlichen Antriebs bedarf, abwechseln dürfe.

24. Ob nun aber wohl diese geistige Entwickelung die Selbstsucht nicht zum Leben kommen läßt und die Form eines sittlichen Willens giebt, so ist dies doch darum noch nicht der sittliche Wille selbst; und falls die von uns vorgeschlagene neue Erziehung nicht weiter ginge, so würde sie höchstens treffliche Bearbeiter der Wissenschaften erziehen, deren es auch bisher gegeben hat, und deren es nur wenige bedarf, und die für unsern eigentlichen menschlichen, und nationalen Zweck nicht mehr vermögen würden, als dergleichen Männer auch bisher vermocht haben; ermahnen, und wieder ermahnen, und sich anstaunen und nach Gelegenheit schmähen zu lassen. Aber es ist klar und ist auch schon oben gesagt, daß diese freie Thätig= keit des Geistes in der Absicht entwickelt worden, damit der Zögling mit derselben frei das Bild einer sittlichen Ordnung des wirklich vorhandenen Lebens entwerfe, dieses Bild mit der in ihm gleichfalls schon entwickelten Liebe fasse und durch diese Liebe getrieben werde, dasselbe in und durch sein Leben wirklich darzustellen. Es fragt sich, wie die neue Erziehung sich den Beweis führen könne, daß sie diesen ihren eigentlichen und letzten Zweck an ihrem Zöglinge erreicht habe?

25. Zuförderst ist klar, daß die schon früher an andern Gegenständen geübte geistige Thätigkeit des Zöglings angeregt werden müsse, ein Bild von der gesellschaftlichen Ordnung der Menschen, so wie dieselbe nach dem

---

[1] Vergl. § 26 und 138; s. Einleitung 5. Kap. S. 77.

Vernunftgesetze schlechthin sein soll, zu entwerfen. Ob dieses, vom Zöglinge entworfene Bild richtig sei, ist von einer Erziehung, die nur selbst
im Besitze dieses richtigen Bildes sich befindet, am leichtesten zu beurteilen;
ob dasselbe durch die eigne Selbstthätigkeit des Zöglings entworfen,
keineswegs aber nur leidend aufgefaßt und der Schule gläubig nachge-
sagt werde, ferner ob es zur gehörigen Klarheit und Lebhaftigkeit gesteigert sei, wird die Erziehung auf dieselbe Weise beurteilen können, wie
sie früher in derselben Rücksicht bei andern Gegenständen ein treffendes
Urteil gefällt hat. Alles dies ist noch Sache der bloßen Erkenntnis und
verbleibt auf dem in dieser Erziehung sehr zugänglichen Gebiete dieser.
Eine ganz andere aber und höhere Frage ist die, ob der Zögling also
von brennender Liebe für eine solche Ordnung der Dinge ergriffen sei,
daß es ihm, der Leitung der Erziehung entlassen und selbständig hingestellt, schlechterdings unmöglich sein werde, diese Ordnung nicht zu wollen
und nicht aus allen seinen Kräften für die Beförderung derselben zu arbeiten, über welche Frage ohne Zweifel nicht Worte und in Worten anzu-
stellende Prüfungen, sondern allein der Anblick von Thaten entscheiden können.

26. Ich löse die durch diese letzte Betrachtung uns gestellte Aufgabe
also: Ohne Zweifel werden doch die Zöglinge dieser neuen Erziehung,
obwohl abgesondert von der schon erwachsenen Gemeinheit, dennoch untereinander selbst in Gemeinschaft leben und so ein abgesondertes und für
sich selbst bestehendes Gemein-Wesen bilden, das seine genau bestimmte,
in der Natur der Dinge gegründete und von der Vernunft durchaus
geforderte Verfassung habe. Das allererste Bild einer geselligen Ordnung,
zu dessen Entwerfung der Geist des Zöglings angeregt werde, sei dieses
der Gemeine, in der er selber lebt, also, daß er innerlich gezwungen sei,
diese Ordnung Punkt für Punkt gerade also sich zu bilden, wie sie wirklich vorgezeichnet ist, und daß er dieselbe in allen ihren Teilen als
durchaus notwendig aus ihren Gründen verstehe. Dies ist nun abermals
bloßes Werk der Erkenntnis. In dieser gesellschaftlichen Ordnung muß
nun im wirklichen Leben jeder Einzelne um des Ganzen willen immerfort gar vieles unterlassen, was er, wenn er sich allein befände, unbe-
denklich thun könnte; und es wird zweckmäßig sein, daß in der Gesetzgebung
und in dem darauf zu bauenden Unterrichte über die Verfassung jedem
Einzelnen alle die übrigen mit einer zum Ideal gesteigerten Ordnungs-
liebe vorgestellt werden, welche also vielleicht kein einziger wirklich hat,
die aber alle haben sollten, und daß somit diese Gesetzgebung einen hohen
Grad von Strenge erhalte und der Unterlassungen gar viele auflege. Diese,
als etwas das schlechthin sein muß, und auf welchem das Bestehen der Gesellschaft beruht, sind auf den Notfall sogar durch Furcht vor gegenwärtiger
Strafe zu erzwingen, und muß dieses Strafgesetz schlechthin ohne Schonung
oder Ausnahme vollzogen werden. Der Sittlichkeit des Zöglings geschieht
durch diese Anwendung der Furcht, als eines Triebes, gar kein Ertrag,

indem hier ja nicht zum Thun des Guten, sondern nur zur Unterlassung
des in dieser Verfassung Bösen getrieben werden soll; überdies muß im
Unterrichte über die Verfassung vollkommen verständlich gemacht werden,
daß der, welcher der Vorstellung von der Strafe oder wohl gar der
Anfrischung dieser Vorstellung durch die Erduldung der Strafe selbst noch
bedürfe, auf einer sehr niedrigen Stufe der Bildung stehe. Jedennoch
ist bei allem diesen klar, daß, da man niemals wissen kann, ob da, wo
gehorcht wird, aus Liebe zur Ordnung oder aus Furcht vor der Strafe
gehorcht werde, in diesem Umkreise der Zögling seinen guten Willen nicht
äußerlich darthun, noch die Erziehung ihn ermessen könne.

Dagegen ist der Umkreis, wo ein solches Ermessen möglich ist, der
folgende. Die Verfassung muß nämlich ferner also eingerichtet sein,
daß der Einzelne für das Ganze nicht bloß unterlassen müsse, sondern
daß er für dasselbe auch thun und handelnd leisten könne. Außer der
geistigen Entwicklung im Lernen finden in diesem Gemein-Wesen der Zöglinge auch noch körperliche Übungen und die mechanischen, aber hier zum
Ideale veredelten Arbeiten des Ackerbaues und die von mancherlei Hand-
werken statt. Es sei Grundregel der Verfassung, daß jedem, der in
irgend einem dieser Zweige sich hervorthut, zugemutet werde, die andern
darin unterrichten zu helfen und mancherlei Aufsichten und Verantwort-
lichkeiten zu übernehmen;[1] jedem, der irgend eine Verbesserung findet
oder die von einem Lehrer vorgeschlagene zuerst und am klarsten begreift,
dieselbe mit eigner Mühe auszuführen, ohne daß er doch darum von
seinen ohnedies sich verstehenden persönlichen Aufgaben des Lernens und
Arbeitens losgesprochen sei; daß jeder dieser Anmutung freiwillig genüge
und nicht aus Zwang, indem es dem Nichtwollenden auch frei steht, sie
abzulehnen; daß er dafür keine Belohnung zu erwarten habe, indem in
dieser Verfassung alle in Beziehung auf Arbeit und Genuß ganz gleich
gesetzt sind, nicht einmal Lob, indem es die herrschende Denkart ist in
der Gemeine, daß daran jeder eben nur seine Schuldigkeit thue, sondern
daß er allein genieße die Freude an seinem Thun und Wirken für das
Ganze und an dem Gelingen desselben, falls ihm dieses zu Teil wird.
In dieser Verfassung wird sonach aus erworbener größerer Geschicklichkeit
und aus der hierauf verwendeten Mühe nur neue Mühe und Arbeit
folgen, und gerade der Tüchtigere wird oft wachen müssen, wenn andere
schlafen, und nachdenken müssen, wenn andere spielen.

27. Die Zöglinge, welche, ohnerachtet ihnen dieses alles vollkommen
klar und verständlich ist, dennoch fortgesetzt und also, daß man mit
Sicherheit auf sie rechnen könne, jene erste Mühe und die aus ihr folgenden weiteren Mühen freudig übernehmen und in dem Gefühle ihrer

---

[1] Diese „Grundregel" wurde auch in Schulpforta beobachtet, s. Einleitung
1. Kap. S. 7.

Kraft und Thätigkeit stark bleiben und stärker werden, — diese kann die
Erziehung ruhig entlassen in die Welt; an ihnen hat sie diesen ihren
Zweck erreicht; in ihnen ist die Liebe angezündet und brennt bis in die
Wurzel ihrer lebendigen Regung hinein, und sie wird von nun an weiter
alles ohne Ausnahme ergreifen, was an diese Lebens-Regung gelangen
wird; und sie werden in dem größeren Gemein-Wesen, in das sie von
nun an eintreten, niemals etwas anderes zu sein vermögen, denn dasjenige, was sie in dem kleinen Gemein-Wesen, das sie jetzt verlassen,
unverrückt und unwandelbar waren.

Auf diese Weise ist der Zögling vollendet für die nächsten und
ohne Ausnahme eintretenden Anforderungen der Welt an ihn, und es
ist geschehen, was die Erziehung im Namen dieser Welt von ihm verlangt. Noch aber ist er nicht in sich und für sich selber vollendet, und
es ist noch nicht geschehen, was er selbst von der Erziehung fordern kann.
So wie auch diese Forderung erfüllt wird, wird er zugleich tüchtig, den
Anforderungen, die eine höhere Welt im Namen der gegenwärtigen in
besondern Fällen an ihn machen dürfte, zu genügen.

Dritte Rede.

—

Fortsetzung der Schilderung der neuen Erziehung.

28. Das eigentliche Wesen der in Vorschlag gebrachten neuen Erziehung, inwiefern dieselbe in der vorigen Rede beschrieben worden, bestand
darin, daß sie die besonnene und sichere Kunst sei, den Zögling zu reiner
Sittlichkeit zu bilden. Zu reiner Sittlichkeit, sagte ich; die Sittlichkeit,
zu der sie erzieht, stehet als ein erstes, unabhängiges und selbständiges
da, das aus sich selber lebt sein eigenes Leben; keineswegs aber, so
wie die bisher oft beabsichtigte Gesetzmäßigkeit angeknüpft ist und eingeimpft
einem andern nicht sittlichen Triebe, dessen Befriedigung es diene. Sie
ist die besonnene und sichere Kunst dieser sittlichen Erziehung, sagte ich.
Sie schreitet nicht planlos und auf gutes Glück, sondern nach einer festen
und ihr wohl bekannten Regel einher und ist ihres Erfolges gewiß.
Ihr Zögling geht zu rechter Zeit als ein festes und unwandelbares
Kunstwerk dieser ihrer Kunst hervor, das nicht etwa auch anders gehen
könne, denn also, wie es durch sie gestellt worden, und das nicht etwa
einer Nachhilfe bedürfe, sondern das durch sich selbst nach seinem eigenen
Gesetze fortgeht.

Zwar bildet diese Erziehung auch den Geist ihres Zöglings; und
diese geistige Bildung ist sogar ihr erstes, mit welchem sie ihr Geschäft
anhebt. Doch ist diese geistige Entwickelung nicht erster und selbständiger Zweck, sondern nur das bedingende Mittel, um sittliche Bildung
an den Zögling zu bringen. Inzwischen bleibt auch diese nur gelegent-
lich erworbene geistige Bildung ein aus dem Leben des Zöglings un-
austilgbarer Besitz und die ewig fortbrennende Leuchte seiner sittlichen
Liebe. Wie groß auch oder wie geringfügig die Summe der Erkenntnisse
sein möge, die er aus der Erziehung mitgebracht; einen Geist, der sein
ganzes Leben hindurch jedwede Wahrheit, deren Erkenntnis ihm notwendig
wird, zu fassen vermag, und welcher eben so der Belehrung durch andere
empfänglich, als des eignen Nachdenkens fähig ohne Unterlaß bleibt, hat
er von derselben sicherlich mit davon gebracht. [1])

---

[1]) Grund jener Empfänglichkeit ist die Selbsttätigkeit, Grund der Unempfänglichkeit die bloß gedächtnismäßige Aneignung eines gewissen Maßes von
Erkenntnisstoff (§ 21). „In der (bisherigen) Erziehung unserer Generation, sagt

Soweit waren wir in der Beschreibung dieser neuen Erziehung in der vorigen Rede gekommen. Wir bemerkten am Schlusse derselben, daß durch dieses alles sie dennoch noch nicht vollendet sei, sondern noch eine andere von den bis jetzt aufgestellten verschiedene Aufgabe zu lösen habe; und wir gehen jetzt an das Geschäft, diese Aufgabe näher zu bezeichnen.

29. Der Zögling dieser Erziehung ist ja nicht bloß Mitglied der menschlichen Gesellschaft hier auf dieser Erde und für die kurze Spanne Leben, die ihm auf derselben vergönnt ist, sondern er ist auch und wird ohne Zweifel von der Erziehung anerkannt für ein Glied in der ewigen Kette eines geistigen Lebens überhaupt unter einer höhern gesellschaftlichen Ordnung. Ohne Zweifel muß auch zur Einsicht in diese höhere Ordnung eine Bildung, die sein ganzes Wesen zu umfassen sich vorgenommen hat, ihn anführen, und so wie sie ihn leitete, ein Bild jener sittlichen Welt= Ordnung, die da niemals ist, sondern ewig werden soll, durch eigne Selbst= thätigkeit sich vorzuzeichnen, eben so muß sie ihn leiten, ein Bild jener übersinnlichen Welt=Ordnung, in der nichts wird, und die auch niemals geworden ist, sondern die da ewig nur ist, [1]) in dem Gedanken zu ent= werfen, mit gleicher Selbstthätigkeit, und also, daß er innigst verstehe und einsehe, daß es nicht anders sein könne. Er wird, richtig geleitet, mit den Versuchen eines solchen Bildes zu Ende kommen und an diesem Ende finden, daß nichts wahrhaftig da sei, außer das Leben, und zwar das geistige Leben, das da lebt in dem Gedanken; und daß alles übrige nicht wahrhaftig da sei, sondern nur da zu sein scheine, welches Scheines aus dem Gedanken hervorgehenden Grund er gleichfalls, sei es auch nur im allgemeinen, begreifen wird. Er wird ferner einsehen, daß jenes allein wahrhaft da seiende geistige Leben, in den mannigfaltigen Gestaltungen, die es nicht durch ein Ohngefähr, sondern durch ein in Gott selber gegründetes Gesetz erhielt, wiederum Eins sei, das göttliche Leben selber, welches göttliche Leben allein in dem lebendigen Gedanken da ist und sich offenbar macht. So wird er sein Leben, als ein ewiges Glied in der Kette der Offenbarung des göttlichen Lebens, und jedwedes andere geistige Leben, als eben ein solches Glied, erkennen und heilig halten lernen; und nur in der unmittelbaren Berührung mit Gott und

---

F. in den Patr. Gespr. (WW. XI. 262), zufolge welcher sie mit bedachter Kunst von der Wahrheit und Unmittelbarkeit der Anschauung zum bloßen stellvertretenden Schatten hin und in dieser Schattenwelt immer weiter vorwärts getrieben wird, ist der Grund ihrer Unempfänglichkeit für die Lehre der Wahrheit, für die Wissenschaft."

[1]) Vom Standpunkte der Sittenlehre als einer Pflichtenlehre erscheint das Bild der sittlichen Weltordnung als ein sein sollendes; hingegen vom Stand= punkte der Sittenlehre als einer Tugend= und wohl auch Religionslehre als ein seiendes. S. Einl. 5. Kap. S. 61 f. Dort ist die „Vereinigung mit dem Unveränderlichen und Ewigen" (Anweisung, WW. V. 410) eine geforderte, hier eine vorhandene.

dem nicht vermittelten Ausströmen seines Lebens aus jenem, Leben, und Licht, und Seligkeit; in jeder Entfernung aber aus der Unmittelbarkeit, Tod, Finsternis und Elend finden. Mit einem Worte: diese Entwickelung wird ihn zur Religion bilden; und diese Religion des Einwohnens unseres Lebens in Gott soll allerdings auch in der neuen Zeit herrschen und in derselben sorgfältig gebildet werden. Dagegen soll die Religion der alten Zeit, die das geistige Leben von dem göttlichen abtrennte und dem erstern nur vermittelst eines Abfalls von dem zweiten das absolute Da= sein zu verschaffen wußte, das sie ihm zugedacht hatte, und welche Gott als Faden brauchte, um die Selbstsucht noch über den Tod des sterb= lichen Leibes hinaus in andre Welten einzuführen und durch Furcht und Hoffnung in diesen die für die gegenwärtige Welt schwach gebliebene zu verstärken, — diese Religion, die offenbar eine Dienerin der Selbstsucht war, soll allerdings mit der alten Zeit zugleich zu Grabe getragen werden; denn in der neuen Zeit bricht die Ewigkeit nicht erst jenseits des Grabes an,[1]) sondern sie kommt ihr mitten in ihre Gegenwart hinein, die Selbstsucht aber ist sowohl des Regiments, als des Dienstes entlassen, und zieht demnach auch ihre Dienerschaft mit ihr ab.

Die Erziehung zur wahren Religion ist somit das letzte Geschäft der neuen Erziehung.[2])

Ob in der Entwerfung eines hierzu erforderlichen Bildes der über= sinnlichen Welt=Ordnung der Zögling wahrhaft selbstthätig verfahren sei, und ob das entworfene Bild allenthalben richtig und durchaus klar und verständlich sei, wird die Erziehung leicht auf dieselbe Weise wie bei den übrigen Gegenständen der Erkenntnis beurteilen können, denn auch dies bleibt auf dem Gebiete der Erkenntnis.

30. Bedeutender aber ist auch hier die Frage, wie die Erziehung ermessen und sich die Gewährschaft leisten könne, daß diese Religions= kenntnisse nicht tot und kalt bleiben, sondern daß sie sich ausdrücken werden im wirklichen Leben ihres Zöglings, welcher Frage die Beant= wortung einer andern Frage vorauszuschicken ist, der folgenden: wie und auf welche Weise zeigt sich die Religion überhaupt im Leben.

---

[1]) „Ganz gewiß zwar liegt die Seligkeit auch jenseits des Grabes für den= jenigen, für welchen sie schon diesseits begonnen hat; durch das bloße Sichbegraben= lassen aber kommt man nicht in die Seligkeit, und sie werden im künftigen Leben die Seligkeit vergebens suchen, wenn sie dieselbe in etwas anderem suchen als in dem, was sie schon hier so nahe umgiebt, — in dem Ewigen." Anweisung, W.W. V. 409. Zu dieser Auffassung führe auch das Wort Johannis, des Lieblings= evangelisten Fichtes: Wer an mich glaubet, der hat das ewige Leben. Es sei daher irrig, von einem Himmel nur nach dem Tode zu reden, und der Ausdruck Tod bedeute Absterben der Welt, was schon während des äußern Lebens hienieden geschehen könne. Staatsl. W.W. IV. 532.

[2]) Auch im § 24 ist von einem letzten Zweck der Erziehung die Rede; aber die Unterscheidung zwischen einer niedern und höhern Welt (§ 27) oder Welt= ordnung (Anfang dieses §) erklärt das zweifache letzte Ziel.

Unmittelbar im gewöhnlichen Leben und in einer wohlgeordneten Gesellschaft bedarf es der Religion durchaus nicht, um das Leben zu bilden, sondern es reicht für diese Zwecke die wahre Sittlichkeit vollkommen hin. In dieser Rücksicht ist also die Religion nicht praktisch und kann und soll gar nicht praktisch werden, sondern sie ist lediglich Erkenntnis: [1]) sie macht blos den Menschen sich selber vollkommen klar und verständlich, beantwortet die höchste Frage, die er aufwerfen kann, löset ihm den letzten Widerspruch auf und bringt so vollkommne Einigkeit mit sich selbst und durchgeführte Klarheit in seinen Verstand. Sie ist seine vollständige Erlösung und Befreiung von allem fremden Bande; und so ist sie ihm denn die Erziehung als etwas, das ihm schlechtweg und ohne weitern Zweck gebührt, schuldig. Ein Gebiet, um als Antrieb zu wirken, erhält die Religion nur entweder in einer höchst unsittlichen und verdorbenen Gesellschaft, oder wenn die Wirkungssphäre des Menschen nicht innerhalb der gesellschaftlichen Ordnung, sondern über dieselbe hinaus liegt und dieselbe vielmehr immerfort neu zu erschaffen und zu erhalten hat, wie beim Regenten, welcher in vielen Fällen ohne Religion sein Amt gar nicht mit gutem Gewissen führen könnte. Von dem letztern Falle ist in einer auf alle und auf die ganze Nation berechneten Erziehung nicht die Rede. Wo in der ersten Rücksicht bei klarer Einsicht des Verstandes in die Unverbesserlichkeit des Zeitalters dennoch unablässig fortgearbeitet wird an demselben; wo mutig der Schweiß des Säens erduldet wird ohne einige Aussicht auf eine Ernte; wo wohlgethan wird auch den Undankbaren und gesegnet werden mit Thaten und Gütern diejenigen, die da fluchen, und in der klaren Vorhersicht, daß sie abermals fluchen werden; wo nach hundertfältigem Mißlingen dennoch ausgeharret wird im Glauben und in der Liebe: da ist es nicht die bloße Sittlichkeit, die da treibt, denn diese will einen Zweck, sondern es ist die Religion, die Ergebung in ein höheres uns unbekanntes Gesetz, das demütige Verstummen vor Gott, die innige Liebe zu seinem in uns ausgebrochnen Leben, welches allein und um sein selbst willen gerettet werden soll, wo das Auge nichts anderes zu retten sieht. [2])

31. Auf diese Weise kann die erlangte Religions = Einsicht der Zöglinge der neuen Erziehung in ihrem kleinen Gemein = Wesen, in dem sie zunächst aufwachsen, nicht praktisch werden, noch soll sie es auch. Dieses Gemein = Wesen ist wohlgeordnet, und in ihm gelingt das geschickt unter-

---

[1]) Die religiöse Ansicht der Welt ist wie die wissenschaftliche lediglich betrachtend und beschaulich. Anweisung, W.W. V. 473.

[2]) In der unsittlichen und verdorbenen Gesellschaft also „erfasset der wahrhaft Religiöse seine Welt als ein Thun und dieses Thun will er nicht darum, damit sein Erfolg in der Sinnenwelt wirklich werde, sondern weil es der Wille Gottes in ihm und sein eigener, eigentlicher Anteil am Sein ist." Anweisung, W.W. V. 474 f.

nommene immer; auch soll das noch zarte Alter des Menschen erhalten werden in der Unbefangenheit und im ruhigen Glauben an sein Geschlecht. Die Erkenntnis seiner Tücken bleibe vorbehalten der eignen Erfahrung des gereiften und befestigteren Alters.

Nur in diesem gereifteren Alter sonach und in dem ernstlich ge= meinten Leben, nachdem die Erziehung längst ihn sich selber überlassen hat, könnte der Zögling derselben, falls seine gesellschaftlichen Verhält= nisse aus der Einfachheit zu höheren Stufen fortschreiten sollten, seiner Religionskenntnis, als eines Antriebs, bedürfen. Wie soll nun die Er= ziehung, welche über diesen Punkt den Zögling, so lange er unter ihren Händen ist, nicht prüfen kann, dennoch sicher sein können, daß, wenn nur dieses Bedürfnis eintreten werde, auch dieser Antrieb ohnfehlbar wirken werde? Ich antworte: dadurch, daß ihr Zögling überhaupt so gebildet ist, daß keine Erkenntnis, die er hat, in ihm tot und kalt bleibt, [1] wenn die Möglichkeit eintritt, daß sie ein Leben bekomme, sondern jedwede notwendig sogleich eingreift in das Leben, so wie das Leben derselben bedarf. Ich werde die Behauptung sogleich noch tiefer begründen und dadurch den ganzen in dieser und der vorigen Rede behandelten Begriff erheben und einfügen in ein größeres Ganzes der Erkenntnis, welchem größeren Ganzen selber ich aus diesem Begriffe ein neues Licht und eine höhere Klarheit geben werde, nachdem ich nur vorher das wahre Wesen der neuen Erziehung, deren allgemeine Beschreibung ich so eben geschlossen habe, bestimmt werde angegeben haben.

32. Diese Erziehung erscheint nun nicht mehr, so wie im Anfange unsrer heutigen Rede, bloß als die Kunst den Zögling zu reiner Sitt= lichkeit zu bilden, sondern sie leuchtet vielmehr ein als die Kunst, den ganzen Menschen durchaus und vollständig zum Menschen zu bilden. Hierzu gehören zwei Hauptstücke, zuerst in Absicht der Form, daß der wirkliche lebendige Mensch bis in die Wurzel seines Lebens hinein, keineswegs aber der bloße Schatten und Schemen eines Menschen gebildet werde, sodann in Absicht des Inhalts, daß alle notwendigen Bestandteile des Menschen ohne Ausnahme und gleichmäßig ausgebildet werden. Diese Bestandteile sind Verstand und Willen, und die Erziehung hat zu beabsichtigen die Klarheit des ersten und die Reinheit des zweiten. Zur Klarheit des ersten aber sind zu erheben zwei Hauptfragen: zuerst was es sei, das der reine Wille eigentlich wolle, und durch welche Mittel dieses Gewollte zu erreichen sei, durch welches Hauptstück die übrigen dem Zöglinge beizubringenden Erkenntnisse befaßt werden; sodann, was dieser reine Wille in seinem Grunde und Wesen selber sei, wodurch die Religions = Erkenntnis befaßt wird. Die genannten Stücke nun, entwickelt bis zum Eingreifen ins Leben, fordert die Erziehung schlechtweg und

---

[1] S. § 18 f.

gedenkt keinem das mindeste davon zu erlassen, denn jeder soll eben ein Mensch sein; was jemand nun noch weiter werde, und welche besondere Gestalt die allgemeine Menschheit in ihm annehme oder erhalte, geht die allgemeine Erziehung nichts an, und liegt außerhalb ihres Kreises. —

33. Ich gehe jetzt fort zu der versprochenen tiefern Begründung des Satzes, daß im Zöglinge der neuen Erziehung gar keine Erkenntnis tot bleiben könne, und zu dem Zusammenhange, in den ich alles Gesagte erheben will vermittelst folgender Sätze.

a) Es giebt zufolge des Gesagten zwei durchaus verschiedene und völlig entgegengesetzte Klassen unter den Menschen in Absicht ihrer Bildung. Gleich zuvörderst ist alles, was Mensch ist, und so auch diese beiden Klassen, darin, daß den mannigfaltigen Äußerungen ihres Lebens ein Trieb zum Grunde liegt, der in allem Wechsel unverändert beharret und sich selbst gleich bleibt.[1] — Im Vorbeigehen; das Sichverstehen dieses Triebes und die Übersetzung desselben in Begriffe erzeugt die Welt, und es giebt[2] keine andere Welt als diese auf diese Weise in dem, jedoch keineswegs freien, sondern notwendigen Gedanken sich erzeugende Welt. Dieser immer in ein Bewußtsein zu übersetzende Trieb, worin somit aber= mals die beiden Klassen einander gleich sind, kann nun auf eine doppelte Weise, nach den zwei verschiedenen Grundarten des Bewußtseins, in dasselbe übersetzt werden, und in dieser Weise der Übersetzung und des sich selbst Verstehens sind die beiden Klassen verschieden.

Die erste, zu allererst der Zeit nach sich entwickelnde Grundart des Bewußtseins ist die des dunklen Gefühls. Mit diesem Gefühle wird am gewöhnlichsten und in der Regel der Grundtrieb erfaßt als Liebe des Einzelnen zu sich selbst, und zwar giebt das dunkle Gefühl dieses Selbst zunächst nur als ein solches, das da leben will, und wohl sein. Hieraus entsteht die sinnliche Selbstsucht als wirklicher Grundtrieb und entwickelnde Kraft eines solchen in dieser Übersetzung seines ursprüng= lichen Grundtriebes befangenen Lebens. So lange der Mensch fortfährt, also sich zu verstehen, so lange muß er selbstsüchtig handeln und kann nicht anders; und diese Selbstsucht ist das einige beharrende, sich gleich= bleibende und sicher zu erwartende in dem unaufhörlichen Wandel seines Lebens. Als außergewöhnliche Ausnahme von der Regel kann dieses dunkle Gefühl auch das persönliche Selbst überspringen und den Grund= trieb erfassen als ein Verlangen nach einer dunkel gefühlten andern Ordnung der Dinge. Hieraus entspringt das an andern Orten von uns sattsam beschriebene Leben, das da, erhaben über die Selbstsucht,

---

[1] Dieser Trieb, die Tendenz zur Selbstthätigkeit ist der reelle innere Er= klärungsgrund einer wirklichen Selbstthätigkeit. Syst. d. Sittenl. WW. IV. 40.

[2] Nämlich vermöge der idealistischen Anschauung, daß die Philosophie den Grund aller Erfahrung nicht in dem Dinge, sondern in der Intelligenz zu suchen habe. Erste Einleitung, WW. I. 423.

durch Ideen, die zwar dunkel sind, aber dennoch Ideen, getrieben wird, und in welchem die Vernunft als Instinkt waltet. [1]) Dieses Erfassen des Grundtriebes, überhaupt nur im dunklen Gefühle, ist der Grundzug der ersten Klasse unter den Menschen, die nicht durch die Erziehung, sondern durch sich selbst gebildet wird, und welche Klasse wiederum zwei Unterarten in sich faßt, die durch einen unbegreiflichen, der menschlichen Kunst durchaus unzugänglichen Grund geschieden werden.

Die zweite Grundart des Bewußtseins, welche in der Regel sich nicht von selbst entwickelt, sondern in der Gesellschaft sorgfältig gepflegt werden muß, ist die klare Erkenntnis. Würde der Grundtrieb der Menschheit in diesem Elemente erfaßt, so würde dies eine zweite, von der ersten ganz verschiedene Klasse von Menschen geben. Eine solche, die Grundliebe selbst erfassende Erkenntnis läßt nun nicht, wie eine andere Erkenntnis dies wohl kann, kalt und unteilnehmend, sondern der Gegenstand derselben wird geliebt über alles, da dieser Gegenstand ja nur die Deutung und Übersetzung unsrer ursprünglichen Liebe selbst ist. Andere Erkenntnis erfaßt fremdes, und dieses bleibt fremd und läßt kalt; diese erfaßt den Erkennenden selbst und seine Liebe, und diese liebt er. Ohnerachtet es nun bei beiden Klassen [2]) dieselbe ursprüngliche nur in anderer Gestalt erscheinende Liebe ist, die sie treibt, so kann man dennoch, von jenem Umstande absehend, sagen, daß dort der Mensch durch dunkle Gefühle, hier durch klare Erkenntnis getrieben werde.

Daß nun eine solche klare Erkenntnis unmittelbar antreibend werde im Leben und man hierauf sicher zählen könne, hängt, wie gesagt, davon ab, daß es die wirkliche und wahre Liebe des Menschen sei, die durch dieselbe gedeutet werde, auch daß ihm unmittelbar klar werde, daß es also sei und mit der Deutung zugleich das Gefühl jener Liebe in ihm angeregt und von ihm empfunden werde, daß daher niemals die Er= kenntnis in ihm entwickelt werde, ohne daß zugleich die Liebe es werde, indem im entgegengesetzten Falle er kalt bleiben würde, und niemals die Liebe, ohne daß die Erkenntnis zugleich es werde, indem

---

[1]) Von einem solchen Vernunftinstinkte soll auch das von F. postulierte Normalvolk beseelt gewesen sein. S. Anmerk. 1 zu § 1. Da aber der Vernunft= instinkt doch offenbar die Bedeutung eines „dunklen Gefühls" hat, so liegt hier ein Widerspruch vor, sofern der von ihm Geleitete einerseits „selbstsüchtig handeln müsse," anderseits „über die Selbstsucht erhaben sei." Daß übrigens, dem sogleich Ausgeführten zufolge, da, wo klare Erkenntnis zur Entwickelung gelange, keine Selbstsucht entstehe, möchte zwar aus Fichte's philosophischen Prämissen folgen, aber darum, wie die Erfahrung lehrt, keineswegs richtig sein.

[2]) Nicht von Klassen, sondern von Arten sollte hier die Rede sein, sofern die Ableitung mittels des logischen Gegensatzes zwischen klarer und unklarer Er= kenntnis des Einen Triebs oder der Einen ursprünglichen Liebe nicht auf erfahrungs= mäßigem Wege erfolgt, demnach die Division, nicht daran logische Gegenoperation, die Klassifikation, zu Grunde liegt.

im Gegenteile sein Antrieb ein dunkles Gefühl werden würde; daß
daher mit jedem Schritte seiner Bildung der ganze vereinigte Mensch
gebildet werde. Ein von der Erziehung als ein unteilbares Ganzes
immerfort behandelter Mensch wird es auch fernerhin bleiben, und
jede Erkenntnis wird ihm notwendig Lebensantrieb werden.

34. b) Indem auf diese Weise statt des dunkeln Gefühls die klare
Erkenntnis zu dem allererften und zu der wahren Grundlage und
Ausgangspunkte des Lebens gemacht wird, wird die Selbstsucht ganz
übergangen und um ihre Entwicklung betrogen. Denn nur das dunkle
Gefühl giebt den Menschen sein Selbst als ein Genußbedürftiges und
Schmerzscheuendes; keineswegs aber giebt es ihm also der klare Begriff,
sondern dieser zeigt es als Glied einer sittlichen Ordnung, und es giebt
eine Liebe dieser Ordnung, welche bei der Entwicklung des Begriffs
zugleich mit angezündet und entwickelt wird. Mit der Selbstsucht bekommt
diese Erziehung gar nichts zu thun, weil sie die Wurzel derselben, das
dunkle Gefühl, durch Klarheit erstickt; sie bestreitet sie nicht, eben so
wenig als sie dieselbe entwickelt, sie weiß gar nicht von ihr. Wäre es
möglich, daß diese Sucht später dennoch sich regen sollte, so würde sie
das Herz schon angefüllt finden von einer höheren Liebe, die ihr den
Platz versagt.

35. c) Dieser Grundtrieb des Menschen nun, wenn er in klare
Erkenntnis übersetzt wird, geht nicht auf eine schon gegebene und vor=
handene Welt, welche ja nur leidend genommen werden kann, wie sie
eben ist, und in der eine zu ursprünglich schöpferischer Thätigkeit trei=
bende Liebe keinen Wirkungskreis für sich fände, sondern er geht, zur
Erkenntnis gesteigert, auf eine Welt die da werden soll, eine apriorische,
eine solche, die da zukünftig ist und ewig fort zukünftig bleibt. Das aller Er=
scheinung zu Grunde liegende göttliche Leben tritt darum niemals ein als ein
stehendes und gegebenes Sein, sondern als etwas, das da werden soll, und
nachdem ein solches, das da werden sollte, geworden ist, wird es abermals
eintreten als ein werden sollendes in alle Ewigkeit, daher [1]) jenes göttliche
Leben niemals eintritt in den Tod des stehenden Seins, sondern immerfort
bleibet in der Form des fortfließenden Lebens. [2]) Die unmittelbare Er=
scheinung und Offenbarung Gottes ist die Liebe; erst die Deutung dieser
Liebe durch die Erkenntnis setzt ein Sein, und zwar ein solches, das ewig
fort nur werden soll, und dieses, als die einige wahre Welt, in wiefern
an einer Welt überhaupt Wahrheit ist. Dagegen ist die zweite gegebene
und von uns als vorhanden vorgefundene Welt nur der Schatten und Sche=
men, aus welchem die Erkenntnis ihrer Deutung der Liebe eine feste Gestalt
und einen sichtbaren Leib erbaut; diese zweite Welt das Mittel und die

---

[1]) In der ersten Ausgabe steht vor diesem Worte „daß.“ Auch die Gesamt=
ausgabe enthält diesen Druckfehler.
[2]) S. Einleitung 5. Kap. S. 61.

Bedingung der Anschaulichkeit der für sich selbst unsichtbaren höhern Welt. Nicht einmal in diese letztere höhere Welt tritt Gott unmittelbar ein, sondern auch hier nur vermittelt durch die Eine, reine, unwandelbare und gestaltlose Liebe, in welcher Liebe allein er unmittelbar erscheint. Zu dieser Liebe tritt hinzu die anschauende Erkenntnis, welche aus sich selber ein Bild mitbringt, in das sie den an sich unsichtbaren Gegenstand der Liebe kleidet; widersprochen jedoch jedesmal von der Liebe, und darum fortgetrieben zu neuer Gestaltung, welcher abermals eben also widersprochen wird, wodurch allein nun die Liebe, welche rein für sich Eins ist, des Fortfließens, der Unendlichkeit und der Ewigkeit durchaus unfähig, in dieser Verschmelzung mit der Anschauung auch ein ewiges und unendliches wird, so wie diese. Das so eben erwähnte aus der Erkenntnis selbst hergegebene Bild, dasselbe für sich allein und noch ohne Anwendung auf die deutlich erkannte Liebe genommen, ist die stehende und gegebene Welt oder die Natur. Der Wahn, daß in diese Natur Gottes Wesen auf irgend eine Weise unmittelbar und anders, als durch die angegebe= nen Zwischenglieder vermittelt, eintrete, stammt aus Finsternis im Geiste und aus Unheiligkeit im Willen. [1])

36. d) Daß nun das dunkle Gefühl, als Auflösungsmittel der Liebe, in der Regel ganz übersprungen und an die Stelle desselben die klare Erkenntnis als das gewöhnliche Auflösungsmittel gesetzt werde, kann, wie schon erinnert, nur durch eine besonnene Kunst der Erziehung des Menschen geschehen und ist bisher nicht also geschehen. Da nun, wie wir gleich= falls ersehen haben, auf die letzte Weise eine von den bisherigen gewöhn= lichen Menschen durchaus verschiedene Menschen=Art eingeführt und als die Regel gesetzt wird, so würde durch eine solche Erziehung allerdings eine ganz neue Ordnung der Dinge und eine neue Schöpfung beginnen. Zu dieser neuen Gestalt würde nun die Menschheit sich selber durch sich selbst, eben indem sie als gegenwärtiges Geschlecht, sich selbst als zukünf= tiges Geschlecht erzieht, erschaffen; auf die Weise, wie sie allein dies kann, durch die Erkenntnis, als das einzige gemeinschaftliche und frei mitzuteilende und das wahre die Geisterwelt zur Einheit verbindende Licht und Luft dieser Welt. Bisher wurde die Menschheit, was sie eben wurde und werden konnte; mit diesem Werden durch das Ohn= gefähr ist es vorbei, denn da, wo sie am allerweitesten sich entwickelt hat, ist sie zu nichts worden. Soll sie nicht bleiben in diesem Nichts, so muß sie von nun an zu allem, was sie noch weiter werden soll, sich selbst machen. Dies sei die eigentliche Bestimmung des Menschengeschlechts auf der Erde, sagte ich in den Vorlesungen, deren Fortsetzung diese sind, daß es mit Freiheit sich zu dem mache, was es eigentlich ursprünglich ist. Dieses Sichselbstmachen, im allgemeinen mit Besonnenheit und nach

---

[1]) Vergl unten § 109.

einer Regel, muß nun irgendwo und irgendwann, im Raum und in der Zeit einmal anheben, wodurch ein zweiter Haupt=Abschnitt der freien und besonnenen Entwicklung des Menschengeschlechts an die Stelle des ersten Abschnitts einer nicht freien Entwicklung treten würde. Wir sind der Meinung, daß in Absicht der Zeit, diese Zeit eben jetzt sei, und daß dermalen das Geschlecht in der wahren Mitte seines Lebens auf der Erde zwischen seinen beiden Haupt=Epochen stehe; in Absicht des Raums aber glauben wir, daß zu allernächst den Deutschen es anzumuten sei, die neue Zeit, vorangehend und vorbildend für die übrigen, zu beginnen.

37. e) Dennoch wird auch sogar diese ganz neue Schöpfung nicht durch einen Sprung erfolgen aus dem Vorhergehenden, sondern sie ist die wahre natürliche Fortsetzung und Folge der bisherigen Zeit, ganz besonders unter den Deutschen. Sichtbar, und wie ich glaube, allgemein zugestanden, ging ja alles Regen und Streben der Zeit darauf, die dunklen Gefühle zu verbannen und allein der Klarheit und der Erkenntnis die Herrschaft zu verschaffen. Dieses Streben ist auch insofern vollkommen gelungen, daß das bisherige Nichts vollkommen enthüllt ist. Keineswegs soll nun dieser Trieb nach Klarheit ausgerottet oder das dumpfe Beruhen beim dunkeln Gefühle wieder herrschend werden, jener Trieb soll nur noch weiter entwickelt und in höhere Kreise eingeführt werden, also, daß nach der Ent= hüllung des Nichts auch das Etwas, die bejahende und wirklich etwas setzende Wahrheit, ebenfalls offenbar werde. Die aus dem dunklen Gefühle stammende Welt des gegebenen und sich durch sich selbst machenden Seins[1]) ist versunken, und sie soll versunken bleiben; dagegen soll die aus der ursprünglichen Klarheit stammende Welt des ewig fort aus dem Geiste zu entbindenden Seins aufstrahlen und anbrechen in ihrem Glanze.

38. Zwar dürfte die Weissagung eines neuen Lebens in solchen Formen der Zeit sonderbar dünken, und es dürfte diese kaum den Mut haben, diese Verheißung sich zuzueignen; wenn sie lediglich auf den ungeheuren Abstand ihrer herrschenden Meinungen über die so eben zur Sprache gebrachten Gegenstände von dem, was als Grundsätze der neuen Zeit ausgesprochen worden, sehen sollte. Ich will von der Bildung, welche, jedoch als ein nicht gemein zu machendes Vorrecht, bisher in der Regel nur die höhern Stände erhielten, die von einer übersinnlichen Welt ganz schwieg und lediglich einige Geschicklichkeit für die Geschäfte der sinnlichen zu bewirken strebte, als von der offenbar schlechtern, nicht reden, sondern nur auf diejenige sehen, welche Volksbildung war, und in einem ge= wissen sehr beschränkten Sinne auch National=Erziehung genannt werden könnte, die über eine übersinnliche Welt nicht durchaus Stillschweigen beobachtete. Welches waren die Lehren dieser Erziehung? Wenn wir

---

[1]) Dies ist die Welt des Dogmatismus im Gegensatze zum Idealismus. W.W. I. 425 f.

als allererste Voraussetzung der neuen Erziehung aufstellen, daß in der Wurzel des Menschen ein reines Wohlgefallen am Guten sei,[1] und daß dieses Wohlgefallen so sehr entwickelt werden könne, daß es dem Menschen unmöglich werde, das für gut erkannte zu unterlassen, und statt dessen das für bös erkannte zu thun; so hat dagegen die bisherige Erziehung nicht blos angenommen, sondern auch ihre Zöglinge von früher Jugend an belehrt, teils, daß dem Menschen eine natürliche Abneigung gegen Gottes Gebote beiwohne, teils, daß es ihm schlechthin unmöglich sei, dieselben zu erfüllen. Was läßt von einer solchen Belehrung, wenn sie für Ernst genommen wird und Glauben findet, anderes sich erwarten, als daß jeder Einzelne sich in seine nun einmal nicht abzuändernde Natur ergebe, nicht versuche zu leisten, was ihm nun als einmal unmöglich vorgestellt ist, und nicht besser zu sein begehrt, denn er und alle übrigen zu sein vermögen; ja, daß er sich sogar die ihm angemutete Niederträchtigkeit gefallen lasse, sich selbst in seiner radikalen Sündhaftig= keit und Schlechtigkeit anzuerkennen, indem diese Niederträchtigkeit vor Gott ihm als das einzige Mittel vorgestellt wird, mit demselben sich abzu= finden, und daß er, falls etwa eine solche Behauptung, wie die unsrige, an sein Ohr trifft, nicht anders denken könne, als daß man bloß einen schlechten Scherz mit ihm treiben wolle, indem er allgegenwärtig fühlt in seinem Innern und mit den Händen greift, daß dieses nicht wahr, sondern das Gegenteil davon allein wahr sei? Wenn wir eine von allem gegebenen Sein ganz unabhängige und vielmehr diesem Sein selbst das Gesetz gebende Erkenntnis annehmen und in diese gleich vom Anbeginn jedes menschliche Kind eintauchen und es von nun an in dem Gebiete derselben immerfort erhalten wollen, wogegen wir die nur historisch zu erlernende Be= schaffenheit der Dinge als eine geringfügige Nebensache, die von selbst sich ergiebt, betrachten, so treten die reifsten Früchte der bisherigen Bildung uns entgegen und erinnern uns, daß es ja bekanntermaßen gar keine a priorische Erkenntnis gebe, und daß sie wohl wissen möchten, wie man erkennen könne außer durch Erfahrung. Und damit diese übersinnliche und a priorische Welt auch sogar an derjenigen Stelle sich nicht verrate, wo es gar nicht zu ver= meiden schien — an der Möglichkeit einer Erkenntnis von Gott, und selbst an Gotte nicht die geistige Selbstthätigkeit sich erhöbe, sondern das leidende Hingeben alles in allem bleibe, hat gegen diese Gefahr die bisherige Menschenbildung das kühne Mittel gefunden, das Dasein Gottes zu einem historischen Faktum zu machen, dessen Wahrheit durch ein Zeugenverhör ausgemittelt wird.[2)]

So verhält es sich wohl freilich; dennoch aber wolle das Zeitalter darum nicht an sich selber verzagen. Denn diese und alle andere ähn=

[1]) S. Einleitung 5. Kap. S. 70.

[2]) Das Historische, daß in Jesus von Nazareth, der zu der und der bestimmten Zeit im jüdischen Lande lehrend auftrat, das ewige Dasein Gottes eine menschliche

liche Erscheinungen sind selber nichts Selbständiges, sondern nur Blüten und Früchte der wilden Wurzel der alten Zeit. Gebe nur das Zeit= alter sich ruhig hin der Einimpfung einer neuen edlern und kräftigern Wurzel, so wird die alte ersticken, und die Blüten und Früchte derselben, denen aus jener keine weitere Nahrung zugeführt wird, werden von selbst verwelken und abfallen. Jetzt vermag es das Zeitalter noch gar nicht, unsern Worten zu glauben, und es ist notwendig, daß ihm dieselben vorkommen, wie Mährchen. Wir wollen auch diesen Glauben nicht; wir wollen nur Raum zum Schaffen und Handeln. Nachmals wird es sehen, und es wird glauben seinen eigenen Augen.

39. So wird z. B. jedermann, der mit den Erzeugungen der letzten Zeit bekannt ist, schon längst bemerkt haben, daß hier abermals die Sätze und Ansichten ausgesprochen werden, welche die neuere deutsche Philosophie seit ihrer Entstehung geprediget hat, und wiederum geprediget, weil sie eben nichts weiter vermochte, denn zu predigen. Daß diese Predigten fruchtlos verhallet sind in der leeren Luft, ist nun hinlänglich klar, auch ist der Grund klar, warum sie also ver= hallen mußten. Nur auf Lebendiges wirkt Lebendiges; in dem wirklichen Leben der Zeit aber ist gar keine Verwandtschaft zu dieser Philosophie, indem diese Philosophie ihr Wesen treibt in einem Kreise, der für jene noch gar nicht aufgegangen, und für Sinnenwerkzeuge, die jener noch nicht erwachsen sind.[1] Sie ist gar nicht zu Hause in diesem Zeit= alter, sondern sie ist ein Vorgriff der Zeit und ein schon im voraus fertiges Lebens=Element eines Geschlechts, das in demselben erst zum Lichte erwachen soll. Auf das gegenwärtige Geschlecht muß sie Ver= zicht thun, damit sie aber bis dahin nicht müßig sei, so übernehme sie dermalen die Aufgabe, das Geschlecht, zu welchem sie gehört, sich zu bilden. Erst wie dies ihr nächstes Geschäft ihr klar geworden, wird sie friedlich und freundlich zusammen leben können mit einem Geschlechte, das übrigens ihr nicht gefällt. Die Erziehung, die wir bisher beschrieben haben, ist zugleich die Erziehung für sie; wiederum kann in einem gewissen Sinn nur sie die Erzieherin sein in dieser Erziehung; und so

---

Persönlichkeit angenommen habe, ist dem Metaphysischen d. h. demjenigen, was aus einem höheren und allgemeineren Gesetze notwendig folgt und zufolge des in uns waltenden Vernunftgesetzes erfaßt wird, nach Fichte geradezu entgegengesetzt. An= weisung, WW. V. 482. 567 f.

[1] „Eine Generation, die immer nur fortgetrieben wurde zu einem andern provisorisch ins Gedächtnis Fassen, und die Wissenschaft leben in völlig entgegen= gesetzten Elementen; die letztere mutet der ersteren nicht etwa Entwicklung, Fort= bildung oder dergleichen an, sie mutet ihr an, von neuem geboren zu werden, und dies ist eine reine Unmöglichkeit. Gebt ihr dagegen Menschen, die nur irgend etwas recht und genau wissen, weil sie es in lebendiger Anschauung gefaßt und es zu ihrem freien Besitztum gemacht haben, so befindet sie sich mit diesen schon in einem gemeinsamen Element." Patr. Gespr. WW. XI. 262.

mußte sie ihrer Verständlichkeit und Annehmbarkeit zuvoreilen. Aber es wird die Zeit kommen, in der sie verstanden und mit Freuden angenommen werden wird; und darum wolle das Zeitalter nicht an sich selbst verzagen.

40. Höre dieses Zeitalter ein Gesicht eines alten Sehers, das auf eine wohl nicht weniger beklagenswerte Lage berechnet war. So sagt der Seher am Wasser Chebar, der Tröster der Gefangenen nicht im eigenen, sondern im fremden Lande: „Des Herrn Hand kam über mich, und führte mich hinaus im Geiste des Herrn, und stellte mich auf ein weit Feld, das voller Gebeine lag, und er führte mich allent= halben herum, und siehe, des Gebeines lag sehr viel auf dem Felde, und siehe, sie waren sehr verdorret. Und der Herr sprach zu mir: du Menschenkind, meinest du wohl, daß diese Gebeine werden wieder leben= dig werden? Und ich sprach: Herr das weißest nur du wohl. Und er sprach zu mir: Weissage von diesen Gebeinen, und sprich zu ihnen: ihr verdorrten Gebeine, höret des Herrn Wort. So spricht der Herr von euch verdorrten Gebeinen, ich will euch durch Flechsen und Sehnen wieder verbinden, und Fleisch lassen über euch wachsen; und euch mit Haut überziehen, und will euch Odem geben, daß ihr wieder lebendig werdet, und ihr sollet erfahren, daß ich der Herr sei. Und ich weissagte, wie mir befohlen war, und siehe, da rauschte es, als ich weissagte, und regte sich, und die Gebeine fügten sich wieder aneinander, ein jegliches an seinen Ort, und es wuchsen darauf Adern und Fleisch, und er über= zog sie mit Haut; noch aber war kein Odem in ihnen. Und der Herr sprach zu mir: Weissage zum Winde, du Menschenkind, und sprich zum Winde: so spricht der Herr: Wind komm herzu aus den vier Winden, und blase an diese Getöteten, daß sie wieder lebendig werden. Und ich weissagte, wie er mir befohlen hatte. Da kam Odem in sie, und sie wurden wieder lebendig, und richteten sich auf ihre Füße, und ihrer war ein sehr großes Heer." Lasset immer die Bestandteile unsres höhern geistigen Lebens eben so ausgedorret, und eben darum auch die Bande unserer National=Einheit eben so zerrissen und in wilder Unordnung durcheinander zerstreut herumliegen, wie die Totengebeine des Sehers; lasset unter Stürmen, Regengüssen und sengendem Sonnenscheine mehrerer Jahrhunderte dieselben gebleicht und ausgedorrt haben; — der belebende Odem der Geisterwelt hat noch nicht aufgehört zu wehen. Er wird auch unsers Nationalkörpers erstorbene Gebeine ergreifen und sie an= einanderfügen, daß sie herrlich dastehen in neuem und verklärtem Leben.

———————

Vierte Rede.

Hauptverschiedenheit zwischen den Deutschen und den übrigen Völkern
germanischer Abkunft.

41. Das in diesen Reden vorgeschlagene Bildungsmittel eines
neuen Menschengeschlechts müsse zu allererst von Deutschen an Deutschen
angewendet werden, und es komme dasselbe ganz eigentlich und zunächst
unsrer Nation zu, ist gesagt worden. Auch dieser Satz bedarf eines Beweises, und wir werden auch hier, so wie bisher, anheben von dem
höchsten und allgemeinsten, zeigend, was der Deutsche an und für sich,
unabhängig von dem Schicksale, das ihn dermalen betroffen hat, in
seinem Grundzuge sei und von jeher gewesen sei, seitdem er ist; und
darlegend, daß schon in diesem Grundzuge die Fähigkeit und Empfänglichkeit einer solchen Bildung, ausschließend vor allen andern europäischen
Nationen, liege.

42. Der Deutsche ist zuvörderst ein Stamm der Germanier überhaupt, über welche letztere hinreicht die Bestimmung anzugeben, daß
sie da waren, die im alten Europa errichtete gesellschaftliche Ordnung
mit der im alten Asien aufbewahrten wahren Religion zu vereinigen,
und so an und aus sich selbst eine neue Zeit, im Gegensatze des unter-
gegangenen Altertums, zu entwickeln.[1]) Ferner reicht es hin den Deutschen insbesondre nur im Gegensatze mit den andern neben ihm entstandenen germanischen Völkerstämmen zu bezeichnen, indem andere neu-
europäische Nationen, als z. B. die von slavischer Abstammung, sich
vor dem übrigen Europa noch nicht so klar entwickelt zu haben scheinen,
daß eine bestimmte Zeichnung von ihnen möglich sei, andere aber von
der gleichen germanischen Abstammung, von denen der sogleich anzu-
führende Hauptunterscheidungsgrund nicht gilt, wie die Skandinavier

---

[1]) Ein Reich der wahren Freiheit zu errichten, darin besteht nach der Rede
über den Begriff des wahrhaften Krieges (W.W. IV. 423) der weltgeschichtliche
Beruf der Deutschen. Wie jeder einzelne Mensch seine eigentümliche Bestimmung
habe (Anweisung. W.W. V. 532. 1. Einl. 5. Kap. S. 76), so seien auch Völker Individualitäten, mit eigentümlicher Begabung und Rolle dafür. W.W.VII.
563. —

hier unbezweifelt für Deutsche genommen werden und unter allen den allgemeinen Folgen unsrer Betrachtung mit begriffen sind.

43. Vor allem voraus aber ist der jetzt insbesondere anzustellenden Betrachtung folgende Bemerkung voranzusenden.[1]) Ich werde als Grund des erfolgten Unterschiedes in dem ursprünglich einen Grundstamme eine Begebenheit angeben, die bloß als Begebenheit klar und unwidersprechlich vor aller Augen liegt; ich werde sodann einzelne Erscheinungen dieses erfolgten Unterschiedes aufstellen, welche als bloße Begebenheiten wohl eben so einleuchtend dürften gemacht werden können. Was aber die Verknüpfung der letztern, als Folgen, mit dem ersten, als ihrem Grunde, und die Ableitung der Folge aus dem Grunde betrifft, kann ich im allgemeinen nicht auf dieselbe Klarheit und überzeugende Kraft für alle rechnen. Zwar spreche ich auch in dieser Rücksicht nicht eben ganz neue und bisher unerhörte Sätze aus, sondern es giebt unter uns viele einzelne, die für eine solche Ansicht der Sache entweder sehr gut vorbereitet, oder auch wohl mit derselben schon vertraut sind. Unter der Mehrheit aber sind über den anzuregenden Gegenstand Begriffe im Umlaufe, die von den unsrigen sehr abweichen, und welche zu berichtigen, und alle, von solchen, die keinen geübten Sinn für ein Ganzes haben, aus einzelnen Fällen beizubringenden Einwürfe zu widerlegen, die Grenze · unsrer Zeit und unsers Plans bei weitem überschreiten würde. Den letztern muß ich mich begnügen das in dieser Rücksicht zu sagende, das in meinem gesamten Denken nicht so einzeln und abgerissen und nicht ohne Begrün=dung bis in die Tiefe des Wissens dastehen dürfte,[2]) wie es hier sich giebt, nur als Gegenstand ihres weitern Nachdenkens hinzulegen. Ganz übergehen dürfte ich es, noch abgerechnet die für das Ganze nicht zu erlassende Gründlichkeit, auch schon nicht in Rücksicht der wichtigen Folgen daraus, die sich im spätern Verlaufe unsrer Reden ergeben werden, und die ganz eigentlich zu unserm nächsten Vorhaben gehören.

44. Der zu allererst und unmittelbar der Betrachtung sich dar=bietende Unterschied zwischen den Schicksalen der Deutschen und der übrigen aus derselben Wurzel erzeugten Stämme ist der, daß die ersten in den ursprünglichen Wohnsitzen des Stammwolkes blieben, die letzten

---

[1]) Trotzdem im folgenden von „Begebenheiten" die Rede ist, wird der Leser doch unschwer erkennen, daß Fichte auch in Beziehung auf die Entwicklung der Sprache, bei deren Aufhellung doch zahlreiche Thatsachen zu berücksichtigen sind, seinem synthetischen Verfahren, wie es in der Einleitung S. 29 charakterisiert worden ist, und welches man mit Unrecht nur quantitativ für einen Weg vom Allgemeinen zum Besondern gehalten, treu geblieben und von einzelnen Gedanken aus, die qualitativ unmittelbar gewiß sind, wenn sie auch nur die Bedeutung von Partialgründen haben sollten, zu mittelbar gewissen Folgen übergeht. Vgl. § 58.

[2]) Diese Andeutung weist darauf hin, was im 5. Kap. der Einleitung nachgewiesen worden ist, daß Fichtes Reden keineswegs, wie Herbart meinte (s. dessen W. W. XI. 322 vgl. 330), nur „ein Erzeugnis der Zeit" sind.

in andere Sitze auswanderten, die ersten die ursprüngliche Sprache des Stammvolkes behielten und fortbildeten, die letzten eine fremde Sprache annahmen und dieselbe allmählich nach ihrer Weise umgestalteten. Aus dieser frühesten Verschiedenheit müssen erst die später erfolgten, z. B. daß im ursprünglichen Vaterlande, angemessen germanischer Ursitte, ein Staatenbund unter einem beschränkten Oberhaupte blieb, in den fremden Ländern mehr auf bisherige römische Weise, die Verfassung in Monarchien überging, u. dergl. erklärt werden, keineswegs aber in umgekehrter Ordnung.

45. Von den angegebenen Veränderungen ist nun die erste, die Veränderung der Heimat, ganz unbedeutend. Der Mensch wird leicht unter jedem Himmelsstriche einheimisch, und die Volkseigentümlichkeit, weit entfernt durch den Wohnort sehr verändert zu werden, beherrscht vielmehr diesen und verändert ihn nach sich. Auch ist die Verschiedenheit der Natureinflüsse in dem von Germanen bewohnten Himmelsstriche nicht sehr groß. Eben so wenig wolle man auf den Umstand ein Gewicht legen, daß in den eroberten Ländern die germanische Abstammung mit den früheren Bewohnern vermischt worden; denn Sieger und Herrscher und Bildner des aus der Vermischung entstehenden neuen Volks waren doch nur die Germanen. Überdies erfolgte dieselbe Mischung, die im Auslande mit Galliern, Kantabriern, u. s. w. geschah, im Mutterlande mit Slaven wohl nicht in geringerer Ausdehnung; so daß es keinem der aus Germanen entstandenen Völkern heut zu Tage leicht fallen dürfte, eine größere Reinheit seiner Abstammung vor den übrigen darzuthun.

46. Bedeutender aber, und wie ich dafür halte, einen vollkommnen Gegensatz zwischen den Deutschen und den übrigen Völkern germanischer Abkunft begründend, ist die zweite Veränderung, die der Sprache; und kommt es dabei, welches ich gleich zu Anfange bestimmt aussprechen will, weder auf die besondre Beschaffenheit derjenigen Sprache an, welche von diesem Stamme beibehalten, noch auf die der andern, welche von jenem andern Stamme angenommen wird, sondern allein darauf, daß dort eigenes behalten, hier fremdes angenommen wird; noch kommt es an auf die vorige Abstammung derer, die eine ursprüngliche Sprache fortsprechen, sondern nur darauf, daß diese Sprache ohne Unterbrechung fort gesprochen werde, indem weit mehr die Menschen von der Sprache gebildet werden, denn die Sprache von den Menschen.

47. Um die Folgen eines solchen Unterschiedes in der Völkererzeugung und die bestimmte Art des Gegensatzes in den Nationalzügen, die aus dieser Verschiedenheit notwendig erfolgt, klar zu machen, so weit es hier möglich und nötig ist, muß ich Sie zu einer Betrachtung über das Wesen der Sprache überhaupt einladen.

Die Sprache überhaupt, und besonders die Bezeichnung der Gegen=
stände [1]) in derselben durch das Lautwerden der Sprachwerkzeuge hängt
keinesweges von willkürlichen Beschlüssen und Verabredungen ab, sondern
es giebt zuvörderst ein Grundgesetz, nach welchem jedweder Begriff in
den menschlichen Sprachwerkzeugen zu diesem und keinem andern Laute
wird. Sowie die Gegenstände sich in den Sinnenwerkzeugen des Ein=
zelnen mit dieser bestimmten Figur, Farbe u. s. w. abbilden, so bilden
sie sich im Werkzeuge des gesellschaftlichen Menschen in der Sprache
mit diesem bestimmten Laute ab. Nicht eigentlich redet der Mensch,
sondern in ihm redet die menschliche Natur und verkündiget sich andern
seinesgleichen. Und so müßte man sagen: die Sprache ist eine einzige und
durchaus notwendige.

Nun mag zwar, welches das zweite ist, die Sprache in dieser ihrer
Einheit für den Menschen schlechtweg als solchen niemals und nirgend
hervorgebrochen sein, sondern allenthalben weiter geändert und gebildet
durch die Wirkungen, welche der Himmelsstrich und häufigerer oder
seltenerer Gebrauch auf die Sprachwerkzeuge und die Aufeinanderfolge
der beobachteten und bezeichneten Gegenstände auf die Aufeinanderfolge
der Bezeichnung hatten. Jedoch findet auch hierin nicht Willkür oder
Ohngefähr, sondern strenges Gesetz statt; und es ist notwendig, daß in
einem durch die erwähnten Bedingungen also bestimmten Sprachwerkzeuge
nicht die eine und reine Menschensprache, sondern daß eine Abweichung
davon, und zwar, daß gerade diese bestimmte Abweichung davon hervorbreche.

Nenne man die unter denselben äußern Einflüssen auf das Sprach=
werkzeug stehenden, zusammenlebenden und in fortgesetzter Mitteilung
ihre Sprache fortbildenden Menschen ein Volk, so muß man sagen: die
Sprache dieses Volkes ist notwendig, so wie sie ist, und nicht eigentlich
dieses Volk spricht seine Erkenntnis aus, sondern seine Erkenntnis selbst
spricht sich aus aus demselben.

48. Bei allen im Fortgange der Sprache durch dieselben oben er=
wähnten Umstände erfolgten Veränderungen bleibt ununterbrochen diese
Gesetzmäßigkeit; und zwar für alle, die in ununterbrochener Mitteilung
bleiben, und wo das von jedem einzelnen ausgesprochene Neue an das
Gehör aller gelangt, dieselbe eine Gesetzmäßigkeit. Nach Jahrtausenden
und nach allen den Veränderungen, welche in ihnen die äußere Erscheinung
der Sprache dieses Volks erfahren hat, bleibt es immer dieselbe eine,
ursprünglich also ausbrechen müssende lebendige Sprachkraft der Natur,
die ununterbrochen durch alle Bedingungen herabgeflossen ist und in jeder
so werden mußte, wie sie ward, am Ende derselben so sein mußte, wie

---

[1]) Nur auf Gegenstände, und zwar die äußeren der unmittelbar sinnlichen
Wahrnehmung, also nicht auf Zustände, soll sich nach § 48 alle anfängliche
menschliche Sprache beziehen.

sie jetzt ist und in einiger Zeit also sein wird, wie sie sodann müssen
wird. Die reinmenschliche Sprache [1]) zusammengenommen zuvörderst mit
dem Organe des Volkes, als sein erster Laut ertönte; was hieraus sich
ergiebt, ferner zusammengenommen mit allen Entwicklungen, die dieser
erste Laut unter den gegebenen Umständen gewinnen mußte, giebt als
letzte Folge die gegenwärtige Sprache des Volks. Darum bleibt auch
die Sprache immer dieselbe Sprache. Lasset immer nach einigen Jahr=
hunderten die Nachkommen die damalige Sprache ihrer Vorfahren nicht
verstehen, weil für sie die Übergänge verloren gegangen sind, dennoch
giebt es vom Anbeginn an einen stetigen Übergang ohne Sprung, immer
unmerklich in der Gegenwart und nur durch Hinzufügung neuer Über=
gänge bemerklich gemacht und als Sprung erscheinend. Niemals ist ein
Zeitpunkt eingetreten, da die Zeitgenossen aufgehört hätten sich zu ver=
stehen, indem ihr ewiger Vermittler und Dollmetscher die aus ihnen
allen sprechende gemeinsame Naturkraft immerfort war und blieb. So
verhält es sich mit der Sprache als Bezeichnung der Gegenstände un=
mittelbar sinnlicher Wahrnehmung, und dieses ist alle menschliche Sprache
anfangs. Erhebt von dieser das Volk sich zu Erfassung des Übersinn=
lichen, so vermag dieses Übersinnliche zur beliebigen Wiederholung und
zur Vermeidung der Verwirrung mit dem Sinnlichen für den ersten Ein=
zelnen und zur Mitteilung und zweckmäßigen Leitung für andere, zuvörderst
nicht anders fest gehalten zu werden, denn also, daß ein Selbst als
Werkzeug einer übersinnlichen Welt bezeichnet und von demselben Selbst
als Werkzeug der sinnlichen Welt genau unterschieden werde — eine
Seele, Gemüt und dgl. einem körperlichen Leibe entgegengesetzt werde.
Ferner könnten die verschiedenen Gegenstände dieser übersinnlichen Welt,
da sie insgesamt nur in jenem übersinnlichen Werkzeuge erscheinen und
für dasselbe da sind, in der Sprache nur dadurch bezeichnet werden,
daß gesagt werde, ihr besonderes Verhältnis zu ihrem Werkzeug sei also,
wie das Verhältnis der und der bestimmten sinnlichen Gegenstände zum
sinnlichen Werkzeuge [2]), und daß in diesem Verhältnis ein besonderes
übersinnliches einem besondern sinnlichen gleichgesetzt und durch diese
Gleichsetzung sein Ort im übersinnlichen Werkzeuge durch die Sprache
angedeutet werde. Weiter vermag in diesem Umkreise die Sprache nichts;
sie giebt ein sinnliches Bild des Übersinnlichen bloß mit der Bemerkung,

---

[1]) D. i. diejenige Sprache, welche nach § 47 „niemals und nirgends her=
vorgebrochen" ist, also gar nicht die Bedeutung eines realen Grundes hat.
Aber sie genügt Fichte, da er methodisch (s. Anmerkung zu § 43) an gedachte
Gründe anzuknüpfen gewohnt ist.

[2]) Z. B. sowie nach § 49 eine bestimmte Idee oder „Gesicht" in sinnlicher
Bedeutung (Anschauung eines bestimmten Gegenstandes) zum Auge des Leibes als
des sinnlichen Selbsts, so verhalte sich Idee oder Gesicht im Sinne eines bestimm=
ten Begriffs für das erkennende Auge des geistigen Selbsts.

daß es ein solches Bild sei; wer zur Sache selbst kommen will, muß nach der durch das Bild ihm angegebenen Regel sein eigenes geistiges Werkzeug in Bewegung setzen. — Im allgemeinen erhellet, daß diese sinnbildliche Bezeichnung des Übersinnlichen jedesmal nach der Stufe der Entwicklung des sinnlichen Erkenntnisvermögens unter dem gegebenen Volke sich richten müsse; daß daher der Anfang und Fortgang dieser sinnbildlichen Bezeichnung in verschiedenen Sprachen sehr verschieden ausfallen werde, nach der Verschiedenheit des Verhältnisses, das zwischen der sinnlichen und geistigen Ausbildung des Volkes, das eine Sprache redet, stattgefunden und fortwährend stattfindet.

49. Wir beleben zuvörderst diese in sich klare Bemerkung durch ein Beispiel. Etwas, das zufolge der in der vorigen Rede erklärten Erfassung des Grundtriebes nicht erst durch das dunkle Gefühl, sondern sogleich durch klare Erkenntnis entsteht, dergleichen jedesmal ein über= sinnlicher Gegenstand ist, heißt mit einem griechischen, auch in der deutschen Sprache häufig gebrauchten Worte, eine Idee, und dieses Wort giebt genau dasselbe Sinnbild, was in der deutschen das Wort Gesicht, wie dieses in folgenden Wendungen der lutherischen Bibelübersetzung: ihr werdet Gesichte sehen, ihr werdet Träume haben, vorkommt. Idee oder Gesicht in sinnlicher Bedeutung wäre etwas, das nur durch das Auge des Leibes, keineswegs aber durch einen andern Sinn, etwa der Betastung, des Gehörs u. s. w. erfaßt werden könnte, sowie etwa ein Regenbogen, oder die Gestalten, welche im Traume vor uns vorüber gehen. Dasselbe in übersinnlicher Bedeutung hieße zuvörderst, zufolge des Umkreises in dem das Wort gelten soll, etwas, das gar nicht durch den Leib, sondern nur durch den Geist erfaßt wird, sodann, das auch nicht durch das dunkle Gefühl des Geistes, wie manches andere, sondern allein durch das Auge desselben, die klare Erkenntnis, erfaßt werden kann. Wollte man nun etwa ferner annehmen, daß den Griechen bei dieser sinnbild= lichen Bezeichnung allerdings der Regenbogen und die Erscheinungen der Art, zum Grunde gelegen, so müßte man gestehen, daß ihre sinnliche Erkenntnis schon vorher sich zur Bemerkung des Unterschiedes zwischen den Dingen, daß einige sich allen oder mehreren Sinnen, einige sich bloß dem Auge offenbaren, erhoben haben müsse, und daß außerdem sie den entwickelten Begriff, wenn er ihnen klar geworden wäre, nicht also, sondern anders hätten bezeichnen müssen. Es würde sodann auch ihr Vorzug in geistiger Klarheit erhellen etwa vor einem andern Volke, das den Unterschied zwischen Sinnlichem und Übersinnlichem nicht durch ein aus dem besonnenen Zustande des Wachens hergenommenes Sinnbild habe bezeich= nen können, sondern zum Traume seine Zuflucht genommen, um ein Bild für eine andere Welt zu finden; zugleich würde einleuchten, daß dieser Unterschied nicht etwa durch die größere oder geringere Stärke des Sinns fürs Übersinnliche in den beiden Völkern, sondern daß er lediglich durch

die Verschiedenheit ihrer sinnlichen Klarheit, damals, als sie Übersinn= liches bezeichnen wollen, begründet sei.

50. So richtet alle Bezeichnung des Übersinnlichen sich nach dem Umfange und der Klarheit der sinnlichen Erkenntnis desjenigen, der da bezeichnet. Das Sinnbild ist ihm klar und drückt ihm das Verhältnis des Begriffenen zum geistigen Werkzeuge vollkommen verständlich aus, denn dieses Verhältnis wird ihm erklärt durch ein anderes unmittelbar lebendiges Verhältnis zu seinem sinnlichen Werkzeuge. Diese also ent= standene neue Bezeichnung, mit aller der neuen Klarheit, die durch diesen erweiterten Gebrauch des Zeichens die sinnliche Erkenntnis selber bekommt, wird nun niedergelegt in der Sprache; und die mögliche künftige über= sinnliche Erkenntnis wird nun nach ihrem Verhältnisse zu der ganzen in der gesamten Sprache niedergelegten übersinnlichen und sinnlichen Er= kenntnis bezeichnet; und so geht es ununterbrochen fort; und so wird denn die unmittelbare Klarheit und Verständlichkeit der Sinnbilder niemals abgebrochen, sondern sie bleibt ein stetiger Fluß. — Ferner, da die Sprache nicht durch Willkür vermittelt, sondern als unmittel= bare Naturkraft aus dem verständigen Leben ausbricht, so hat eine ohne Abbruch nach diesem Gesetze fortentwickelte Sprache auch die Kraft, unmittelbar einzugreifen in das Leben und dasselbe anzuregen. Wie die unmittelbar gegenwärtigen Dinge den Menschen bewegen, so müssen auch die Worte einer solchen Sprache den bewegen, der sie versteht, denn auch sie sind Dinge, keineswegs willkürliches Machwerk. So zunächst im Sinnlichen. Nicht anders jedoch auch im Übersinnlichen. Denn obwohl in Beziehung auf das letztere der stetige Fortgang der Naturbeobachtung durch freie Besinnung und Nachdenken unterbrochen wird und hier gleichsam der unbildliche Gott eintritt, so versetzt dennoch die Bezeichnung, durch die Sprache das unbildliche auf der Stelle in den stetigen Zusammenhang des bildlichen zurück; und so bleibt auch in dieser Rücksicht der stetige Fortgang der zuerst als Naturkraft ausgebrochenen Sprache ununterbrochen, und es tritt in den Fluß der Bezeichnung keine Willkür ein. Es kann darum auch dem übersinnlichen Teile einer also stetig fortentwickelten Sprache seine Leben anregende Kraft auf den, der nur sein geistiges Werkzeug in Bewegung setzt, nicht entgehen. Die Worte einer solchen Sprache in allen ihren Teilen sind Leben und schaffen Leben. — Machen wir auch in Rücksicht der Entwicklung der Sprache für das Übersinnliche die Voraussetzung, daß das Volk dieser Sprache in ununterbrochener Mitteilung geblieben, und daß, was einer gedacht und ausgesprochen, bald an alle gekommen, so gilt, was bisher im all= gemeinen gesagt worden, für alle, die diese Sprache reden. Allen, die nur denken wollen, ist das in der Sprache niedergelegte Sinn= bild klar; allen, die da wirklich denken, ist es lebendig und anregend ihr Leben.

51. So verhält es sich, sage ich, mit einer Sprache, die von dem ersten Laute an, der in demselben Volke ausbrach, ununterbrochen aus dem wirklichen gemeinsamen Leben dieses Volks sich entwickelt hat, und in die niemals ein Bestandteil gekommen, der nicht eine wirklich erlebte Anschauung dieses Volks und eine mit allen übrigen Anschauungen desselben Volks im allseitig eingreifenden Zusammenhange stehende Anschauung ausdrückte. Lasset dem Stammvolke dieser Sprache noch so viel einzelne andern Stammes und anderer Sprache einverleibt werden; wenn es diesen nur nicht verstattet wird, den Umkreis ihrer Anschauungen zu dem Standpunkte, von welchem von nun an die Sprache sich fortentwickle, zu erheben, so bleiben diese stumm in der Gemeine und ohne Einfluß auf die Sprache, so lange, bis sie selbst in den Umkreis der Anschauungen des Stammvolks hineingekommen sind, und so bilden nicht sie die Sprache, sondern die Sprache bildet sie.

52. Ganz das Gegenteil aber von allem bisher Gesagten erfolgt alsdann, wenn ein Volk, mit Aufgebung seiner eignen Sprache eine fremde, für übersinnliche Bezeichnung schon sehr gebildete, annimmt; und zwar nicht also, daß es sich der Einwirkung dieser fremden Sprache ganz frei hingebe und sich bescheide sprachlos zu bleiben, so lange, bis es in den Kreis der Anschauungen dieser fremden Sprache hinein= gekommen, sondern also, daß es seinen eignen Anschauungskreis der Sprache aufdringe und diese von dem Standpunkte aus, wo sie dieselbe fanden, von nun an in diesem Anschauungskreise sich fortbewegen müsse. In Absicht des sinnlichen Teils der Sprache zwar ist diese Begebenheit ohne Folgen. In jedem Volke müssen ja ohnedies die Kinder diesen Teil der Sprache, gleich als ob die Zeichen willkürlich wären, lernen, und so die ganze frühere Sprachentwicklung der Nation hierin nachholen; jedes Zeichen aber in diesem sinnlichen Umkreise kann durch die unmittel= bare Ansicht oder Berührung des Bezeichneten vollkommen klar gemacht werden. Höchstens würde daraus folgen, daß das erste Geschlecht eines solchen seine Sprache ändernden Volks als Männer wieder in die Kinder= jahre zurückzugehen genötigt gewesen; mit den nachgebornen aber und an den künftigen Geschlechtern war alles wieder in der alten Ordnung. Dagegen ist diese Veränderung von den bedeutendsten Folgen in Rücksicht des übersinnlichen Teils der Sprache. Dieser hat zwar für die ersten Eigentümer der Sprache sich gemacht auf die bisher beschriebene Weise; für die spätern Eroberer derselben aber enthält das Sinnbild eine Ver= gleichung mit einer sinnlichen Anschauung, die sie entweder schon längst ohne die beiliegende geistige Ausbildung übersprungen haben, oder die sie dermalen noch nicht gehabt haben, auch wohl niemals haben können. Das höchste, was sie hierbei thun können, ist, daß sie das Sinnbild und die geistige Bedeutung desselben sich erklären lassen, wodurch sie die flache und tote Geschichte einer fremden Bildung, keineswegs aber eigene Bildung er=

halten und Bilder bekommen, die für sie weder unmittelbar klar, noch auch Leben anregend sind, sondern völlig also willkürlich erscheinen müssen, wie der sinnliche Teil der Sprache. Für sie ist nun, durch diesen Eintritt der bloßen Geschichte, als Erklärerin, die Sprache in Absicht des ganzen Um= kreises ihrer Sinnbildlichkeit tot, abgeschlossen und ihr stetiger Fortfluß ab= gebrochen, und obwohl über diesen Umkreis hinaus sie nach ihrer Weise, und in wiefern dies von einem solchen Ausgangspunkte aus möglich ist, diese Sprache wieder lebendig fortbilden mögen, so bleibt doch jener Bestandteil die Scheidewand, an welcher der ursprüngliche Ausgang der Sprache, als eine Naturkraft aus dem Leben, und die Rückkehr der wirklichen Sprache in das Leben ohne Ausnahme sich bricht. Obwohl eine solche Sprache auf der Oberfläche durch den Wind des Lebens bewegt werden und so den Schein eines Lebens von sich geben mag, so hat sie doch tiefer einen toten Bestandteil und ist durch den Eintritt des neuen Anschauungs= kreises und die Abrechnung des alten abgeschnitten von der lebendigen Wurzel.

53. Wir beleben das so eben Gesagte durch ein Beispiel, indem wir zum Behuf dieses Beispiels noch beiläufig die Bemerkung machen, daß eine solche im Grunde tote und unverständliche Sprache sich auch sehr leicht verdrehen und zu allen Beschönigungen des menschlichen Ver= derbens mißbrauchen läßt, was in einer niemals erstorbenen nicht also möglich ist. Ich bediene mich als solchen Beispiels der drei berüchtigten Worte, Humanität, Popularität, Liberalität. Diese Worte, vor dem Deutschen, der keine andere Sprache gelernt hat, ausgesprochen, sind ihm ein völlig leerer Schall, der an nichts ihm schon bekanntes durch Ver= wandtschaft des Lautes erinnert und so aus dem Kreise seiner Anschau= ung und aller möglichen Anschauung ihn vollkommen herausreißt. Reizt nun doch etwa das unbekannte Wort durch seinen fremden, vornehmen und wohltönenden Klang seine Aufmerksamkeit, und denkt er, was so hoch töne, müsse auch etwas Hohes bedeuten, so muß er sich diese Bedeutung ganz von vorn herein und als etwas ihm ganz Neues, erklären lassen und kann dieser Erklärung eben nur blind glauben und wird so stillschweigend gewöhnt, etwas für wirklich da= seiend und würdig anzuerkennen, das er, sich selbst überlassen, vielleicht niemals des Erwähnens wert gefunden hätte. Man glaube nicht, daß es sich mit den neulateinischen Völkern, welche jene Worte, vermeint= lich als Worte ihrer Muttersprache aussprechen, viel anders verhalte. Ohne gelehrte Ergründung des Altertums und seiner wirklichen Sprache verstehen sie die Wurzeln dieser Wörter ebenso wenig als der Deutsche. Hätte man nun etwa dem Deutschen statt des Worts Humanität das Wort Menschlichkeit, wie jenes wörtlich übersetzt werden muß, ausge= sprochen, so hätte er uns ohne weitere historische Erklärung verstanden, aber er hätte gesagt: da ist man nicht eben viel, wenn man ein Mensch

ist und kein wildes Tier. Also aber, wie wohl nie ein Römer gesagt
hätte, würde der Deutsche sagen, deswegen, weil die Menschheit überhaupt
in seiner Sprache nur ein sinnlicher Begriff geblieben, niemals aber wie
bei den Römern zum Sinnbilde eines Übersinnlichen geworden, indem
unsere Vorfahren vielleicht lange vorher die einzelnen menschlichen Tugenden
bemerkt und sinnbildlich in der Sprache bezeichnet, ehe sie darauf gefallen,
dieselben in einem Einheitsbegriffe, und zwar als Gegensatz mit der
tierischen Natur, zusammenzufassen, welches denn auch unseren Vorfahren
den Römern gegenüber zu gar keinem Tadel gereicht. Wer nun den
Deutschen dennoch dieses fremde und römische Sinnbild künstlich in die
Sprache spielen wollte, der würde ihre sittliche Denkart offenbar herunter-
stimmen, indem er ihnen als etwas Vorzügliches und Lobenswürdiges
hingäbe, was in der fremden Sprache auch wohl ein solches sein mag,
was er aber nach der unaustilgbaren Natur seiner National-Einbildungs-
kraft nur faßt als das bekannte, das gar nicht zu erlassen ist. Es ließe
sich vielleicht durch eine nähere Untersuchung darthun, daß dergleichen
Herabstimmungen der früheren sittlichen Denkart durch unpassende und
fremde Sinnbilder den germanischen Stämmen, die die römische Sprache
annahmen, schon zu Anfange begegnet, doch wird hier auf diesen Umstand
nicht gerade das größte Gewicht gelegt.

Würde ich ferner dem Deutschen statt der Wörter Popularität und
Liberalität die Ausdrücke Haschen nach Gunst beim großen Haufen und
Entfernung vom Sklavensinn, wie jene wörtlich übersetzt werden müssen,
sagen, so bekäme derselbe zuvörderst nicht einmal ein klares und lebhaftes
sinnliches Bild, dergleichen der frühere Römer allerdings bekam. Dieser
sahe alle Tage die schmiegsame Höflichkeit des ehrgeizigen Kandidaten
gegen alle Welt, sowie die Ausbrüche des Sklavensinns vor Augen, und
jene Worte bildeten sie ihm wieder lebendig vor. Durch die Veränderung der Regierungsform und die Einführung des Christentums waren
schon dem späteren Römer diese Schauspiele entrissen, wie denn überhaupt
diesem, besonders durch das fremdartige Christentum, das er weder ab-
zuwehren, noch sich einzuverleiben vermochte, die eigene Sprache guten-
teils abzusterben anfing im eigenen Munde. Wie hätte diese, schon in
der eigenen Heimat halbtote Sprache, lebendig überliefert werden können
an ein fremdes Volk? Wie sollte sie es jetzt können an uns Deutsche?
Was ferner das in jenen beiden Ausdrücken liegende Sinnbild eines
geistigen betrifft, so liegt in der Popularität schon ursprünglich eine
Schlechtigkeit, die durch das Verderben der Nation und ihrer Verfassung
in ihrem Munde zur Tugend verdreht wurde. Der Deutsche geht in
diese Verdrehung, so wie sie ihm nur in seiner eignen Sprache dargeboten
wird, nimmer ein. Zur Übersetzung der Liberalität aber dadurch, daß
ein Mensch keine Sklavenseele, oder wenn es in die neue Sitte ein-

geführt wird, keine Lakaiendenkart habe, antwortet er abermals, daß
auch dies sehr wenig gesagt heiße.

Nun hat man aber noch ferner in diese, schon in ihrer reinen
Gestalt bei den Römern auf einer tiefen Stufe der sittlichen Bildung
entstandene, oder geradezu eine Schlechtigkeit bezeichnenden Sinnbilder in
der Fortentwickelung der neulateinischen Sprachen den Begriff von Mangel
an Ernst über die gesellschaftlichen Verhältnisse, den des sich Wegwerfens,
den der gemütlosen Lockerheit, hineingespielt und dieselben auch in die
deutsche Sprache gebracht, um durch das Ansehen des Altertums und
des Auslandes, ganz in der Stille, und ohne daß jemand so recht deutlich
merke, wovon die Rede sei, die letztgenannten Dinge auch unter uns in
Ansehen zu bringen. Dies ist von jeher der Zweck und der Erfolg
aller Einmischung gewesen, zuvörderst aus der unmittelbaren Verständ=
lichkeit und Bestimmtheit, die jede ursprüngliche Sprache bei sich führt,
den Hörer in Dunkel und Unverständlichkeit einzuhüllen, darauf an den
dadurch erregten blinden Glauben desselben sich mit der nun nötig gewor=
denen Erklärung zu wenden, in dieser endlich Laster und Tugend also
durcheinander zu rühren, daß es kein leichtes Geschäft ist, dieselben wieder
zu sondern. Hätte man das, was jene drei ausländischen Worte eigent=
lich wollen müssen, wenn sie überhaupt etwas wollen, dem Deutschen in
seinen Worten und in seinem sinnbildlichen Kreise also ausgesprochen:
Menschenfreundlichkeit, Leutseligkeit, Edelmut, so hätte er uns verstanden;
die genannten Schlechtigkeiten aber hätten sich niemals in jene Bezeich=
nungen einschieben lassen. Im Umfange deutscher Rede entsteht eine
solche Einhüllung in Unverständlichkeit und Dunkel, entweder aus Unge=
schicktheit, oder aus böser Tücke, sie ist zu vermeiden und die Übersetzung
in rechtes wahres Deutsch liegt als stets fertiges Hilfsmittel bereit. In
den neulateinischen Sprachen aber ist diese Unverständlichkeit natürlich
und ursprünglich, und sie ist durch gar kein Mittel zu vermeiden indem
diese überhaupt nicht im Besitze irgend einer lebendigen Sprache, woran
sie die tote prüfen könnten, sich befinden, und, die Sache genau ge=
nommen, eine Muttersprache gar nicht haben.

54. Das an diesem einzelnen Beispiele dargelegte, was gar leicht
durch den ganzen Umkreis der Sprache sich würde hindurch führen lassen
und allenthalben also sich wieder finden würde, soll Ihnen das bis
hieher Gesagte so klar machen, als es hier werden kann. Es ist vom
übersinnlichen Teile der Sprache die Rede, vom sinnlichen zunächst und
unmittelbar gar nicht. Dieser übersinnliche Teil ist in einer immerfort
lebendig gebliebenen Sprache sinnbildlich, zusammenfassend bei jedem
Schritte das Ganze des sinnlichen und geistigen, in der Sprache nieder=
gelegten Lebens der Nation in vollendeter Einheit, um einen, ebenfalls
nicht willkürlichen, sondern aus dem ganzen bisherigen Leben der Nation
notwendig hervorgehenden Begriff zu bezeichnen, aus welchem und seiner

Bezeichnung, ein scharfes Auge die ganze Bildungsgeschichte der Nation rückwärtsschreitend wieder müßte herstellen können. In einer toten Sprache aber, in der dieser Teil, als sie noch lebte, dasselbige war, wird er durch die Ertötung zu einer zerrissenen Sammlung willkürlicher und durchaus nicht weiter zu erklärender Zeichen ebenso willkürlicher Begriffe, wo mit beiden sich nichts weiter anfangen läßt, als daß man sie eben lerne.

55. Somit ist unsre nächste Aufgabe, den unterscheidenden Grund= zug des Deutschen vor den andern Völkern germanischer Abkunst zu finden, gelöst. Die Verschiedenheit ist sogleich bei der ersten Trennung des gemeinschaftlichen Stamms entstanden und besteht darin, daß der Deutsche eine bis zu ihrem ersten Ausströmen aus der Naturkraft lebendige Sprache redet, die übrigen germanischen Stämme eine nur auf der Oberfläche sich regende, in der Wurzel aber tote Sprache. Allein in diesen Umstand, in die Lebendigkeit und in den Tod setzen wir den Unterschied; keineswegs aber lassen wir uns ein auf den übrigen innern Wert der deutschen Sprache. Zwischen Leben und Tod findet gar keine Vergleichung statt, und das erste hat vor dem letzten unendlichen Wert; darum sind alle unmittelbare Vergleichungen der deutschen und der neulateinischen Sprachen durchaus nichtig und sind gezwungen von Dingen zu reden, die der Rede nicht wert sind. Sollte vom innern Werte der deutschen Sprache die Rede entstehen, so müßte wenigstens eine von gleichem Range eine ebenfalls ursprüngliche, als etwa die griechische den Kampfplatz betreten; unser gegenwärtiger Zweck aber liegt tief unter einer solchen Vergleichung.

56. Welchen unermeßlichen Einfluß auf die ganze menschliche Ent= wickelung eines Volks die Beschaffenheit seiner Sprache haben möge, der Sprache, welche den einzelnen bis in die geheimste Tiefe seines Gemüts bei Denken und Wollen begleitet und beschränkt oder beflügelt, welche die gesamte Menschenmenge, die dieselbe redet, auf ihrem Gebiete zu einem einzigen gemeinsamen Verstande verknüpft, welche der wahre gegen= seitige Durchströmungspunkt der Sinnenwelt und der der Geister ist und die Enden dieser beiden also in einander verschmilzt, daß gar nicht zu sagen ist, zu welcher von beiden sie selber gehöre; wie verschieden die Folge dieses Einflusses ausfallen möge, da, wo das Verhältnis ist, wie Leben und Tod, läßt sich im allgemeinen erraten. Zunächst bietet sich dar, daß der Deutsche ein Mittel hat, seine lebendige Sprache durch Vergleichung mit der abgeschlossenen römischen Sprache, die von der seinigen im Fortgange der Sinnbildlichkeit gar sehr abweicht, noch tiefer zu ergründen, wie hinwiederum jene auf demselben Wege klarer zu ver= stehen, welches dem Neulateiner, der im Grunde in dem Umkreise derselben einen Sprache gefangen bleibt, nicht also möglich ist, daß der Deutsche, indem er die römische Stammsprache lernt, die abgestammten gewisser=

maßen zugleich mit erhält, und falls er etwa die erste gründlicher lernen sollte, denn der Ausländer, welches er aus dem angeführten Grunde gar wohl vermag, er zugleich auch dieses Ausländers eigene Sprachen weit gründlicher verstehen und weit eigentümlicher besitzen lernt, denn jener selbst, der sie redet; daß daher der Deutsche, wenn er sich nur aller seiner Vorteile bedient, den Ausländer immerfort übersehen und ihn vollkommen, sogar besser, denn er sich selbst, verstehen und ihn nach seiner ganzen Ausdehnung übersetzen kann; dagegen der Ausländer ohne eine höchst mühsame Erlernung der deutschen Sprache den wahren Deutschen niemals verstehen kann, und das ächt Deutsche ohne Zweifel unübersetzt lassen wird. Was in diesen Sprachen man nur vom Aus= länder selbst lernen kann sind meistens aus Langeweile und Grille ent= standene neue Moden des Sprechens, und man ist sehr bescheiden, wenn man auf diese Belehrungen eingeht. Meistens würde man statt dessen ihnen zeigen können, wie sie der Stammsprache und ihrem Ver= wandlungsgesetze gemäß sprechen sollten, und daß die neue Mode nichts tauge und gegen die alther gebrachte gute Sitte verstoße. —

57. Jener Reichtum an Folgen überhaupt, so wie die besondere zuletzt erwähnte Folge ergeben sich, wie gesagt, von selbst.

Unsere Absicht aber ist es, diese Folgen insgesamt im ganzen, nach ihrem Einheitsbande und aus der Tiefe zu erfassen und dadurch eine gründliche Schilderung des Deutschen im Gegensatze mit den übrigen germanischen Stämmen zu geben. Ich gebe diese Folgen vorläufig in der Kürze also an: 1. Beim Volke der lebendigen Sprache greift die Geistesbildung ein ins Leben; beim Gegenteile geht geistige Bildung und Leben jedes seinen Gang für sich fort. 2. Aus demselben Grunde ist es einem Volke der ersten Art mit aller Geistesbildung rechter eigent= licher Ernst, und es will, daß dieselbe ins Leben eingreife, dagegen einem von der letzteren Art diese vielmehr ein genialisches Spiel ist, mit dem sie nichts weiter wollen. Die letzteren haben Geist; die ersteren haben zum Geiste auch noch Gemüt. 3. Was aus dem zweiten folgt; die ersteren haben redlichen Fleiß und Ernst in allen Dingen und sind mühsam, dagegen die letzteren sich im Geleite ihrer glücklichen Natur gehen lassen. 4) Was aus allem zusammen folgt: In einer Nation von der ersten Art ist das große Volk bildsam, und die Bildner einer solchen erproben ihre Entdeckungen an dem Volke und wollen auf dieses einfließen, dagegen in einer Nation von der zweiten Art die gebildeten Stände vom Volke sich scheiden und des letzteren nicht weiter, denn als eines blinden Werkzeugs ihrer Pläne achten. Die weitere Erörterung dieser angegebenen Merkmale behalte ich der folgenden Stunde vor.

Fünfte Rede.

Folgen aus der aufgestellten Verschiedenheit.

58. Zum Behuf einer Schilderung der Eigentümlichkeit der Deutschen ist der Grundunterschied zwischen diesen und den andern Völkern germanischer Abkunft angegeben worden, daß die ersteren in dem ununterbrochenen Fortflusse einer aus wirklichem Leben sich fortentwickelnden Ursprache geblieben, die letzteren aber eine ihnen fremde Sprache angenommen, die unter ihrem Einflusse ertötet worden. Wir haben zu Ende der vorigen Stunde andere Erscheinungen an diesen also verschiedenen Volksstämmen angegeben, welche aus jenem Grundunterschiede notwendig erfolgen mußten; und werden heute diese Erscheinungen weiter entwickeln und fester auf ihrem gemeinsamen Boden begründen.

Eine Untersuchung, die sich der Gründlichkeit befleißiget, kann manches Streites und der Erregung von mancherlei Scheelsucht sich überheben. Wie wir ehemals in der Untersuchung, von der die gegenwärtige die Fortsetzung ist, thaten, so werden wir auch hier thun. Wir werden Schritt vor Schritt ableiten, was aus dem aufgestellten Grundunterschiede folgt, und nur darauf sehen, daß diese Ableitung richtig sei. Ob nun die Verschiedenheit der Erscheinungen, die dieser Ableitung zufolge sein sollte, in der wirklichen Erfahrung eintrete oder nicht, dies zu entscheiden, will ich lediglich Ihnen und jedem Beobachter überlassen. Zwar werde ich, was insbesondere den Deutschen betrifft, zu seiner Zeit darlegen, daß er sich wirklich also gezeigt habe, wie er unserer Ableitung zufolge sein mußte. Was aber den germanischen Ausländer betrifft, so werde ich nichts dagegen haben, wenn einer unter ihnen wirklich versteht, wovon eigentlich hier die Rede sei, und wenn diesem hernach auch der Beweis gelingt, daß seine Landsleute eben auch dasselbe gewesen seien, was die Deutschen, und wenn er sie von den entgegengesetzten Zügen völlig loszusprechen vermag. Im allgemeinen wird unsere Beschreibung auch in diesen gegenteiligen Zügen keineswegs in das Nachteilige und Grelle hin zeichnen, was den Sieg leichter macht, denn ehrenvoll, sondern nur das notwendig Erfolgende angeben und dieses so ehrbar ausdrücken, als es mit der Wahrheit bestehen kann.

59. Die erste Folge von dem aufgestellten Grundunterschiede, die ich angab, war die: beim Volke der lebendigen Sprache greife die Geistesbildung ein in das Leben; beim Gegenteile gehe geistige Bildung und Leben jedes für sich seinen Gang fort. Es wird nützlich sein, zuvörderst den Sinn des aufgestellten Satzes tiefer zu erklären. Zuvörderst, indem hier vom Leben und von dem Eingreifen der geistigen Bildung in dasselbe geredet wird, so ist darunter zu verstehen das ursprüngliche Leben und sein Fortfluß aus dem Quell alles geistigen Lebens, aus Gott,[1] die Fortbildung der menschlichen Verhältnisse nach ihrem Urbilde und so die Erschaffung eines neuen und vorher nie dagewesenen; keineswegs aber ist die Rede von der bloßen Erhaltung jener Verhältnisse auf der Stufe, wo sie schon stehen, gegen Herabsinken und noch weniger vom Nachhelfen einzelner Glieder, die hinter der allgemeinen Ausbildung zurückgeblieben. Sodann, wenn von geistiger Bildung die Rede ist, so ist darunter zu allererst die Philosophie, — wie wir dies mit dem ausländischen Namen bezeichnen müssen, da die Deutschen sich den vorlängst vorgeschlagenen deutschen Namen nicht haben gefallen lassen, — die Philosophie, sage ich, ist zu allererst darunter zu verstehen, denn diese ist es, welche das ewige Urbild alles geistigen Lebens wissenschaftlich erfasset. Von dieser und von aller auf sie gegründeten Wissenschaft wird nun gerühmt, daß beim Volke der lebendigen Sprache sie einfließe in das Leben. Nun aber ist, in scheinbarem Widerspruche mit dieser Behauptung oftmals und auch von den unseren, gesagt worden, daß Philosophie, Wissenschaft, schöne Kunst und dergleichen Selbstzwecke seien und dem Leben nicht dienten, und daß es Herabwürdigung derselben sei, sie nach ihrer Nützlichkeit in diesem Dienste zu schätzen. Es ist hier der Ort, diese Ausdrücke näher zu bestimmen und vor aller Mißdeutung zu verwahren. Sie sind wahr in folgendem doppelten aber beschränkten Sinne; zuvörderst, daß Wissenschaft oder Kunst dem Leben auf einer gewissen niedern Stufe, z. B. dem irdischen und sinnlichen Leben, oder der gemeinen Erbaulichkeit, wie einige gedacht haben, nicht müsse dienen wollen; sodann, daß ein Einzelner, zufolge seiner persönlichen Abgeschiedenheit vom Ganzen einer Geisterwelt, in diesen besondern Zweigen des allgemeinen göttlichen Lebens völlig aufgehen könne, ohne eines außer ihnen liegenden Antriebs zu bedürfen, und volle Befriedigung in ihnen finden könne. Keineswegs aber sind sie wahr in strenger Bedeutung, denn es ist eben so unmöglich, daß es mehrere Selbstzwecke

---

[1] „Der geliebte Gegenstand des wahrhaftigen Lebens ist dasjenige, was wir mit der Benennung Gott meinen, oder wenigstens meinen sollten; der Gegenstand der Liebe des nur scheinbaren Lebens, das Veränderliche, ist dasjenige, was uns als Welt erscheint, und was wir also nennen. Das wahrhaftige Leben lebet also in Gott und liebet Gott; das nur scheinbare Leben lebet in der Welt, und versucht es, die Welt zu lieben." Anweisung W. W. V. 406. Vgl. Einleitung S. 61.

gebe, als es unmöglich ist, daß es mehrere Absolute gebe. Der einige Selbstzweck, außer welchem es keinen andern geben kann, ist das geistige Leben. Dieses äußert sich nun zum Teil und erscheint als ein ewiger Fortfluß aus ihm selber, als Quell, d. i. als ewige Thätigkeit. Diese Thätigkeit erhält ewig fort ihr Musterbild von der Wissenschaft, die Geschick= lichkeit, nach diesem Bilde sich zu gestalten, von der Kunst, und in soweit könnte es scheinen, daß Wissenschaft und Kunst da seien als Mittel für das thätige Leben, als Zweck. Nun aber ist in dieser Form der Thätigkeit das Leben selber niemals vollendet und zur Einheit geschlossen, sondern es geht fort ins Unendliche. Soll nun doch das Leben als eine solche geschlossene Einheit da sein, so muß es also da sein in einer andern Form. Diese Form ist nun die des reinen Gedankens, der die in der dritten Rede[1]) beschriebene Religionseinsicht giebt, eine Form, die als geschlossene Einheit mit der Unendlichkeit des Thuns schlechthin auseinander fällt und in dem letztern, dem Thun, niemals vollständig ausgedrückt werden kann. Beide demnach, der Gedanke, so wie die Thätigkeit, sind nur in der Erscheinung auseinanderfallende Formen, jenseit der Erschei= nung aber sind sie, eine wie die andere, dasselbe eine absolute Leben; und man kann gar nicht sagen, daß der Gedanke um des Thuns, oder das Thun um des Gedankens willen sei und also sei, sondern daß beides schlechthin sein solle, indem auch in der Erscheinung das Leben ein vollendetes Ganzes sein solle, also, wie es dies ist jenseit aller Erscheinung. Innerhalb dieses Umkreises demnach und zufolge dieser Betrachtung, ist es noch viel zu wenig gesagt, daß die Wissenschaft einfließe aufs Leben; sie ist vielmehr selber und in sich selbstbestän= diges Leben.[2]) — Oder, um dasselbe an eine bekannte Wendung anzu= knüpfen. Was hilft alles Wissen, hört man zuweilen sagen, wenn nicht darnach gehandelt wird? In diesem Ausspruche wird das Wissen als Mittel für das Handeln und dieses letztere als der eigentliche Zweck angesehen. Man könnte umgekehrt sagen; wie kann man doch gut handeln, ohne das Gute zu kennen? und es würde in diesem Ausspruche das Wissen als das bedingende des Handelns betrachtet. Beide Aussprüche aber sind einseitig; und das wahre ist, daß beides, Wissen so wie Handeln auf dieselbe Weise unabtrennliche Bestandteile des vernünftigen Lebens sind.

---

1) Vgl. § 30. Im Zusammenhange mit dem hier Gesagten würde der Satz der Anweisung (WW. V. 473), daß der wissenschaftliche sowohl als der religiöse Standpunkt lediglich betrachtend und beschauend, keineswegs an sich thätig und praktisch seien, auf das Absolute als Einheit sich beziehen, von welchem es ein „Musterbild" oder eine besondere „Form" wäre, zum Unterschiede von der beson= dern Form des „Abflusses (des Absoluten) aus ihm selber."

2) „Die Anforderung, die Wissenschaft in uns und andern zu realisieren, gehört in das Gebiet der höhern Moralität. Der wahrhaftige und vollendete Mensch soll durchaus in sich selber klar sein; denn die allseitige und durchgeführte Klarheit gehört zum Bilde und Abdrucke Gottes." Anweisung, WW. V. 472.

60. In sich selbst beständiges Leben aber, wie wir so eben uns ausdrückten, ist die Wissenschaft nur alsdann, wenn der Gedanke der wirkliche Sinn und die Gesinnung des Denkenden ist, also daß er, ohne besondere Mühe, und sogar ohne dessen sich klar bewußt zu sein, alles andre, was er denkt, ansieht, beurteilt, zufolge jenes Grundgedankens ansieht und beurteilt, und falls derselbe aufs Handeln einfließt, nach ihm eben so notwendig handelt. Keineswegs aber ist der Gedanke Leben und Gesinnung,[1]) wenn er nur als Gedanke eines fremden Lebens gedacht wird; so klar und vollständig er auch als ein solcher bloß möglicher Gedanke begriffen sein mag; und so hell man sich auch denken möge, wie etwa jemand also denken könne. In diesem letztern Falle liegt zwischen unserm gedachten Denken[2]) und zwischen unserm wirklichen Denken ein großes Feld von Zufall und Freiheit, welche letzte wir nicht vollziehen mögen; und so bleibt jenes gedachte Denken von uns abstehend, und ein blos mögliches, und ein von uns frei gemachtes und immerfort frei zu wiederholendes Denken. In jenem ersten Falle hat der Gedanke unmittelbar durch sich selbst unser Selbst ergriffen und es zu sich selbst gemacht, und durch diese also entstandene Wirklichkeit des Gedankens für uns geht unsre Einsicht hindurch zu dessen Notwendigkeit. Daß nun das letztere also erfolge, kann, wie eben gesagt, keine Freiheit erzwingen, sondern es muß eben sich selbst machen, und der Gedanke selber muß uns ergreifen und uns nach sich bilden.

61. Diese lebendige Wirksamkeit des Gedankens wird nun sehr befördert, ja, wenn das Denken nur von der gehörigen Tiefe und Stärke ist, sogar notwendig gemacht durch Denken und Bezeichnen in einer lebendigen Sprache.[3]) Das Zeichen in der letzten ist selbst unmittelbar lebendig, und sinnlich, und wieder darstellend das ganze eigene Leben, und so dasselbe ergreifend, und eingreifend in dasselbe; mit dem Besitzer einer solchen Sprache spricht unmittelbar der Geist und offenbart sich ihm, wie ein Mann dem Manne. Dagegen regt das Zeichen einer toten Sprache unmittelbar nichts an; um in den lebendigen Fluß desselben hineinzukommen, muß man erst historisch erlernte Kenntnisse aus einer abgestorbenen Welt sich wiederholen und sich in eine fremde Denkart hineinversetzen. Wie überschwenglich wohl müßte der Trieb des eignen Denkens sein, wenn er in diesem langen und breiten Gebiete der Historie

---

[1]) d. i. persönliche Überzeugung.

[2]) nämlich eines andern, welches für uns die Bedeutung eines gleichgültigen und müßigen Denkens haben kann — im Gegensatze zu demjenigen Denken, welches als Bestandteil unserer Überzeugung unsere Wirksamkeit und Thatkraft bestimmt.

[3]) Vgl. z. B. das deutsche Wort Wesen, welches in gewesen auftritt, also das, was war, das Fortdauernde, Beständige, Unveränderliche, trotz aller wahrgenommenen Veränderlichkeit in den Erscheinungen, ausdrückt, mit dem französischen substance, dem das lateinische substare, also eine fremde, unbekannte, nur durch historische Gelehrsamkeit erreichbare primäre Vorstellung zugrunde liegt.

nicht ermattete und nicht zuletzt auf dem Felde dieser bescheiden sich be=
gnügte! So eines Besitzers der lebendigen Sprache Denken nicht lebendig
wird, so kann man einen solchen ohne Bedenken beschuldigen, daß er gar
nicht gedacht, sondern nur geschwärmt habe. Den Besitzer einer toten
Sprache kann man in demselben Falle dessen nicht sofort beschuldigen;
gedacht mag er allerdings haben nach seiner Weise, die in seiner Sprache
niedergelegten Begriffe sorgfältig entwickelt; er hat nur das nicht gethan,
was, falls es ihm gelänge, einem Wunder gleich zu achten wäre.

Es erhellet im Vorbeigehen, daß beim Volke einer toten Sprache
im Anfange, wie die Sprache noch nicht allseitig klar genug ist, der
Trieb des Denkens noch am kräftigsten walten und die scheinbarsten Er=
zeugnisse hervorbringen werde; daß aber dieser, so wie die Sprache klarer
und bestimmter wird, in den Fesseln derselben immermehr ersterben; und
daß zuletzt die Philosophie eines solchen Volks mit eignem Bewußtsein
sich bescheiden wird, daß sie nur eine Erklärung des Wörterbuchs, oder
wie undeutscher Geist unter uns dies hochtönender ausgedrückt hat, eine
Metakritik der Sprache sei; zu allerletzt, daß ein solches Volk etwa ein
mittelmäßiges Lehrgedicht über die Heuchelei in Komödienform für ihr
größtes philosophisches Werk anerkennen wird.

62. In dieser Weise, sage ich, fließt die geistige Bildung und
hier insbesondre das Denken in einer Ursprache nicht ein in das Leben,
sondern es ist selbst Leben des also Denkenden. Doch strebt es not=
wendig aus diesem also denkenden Leben einzufließen auf anderes Leben
außer ihm, und so auf das vorhandene allgemeine Leben, und dieses
nach sich zu gestalten. Denn eben weil jenes Denken Leben ist, wird
es gefühlt von seinem Besitzer mit innigem Wohlgefallen,[1]) in seiner
belebenden, verklärenden und befreienden Kraft. Aber jeder, dem Heil
aufgegangen ist in seinem Innern, will notwendig, daß allen andern
dasselbe Heil wiederfahre, und er ist so getrieben und muß arbeiten,
daß die Quelle, aus der ihm sein Wohlsein aufging, auch über andre
sich verbreite. Anders derjenige, der bloß ein fremdes Denken als ein
mögliches begriffen hat. So wie ihm selber dessen Inhalt weder Wohl
noch Wehe giebt, sondern es nur seine Muße angenehm beschäftigt und
unterhält, so kann er auch nicht glauben, daß es einem andern Wohl
oder Wehe machen könne, und hält es zuletzt für einerlei, woran jemand
seinen Scharfsinn übe, und womit er seine müßigen Stunden ausfülle.

63. Unter den Mitteln, das Denken, das im einzelnen Leben be=
gonnen, in das allgemeine Leben einzuführen, ist das vorzüglichste die
Dichtung, und so ist denn diese der zweite Hauptzweig der geistigen
Bildung eines Volkes. Schon unmittelbar der Denker, wie er seinen
Gedanken in der Sprache bezeichnet, welches nach obigem nicht anders,

---

[1]) S. § 18 am Ende.

denn sinnbildlich geschehen kann, und zwar über den bisherigen Umkreis
der Sinnbildlichkeit hinaus neu erschaffend, ist Dichter; und falls er dies
nicht ist, wird ihm schon beim ersten Gedanken die Sprache, und beim
Versuche des zweiten das Denken selber ausgehen. Diese durch den
Denker begonnene Erweiterung und Ergänzung des sinnbildlichen Kreises
der Sprache durch dieses ganze Gebiet der Sinnbilder zu verflößen, also
daß jedwedes an seiner Stelle den ihm gebührenden Anteil von der neuen
geistigen Veredlung erhalte, und so das ganze Leben bis auf seinen letzten
sinnlichen Boden herab in den neuen Lichtstrahl getaucht erscheine, wohl=
gefalle, und in bewußtloser Täuschung wie von selbst sich veredle, dieses
ist das Geschäft der eigentlichen Dichtung. Nur eine lebendige Sprache
kann eine solche Dichtung haben, denn nur in ihr ist der sinnbildliche
Kreis durch erschaffendes Denken zu erweitern, und nur in ihr bleibt
das schon Geschaffne lebendig und dem Einströmen verschwisterten Lebens
offen. Eine solche Sprache führt in sich Vermögen unendlicher, ewig zu
erfrischender und zu verjüngender Dichtung, denn jede Regung des
lebendigen Denkens in ihr eröffnet eine neue Aber dichterischer Begeisterung;
und so ist ihr denn diese Dichtung das vorzüglichste Verflößungsmittel
der erlangten geistigen Ausbildung in das allgemeine Leben. Eine tote
Sprache kann in diesem höhern Sinne gar keine Dichtung haben, indem
alle die angezeigten Bedingungen der Dichtung in ihr nicht vorhanden
sind. Dagegen kann eine solche auf eine Zeitlang einen Stellvertreter
der Dichtung haben auf folgende Weise. Die in der Stammsprache vor=
handenen Ausflüsse der Dichtkunst werden die Aufmerksamkeit reizen.
Zwar kann das neu entstandene Volk nicht fortdichten auf der angehobnen
Bahn, denn diese ist ihrem Leben fremd, aber sie kann ihr eignes
Leben und die neuen Verhältnisse desselben in den sinnbildlichen und
dichterischen Kreis, in welchem ihre Vorwelt ihr eignes Leben aussprach,
einführen, und z. B. ihren Ritter ankleiden, als Heros und umgekehrt,
und die alten Götter mit den neuen das Gewand tauschen lassen. Gerade
durch diese fremde Einhüllung des gewöhnlichen wird dasselbe einen dem
idealisierten ähnlichen Reiz erhalten, und es werden ganz wohlgefällige
Gestalten hervorgehen. Aber beides, sowohl der sinnbildliche und dichterische
Kreis der Stammsprache, als die neuen Lebensverhältnisse, sind endliche
und beschränkte Größen, ihre gegenseitige Durchdringung ist irgendwo
vollendet; da aber wo sie vollendet ist, feiert das Volk sein goldnes
Zeitalter, und der Quell seiner Dichtung ist versiegt. Irgendwo giebt
es notwendig einen höchsten Punkt des Anpassens der geschlossenen Wörter
an die geschlossenen Begriffe und der geschlossenen Sinnbilder an die ge=
schlossenen Lebensverhältnisse. Nachdem dieser Punkt erreicht ist, kann das
Volk nicht mehr, denn entweder seine gelungensten Meisterstücke verändert
wiederholen, also, daß sie aussähen, als ob sie etwas Neues seien, da
sie doch nur das wohlbekannte Alte sind; oder, wenn sie durchaus neu

sein wollen, zum Unpassenden und Unschicklichen ihre Zuflucht nehmen, und eben so in der Dichtkunst das Häßliche mit dem Schönen zusammen= mischen, und sich auf die Karrikatur und das Humoristische legen, wie sie in der Prosa genötigt sind, die Begriffe zu verwirren und Laster und Tugend mit einander zu vermengen, wenn sie in neuen Weisen reden wollen.

64. Indem auf diese Weise in einem Volke geistige Bildung und Leben jedes für sich seinen besondern Gang fortgehen, so erfolgt von selbst, daß die Stände, die zu der ersten keinen Zugang haben und an die auch nicht einmal, wie in einem lebendigen Volke, die Folgen die Folgen dieser Bildung kommen sollen, gegen die gebildeten Stände zurückgesetzt und gleichsam für eine andere Menschenart gehalten werden, die an Geisteskräften ursprünglich, und durch die bloße Geburt den ersten nicht gleich seien; daß darum die gebildeten Stände gar keine wahrhaft liebende Teilnahme an ihnen und keinen Trieb haben, ihnen gründlich zu helfen, indem sie eben glauben, daß ihnen wegen ursprünglicher Un= gleichheit gar nicht zu helfen sei, und daß die Gebildeten vielmehr ge= reizt werden, dieselben zu brauchen, wie sie sind, und sie also brauchen zu lassen. Auch diese Folge der Ertötung der Sprache kann beim Be= ginnen des neuen Volkes durch eine menschenfreundliche Religion und durch den Mangel an eigner Gewandtheit der höheren Stände ge= mildert werden, im Fortgange aber wird diese Verachtung des Volkes immer unverhohlner und grausamer. Mit diesem allgemeinen Grunde des Sicherhebens und Vornehmthuns der gebildeten Stände hat noch ein besonderer sich vereinigt, welcher, da er auch selbst auf die Deutschen einen sehr verbreiteten Einfluß gehabt, hier nicht übergangen werden darf. Nämlich die Römer, welche anfangs den Griechen gegenüber, sehr unbefangen jenen nachsprechend, sich selbst Barbaren und ihre eigne Sprache barbarisch nannten, gaben nachher die auf sich geladene Benen= nung weiter und fanden bei den Germaniern dieselbe gläubige Treu= herzigkeit, die erst sie selbst den Griechen gezeigt hatten. Die Germanier glaubten der Barbarei nicht anders los werden zu können, als wenn sie Römer würden. Die auf ehemaligem römischen Boden Eingewanderten wurden es nach allem ihren Vermögen. In ihrer Einbildungskraft bekam aber barbarisch gar bald die Nebenbedeutung gemein, pöbelhaft, tölpisch), und so ward das Römische im Gegenteil gleichgeltend mit vornehm. Bis in das allgemeine und besondere ihrer Sprachen geht dieses hinein, indem, wo Anstalten zur besonnenen und bewußten Bildung der Sprache getroffen wurden, diese darauf gingen, die germanischen Wurzeln aus= zuwerfen und aus römischen Wurzeln die Wörter zu bilden, und so die Romance als die Hof= und gebildete Sprache zu erzeugen; im besondern aber, indem fast ohne Ausnahme bei gleicher Bedeutung zweier Worte das aus germanischer Wurzel das unedle und schlechte, das aus römischer Wurzel aber das edlere und vornehmere bedeutet.

65. Dieses, gleich als ob es eine Grundseuche des ganzen germa=
nischen Stammes wäre, fällt auch im Mutterlande den Deutschen an,
falls er nicht durch hohen Ernst dagegen gerüstet ist. Auch unsern Ohren
tönt gar leicht römischer Laut vornehm, auch unsern Augen erscheint
römische Sitte edler, dagegen das Deutsche gemein; und da wir nicht
so glücklich waren, dieses alles aus der ersten Hand zu erhalten, so lassen
wir es uns auch aus der zweiten und durch den Zwischenhandel der
neuen Römer recht wohl gefallen[1]). So lange wir deutsch sind, er=
scheinen wir uns als Männer, wie andre auch; wenn wir halb oder
auch über die Hälfte undeutsch reden und abstechende Sitten und Kleidung
an uns tragen, die gar weit herzukommen scheinen, so dünken wir uns
vornehm; der Gipfel aber unsers Triumphs ist es, wenn man uns gar
nicht mehr für Deutsche, sondern für Spanier oder Engländer hält, je
nachdem nun einer von diesen gerade am meisten Mode ist. Wir haben
recht. Naturgemäßheit von deutscher Seite, Willkürlichkeit und Künstelei von

---

[1]) Auch über den größern oder geringern Wohllaut einer Sprache sollte
unsers Erachtens nicht nach dem unmittelbaren Eindrucke, der von so vielen Zu=
fälligkeiten abhängt, entschieden werden, sondern es müßte sich auch ein solches
Urteil auf feste Grundsätze zurückführen lassen. Das Verdienst einer Sprache in
dieser Rücksicht würde ohne Zweifel darein zu setzen sein, daß sie zuvörderst das
Vermögen des menschlichen Sprachwerkzeugs erschöpfte und umfassend darstellte,
sodann, daß sie die einzelnen Laute desselben zu einer naturgemäßen und schicklichen
Verfließung in einander verbände. Es geht schon hieraus hervor, daß Nationen, die
ihre Sprachwerkzeuge nur halb und einseitig ausbilden und gewisse Laute oder Zu=
sammensetzungen unter Vorwand der Schwierigkeit oder des Übelklanges vermeiden,
und denen leichtlich nur das, was sie zu hören gewohnt sind und hervorbringen
können, wohl klingen dürfte, bei einer solchen Untersuchung keine Stimme haben.
Wie nun, jene höheren Grundsätze vorausgesetzt, das Urteil über die deutsche
Sprache in dieser Rücksicht ausfallen werde, mag hier unentschieden bleiben. Die
römische Stammsprache selbst wird von jeder neueuropäischen Nation ausgesprochen
nach derselben eignen Mundart, und ihre wahre Aussprache dürfte sich nicht leicht wieder
herstellen lassen. Es bliebe demnach nur die Frage übrig, ob denn, den neulatei=
nischen Sprachen gegenüber, die deutsche so übel, hart und rauh töne, wie einige
zu glauben geneigt sind?
Bis einmal diese Frage gründlich entschieden werde, mag wenigstens vor=
läufig erklärt werden, wie es komme, daß Ausländern und selbst Deutschen, auch
wenn sie unbefangen sind und ohne Vorliebe oder Haß, dieses also scheine. —
Ein noch ungebildetes Volk von sehr regsamer Einbildungskraft, bei großer Kind=
lichkeit des Sinnes und Freiheit von Nationaleitelkeit (die Germanier scheinen dieses
alles gewesen zu sein) wird angezogen durch die Ferne, und versetzt gern in diese
in entlegene Länder und ferne Inseln die Gegenstände seiner Wünsche und die
Herrlichkeiten, die es ahnet. Es entwickelt sich in ihm ein romantischer Sinn
(das Wort erklärt sich selbst und könnte nicht passender gebildet sein). Laute und
Töne aus jenen Gegenden treffen nun auf diesen Sinn und regen seine ganze
Wunderwelt auf und darum gefallen sie.
Daher mag es kommen, daß unsre ausgewanderten Landsleute so leicht die
eigne Sprache für die fremde aufgaben, und daß noch bis jetzt uns, ihren sehr
entfernten Anverwandten, jene Töne so wunderbar gefallen.

Anmerkung Fichte's.

der Seite des Auslandes sind die Grundunterschiede; bleiben wir bei der ersten, so sind wir eben, wie unser ganzes Volk, dieses begreift uns und nimmt uns als seines Gleichen, nur wie wir zur letzten unsre Zuflucht nehmen, werden wir ihm unverständlich, und es hält uns für andere Naturen. Dem Auslande kommt diese Unnatur von selbst in sein Leben, weil es ursprünglich und in einer Hauptsache von der Natur abgewichen; wir müssen sie erst aufsuchen und an den Glauben, daß etwas schön, schicklich und bequem sei, das natürlicherweise uns nicht also erscheint, uns erst gewöhnen. Von diesem allen ist nun beim Deutschen der Haupt= grund sein Glaube an die größere Vornehmigkeit des romanisierten Aus= landes, nebst der Sucht, eben so vornehm zu thun und auch in Deutsch= land die Kluft zwischen den höhern Ständen und dem Volke, die im Auslande natürlich erwuchs, künstlich aufzubauen. Es sei genug, hier den Grundquell dieser Ausländerei unter den Deutschen angegeben zu haben; wie ausgebreitet diese gewirkt, und daß alle die Übel, an denen wir jetzt zu Grunde gegangen, ausländischen Ursprungs sind, welche freilich nur in der Vereinigung mit deutschem Ernste und Einfluß aufs Leben das Verderben nach sich ziehen mußten, werden wir zu einer andern Zeit zeigen.

66. Außer diesen beiden aus dem Grundunterschiede erfolgenden Erscheinungen, daß geistige Bildung ins Leben eingreife, oder nicht, und daß zwischen den gebildeten Ständen und dem Volke eine Scheidewand bestehe, oder nicht, führte ich noch die folgende an[1]), daß das Volk der lebendigen Sprache Fleiß und Ernst haben und Mühe anwenden werde in allen Dingen, dagegen das der toten Sprache die geistige Beschäftigung mehr für ein genialisches Spiel halte und im Geleite seiner glücklichen Natur sich gehen lasse. Dieser Umstand ergiebt aus dem oben Gesagten sich von selbst. Beim Volke der lebendigen Sprache geht die Untersuchung aus von einem Be= dürfnisse des Lebens, welches durch sie befriedigt werden soll, und erhält so alle nötigenden Antriebe, die das Leben selbst bei sich führt. Bei dem der toten will sie weiter nichts, denn die Zeit auf eine angenehme und dem Sinne fürs Schöne angemessene Weise hinbringen, und sie hat ihren Zweck vollständig erreicht, wenn sie dies gethan hat. Bei den Ausländern ist das letzte fast notwendig, beim Deutschen, wo diese Er= scheinung sich einstellt, ist das Pochen auf Genie und glückliche Natur eine seiner unwürdige Ausländerei, die, sowie alle Ausländerei, aus der Sucht vornehm zu thun, entsteht. Zwar wird in keinem Volke der Welt ohne einen ursprünglichen Antrieb im Menschen, der als ein Übersinnliches mit dem ausländischen Namen mit Recht Genius genannt wird, irgend etwas Treffliches entstehen. Aber dieser Antrieb für sich allein regt nur die Einbildungskraft an und entwirft in ihr über dem Boden schwebende,

---

[1]) S. § 57.

niemals vollkommen bestimmte Gestalten. Daß diese bis auf den Boden des wirklichen Lebens herab vollendet und bis zur Haltbarkeit in diesem bestimmt werden, dazu bedarf es des fleißigen, besonnenen und nach einer festen Regel einhergehenden Denkens. Genialität liefert dem Fleiße den Stoff zur Bearbeitung, und der letzte würde ohne die erste entweder nur das schon bearbeitete oder nichts zu bearbeiten haben. Der Fleiß aber führt diesen Stoff, der ohne ihn ein leeres Spiel bleiben würde, ins Leben ein, und so vermögen beide nur in ihrer Vereinigung etwas, getrennt aber sind sie nichtig. Nun kann überdies im Volke einer toten Sprache gar keine wahrhaft erschaffende Genialität zum Ausbruche kommen, weil es ihnen am ursprünglichen Bezeichnungsvermögen fehlt, sondern sie können nur schon angehobnes fortbilden und in die ganze schon vor= handene und vollendete Bezeichnung verflößen.

67. Was insbesondere die größere Mühe anbelangt, so ist natür= lich, daß diese auf das Volk der lebendigen Sprache falle. Ein leben= dige Sprache kann in Vergleichung mit einer andern auf einer hohen Stufe der Bildung stehen, aber sie kann niemals in sich selber diejenige Vollendung und Ausbildung erhalten, die eine tote Sprache gar leichtlich erhält. In der letzten ist der Umfang der Wörter geschlossen, die mög= lichen schicklichen Zusammenstellungen derselben werden allmählich auch erschöpft, und so muß der, der diese Sprache reden will, sie eben reden, so wie sie ist; nachdem er dieses aber einmal gelernt hat, redet die Sprache in seinem Munde sich selbst und denkt und dichtet für ihn. In einer lebendigen Sprache aber, wenn nur in ihr wirklich gelebt wird, vermehren und verändern die Worte und ihre Bedeutungen sich immer= fort und eben dadurch werden neue Zusammenstellungen möglich, und die Sprache, die niemals ist, sondern ewig fort wird, redet sich nicht selbst, sondern wer sie gebrauchen will, muß eben selber nach seiner Weise und schöpferisch für sein Bedürfnis sie reden. Ohne Zweifel erfordert das letzte weit mehr Fleiß und Übungen, denn das erste. Ebenso gehen, wie schon oben gesagt, die Untersuchungen des Volks einer lebendigen Sprache bis auf die Wurzel der Ausströmung der Begriffe aus der geistigen Natur selbst, dagegen die einer toten Sprache nur einen fremden Begriff zu durchdringen und sich begreiflich zu machen suchen und so in der That nur geschichtlich und auslegend, jene ersten aber wahrhaft philo= sophisch sind. Es begreift sich, daß eine Untersuchung von der letzten Art eher und leichter abgeschlossen werden möge, denn eine von der ersten.

Nach allem wird der ausländische Genius die betretenen Heer= bahnen des Altertums mit Blumen bestreuen und der Lebensweisheit, die leicht ihm für Philosophie gelten wird, ein zierliches Gewand weben, dagegen wird der deutsche Geist neue Schachten eröffnen und Licht und Tag einführen in ihre Abgründe und Felsmassen von Gedanken schleu= dern, aus denen die künftigen Zeitalter sich Wohnungen erbauen. Der ausländische Genius wird sein ein lieblicher Sylphe, der mit leichtem Fluge über den seinem Boden von selbst entkeimten Blumen hinschwebt und sich niederläßt auf dieselben, ohne sie zu beugen, und ihren erquicken= den Tau in sich zieht, oder eine Biene, die aus denselben Blumen mit geschäftiger Kunst den Honig sammelt und ihn in regelmäßig gebauten Zellen zierlich geordnet niederlegt, der deutsche Geist ein Adler, der mit Gewalt seinen gewichtigen Leib emporreißt und mit starkem und vielgeübten Flügel viel Luft unter sich bringt, um sich näher zu heben der Sonne, deren Anschauung ihn entzückt.

68. Um alles bisher Gesagte in einen Hauptgesichtspunkt zusammen= zufassen. In Beziehung auf die Bildungsgeschichte überhaupt eines Menschengeschlechts, das historisch in ein Altertum und in eine neue Welt zerfallen ist, werden zur ursprünglichen Fortbildung dieser neuen Welt im großen und ganzen die beiden beschriebenen Hauptstämme sich also verhalten. Der ausländisch gewordene Teil der frischen Nation hat durch seine Annahme der Sprache des Altertums eine weit größere Ver= wandtschaft zu diesem erhalten. Es wird diesem Teile anfangs weit leichter werden, die Sprache desselben auch in ihrer ersten und unver= änderten Gestalt zu erfassen, in die Denkmale ihrer Bildung einzu= bringen und in dieselben ohngefähr so viel frisches Leben zu bringen, daß sie sich an das entstandene neue Leben anfügen können. Kurz es wird von ihnen das Studium des klassischen Altertums über das neuere Europa ausgegangen sein. Von den ungelöst gebliebenen Aufgaben des= selben begeistert, wird es dieselben fortbearbeiten, aber freilich nur also, wie man eine, keineswges durch ein Bedürfnis des Lebens, sondern durch bloße Wißbegier gegebene Aufgabe bearbeitet, leicht sie nehmend, nicht mit ganzem Gemüte, sondern nur mit der Einbildungskraft sie er= fassend und lediglich in dieser zu einem luftigen Leibe sie gestaltend. Bei dem Reichtume des Stoffs, den das Altertum hinterlassen, bei der Leichtigkeit, mit der in dieser Weise sich arbeiten läßt, werden sie eine Fülle solcher Bilder in den Gesichtskreis der neuen Welt einführen. Diese schon in die neue Form gestalteten Bilder der alten Welt, an= gekommen bei demjenigen Teile des Urstammes, der durch beibehaltne Sprache im Flusse ursprünglicher Bildung blieb, werden auch dessen Aufmerksamkeit und Selbstthätigkeit reizen, sie, welche vielleicht, wenn sie in der alten Form geblieben wären, unbeachtet und unvernommen vor ihm vorübergegangen wären. Aber er wird, so gewiß er sie nur wirklich erfaßt und nicht etwa nur sie weiter giebt von Hand in Hand, dieselben erfassen gemäß seiner Natur, nicht im bloßen Wissen eines fremden, sondern als Bestandteil seines Lebens, und so sie aus dem Leben der neuen Welt nicht nur ableiten, sondern sie auch in dasselbe wiederum einführen, verkörpernd die vorher bloß luftigen Gestalten zu gediegenen und im wirklichen Lebenselemente haltbaren Leibern.

In dieser Verwandlung, die das Ausland selbst ihm zu geben niemals vermocht hätte, erhält nun dieses es von ihnen zurück, und vermittelst dieses Durchganges allein wird eine Fortbildung des Menschengeschlechts auf der Bahn des Altertums, eine Vereinigung der beiden Haupthälften und ein regelmäßiger Fortfluß der menschlichen Entwicklung möglich. In dieser neuen Ordnung der Dinge wird das Mutterland nicht eigentlich erfinden, sondern im kleinsten, wie im größten, wird es immer bekennen müssen, daß es durch irgend einen Wink des Auslandes angeregt worden, welches Ausland selbst wieder angeregt wurde durch die Alten, aber das Mutterland wird ernsthaft nehmen und ins Leben einführen, was dort nur obenhin und flüchtig entworfen wurde. An treffenden und tiefgreifenden Beispielen dieses Verhältnis darzulegen, ist, wie schon oben gesagt, hier nicht der Ort, und wir behalten es uns vor auf die künftige Rede.

69. Beide Teile der gemeinsamen Nation blieben auf diese Weise eins, und nur in dieser Trennung und Einheit zugleich sind sie ein Pfropfreis auf dem Stamme der altertümlichen Bildung, welche letztere außerdem durch die Zeit abgebrochen sein und die Menschheit ihren Weg von vorn wieder angefangen haben würde. In diesen ihren, beim Ausgangspunkte verschiedenen, am Ziele zusammenlaufenden Bestimmungen müssen nun beide Teile, jeder sich selbst und den andern erkennen und denselben gemäß einander benutzen; besonders aber jeder den anderen zu erhalten und in seiner Eigentümlichkeit unverfälscht zu lassen, sich bequemen, wenn es mit allseitiger und vollständiger Bildung des Ganzen einen guten Fortgang haben soll. Was diese Erkenntnis anbelangt, so dürfte dieselbe wohl vom Mutterlande, als welchem zunächst der Sinn für die Tiefe verliehen ist, ausgehen müssen. Wenn aber in seiner Blindheit für solche Verhältnisse, und fortgerissen von oberflächlichem Scheine, das Ausland jemals darauf ausgehen sollte, sein Mutterland der Selbstständigkeit zu berauben und es dadurch zu vernichten und aufzunehmen in sich, so würde dasselbe, wenn ihm dieser Vorsatz gelänge, dadurch für sich selbst die letzte Ader zerschneiden, durch die es bisher noch zusammenhing mit der Natur und dem Leben, und es würde gänzlich anheim fallen dem geistigen Tode, der ohne dies im Fortgange der Zeiten immer sichtbarer als sein Wesen sich offenbart hat; sodann wäre der bisher noch stetig fortgegangene Fluß der Bildung unsers Geschlechts in der That beschlossen, und die Barbarei müßte wieder beginnen und ohne Rettung fortschreiten, so lange, bis wir insgesamt wieder in Höhlen lebten, wie die wilden Tiere, und gleich ihnen uns untereinander aufzehrten. Daß dies wirklich also sei und notwendig also erfolgen müsse, kann freilich nur der Deutsche einsehen, und er allein soll es auch: Dem Ausländer, der, da er keine fremde Bildung kennt, unbegrenztes Feld hat sich in der seinigen zu bewundern, muß es und mag

es immer erscheinen als eine abgeschmackte Lästerung der schlecht unter= richteten Unwissenheit.

Das Ausland ist die Erde, aus welcher fruchtbare Dünste sich ab= sondern und sich emporheben zu den Wolken, und durch welche auch noch die in den Tartarus verwiesenen alten Götter zusammenhängen mit dem Umkreise des Lebens. Das Mutterland ist der jene umgebende ewige Himmel, an welchem die leichten Dünste sich verdichten zu Wolken, die, durch des Donnerers aus andrer Welt stammenden Blitzstrahl geschwän= gert, herabfallen als befruchtender Regen, der Himmel und Erde ver= einigt, und die im ersten einheimischen Gaben auch dem Schooße der letztern entkeimen läßt. Wollen neue Titanen abermals den Himmel er= stürmen? Er wird für sie nicht Himmel sein, denn sie sind Erdgeborne; es wird ihnen bloß der Anblick und die Einwirkung des Himmels entrückt werden und nur ihre Erde als eine kalte finstere und unfruchtbare Be= hausung ihnen zurückbleiben. Aber was vermöchte, sagt ein römischer Dichter, was vermöchte ein Typhöus, oder der gewaltige Mimas, oder Porphyrion in drohender Stellung, oder Rhötus, oder der kühne Schleuderer ausgerissener Baumstämme, Encelabus, wenn sie sich stürzen gegen Pallas tönenden Schild. Dieser selbige Schild ist es, der ohne Zweifel auch uns decken wird, wenn wir es verstehen, uns unter seinen Schutz zu begeben.

Sechste Rede.

Darlegung der deutschen Grundzüge in der Geschichte.

70. Welche Hauptunterschiede sein würden zwischen einem Volke, das in seiner ursprünglichen Sprache sich fortgebildet, und einem solchen, das eine fremde Sprache angenommen, ist in der vorigen Rede auseinander gesetzt. Wir sagten bei dieser Gelegenheit: was das Ausland betreffe, so wollten wir dem eignen Urteile jedweden Beobachters die Entscheidung überlassen, ob in demselben diejenigen Erscheinungen wirklich einträten, die zufolge unsrer Behauptungen darin eintreten müßten; was aber die Deutschen betrifft, machten wir uns anheischig darzulegen, daß diese sich wirklich also geäußert, wie unsern Behauptungen zufolge das Volk einer Ursprache sich äußern müsse. Wir gehen heute an die Erfüllung unsers Versprechens, und zwar legen wir das zu erweisende zunächst dar an der letzten großen und in gewissem Sinne vollendeten Weltthat des deutschen Volkes, an der kirchlichen Reformation.

71. Das aus Asien stammende und durch seine Verderbung erst recht asiatisch gewordene, nur stumme Ergebung und blinden Glauben predigende Christentum war schon für die Römer etwas Frembartiges und Ausländisches; es wurde niemals von ihnen wahrhaft durchdrungen und angeeignet und teilte ihr Wesen in zwei nicht an einander passende Hälften, wobei jedoch die Anfügung des fremden Teils durch den angestammten schwermütigen Aberglauben vermittelt wurde.[1] An den eingewanderten Germaniern erhielt diese Religion Zöglinge, in denen keine frühere Verstandesbildung ihr hinderlich war, aber auch kein angestammter Aberglaube sie begünstigte, und so wurde sie denn an dieselben gebracht als ein zum Römer, das sie nun einmal sein wollten, eben auch gehöriges Stück ohne sonderlichen Einfluß auf ihr Leben. Daß

---

[1] Nach den Ausführungen der Staatslehre (W.W. IV. 521) hatte die alte Welt zum letzten Princip einen mit absoluter Willkür das gesellschaftliche Verhältnis der Menschen ordnenden Gott, während nach dem Princip der neuen Geschichte, dem Christentum, Gott unmittelbar nur sittlicher Gesetzgeber ist, dessen Wille, falls er absolut gesetzt ist, schlechthin außer sich setzt absolute Freiheit als Bedingung des Gesetzwerdens des göttlichen Willens.

diese christlichen Erzieher von der altrömischen Bildung und dem Sprachverständnisse, als dem Behälter derselben, nicht mehr an diese Neubekehrten kommen ließen, als mit ihren Absichten sich vertrug, versteht sich von selbst; und auch hierin liegt ein Grund des Verfalls und der Ertötung der römischen Sprache in ihrem Munde. Als späterhin die echten und unverfälschten Denkmale der alten Bildung in die Hände dieser Völker fielen[1]) und dadurch der Trieb, selbstthätig zu denken und zu begreifen, in ihnen angeregt wurde, so mußte, da ihnen teils dieser Trieb neu und frisch war, teils kein angestammtes Erschrecken vor den Göttern ihm das Gegengewicht hielt, der Widerspruch eines blinden Glaubens und der sonderbaren Dinge, welche im Verlaufe der Zeiten zu Gegenständen desselben geworden waren, dieselben weit härter treffen, denn sogar die Römer, als an diese zuerst das Christentum kam. Ein= leuchten des vollkommnen Widerspruchs aus demjenigen, woran man bisher treuherzig geglaubt hat, erregt Lachen; die welche das Rätsel gelöst hatten, lachten und spotteten, und die Priester selbst, die es eben= falls gelöst hatten, lachten mit, gesichert dadurch, daß nur sehr wenigen der Zugang zur altertümlichen Bildung, als dem Lösungsmittel des Zaubers, offen stehe. Ich deute hiermit vorzüglich auf Italien, als den damaligen Hauptsitz der neurömischen Bildung, hinter welchem die übrigen neurömischen Stämme in jeder Rücksicht noch sehr weit zurück waren.

Sie lachten des Truges, denn es war kein Ernst in ihnen, den er erbittert hätte; sie wurden durch diesen ausschließenden Besitz einer ungemeinen Erkenntnis um so sicherer ein vornehmer und gebildeter Stand und mochten es wohl leiden, daß der große Haufe, für den sie kein Gemüt hatten, dem Truge ferner preisgegeben und so auch für ihre Zwecke folgsamer erhalten bliebe. Also nun, daß das Volk betrogen werde, der Vornehmere den Betrug nütze und sein lache, konnte es fort= bestehen; und es würde wahrscheinlich, wenn in der neuen Zeit nichts vorhanden gewesen wäre, außer Neurömer, also fortbestanden haben bis ans Ende der Tage.

Sie sehen hier einen klaren Beleg zu dem, was früher über die Fortsetzung der alten Bildung durch die neue, und über den Anteil, den die Neurömer daran zu haben vermögen, gesagt wurde. Die neue Klar= heit ging aus von den Alten, sie fiel zuerst in den Mittelpunkt der neu= römischen Bildung, sie wurde daselbst nur zu einer Verstandeseinsicht ausgebildet, ohne das Leben zu ergreifen und anders zu gestalten.[2])

---

[1]) nämlich in der Zeit der Wiederbelebung der altklassischen Studien in Italien.

[2]) Im Gegenteil statt zur Reform des Lebens in Kirche und Schule beizu= tragen, waren mit der Reception des Altertums bei den vornehmen Ständen, die das Klassische pflegten, in Italien auch die schlimmen Seiten des Altertums recipiert worden und Lascivität der Sitten zur Entwicklung gelangt.

72. Nicht länger aber konnte der bisherige Zustand der Dinge be=
stehen, sobald dieses Licht in ein in wahrem Ernste und bis auf das Leben
herab religiöses Gemüt fiel, und wenn dieses Gemüt von einem Volke
umgeben war, dem es seine ernstere Ansicht der Sache leicht mitteilen
konnte und dieses Volk Häupter fand, welche auf sein entschiedenes
Bedürfnis etwas gaben. So tief auch das Christentum herabsinken
mochte, so bleibt doch immer in ihm ein Grundbestandteil, in dem
Wahrheit ist, und der ein Leben, das nur wirkliches und selbständiges
Leben ist, sicher anregt; die Frage: was sollen wir thun, damit wir
seelig werden. War diese Frage auf einen erstorbenen Boden gefallen,
wo es entweder überhaupt an seinen Ort gestellt blieb, ob wohl so
etwas, wie Seligkeit im Ernste möglich sei, oder wenn auch das erste
angenommen worden wäre, dennoch gar kein fester und entschiedener Wille,
selbst auch selig zu werden, vorhanden war, so hatte auf diesem Boden
die Religion gleich anfangs nicht eingegriffen in Leben und Willen,
sondern sie war nur als ein schwankender und blasser Schatten im
Gedächtnisse und in der Einbildungskraft behangen geblieben; und so
mußten natürlich auch alle fernere Aufklärungen über den Zustand der
vorhandenen Religionsbegriffe gleichfalls ohne Einfluß auf das Leben
bleiben. War hingegen jene Frage in einen ursprünglich lebendigen Boden
gefallen, so daß im Ernste geglaubt wurde, es gebe eine Seligkeit, und
der feste Wille da war, selig zu werden und die von der bisherigen
Religion angegebnen Mittel zur Seligkeit mit innigem Glauben und
redlichem Ernste in dieser Absicht gebraucht worden waren, so mußte,
wenn in diesen Boden, der gerade durch sein Ernstnehmen dem Lichte
über die Beschaffenheit dieser Mittel sich länger verschloß, dieses Licht
zuletzt dennoch fiel, ein gräßliches Entsetzen sich erzeugen vor dem Betruge
um das Heil der Seele, und die treibende Unruhe, dieses Heil auf
andere Weise zu retten, und was als in ewiges Verderben stürzend
erschien, konnte nicht scherzhaft genommen werden. Ferner konnte der
Einzelne, den zuerst diese Ansicht ergriffen, keineswegs zufrieden sein,
etwa nur seine eigne Seele zu retten, gleichgültig über das Wohl aller
übrigen unsterblichen Seelen, indem er, seiner tiefern Religion zufolge,
dadurch auch nicht einmal die eigne Seele gerettet hätte, sondern mit
der gleichen Angst, die er um diese fühlte, mußte er ringen, schlechthin
allen Menschen in der Welt das Auge zu öffnen über die verdammliche
Täuschung.

73. Auf diese Weise nun fiel die Einsicht, die lange vor ihm sehr
viele Ausländer wohl in größerer Verstandesklarheit gehabt hatten, in
das Gemüt des deutschen Mannes, Luther. An altertümlicher und feiner
Bildung, an Gelehrsamkeit, an andern Vorzügen übertrafen ihn nicht
nur Ausländer, sondern sogar viele in seiner Nation. Aber ihn ergriff
ein allmächtiger Antrieb, die Angst um das ewige Heil, und dieser ward

das Leben in seinem Leben und setzte immerfort das letzte in die Wage, und gab ihm die Kraft und die Gaben, die die Nachwelt bewundert. Mögen andere bei der Reformation irdische Zwecke gehabt haben, sie hätten nie gesiegt, hätte nicht an ihrer Spitze ein Anführer gestanden, der durch das Ewige begeistert wurde; daß dieser, der immerfort das Heil aller unsterblichen Seelen auf dem Spiel stehen sah, allen Ernstes allen Teufeln in der Hölle furchtlos entgegen ging, ist natürlich und durchaus kein Wunder. Dies nun ist ein Beleg von deutschem Ernst und Gemüt.

Daß Luther mit diesem rein menschlichen und nur durch jeden selbst zu besorgenden Anliegen an alle, und zunächst an die Gesamtheit seiner Nation sich wendete, lag, wie gesagt, in der Sache. Wie nahm nun sein Volk diesen Antrag auf? Blieb es in seiner dumpfen Ruhe, gefesselt an den Boden durch irdische Geschäfte, und ungestört fortgehend den gewohnten Gang, oder erregte die nicht alltägliche Erscheinung gewaltiger Begeisterung bloß sein Gelächter? Keineswegs, sondern es wurde wie durch ein fortlaufendes Feuer ergriffen von derselben Sorge für das Heil der Seele, und diese Sorge eröffnete schnell auch ihr Auge der vollkommnen Klarheit, und sie nahmen auf im Fluge das ihnen Dar= gebotene. War diese Begeisterung nur eine augenblickliche Erhebung der Einbildungskraft, die im Leben und gegen dessen ernsthafte Kämpfe und Gefahren nicht Stand hielt? Keineswegs, sie entbehrten alles, und trugen alle Martern, und kämpften in blutigen zweifelhaften Kriegen, lediglich damit sie nicht wieder unter die Gewalt des verdammlichen Papsttums gerieten, sondern ihnen und ihren Kindern fort das allein seligmachende Licht des Evangeliums schiene; und es erneuten sich an ihnen in später Zeit alle Wunder, die das Christentum bei seinem Beginnen an seinen Bekennern darlegte. Alle Äußerungen jener Zeit sind erfüllt von dieser allgemein verbreiteten Besorgtheit um die Seligkeit. Sehen sie hier einen Beleg von der Eigentümlichkeit des deutschen Volkes. Es ist durch Be= geisterung zu jedweder Begeisterung und jedweder Klarheit leicht zu erheben, und seine Begeisterung hält aus für das Leben und gestaltet dasselbe um.

74. Auch früher und anderwärts hatten Reformatoren Haufen des Volks begeistert und sie zu Gemeinden versammelt und gebildet; dennoch erhielten diese Gemeinden keinen festen und auf dem Boden der bisherigen Verfassung gegründeten Bestand, weil die Volkshäupter und Fürsten der bisherigen Verfassung nicht auf ihre Seite traten. Auch der Reformation durch Luther schien anfangs kein günstigeres Schicksal bestimmt. Der weise Kurfürst, unter dessen Augen sie begann, schien mehr im Sinne des Auslandes als in dem deutschen weise zu sein; er schien die eigentliche Streitfrage nicht sonderlich gefaßt zu haben, einem Streite zwischen zwei Mönchsorden, wie ihm es schien, nicht viel Gewicht beizulegen, und

höchstens bloß um den guten Ruf seiner neu errichteten Universität besorgt
zu sein. Aber er hatte Nachfolger, die, weit weniger weise, denn er,
von derselben ernstlichen Sorge für ihre Seligkeit ergriffen wurden,
die in ·ihren Völkern lebte und vermittelst dieser Gleichheit mit
ihnen verschmolzen bis zu gemeinsamen Leben oder Tod, Sieg oder
Untergange.

Sehen sie hieran einen Beleg zu dem oben angegebnen Grundzuge
der Deutschen, als einer Gesamtheit und zu ihrer durch die Natur
begründeten Verfassung. Die großen National= und Weltangelegenheiten
sind bisher durch freiwillig auftretende Redner an das Volk gebracht
worden und bei diesem durchgegangen. Mochten auch ihre Fürsten
anfangs aus Ausländerei und aus Sucht vornehm zu thun und zu
glänzen, wie jene sich absondern von der Nation und diese verlassen oder
verraten, so wurden sie doch später leicht wieder fortgerissen zur Ein=
stimmigkeit mit derselben und erbarmten sich ihrer Völker. Daß das
erste stets der Fall gewesen sei, werden wir tiefer unten noch an andern
Belegen darthun; daß das letztere fortdauernd der Fall bleiben möge,
können wir nur mit heißer Sehnsucht wünschen.

75. Ohnerachtet man nun bekennen muß, daß in der Angst jenes
Zeitalters um das Heil der Seelen eine Dunkelheit und Unklarheit
blieb, indem es nicht darum zu thun war, den äußeren Vermittler zwischen
Gott und den Menschen nur zu verändern, sondern gar keines äußern
Mittels zu bedürfen und das Band des Zusammenhanges in sich selber
zu finden [1]); so war es doch vielleicht notwendig, daß die religiöse Aus=
bildung der Menschen im ganzen durch diesen Mittelzustand hindurch
ginge. Luthern selbst hat sein redlicher Eifer noch mehr gegeben, denn
er suchte, und ihn weit hinausgeführt über sein Lehrgebäude. Nachdem
er nur die ersten Kämpfe der Gewissensangst, die ihm sein kühnes Los=
reißen von dem ganzen bisherigen Glauben verursachte, bestanden hatte,
sind alle seine Äußerungen voll eines Jubels und Triumphs über die
erlangte Freiheit der Kinder Gottes, welche die Seligkeit gewiß nicht
mehr außer sich und jenseit des Grabes suchten [2]), sondern der Ausbruch
des unmittelbaren Gefühls derselben waren. Er ist hierin das Vorbild
aller künftigen Zeitalter geworden und hat für uns alle vollendet. —
Sehen sie auch hier einen Grundzug des deutschen Geistes. Wenn er
nur sucht, so findet er mehr, als er suchte; denn er gerät hinein in den
Strom lebendigen Lebens, das durch sich selbst fortrinnt und ihn mit
sich fortreißt.

---

[1]) „Das Christentum ist durchaus eine Sache des Verstandes, der klaren
Einsicht, und zwar des individuellen Verstandes eines jeden Christen, keineswegs
etwa eines stellvertretenden. Denn schlechthin jeder soll gehorchen dem von ihm
selbst als solchen verstandenen Willen Gottes." Staatsl. W. W. IV. 524.
[2]) S. § 29.

76. Dem Papsttume, dieses nach seiner eigenen Gesinnung ge=
nommen und beurteilt, geschahe durch die Weise, wie die Reformation
dasselbe nahm, ohne Zweifel unrecht. Die Äußerungen desselben waren
wohl größtenteils aus der vorliegenden Sprache blind herausgegriffen,
asiatisch rednerisch übertreibend, gelten sollend, was sie könnten, und
rechnend, daß mehr als der gebührende Abzug wohl ohne dies werde
gemacht werden, niemals aber ernstlich ermessen, erwogen oder gemeint.
Die Reformation nahm mit deutschem Ernste sie nach ihrem vollen
Gewichte; und sie hatte recht, daß man alles also nehmen solle, unrecht,
wenn sie glaubte, jene hätten es also genommen, und sie noch anderer
Dinge, denn ihrer natürlichen Flachheit und Ungründlichkeit bezichtigte.
Überhaupt ist dies die stets sich gleich bleibende Erscheinung in jedem
Streite des deutschen Ernstes gegen das Ausland, ob dieses sich nun
außer Landes oder im Lande befinde, daß das letztere gar nicht begreifen
kann, wie man über so gleichgiltige Dinge, als Worte und Redensarten
sind, ein so großes Wesen erheben möge, und daß sie, aus deutschem
Munde es wieder hörend, nicht gesagt haben wollen, was sie doch ge=
sagt haben, und sagen, und immerfort sagen werden, und über Ver=
leumdung, die sie Konsequenzmacherei nennen, klagen, wenn man ihre
Äußerungen in ihrem buchstäblichen Sinne und als ernstlich gemeint
nimmt und dieselben betrachtet als Bestandteile einer folgebeständigen
Denkreihe, die man nun rückwärts nach ihren Grundsätzen und vorwärts
nach ihren Folgen herstellt; indeß man doch vielleicht sehr entfernt ist,
ihnen für die Person klares Bewußtsein dessen, was sie reden, und
Folgebeständigkeit beizumessen. In jener Anmutung, man müsse eben
jedwedes Ding nehmen, wie es gemeint sei, nicht aber etwa noch darüber
hinaus das Recht zu meinen und laut zu meinen, in Frage ziehen,
verrät sich immer die noch so tief versteckte Ausländerei.

77. Dieser Ernst, mit welchem das alte Religionslehrgebäude ge=
nommen wurde, nötigte dieses selbst zu einem größeren Ernste, als es
bisher gehabt hatte, und zu neuer Prüfung, Umdeutung, Befestigung der
alten Lehre, sowie zu größerer Behutsamkeit in Lehre und Leben für die
Zukunft, und dieses, sowie das zunächstfolgende, sei ihnen ein Beleg von
der Weise, wie Deutschland auf das übrige Europa immer zurückgewirkt
hat. Hierdurch erhielt für das allgemeine die alte Lehre wenigstens
diejenige unschädliche Wirksamkeit, die sie, nachdem sie nun einmal nicht
aufgegeben werden sollte, haben konnte; insbesondere aber ward sie für
die Verteidiger derselben Gelegenheit und Aufforderung zu einem gründ=
licheren und folgegemäßeren Nachdenken, als bisher stattgehabt hatte.
Davon, daß die in Deutschland verbesserte Lehre auch in das neulateinische
Ausland sich verbreitet und daselbst denselben Erfolg höherer Begeisterung
hervorgebracht, wollen wir hier, als von einer vorübergehenden Erscheinung
schweigen, wiewohl es immer merkwürdig ist, daß die neue Lehre in

keinem eigentlich neulateinischen Lande zu einem vom Staate anerkannten
Bestande gekommen, indem es scheint, daß es deutscher Gründlichkeit bei
den Regierenden und deutscher Gutmütigkeit beim Volke bedurft habe,
um diese Lehre verträglich mit der Obergewalt zu finden und sie also
zu machen.

78. In einer anderen Rücksicht aber, und zwar nicht auf das
Volk, sondern auf die gebildeten Stände hat Deutschland durch seine
Kirchenverbesserung einen allgemeinen und dauernden Einfluß auf das
Ausland gehabt, und durch diesen Einfluß das Ausland wieder zum
Vorgänger für sich selbst und zu seinem eigenen Anreger zu neuen
Schöpfungen sich zubereitet. Das freie und selbstthätige Denken oder
die Philosophie war schon in den vorhergehenden Jahrhunderten unter
der Herrschaft der alten Lehre häufig angeregt und geübt worden, keines=
wegs aber, um aus sich selbst Wahrheit hervorzubringen, sondern nur,
um zu zeigen, daß und auf welche Weise die Lehre der Kirche wahr
sei. Dasselbe Geschäft in Beziehung auf ihre Lehre erhielt zunächst die
Philosophie auch bei den deutschen Protestanten und ward bei diesen
Dienerin des Evangeliums, so wie sie bei den Scholastikern die der
Kirche gewesen war. Im Auslande, das entweder kein Evangelium
hatte, oder das dasselbe nicht mit unvermischt deutscher Andacht und Tiefe
des Gemüts gefaßt hatte, erhob das durch den erhaltenen glänzenden
Triumph angefeuerte freie Denken sich leichter und höher ohne die Fessel
eines Glaubens an Übersinnliches; aber es blieb in der sinnlichen Fessel
des Glaubens an den natürlichen, ohne Bildung und Sitte aufgewachsenen
Verstand; und weit entfernt, daß es in der Vernunft die Quelle auf
sich selbst beruhender Wahrheit entdeckt hätte [1]), wurden für dasselbe die
Aussprüche dieses rohen Verstandes dasjenige, was für die Scholastiker
die Kirche, für die ersten protestantischen Theologen das Evangelium
war; ob sie wahr seien, darüber regte sich kein Zweifel, die Frage
war bloß, wie sie diese Wahrheit gegen bestreitende Ansprüche be=
haupten könnten.

Indem nun dieses Denken in das Gebiet der Vernunft, deren
Gegenstreit bedeutender gewesen sein würde, gar nicht hineinkam, so fand
es keinen Gegner, außer der historisch vorhandenen Religion, und wurde
mit dieser leicht fertig, indem es sie an den Maßstab des vorausgesetzten
gesunden Verstandes hielt und sich dabei klar zeigte, daß sie demselben
eben widerspräche; und so kam es denn, daß, sowie dieses alles voll=
kommen ins Reine gebracht wurde, im Auslande die Benennung des

---

[1]) Durch die Vernunft gelangen wir nach Fichte (innerlich anschauend)
zu unmittelbarer, durch den Verstand (logisch) zu mittelbarer Wahrheit. Vergl.
2. Einl. WW. I. 506. Diese Unterscheidung läßt sich bis auf das 1. Hauptstück
der Analytik der Begriffe in Kants Kritik der reinen Vernunft zurückverfolgen.

Philosophen und die des Irreligiösen und Gottesläugners gleichbedeutend wurden und zu gleicher ehrenvoller Auszeichnung gereichten.

79. Die versuchte gänzliche Erhebung über allen Glauben an fremdes Ansehen, welche in diesen Bestrebungen des Auslandes das richtige war, wurde den Deutschen, von denen sie vermittelst der Kirchenverbesserung erst ausgegangen war, zu neuer Anregung. Zwar sagten untergeordnete und unselbstständige Köpfe unter uns diese Lehre des Auslandes eben nach — lieber die des Auslandes, wie es scheint, als die eben so leicht zu habende ihrer Landsleute, darum, weil ihnen das erste vornehmer dünkte — und diese Köpfe suchten, so gut es gehen wollte, sich selber davon zu überzeugen; wo aber selbstständiger deutscher Geist sich regte, da genügte das Sinnliche nicht, sondern es entstand die Aufgabe, das, freilich nicht auf fremdes Ansehen zu glaubende, Übersinnliche in der Vernunft selbst aufzusuchen und so erst eigentliche Philosophie zu erschaffen, indem man, wie es sein sollte, das freie Denken zur Quelle unabhängiger Wahrheit machte. Dahin strebte Leibniz im Kampfe mit jener ausländischen Philosophie; dies erreichte der eigentliche Stifter der neuen deutschen Philosophie, nicht ohne das Geständnis, durch eine Äußerung des Auslandes, die inzwischen tiefer genommen worden, als sie gemeint gewesen, angeregt worden zu sein. Seitdem ist unter uns die Aufgabe vollständig gelöst und die Philosophie vollendet worden, welches man indessen sich begnügen muß, zu sagen, bis ein Zeitalter kommt, das es begreift. Dies vorausgesetzt, so wäre abermals durch Anregung des durch das neurömische Ausland hindurchgegangenen Altertums im deutschen Mutterlande die Schöpfung eines vorher durchaus nicht dagewesenen neuen erfolgt.

80. Unter den Augen der Zeitgenossen hat das Ausland eine andere Aufgabe der Vernunft und der Philosophie an die neue Welt, die Errichtung des vollkommenen Staats leicht und mit feuriger Kühnheit ergriffen und kurz darauf dieselbe also fallen lassen, daß es durch seinen jetzigen Zustand genötigt ist, den bloßen Gedanken der Aufgabe als ein Verbrechen zu verdammen, und alles anwenden müßte, um, wenn es könnte, jene Bestrebungen aus den Jahrbüchern seiner Geschichte auszutilgen. Der Grund dieses Erfolgs liegt am Tage: der vernunftgemäße Staat läßt sich nicht durch künstliche Vorkehrungen aus jedem vorhandenen Stoffe aufbauen, sondern die Nation muß zu demselben erst gebildet und heraufgezogen werden.[1] Nur diejenige Nation, welche zuvörderst die Aufgabe der Erziehung zum vollkommenen Menschen durch die wirkliche

---

[1] Der Vernunftstaat oder das Reich ist nach Fichte ein Staat der Freiheit und des Rechts. Hiermit werden zwe' einander widersprechende Aufgaben angekündigt; erstens: jeder soll frei sein, er soll nur seiner eigenen Einsicht folgen, demnach von jedem Zwange unabhängig sein; zweitens: der Rechtsbegriff muß sogar mit Zwang und Gewalt durchgesetzt, demnach die Freiheit des Individuums

Ausübung gelöst haben wird, wird sodann auch jene des vollkommenen Staats lösen.

Auch die zuletzt genannte Aufgabe der Erziehung ist seit unserer Kirchenverbesserung vom Auslande geistvoll, aber im Sinne seiner Philosophie mehrmals in Anregung gebracht worden, und diese Anregungen haben unter uns fürs erste Nachtreter und Übertreiber gefunden. Bis zu welchem Punkte endlich in unseren Tagen abermals deutsches Gemüt diese Sache gebracht, werden wir zu seiner Zeit ausführlicher berichten.

81. Sie haben an dem Gesagten eine klare Übersicht der gesamten Bildungsgeschichte der neuen Welt und des sich immer gleich bleibenden Verhältnisses der verschiedenen Bestandteile der letzten zur ersten. Wahre Religion, in der Form des Christentums, war der Keim der neuen Welt, und ihre Gesamtaufgabe die, diese Religion in die vorhandene Bildung des Altertums zu verflößen und die letzte dadurch zu vergeistigen und zu heiligen. Der erste Schritt auf diesem Wege war, das die Freiheit raubende äußere Ansehen der Form dieser Religion von ihr abzuschneiden und auch in sie das freie Denken des Altertums einzuführen. Es regte an zu diesem Schritte das Ausland, der Deutsche that ihn. Der zweite, der eigentlich die Fortsetzung und Vollendung des ersten ist, der, diese Religion und mit ihr alle Weisheit in uns selber aufzufinden; — auch ihn vorbereitete das Ausland und vollzog der Deutsche. Der dermalen in der ewigen Zeit an der Tagesordnung sich befindende Fortschritt ist die vollkommene Erziehung der Nation zum Menschen. Ohnedies wird die gewonnene Philosophie nie ausgedehnte Verständlichkeit, vielweniger noch allgemeine Anwendbarkeit im Leben finden; so wie hinwiederum ohne Philosophie die Erziehungskunst niemals zu vollständiger Klarheit in sich selbst gelangen wird. Beide greifen daher ineinander und sind, eins ohne das andere unvollständig und unbrauchbar. Schon allein darum, weil der Deutsche bisher alle Schritte der Bildung zur Vollendung gebracht und er eigentlich dazu aufbewahrt worden ist in der neuen Welt, kommt ihm dasselbe auch mit der Erziehung zu; wie aber diese einmal in Ordnung gebracht ist, wird es sich mit den übrigen Angelegenheiten der Menschheit leicht ergeben.

82. In diesem Verhältnisse also hat wirklich die deutsche Nation zur Fortbildung des menschlichen Geschlechts in der neuen Zeit bisher gestanden. Noch ist über eine schon zweimal fallen gelassene Bemerkung über den naturgemäßen Hergang, den diese Nation hierbei genommen,

---

aufgehoben werden. (Staatsl. WW. IV. 432 f.) Der Widerspruch löst sich, wenn der Zwingherr, auf der Spitze der Einsicht seiner Zeit und seines Volkes stehend, den Zwang in Verbindung setzt mit der Erziehung zur Einsicht in das Recht und durch die Präsumtion, es werde jeder, mündig geworden, seine Gebote billigen, den Zwang rechtmäßig und die Erziehung zum notwendigen Mittelgliede für die Herstellung des Vernunftstaates macht (a. a. O. 437 f., VII. 576).

daß nämlich in Deutschland alle Bildung vom Volke ausgegangen, mehr Licht zu verbreiten. Daß die Angelegenheit der Kirchenverbesserung zuerst an das Volk gebracht worden und allein dadurch, daß es desselben Angelegenheit geworden, gelungen sei, haben wir schon ersehen. Aber es ist ferner darzuthun, daß dieser einzelne Fall nicht Ausnahme, sondern daß er die Regel gewesen.

83. Die im Mutterlande zurückgebliebenen Deutschen hatten alle Tugenden, die ehemals auf ihrem Boden zu Hause waren, beibehalten, Treue, Biederkeit, Ehre, Einfalt; aber sie hatten von Bildung zu einem höhern und geistigen Leben nicht mehr erhalten, als das damalige Christentum und seine Lehrer an zerstreutwohnende Menschen bringen konnten. Dies war wenig, und sie standen so gegen ihre ausgewanderten Stammverwandten zurück, und waren in der That zwar brav und bieder, aber dennoch halb Barbaren. Es entstanden unter ihnen indessen Städte, die durch Glieder aus dem Volke errichtet wurden. In diesen entwickelte sich schnell jeder Zweig des gebildeten Lebens zur schönsten Blüte. In ihnen entstanden, zwar auf Kleines berechnete, dennoch aber treffliche bürgerliche Verfassungen und Einrichtungen, und von ihnen aus ver= breitete sich ein Bild von Ordnung und eine Liebe derselben erst über das übrige Land. Ihr ausgebreiteter Handel half die Welt entdecken. Ihren Bund fürchteten Könige. Die Denkmäler ihrer Baukunst dauern noch, haben der Zerstörung von Jahrhunderten getrotzt, die Nachwelt steht bewundernd vor ihnen und bekennt ihre eigene Ohnmacht.

84. Ich will diese Bürger der deutschen Reichstädte des Mittel= alters nicht vergleichen mit den andern ihnen gleichzeitigen Ständen und nicht fragen, was indessen der Adel that und die Fürsten; aber in Vergleich mit den übrigen germanischen Nationen, einige Striche Italiens abgerechnet, hinter welchen selbst jedoch in den schönen Künsten die Deutschen nicht zurückblieben, in den nützlichen sie übertrafen und ihre Lehrer wurden, — diese abgerechnet, waren nun die deutschen Bürger die Gebildeten und jene die Barbaren. Die Geschichte Deutschlands, deutscher Macht, deutscher Unternehmungen, Erfindungen, Denkmale, deutschen Geistes ist in diesem Zeitraume lediglich die Geschichte dieser Städte, und alles Übrige, als da sind Länderverpfändungen und Wiedereinlösungen und dergleichen, ist nicht des Erwähnens wert. Auch ist dieser Zeit= punkt der einzige in der deutschen Geschichte, in der diese Nation glänzend und ruhmvoll und mit dem Range, der ihr als Stammvolk gebührt, dasteht; so wie ihre Blüte durch die Habsucht und Herrschsucht der Fürsten zerstört und ihre Freiheit zertreten wird, sinkt das Ganze all= mählich immer tiefer herab und geht entgegen dem gegenwärtigen Zu= stande; wie aber Deutschland herabsinkt, sieht man das übrige Europa eben also sinken, in Rücksicht dessen, was das Wesen betrifft und nicht den bloßen äußern Schein.

Der entscheidende Einfluß dieses in der That herrschenden Standes auf die Entwicklung der deutschen Reichsverfassung, auf die Kirchenver= besserung und auf alles, was jemals die deutsche Nation bezeichnete und von ihr ausging in das Ausland, ist allenthalben unverkennbar, und es läßt sich nachweisen, daß alles, was noch jetzt ehrwürdig ist unter den Deutschen, in seiner Mitte entstanden ist.

85. Und mit welchem Geiste brachte hervor und genoß dieser deutsche Stand diese Blüte? Mit dem Geiste der Frömmigkeit, der Ehrbarkeit, der Bescheidenheit, des Gemeinsinnes. Für sich selbst be= durften sie wenig, für öffentliche Unternehmungen machten sie unermeß= lichen Aufwand. Selten steht irgendwo ein einzelner Name hervor und zeichnet sich aus, weil alle gleichen Sinnes waren und gleicher Auf= opferung für das Gemeinsame. Ganz unter denselben äußeren Be= dingungen, wie in Deutschland, waren auch in Italien freie Städte ent= standen. Man vergleiche die Geschichten beider; man halte die fort= währenden Unruhen, die innern Zwiste, ja Kriege, den beständigen Wechsel der Verfassungen und der Herrscher in den letztern gegen die friedliche Ruhe und Eintracht in den ersteren. Wie konnte klarer sich aussprechen, daß ein innerlicher Unterschied in den Gemütern der beiden Nationen gewesen sein müsse? Die deutsche Nation ist die einzige unter den Neueuropäischen Nationen, die es an ihrem Bürgerstande schon seit Jahrhunderten durch die That gezeigt hat, daß sie die republikanische Verfassung zu ertragen vermöge.

86. Unter den einzelnen und besondern Mitteln den deutschen Geist wieder zu heben, würde es ein sehr kräftiges sein, wenn wir eine begeisternde Geschichte der Deutschen aus diesem Zeitraume hätten, die da National= und Volksbuch würde, so wie Bibel oder Gesang= buch es sind, so lange, bis wir selbst wiederum etwas des Aufzeichnens wertes hervorbrächten. Nur müßte eine solche Geschichte nicht etwa chronikenmäßig die Thaten und Ereignisse aufzählen, sondern sie müßte uns, wunderbar ergreifend und ohne unser eignes Zuthun oder klares Bewußtsein, mitten hinein versetzen in das Leben jener Zeit, so daß wir selbst mit ihnen zu gehen, zu stehen, zu beschließen, zu handeln schienen, und dies nicht durch kindische und tändelnde Erdichtung, wie es so viele historische Romane gethan haben, sondern durch Wahrheit; und aus diesem ihren Leben müßte sie die Thaten und Ereignisse als Belege desselben, hervorblicken lassen. Ein solches Werk könnte zwar nur die Frucht von ausgebreiteten Kenntnissen sein und von Forschungen, die vielleicht noch niemals angestellt sind, aber die Ausstellung dieser Kenntnisse und Forschungen müßte uns der Verfasser ersparen und nur lediglich die gereifte Frucht uns vorlegen in der gegenwärtigen Sprache auf eine jedwedem Deutschen ohne Ausnahme verständliche Weise. Außer jenen historischen Kenntnissen würde ein solches Werk auch noch

ein hohes Maß philosophischen Geistes erfordern, der eben so wenig sich zur Schau ausstellte; und vor allem ein treues, und liebendes Gemüt.

87. Jene Zeit war der jugendliche Traum der Nation in be= schränkten Kreisen von künftigen Thaten, Kämpfen und Siegen: und die Weissagung, was sie einst bei vollendeter Kraft sein würde. Ver= führerische Gesellschaft und die Lockung der Eitelkeit hat die heran= wachsende fortgerissen in Kreise, die nicht die ihrigen sind, und indem sie auch da glänzen wollte, steht sie da mit Schmach bedeckt und ringend sogar um ihre Fortdauer. Aber ist sie denn wirklich veraltet und entkräftet? Hat ihr nicht auch seitdem immerfort und bis auf diesen Tag die Quelle des ursprünglichen Lebens fortgequollen, wie keiner andern Nation? Können jene Weissagungen ihres jugendlichen Lebens, die durch die Beschaffenheit der übrigen Völker und durch den Bildungsplan der ganzen Menschheit bestätigt werden, — können sie unerfüllt bleiben? Nimmermehr. Bringe man diese Nation nur zuvörderst zurück von der falschen Richtung, die sie ergriffen, zeige man ihr in dem Spiegel jener ihrer Jugendträume ihren wahren Hang und ihre wahre Bestimmung, bis unter diesen Betrachtungen sich ihr die Kraft entfalte, diese ihre Bestimmung mächtig zu ergreifen. Möchte diese Aufforderung etwas dazu beitragen, daß recht bald ein dazu ausgerüsteter deutscher Mann diese vorläufige Aufgabe löse!

Siebente Rede.

Noch tiefere Erfaffung der Urfprünglichteit und Deutschheit eines Volkes.

88. Es find in den vorigen Reden angegeben und in der Ge=
fchichte nachgewiefen die Grundzüge der Deutfchen, als eines Urvolfs
und als eines folchen, das das Recht hat, fich das Volt fchlechtweg, im
Gegenfatze mit andern von ihm abgeriffenen Stämmen zu nennen, wie
denn auch das Wort deutfch in feiner eigentlichen Wortbedeutung das
fo eben Gefagte bezeichnet.[1] Es ift zwecmäßig, daß wir bei diefem
Gegenftande noch eine Stunde verweilen und uns auf den möglichen
Einwurf einlaffen, daß, wenn dies deutfche Eigentümlichteit fei, man
werde bekennen müffen, daß dermalen unter den Deutfchen felber wenig
Deutfches mehr übrig fei. Indem auch wir diefe Erfcheinung keines=
wegs leugnen können, fondern fie vielmehr anzuerkennen und in ihren
einzelnen Teilen fie zu überfehen gedenken, wollen wir mit einer Er=
klärung derfelben anheben.

89. Das war im ganzen das Verhältnis des Urvolfs der neuen
Welt zum Fortgange der Bildung diefer Welt, daß das erftere durch
unvollftändige und auf der Oberfläche verbleibende Beftrebungen des
Auslandes erft angeregt werde zu tiefern aus feiner eignen Mitte heraus
zu entwickelnden Schöpfungen. Da von der Anregung bis zur Schöpfung
es ohne Zweifel feine Zeit dauert, fo ift klar, daß ein folches Ver=
hältnis Zeiträume herbei führen werde, in welchem das Urvolf faft ganz
mit dem Auslande verfloffen und demfelben gleich erfcheinen müffe,
weil es nämlich gerade im Zuftande der bloßen Angeregtfeins fich be=
findet und die dabei beabfichtigte Schöpfung noch nicht zum Durchbruche
gekommen ift. In einem folchen Zeitraume befindet fich nun gerade
jetzt Deutfchland in Abficht der großen Mehrzahl feiner gebildeten Be=
wohner, und daher rühren die durch das ganze innere Wefen und Leben
diefer Mehrzahl verfloffenen Erfcheinungen der Ausländerei. Die Philo=

---

[1] S. die 2. Anmerkung zum § 3. In den politifchen Fragmenten
(WW. VII. 600) nennt F. die Deutfchen das volkifche Element zu den im
Chriftentum gefundenen Principien.

sophie, als freies, von allen Fesseln des Glaubens an fremdes Ansehen erledigtes Denken, sei es, wodurch dermalen das Ausland sein Mutter= land anrege, haben wir in der vorigen Rede ersehen. Wo es nun von dieser Anregung aus nicht zur neuen Schöpfung gekommen, welches, da die letzte von der großen Mehrzahl unvernommen geblieben, bei äußerst wenigen der Fall ist: da gestaltet sich teils noch jene, schon früher bezeichnete Philosophie des Auslandes selber zu andern und an= dern Formen; teils bemächtigt sich der Geist derselben auch der übrigen an die Philosophie zunächst grenzenden Wissenschaften und sieht an die= selben aus seinem Gesichtspunkte; endlich, da der Deutsche seinen Ernst und sein unmittelbares Eingreifen in das Leben doch niemals ablegen kann, so fließt diese Philosophie ein auf die öffentliche Lebensweise und auf die Grundsätze und Regeln derselben. Wir werden dies Stück für Stück darthun.

90. Zuvörderst und vor allen Dingen: der Mensch bildet seine wissenschaftliche Ansicht nicht etwa mit Freiheit und Willkür, so oder so, sondern sie wird ihm gebildet durch sein Leben und ist eigentlich die zur Anschauung gewordene innere und übrigens ihm unbekannte Wurzel seines Lebens selbst.[1]) Was du so recht innerlich eigentlich bist, das tritt heraus vor dein äußeres Auge, und du vermöchtest niemals etwas anderes zu sehen. Solltest du anders sehen, so müßtest du erst anders werden. Nun ist das innere Wesen des Auslandes oder der Nichtur= sprünglichkeit der Glaube an irgend ein letztes, festes, unveränderlich stehendes, an eine Grenze, diesseit welcher zwar das freie Leben sein Spiel treibe, welche selbst aber es niemals zu durchbrechen, und durch sich flüßig zu machen, und sich in dieselbe zu verflößen vermöge. Diese undurchdringliche Grenze tritt ihm darum irgendwo notwendig auch vor die Augen, und es kann nicht anders denken oder glauben, außer unter Voraussetzung einer solchen, wenn nicht sein ganzes Wesen umgewandelt und sein Herz ihm aus dem Leibe gerissen werden soll. Es glaubt notwendig an den Tod, als das ursprüngliche und letzte, den Grund= quell aller Dinge und mit ihnen des Lebens.[2])

91. Wir haben hier zunächst anzugeben, wie dieser Grundglaube des Auslandes unter den Deutschen dermalen sich ausspreche.

---

[1]) „Die Anforderung, die Wissenschaft in uns und andern zu realisieren, kann keiner an sich selber thun, an den sie nicht schon, ohne alles sein Zuthun ergangen, und dadurch selbst ihm erst klar und verständlich geworden ist." An= weisung, W.W. V. 473.

[2]) „Gewöhnlich denkt man sich das Sein als ein stehendes, starres und totes; selbst die Philosophen fast ohne Ausnahme haben es also gedacht, sogar indem sie dasselbe als Absolutes aussprachen. Dies kommt lediglich daher, weil man keinen lebendigen, sondern nur einen toten Begriff zum Denken des Seins mit sich brachte. Nicht im Sein an und für sich liegt der Tod, sondern im er= tötenden Blick des toten Beschauers." Anweisung, W.W. V. 404. Vgl. übrigens Einl. S. 61 f.

Er spricht sich aus zuvörderst in der eigentlichen Philosophie. Die dermalige deutsche Philosophie, in wiefern dieselbe hier der Erwähnung wert ist, will Gründlichkeit und wissenschaftliche Form, ohnerachtet sie dieselbe nicht zu erschwingen vermag, sie will Einheit, auch nicht ohne frühern Vorgang des Auslandes, sie will Realität und Wesen — nicht bloße Erscheinung, sondern eine in der Erscheinung erscheinende Grund-lage dieser Erscheinung und hat in allen diesen Stücken recht und über-trifft sehr weit die herrschenden Philosophen des dermaligen auswärtigen Auslandes, indem sie in der Ausländerei weit gründlicher und folgebe-ständiger ist, denn jenes. Diese der bloßen Erscheinung unterzulegende Grundlage ist ihnen nun, wie sie sie auch etwa noch fehlerhafter weiter bestimmen mögen, immer ein festes Sein, das da ist, was es eben ist, und nichts weiter, in sich gefesselt, und an sein eigenes Wesen gebunden; und so tritt denn der Tod und die Entfremdung von der Ursprünglich-keit, die in ihnen selbst sind, auch heraus vor ihre Augen. Weil sie selbst nicht zum Leben schlechtweg, aus sich selber heraus, sich aufzu-schwingen vermögen, sondern für freien Aufflug stets eines Trägers und einer Stütze bedürfen, darum kommen sie auch mit ihrem Denken, als dem Abbilde ihres Lebens, nicht über diesen Träger hinaus: das, was nicht Etwas ist, ist ihnen notwendig Nichts, weil zwischen jenem in sich ver-wachsenen Sein und dem Nichts ihr Auge nichts weiter sieht, da ihr Leben da nichts weiter hat. Ihr Gefühl, worauf auch allein sie sich berufen können, erscheint ihnen als untrüglich; und so jemand diesen Träger nicht zugiebt, so sind sie weit entfernt von der Voraussetzung, daß er mit dem Leben allein sich begnüge, sondern sie glauben, daß es ihm nur an Scharf-sinn fehle, den Träger, der ohne Zweifel auch ihn trage, zu bemerken, und daß er der Fähigkeit, sich zu ihren hohen Ansichten aufzuschwingen, ermangle. Es ist darum vergeblich und unmöglich, sie zu belehren; machen müßte man sie und anders machen, wenn man könnte. In diesem Teile ist nun die dermalige deutsche Philosophie nicht deutsch, sondern Ausländerei.

92. Die wahre in sich selbst zu Ende gekommene und über die Erscheinung hinweg wahrhaft zum Kerne derselben durchgedrungene Philo-sophie hingegen geht aus von dem einen, reinen, göttlichen Leben [1]), — als Leben schlechtweg, welches auch in alle Ewigkeit und darin immer eines bleibt, nicht aber als von diesem oder jenem Leben; und sie sieht, wie lediglich in der Erscheinung dieses Leben unendlich fort sich schließe und wiederum öffne und erst diesem Gesetze zufolge es zu einem Sein und zu einem Etwas überhaupt komme. Ihr entsteht das Sein, was jene sich vorausgeben läßt. Und so ist denn diese Philosophie recht eigentlich nur deutsch, d. i. ursprünglich; und umgekehrt, so jemand nur

---

[1]) Dies ist die der Anweisung z. f. L. entsprechende Formulierung der abso-luten Spontanität als des letzten Bewirkenden.

ein wahrer Deutscher würde, so würde er nicht anders denn also philo=
sophieren können.

93. Jenes, obwohl bei der Mehrzahl der deutsch philosophierenden
herrschende, dennoch nicht eigentlich deutsche Denksystem greift, ob es nun
mit Bewußtsein als eigentliches philosophisches Lehrgebäude aufgestellt sei,
oder ob es nur unbewußt unserm übrigen Denken zum Grunde liege, —
es greift, sage ich, ein in die übrigen wissenschaftlichen Ansichten der
Zeit; wie denn dies ein Hauptbestreben unsrer durch das Ausland an=
geregten Zeit ist, den wissenschaftlichen Stoff nicht mehr blos, wie wohl
unsere Vorfahren thaten, in das Gedächtnis zu fassen, sondern denselben
auch selbstdenkend und philosophierend zu bearbeiten. In Absicht des
Bestrebens überhaupt hat die Zeit recht; wenn sie aber, wie dies zu
erwarten ist, in der Ausführung dieses Philosophierens von der totgläu=
bigen Philosophie des Auslandes ausgeht, wird sie unrecht haben. Wir
wollen hier nur auf die unserm ganzen Vorhaben am nächsten liegenden
Wissenschaften einen Blick werfen und die in ihnen verbreiteten auslän=
dischen Begriffe und Ansichten aufsuchen.

94. Daß die Errichtung und Regierung der Staaten als eine freie
Kunst angesehen werde, die ihre festen Regeln habe, darin hat ohne
Zweifel das Ausland, es selbst nach dem Muster des Altertums, uns
zum Vorgänger gedient. Worein wird nun ein solches Ausland, das
schon an dem Elemente seines Denkens und Wollens seiner Sprache
einen festen geschlossenen und toten Träger hat und alle, die ihm hierin
folgen, diese Staatskunst setzen? Ohne Zweifel in die Kunst eine gleich=
falls feste und tote Ordnung der Dinge zu finden, aus welchem Tode
das lebendige Regen der Gesellschaft hervorgehe, und also hervorgehe,
wie sie es beabsichtigt;[1]) alles Leben in der Gesellschaft zu einem großen
und künstlichen Druck= und Räderwerk zusammenzufügen, in welchem
jedes einzelne durch das Ganze immerfort genötigt werde, dem Ganzen
zu dienen; ein Rechenexempel zu lösen aus endlichen und benannten
Größen zu einer nennbaren Summe, aus der Voraussetzung, jeder wolle
sein Wohl zu dem Zwecke, eben dadurch jeden wider seinen Dank und
Willen zu zwingen, das allgemeine Wohl zu befördern. Das Ausland
hat vielfältig diesen Grundsatz ausgesprochen und Kunstwerke jener gesell=
schaftlichen Maschinenkunst geliefert; das Mutterland hat die Lehre an=
genommen und die Anwendung derselben zu Hervorbringung gesellschaft=
licher Maschinen weiter bearbeitet, auch hier, wie immer, umfassender,
tiefer, wahrer, seine Muster bei weitem übertreffend. Solche Staats=

---

[1]) Nach der Staatsl. (W. W. IV. 436) ist das Recht ein apriorischer, in der
Vernunft liegender Begriff, nicht „etwas, worüber sich alle erst willkürlich ver=
ständigen, indem jeder schon vor dem Rechte voraus besitzt und davon ausgiebt:
— so nach Rousseau's contrat social empirisch, willkürlich, erdichtet; ein
Grübeln über spekulative Aufgaben auf gutes Glück ohne spekulative Principien."

künstler wissen, falls es etwa mit dem bisherigen Gange der Gesellschaft stockt, dies nicht anders zu erklären, als daß etwa eines der Räder derselben ausgelaufen sein möge, und kennen kein anderes Heilungsmittel, denn dies, die schadhaften Räder herauszuheben und neue einzusetzen. Je eingewurzelter jemand in diese mechanische Ansicht der Gesellschaft ist, je mehr er es versteht diesen Mechanismus zu vereinfachen, indem er alle Teile der Maschine so gleich als möglich macht und alle als gleichmäßigen Stoff behandelt, für einen desto größeren Staatskünstler gilt er mit Recht in dieser unserer Zeit; — denn mit den unentschieden schwankenden und gar keiner festen Ansicht fähigen ist man noch übler daran.

95. Diese Ansicht der Staatskunst prägt durch ihre eiserne Folgegemäßheit und durch einen Anschein von Erhabenheit, der auf sie fällt, Achtung ein; auch leistet sie, besonders wo alles nach monarchischer und immer reiner werdender monarchischer Verfassung drängt, bis auf einen gewissen Punkt gute Dienste. Angekommen aber bei diesem Punkte springt ihre Ohnmacht in die Augen. Ich will nämlich annehmen daß ihr eurer Maschine die von euch beabsichtigte Vollkommenheit durchaus verschafft hättet, und daß in ihr jedwedes niedere Glied unausbleiblich und unwiderstehlich gezwungen werde durch ein höheres, zum Zwingen gezwungenes Glied und so fort bis an den Gipfel; wodurch wird denn nun euer letztes Glied, von dem aller in der Maschine vorhandene Zwang ausgeht, zu seinem Zwingen gezwungen? Ihr sollt schlechthin allen Widerstand, der aus der Reibung der Stoffe gegen jene letzte Triebfeder entstehen könnte, überwunden und ihr eine Kraft gegeben haben, gegen welche alle andere Kraft in nichts verschwinde, was allein ihr auch durch Mechanismus könnt, und sollt also die allerkräftigste monarchische Verfassung erschaffen haben; wie wollt ihr denn nun diese Triebfeder selbst in Bewegung bringen und sie zwingen, ohne Ausnahme das Rechte zu sehen und zu wollen? Wie wollt ihr denn in euer zwar richtig berechnetes und gefügtes, aber stillstehendes Räderwerk das ewig bewegliche einsetzen? Soll etwa, wie ihr dies auch zuweilen in eurer Verlegenheit äußert, das ganze Werk selbst zurückwirken und seine erste Triebfeder anregen? Entweder geschieht dies durch eine selbst aus der Anregung der Triebfeder stammende Kraft, oder es geschieht durch eine solche Kraft, die nicht aus ihr stammt, sondern die in dem Ganzen selbst, unabhängig von der Triebfeder, stattfindet; und ein Drittes ist nicht möglich. Nehmet ihr das erste an, so befindet ihr euch in einem alles Denken und allen Mechanismus aufhebenden Zirkel; das ganze Werk kann die Triebfeder zwingen, nur, in wiefern es selbst von jener gezwungen ist, sie zu zwingen, also, in wiefern die Triebfeder nur mittelbar sich selbst zwingt; zwingt sie aber sich selbst nicht, welchem Mangel wir ja eben abhelfen wollten, so erfolgt überhaupt keine Bewegung. Nehmt ihr das

zweite an, so bekennt ihr, daß der Ursprung aller Bewegung in eurem
Werke von einer in eurer Berechnung und Anordnung gar nicht einge=
tretenen und durch euren Mechanismus gar nicht gebundenen Kraft aus=
gehe, die ohne Zweifel ohne euer Zuthun nach ihren eigenen euch un=
bekannten Gesetzen wirkt, wie sie kann. In jedem der beiden Fälle müßt
ihr euch als Stümper und ohnmächtige Prahler bekennen.

96. Dies hat man denn auch gefühlt und in diesem Lehrgebäude,
das, auf seinen Zwang rechnend, um die übrigen Bürger unbesorgt sein
kann, wenigstens den Fürsten, von welchem alle gesellschaftliche Bewegung
ausgeht, durch allerlei gute Lehre und Unterweisung erziehen wollen.
Aber wie will man sich denn versichern, daß man auf eine der Erziehung
zum Fürsten überhaupt fähige Natur treffen werde; oder falls man auch
dieses Glück hätte, daß dieser, den kein Mensch nötigen kann, gefällig
und geneigt sein werde, Zucht annehmen zu wollen? Eine solche Ansicht
der Staatskunst ist nun, ob sie auf ausländischem oder deutschem Boden
angetroffen werde, immer Ausländerei. Es ist jedoch hierbei zur Ehre
deutschen Geblüts und Gemüts anzumerken, daß, so gute Künstler wir
auch in der bloßen Lehre dieser Zwangsberechnungen sein mochten, wir
dennoch, wenn es zur Ausübung kam, durch das dunkle Gefühl, es
müsse nicht also sein, gar sehr gehemmt wurden und in diesem Stücke
gegen das Ausland zurückblieben. Sollten wir also auch genötigt werden,
die uns zugedachte Wohlthat fremder Formen und Gesetze anzunehmen,
so wollen wir uns dabei wenigstens nicht über die Gebühr schämen, als
ob unser Witz unfähig gewesen wäre, diese Höhen der Gesetzgebung auch,
zu erschwingen. Da, wenn wir bloß die Feder in der Hand haben
wir auch hierin keiner Nation nachstehen, so möchten für das Leben wir
wohl gefühlt haben, daß auch dies noch nicht das Rechte sei und so
lieber das Alte haben stehen lassen wollen, bis das Vollkommene an
uns käme, anstatt bloß die alte Mode mit einer neuen ebenso hinfälligen
Mode zu vertauschen.

97. Anders die echt deutsche Staatskunst. Auch sie will Festigkeit
Sicherheit und Unabhängigkeit von der blinden und schwankenden Natur
und ist hierin mit dem Auslande ganz einverstanden. Nur will sie nicht,
wie diese, ein festes und gewisses Ding, als das erste, durch welches der
Geist, als das zweite Glied erst gewiß gemacht werde, sondern sie will
gleich von vorn herein, und als das allererste und einige Glied einen
festen und gewissen Geist. Dieser ist für sie die aus sich selbst lebende
und ewig bewegliche Triebfeder, die das Leben der Gesellschaft ordnen
und fortbewegen wird. Sie begreift, daß sie diesen Geist nicht durch
Strafreden an die schon verwahrloste Erwachsenheit, sondern nur durch
Erziehung des noch unverdorbenen Jugendalters hervorbringen könne[1]);

---

[1]) S. die Anmerkung zum § 80.

und zwar will sie mit dieser Erziehung, sich nicht wie das Ausland, an die schroffe Spitze, den Fürsten, sondern sie will sich mit derselben an die breite Fläche, an die Nation wenden, indem ja ohne Zweifel auch der Fürst zu dieser gehören wird. So wie der Staat an den Personen seiner erwachsenen Bürger die fortgesetzte Erziehung des Menschengeschlechts ist, so müsse, meint diese Staatskunst, der künftige Bürger selbst erst zur Empfänglichkeit jener höher Erziehung herauferzogen werden. Hierdurch wird nun diese deutsche und allerneueste Staatskunst wiederum die aller= älteste; denn auch diese bei den Griechen gründete das Bürgertum auf die Erziehung und bildete Bürger, wie die folgenden Zeitalter sie nicht wieder gesehen haben. In der Form dasselbe, in dem Gehalte mit nicht engherzigem und ausschließendem, sondern allgemeinem und weltbürgerlichem Geiste, wird hinführo der Deutsche thun.

98. Derselbe Geist des Auslandes herrscht bei der großen Mehr= zahl der unsrigen auch in ihrer Ansicht des gesamten Lebens eines Menschengeschlechts und der Geschichte, als dem Bilde jenes Lebens. Eine Nation, die eine geschlossene und erstorbene Grundlage ihrer Sprache hat, kann es, wie wir zu einer andern Zeit gezeigt haben, in allen Redekünsten nur bis zu einer gewissen von jener Grundlage verstatteten Stufe der Ausbildung bringen, und sie wird ein goldenes Zeitalter erleben. [1] Ohne die größte Bescheidenheit und Selbstverleugnung kann eine solche Nation von dem ganzen Geschlechte nicht füglich höher denken, denn sie selbst sich kennt; sie muß daher voraussetzen, daß es auch für dieses ein letztes, höchstes und niemals zu übertreffendes Ziel der Aus= bildung geben werde. So wie das Tiergeschlecht der Biber oder Bienen noch jetzt also baut, wie es vor Jahrtausenden gebaut hat und in diesem langen Zeitraume in der Kunst keine Fortschritte gemacht hat, eben so wird es nach diesen sich mit dem Tiergeschlechte, Mensch genannt, in allen Zweigen seiner Ausbildung verhalten. Diese Zweige, Triebe und Fähigkeiten werden sich erschöpfend übersehen, ja vielleicht an ein paar Gliedmaßen sogar dem Auge darlegen lassen, und die höchste Entwicklung einer jeden wird angegeben werden können. Vielleicht wird das Menschen= geschlecht darin noch weit übler daran sein, als das Biber= oder Bienen= geschlecht, daß das letztere, wie es zwar nichts zulernt, dennoch auch in seiner Kunst nicht zurückkommt, der Mensch aber, wenn er auch einmal den Gipfel erreichte, wiederum zurückgeschleudert wird und nun Jahr= hunderte oder Tausende sich anstrengen mag, um wiederum in den Punkt hinein zu geraten, in welchem man ihn lieber gleich hätte lassen sollen. Dergleichen Scheitelpunkte seiner Bildung und goldene Zeitalter wird,

---

[1] S. § 63. Gegen die hier nur angedeutete, in den „Grundzügen des gegenwärtigen Zeitalters" ausgeführte Anschauung Fichte's über die Geschichte hat Herbart 1814 vom ateleologischen Standpunkte eine Rede veröffentlicht; s. dessen WW. XII. 247 f.

diesen zufolge, das Menschengeschlecht ohne Zweifel auch schon erreicht
haben; diese in der Geschichte aufzusuchen, und nach ihnen alle Be=
strebungen der Menschheit zu beurteilen, und auf sie sie zurückzuführen,
wird ihr eifrigstes Bestreben sein. Nach ihnen ist die Geschichte längst
fertig und ist schon mehrmals fertig gewesen; nach ihnen geschieht nichts
Neues unter der Sonne, denn sie haben unter und über der Sonne den
Quell des ewigen Fortlebens ausgetilgt und lassen nur den immer
wiederkehrenden Tod sich wiederholen und mehrere Male setzen.

99. Es ist bekannt, daß diese Philosophie der Geschichte vom
Auslande aus an uns gekommen ist, wiewohl sie dermalen auch in diesem
verhallet und fast ausschließend deutsches Eigentum geworden ist. Aus
dieser tiefern Verwandtschaft erfolgt es denn auch, daß diese unsre Geschichts=
philosophie die Bestrebungen des Auslandes, welches, wenn es auch diese
Ansicht der Geschichte nicht mehr häufig ausspricht, noch mehr thut, indem
es in derselben handelt und abermals ein goldnes Zeitalter verfertigt,
so durch und durch zu verstehen, und ihnen sogar weissagend den fernern
Weg vorzuzeichnen, und sie so aufrichtig zu bewundern vermag, wie es
der deutsch Denkende nicht eben also von sich rühmen kann. Wie könnte
er auch? Goldene Zeitalter in jeder Rücksicht sind ihm eine Beschränktheit
der Erstorbenheit. Das Gold möge zwar das edelste sein im Schoße
der erstorbenen Erde, meint er, aber des lebendigen Geistes Stoff sei
jenseit der Sonne und jenseit aller Sonnen, und sei ihre Quelle. Ihm
wickelt sich die Geschichte und mit ihr das Menschengeschlecht nicht ab
nach dem verborgenen und wunderlichen Gesetze eines Kreistanzes, sondern
nach ihm macht der eigentliche und rechte Mensch sie selbst, nicht etwa
nur wiederholend das schon Dagewesene, sondern in die .Zeit hinein
erschaffend das durchaus Neue. Er erwartet darum niemals bloße Wieder=
holung, und wenn sie doch erfolgen sollte Wort für Wort, wie es im
alten Buche steht, so bewundert er wenigstens nicht.

100. Auf ähnliche Weise nun verbreitet der ertötende Geist des
Auslandes ohne unser deutliches Bewußtsein sich über unsre übrigen
wissenschaftlichen Ansichten, von denen es hinreichen möge, die angeführten
Beispiele beigebracht zu haben; und zwar erfolgt dies deswegen also,
weil wir gerade jetzt die vom Auslande früher erhaltenen Anregungen
nach unsrer Weise bearbeiten und durch einen solchen Mittelzustand
hindurch gehen. Weil dies zur Sache gehörte, habe ich diese Beispiele
beigebracht; nebenbei auch noch darum, damit niemand glaube, durch
Folgesätze aus den angeführten Grundsätzen den hier geäußerten Be=
hauptungen widersprechen zu können. Weit entfernt, daß etwa jene
Grundsätze uns unbekannt geblieben wären, oder daß wir zu der Höhe
derselben uns nicht aufzuschwingen vermocht hätten, kennen wir sie viel=
mehr recht gut und dürften vielleicht, wenn wir überflüssige Zeit hätten,
fähig sein, dieselben in ihrer ganzen Folgemäßigkeit rückwärts und vorwärts

zu entwickeln; wir werfen sie nur eben gleich von vorn herein weg und so auch alles, was aus ihnen folgt, dessen mehreres ist in unserm hergebrachten Denken, als der oberflächliche Beobachter leicht glauben dürfte.

Wie in unsere wissenschaftliche Ansicht, ebenso fließt dieser Geist des Auslandes auch ein in unser gewöhnliches Leben und die Regeln desselben; damit aber dieses klar und das vorhergehende noch klarer werde, ist es nötig, zuvörderst das Wesen des ursprünglichen Lebens oder der Freiheit mit tieferem Blicke zu durchdringen.

101. Die Freiheit, im Sinne des unentschiedenen Schwankens zwischen mehreren gleich möglichen genommen, ist nicht Leben, sondern nur Vorhof und Eingang zu wirklichem Leben. Endlich muß es doch einmal aus diesem Schwanken heraus zum Entschlusse und zum Handeln kommen, und erst jetzt beginnt das Leben. [1])

Nun erscheint unmittelbar und auf den ersten Blick jedweder Willensentschluß als erstes [2]), keineswegs als zweites, und Folge aus einem ersten, als seinem Grunde — als schlechthin durch sich daseiend und so daseiend, wie er es ist; welche Bedeutung als die einzig mögliche verständige des Wortes Freiheit wir festsetzen wollen. Aber es sind in Absicht auf den inneren Gehalt eines solchen Willensentschlusses zwei Fälle möglich; entweder nämlich erscheint in ihm nur die Erscheinung abgetrennt vom Wesen, und ohne daß das Wesen auf irgend eine Weise in ihrem Erscheinen eintrete, oder das Wesen tritt selbst erscheinend ein in dieser Erscheinung eines Willensentschlusses: und zwar ist hierbei sogleich mit anzumerken, daß das Wesen nur in einem Willensentschlusse und durchaus in nichts anderem zur Erscheinung werden kann, wiewohl umgekehrt es Willensentschlüsse geben kann, in denen keineswegs das Wesen, sondern nur die bloße Erscheinung heraustritt.[3]) Wir reden zunächst von dem letzten Falle.

102. Die bloße Erscheinung, bloß als solche, ist durch ihre Abtrennung und durch ihren Gegensatz mit dem Wesen, sodann dadurch, daß sie fähig ist, selbst auch zu erscheinen und sich darzustellen, unabänderlich bestimmt, und sie ist darum notwendig also, wie sie eben ist und aus-

---

[1]) Nämlich das göttliche Leben, die „eigentliche innerste und tiefste Wurzel des Daseins" (Anweisung, WW. V. 517, vergl. § 92.

[2]) d. h. „absolut Anfangendes, aus sich selbst Entscheidendes, Neusetzendes" W W. VII. 592.

[3]) Das letztere wäre nach Fichte der Fall, wenn irgend ein (besonderes, individuelles) Ich in irgend einem Punkte der Freiheit stünde und sein eigenes Sein, ein mangelhaftes Dasein des göttlichen Daseins, ein Nichtsein und eine Beschränkung des wahren Seins hätte, indem er bekennt, daß er auch nicht gehorchen könnte, — das erstere, wenn das ganze persönliche Dasein als Mittel für das in ihm sich erfüllende göttliche Werk angesehen würde. Anweisung WW. V. 517 f. Nicht um individuelle Freiheit, sondern um die Freiheit an sich handelt es sich ja in der Fichteschen Philosophie (Einl. 5. Kap. S. 78); das Individuum ist ihr eine bloße Erscheinung und die individuelle Freiheit nicht weniger.

fällt. Iſt daher, wie wir vorausſetzen, irgend ein gegebener Willens=
entſchluß in ſeinem Inhalte bloße Erſcheinung, ſo iſt er inſofern in der
That nicht frei, erſtes und urſprüngliches, ſondern er iſt notwendig und
ein zweites aus einem höheren erſten, dem Geſetze der Erſcheinung über=
haupt, alſo wie es iſt, hervorgehendes Glied. Da nun, wie auch hier
mehrmals erinnert worden, das Denken des Menſchen denſelben alſo vor
ihn ſelber hinſtellt, wie er wirklich iſt und immerfort der treue Abdruck
und Spiegel ſeines Innern bleibt, ſo kann ein ſolcher Willensentſchluß,
obwohl er auf den erſten Blick, da er ja ein Willensentſchluß iſt, als
frei erſcheint, dennoch dem wiederholten und tieferen Denken keineswegs
alſo erſcheinen, ſondern er muß in dieſem als notwendig gedacht werden,
wie er es denn wirklich und in der That iſt. Für ſolche, deren Willen
ſich noch in keinen höheren Kreis aufgeſchwungen hat, als in den, daß an
ihnen ein Wille bloß erſcheine, iſt der Glaube an Freiheit [1]) allerdings
Wahn und Täuſchung eines flüchtigen und auf der Oberfläche behangen
bleibenden Anſchauens; im Denken allein, das ihnen allenthalben nur
die Feſſel der ſtrengen Notwendigkeit zeigt, iſt für ſie Wahrheit.

103. Das erſte Grundgeſetz der Erſcheinung, ſchlechthin als ſolcher,
(den Grund anzugeben unterlaſſen wir um ſo füglicher, da es anderwärts
zur Genüge geſchehen iſt) iſt dieſes, daß ſie zerfalle in ein Mannig=
faltiges, das in einer gewiſſen Rückſicht [2]) ein unendliches, in einer ge=
wiſſen andern Rückſicht [3]) ein geſchloſſenes Ganzes iſt, in welchem ge=
ſchloſſenen Ganzen des Mannigfaltigen jedes einzelne beſtimmt iſt durch
alle übrige und wiederum alle übrige beſtimmt ſind durch dieſes einzelne.
Falls daher in dem Willensentſchluſſe des einzelnen nichts weiter heraus=
bricht in die Erſcheinung, als die Erſcheinbarkeit, Darſtellbarkeit und
Sichtbarkeit überhaupt, die in der That die Sichtbarkeit von nichts iſt;
ſo iſt der Inhalt eines ſolchen Willensentſchluſſes beſtimmt durch das
geſchloſſene Ganze aller möglichen Willensentſchlüſſe dieſes und aller
möglichen übrigen einzelnen Willen, und er enthält nichts weiter und
kann nichts weiter enthalten, denn dasjenige, was nach Abziehung
aller jener möglichen Willensentſchlüſſe zu wollen übrig bleibt. Es iſt
darum in der That in ihm nichts ſelbſtändiges, urſprüngliches und eigenes,
ſondern er iſt die bloße Folge, als zweites, aus dem allgemeinen Zu=
ſammenhange der ganzen Erſcheinung in ihren einzelnen Teilen, wie er
denn dafür auch ſtets von allen, die auf dieſer Stufe der Bildung
ſich befanden, dabei aber gründlich dachten, erkannt worden, und dieſe
ihre Erkenntnis auch mit denſelben Worten, deren wir uns ſoeben be=
dienten, ausgeſprochen worden iſt; alles dieſes aber darum, weil in ihnen nicht
das Weſen, ſondern nur die bloße Erſcheinung eintritt in die Erſcheinung.

---

[1]) d. h. abſolute Freiheit.
[2]) Nämlich in Rückſicht auf das Sollen.
[3]) In Rückſicht auf das Sein.

104. Wo dagegen das Wesen selber unmittelbar, und gleichsam in eigner Person, keineswegs durch einen Stellvertreter eintritt in der Erscheinung seines Willensentschlusses, da ist zwar alles das oben erwähnte aus der Erscheinung, als einem geschlossenen Ganzen erfolgende, gleichfalls vorhanden, denn die Erscheinung erscheint ja auch hier; aber eine solche Erscheinung geht in diesem Bestandteile nicht auf und ist durch denselben nicht erschöpft, sondern es findet sich in ihr noch ein Mehreres, ein anderer, aus jenem Zusammenhange nicht zu erklärender, sondern nach Abzug des erklärbaren übrig bleibender Bestandteil. Jener erste Bestandteil findet auch hier statt, sagte ich; jenes Mehr wird sichtbar, und vermittelst dieser seiner Sichtbarkeit, keineswegs vermittelst seines inneren Wesens tritt es unter das Gesetz und die Bedingungen der Ersichtlichkeit überhaupt; aber es ist noch mehr, denn dieses aus irgend einem Gesetze hervorgehendes und darum notwendiges und zweites, und es ist in Absicht dieses Mehr durch sich selbst, was es ist, ein wahrhaftig erstes, ursprüngliches und freies, und da es dieses ist, erscheint es auch also dem tiefsten und in sich selber zu Ende gekommenen Denken. Das höchste Gesetz der Ersichtlichkeit ist wie gesagt dies, daß das erscheinende sich spalte in ein unendliches Mannigfaltiges. Jenes Mehr wird sichtbar jedesmal als Mehr, denn das nun und eben jetzt aus dem Zusammenhange der Erscheinung hervorgehende, und so ins unendliche fort; und so erscheint denn dieses Mehr selber als ein unendliches. Aber es ist ja sonnenklar, daß es diese Unendlichkeit nur dadurch erhält, daß es jedesmal sichtbar und denkbar, und zu entdecken ist, allein durch seinen Gegensatz mit dem ins Unendliche fort aus dem Zusammenhange erfolgenden und durch sein Mehrsein, denn dies. Abgesehen aber von diesem Bedürfnisse des Denkens desselben ist es ja dieses Mehr, denn alles ins unendliche fort sich darstellen mögende unendliche von Anbeginn in reiner Einfachheit und Unveränderlichkeit, und es wird in aller Unendlichkeit nicht mehr, denn dieses Mehr, noch wird es minder; und nur seine Ersichtlichkeit, als Mehr denn das Unendliche, — und auf andere Weise kann es in seiner höchsten Reinheit nicht sichtbar werden, — erschafft das Unendliche und alles, was in ihm zu erscheinen scheint. Wo nun dieses Mehr wirklich als ein solches ersichtliches Mehr eintritt, aber es vermag nur in einem Wollen einzutreten, da tritt das Wesen selbst, das allein ist und allein zu sein vermag, und das da ist von sich und durch sich, das göttliche Wesen, ein in die Erscheinung und macht sich selbst unmittelbar sichtbar;[1]) und daselbst ist eben darum wahre Ursprünglichkeit und Freiheit, und so wird denn auch an sie geglaubt.

---

[1]) „Nur Gott ist; Außer ihm nur seine Erscheinung. — In der Erscheinung nun das einzige wahrhaft Reale die Freiheit, — in ihrer absoluten Form, im Bewußtsein; also als eine Freiheit von Ichen. Diese und ihre Freiheitsprodukte das wahrhaft Reale." Staatsl. W.W. IV. 431.

105. Und so findet denn auf die allgemeine Frage, ob der Mensch frei sei oder nicht, keine allgemeine Antwort statt; denn eben weil der Mensch frei ist, in niederem Sinne, weil er bei unentschiedenem Schwanken und Wanken anhebt, kann er frei sein oder auch nicht frei im höhern Sinne des Wortes. In der Wirklichkeit ist die Weise, wie jemand diese Frage beantwortet, der klare Spiegel seines wahren inwendigen Seins.[1] Wer in der That nicht mehr ist, als ein Glied in der Kette der Erscheinungen, der kann wohl einen Augenblick sich frei wähnen, aber seinem strengern Denken hält dieser Wahn nicht Stand; wie er aber sich selbst findet, eben also denkt er notwendig sein ganzes Geschlecht. Wessen Leben dagegen ergriffen ist von dem wahrhaftigen und Leben unmittelbar aus Gott geworden ist, der ist frei und glaubt an Freiheit in sich und andern.

106. Wer an ein festes beharrliches und totes Sein glaubt,[2] der glaubt nur darum daran, weil er in sich selbst tot ist; und, nachdem er einmal tot ist, kann er nicht anders, denn also glauben. sobald er nur in sich selbst klar wird. Er selbst und seine ganze Gattung von Anbeginn bis ans Ende wird ihm ein zweites und eine notwendige Folge aus irgend einem vorauszusetzenden ersten Gliede. Diese Voraussetzung ist sein wirkliches, keineswegs ein bloß gedachtes Denken, sein wahrer Sinn, der Punkt, wo sein Denken unmittelbar selbst Leben ist; und ist so die Quelle alles seines übrigen Denkens und Beurteilens seines Geschlechts in seiner Vergangenheit, der Geschichte, seiner Zukunft, den Erwartungen von ihm und seiner Gegenwart, im wirklichen Leben an ihm selber und andern. — Wir haben diesen Glauben an den Tod im Gegensatze mit einem ursprünglich lebendigen Volke Ausländerei genannt. Diese Ausländerei wird somit, wenn sie einmal unter den Deutschen ist, sich auch im wirklichen Leben derselben zeigen, als ruhige Ergebung in die nun einmal unabänderliche Notwendigkeit ihres Seins, als Aufgeben aller Verbesserung unsrer selbst oder andrer durch Freiheit, als Geneigtheit sich selbst und alle so zu verbrauchen, wie sie sind, und aus ihrem Sein den möglichst größten Vorteil für uns selbst zu ziehen; kurz, als das in allen Lebensregungen immerfort sich abspiegelnde Bekenntnis des Glaubens an die allgemeine und gleichmäßige Sündhaftigkeit aller, den ich an einem andern Orte hinlänglich geschildert habe,[3] welche Schilderung selbst nachzulesen, auch zu beur-

---

[1] „Offenbare mir, was du wahrhaftig liebst, und du hast mir dadurch dein Leben gedeutet." Anweisung, WW. V. 403.

[2] „Sein und Leben ist Eins und dasselbige. Nur das Leben vermag selbständig, von sich und durch sich selber, dazusein; und wiederum das Leben, so gewiß es ein Leben ist, führt das Dasein bei sich." A. a. O. In diesem Falle bedeutet jedoch „Sein" einen Faktor der absoluten Thätigkeit. Einl. S. 62. Vgl. § 90.

[3] M. s. die Anweisung zum seligen Leben; 11te Vorlesung.

Anmerkung Fichte's.

12*

teilen, in wiefern dieselbe auf die Gegenwart passe, ich Ihnen überlasse. Diese Denk= und Handelsweise entsteht der inwendigen Erstorbenheit, wie oft erinnert worden, nur dadurch, daß sie über sich selbst klar wird, dagegen sie, so lange sie im Dunkeln bleibt, den Glauben an Freiheit, der an sich wahr und nur in Anwendung auf ihr dermaliges Sein Wahn ist, beibehält. Es erhellet hier deutlich der Nachteil der Klar= heit bei innerer Schlechtigkeit. So lange diese Schlechtigkeit dunkel bleibt, wird sie durch die fortdauernde Anforderung an Freiheit immer= fort beunruhigt, gestachelt, und getrieben, und bietet den Versuchen sie zu verbessern, einen Angriffspunkt dar. Die Klarheit aber vollendet sie, und rundet sie in sich selbst ab; sie fügt ihr die freudige Ergebung, die Ruhe eines guten Gewissens, das Wohlgefallen an sich selber hin= zu; es geschieht ihnen, wie sie glauben, sie sind von nun an in der That unverbesserlich, und höchstens, um bei den Besseren den unbarm= herzigen Abscheu gegen das Schlechte oder die Ergebung in den Willen Gottes rege zu erhalten, und außerdem zu keinem Dinge in der Welt nütze.

107. Und so trete denn endlich in seiner vollendeten Klarheit heraus, was wir in unsrer bisherigen Schilderung unter Deutschen ver= standen haben. Der eigentliche Unterscheidungsgrund liegt darin, ob man an ein absolut erstes und ursprüngliches im Menschen selber, an Freiheit, an unendliche Verbesserlichkeit, an ewiges Fortschreiten unsers Geschlechts glaube, oder ob man an alles dieses nicht glaube, ja wohl deutlich einzusehen und zu begreifen vermeine, daß das Gegenteil von diesem allen statt finde. Alle, die entweder selbst, schöpferisch und hervorbringend das Neue, leben, oder die, falls ihnen dies nicht zu Teil geworden wäre, das Nichtige wenigstens entschieden fallen lassen und aufmerkend da stehen, ob irgendwo der Fluß ursprünglichen Lebens sie ergreifen werde, oder die, falls sie auch nicht so weit wären, die Freiheit wenigstens ahnen und sie nicht hassen oder vor ihr erschrecken, sondern sie lieben: alle diese sind ursprüngliche Menschen, sie sind, wenn sie als ein Volk betrachtet werden, ein Urvolk, das Volk schlechtweg, Deutsche. Alle, die sich darein ergeben ein zweites zu sein, und abgestammtes, und die deutlich sich also kennen und begreifen, sind es in der That und werden es immer mehr durch diesen ihren Glauben, sie sind ein Anhang zum Leben, das vor ihnen oder neben ihnen aus eignem Triebe sich regte, ein vom Felsen zurücktönender Nachhall einer schon verstummten Stimme, sie sind, als Volk betrachtet, außerhalb des Urvolks, und für dasselbe Fremde und Ausländer. In der Nation, die bis auf diesen Tag sich das Volk schlechtweg oder Deutsche nennt, ist in der neuen Zeit wenigstens bis jetzt Ursprüngliches an den Tag hervorgebrochen, und Schöpferkraft des Neuen hat sich gezeigt; jetzt wird endlich dieser Nation durch eine in sich selbst klar gewordene Philosophie

der Spiegel vorgehalten, in welchem sie mit klarem Begriffe erkenne, was sie bisher ohne deutliches Bewußtsein durch die Natur ward, und wozu sie von derselben bestimmt ist; und es wird ihr der Antrag gemacht, nach diesem klaren Begriffe, und mit besonnener und freier Kunst, vollendet und ganz, sich selbst zu dem zu machen, was sie sein soll, den Bund zu erneuern und ihren Kreis zu schließen. Der Grundsatz, nach dem sie diesen zu schließen hat, ist ihr vorgelegt; was an Geistigkeit und Freiheit dieser Geistigkeit glaubt und die ewige Fortbildung dieser Geistigkeit durch Freiheit will, das, wo es auch geboren sei, und in welcher Sprache es rede, ist unsers Geschlechts, es gehört uns an und es wird sich zu uns thun. Was an Stillstand, Rückgang, und Zirkeltanz [1]) glaubt oder gar eine tote Natur an das Ruder der Weltregierung setzt, dieses, wo auch es geboren sei, und welche Sprache es rede, ist undeutsch und fremd für uns, und es ist zu wünschen, daß es je eher je lieber sich gänzlich von uns abtrenne.

108. Und so trete denn bei dieser Gelegenheit, gestützt auf das oben über die Freiheit Gesagte, endlich auch einmal vernehmlich heraus, und wer noch Ohren hat zu hören, der höre, was diejenige Philosophie, die mit gutem Fuge sich die deutsche nennt, eigentlich wolle, und worin sie jeder ausländischen und totgläubigen Philosophie mit ernster und unerbittlicher Strenge sich entgegensetze; und zwar trete dieses heraus keineswegs darum, damit auch das tote es verstehe, was unmöglich ist, sondern damit es diesem schwerer werde, ihr die Worte zu verdrehen und sich das Ansehen zu geben, als ob es selbst eben auch ohngefähr dasselbe wolle und im Grunde meine. Diese deutsche Philosophie erhebt sich wirklich und durch die That ihres Denkens, keineswegs prahlt sie es bloß, zufolge einer dunklen Ahnung, daß es so sein müsse, ohne es jedoch bewerkstelligen zu können, — sie erhebt sich zu dem unwandelbaren „Mehr denn alle Unendlichkeit" [2]) und findet allein in diesem das wahrhafte Sein. Zeit und Ewigkeit und Unendlichkeit erblickt sie in ihrer Entstehung aus dem Erscheinen und Sichtbarwerden jenes Einen, das an sich schlechthin unsichtbar ist und nur in dieser seiner Unsichtbarkeit erfaßt, richtig erfaßt wird. Schon die Unendlichkeit ist nach dieser Philosophie nichts an sich, und es kommt ihr durchaus kein wahrhaftiges Sein zu: sie ist lediglich das Mittel, woran das einzige, das da ist und das nur in seiner Unsichtbarkeit ist, sichtbar wird, und woraus ihm ein Bild, ein Schemen und Schatten seiner selbst im Umkreise der Bildlichkeit erbaut wird. Alles, was innerhalb dieser Unendlichkeit der Bilderwelt noch weiter sichtbar werden mag, ist nun vollends ein Nichts des Nichts, ein Schatten des Schattens und lediglich das Mittel, woran jenes erste Nichts

---

[1]) S. Einleitung. S. 32.
[2]) d. i. Gott. S. Löwe 65.

der Unendlichkeit und der Zeit selber sichtbar werde und dem Gedanken
der Aufflug zu dem unbildlichen und unsichtbaren Sein sich eröffne.

Innerhalb dieses einzig möglichen Bildes der Unendlichkeit tritt
nun das unsichtbare unmittelbar heraus nur als freies und ursprüngliches
Leben des Sehens, oder als Willensentschluß eines vernünftigen Wesens,
und kann durchaus nicht anders heraustreten und erscheinen. Alles als
nicht geistiges Leben erscheinende beharrliche Dasein ist nur ein aus
dem Sehen hingeworfener, vielfach durch das Nichts vermittelter, leerer
Schatten, im Gegensatze mit welchem, und durch dessen Erkenntnis als
vielfach vermitteltes Nichts, das Sehen selbst sich eben erheben soll zum
Erkennen seines eignen Nichts und zur Anerkennung des Unsichtbaren, als
des einzigen Wahren.

109. In diesen Schatten von den Schatten der Schatten bleibt
nun jene totgläubige Seins=Philosophie, [1]) die wohl gar Natur=Philo=
sophie wird, die erstorbenste von allen Philosophien, behangen und fürchtet
und betet an ihr eigenes Geschöpf.

Dieses Beharren nun ist der Ausdruck ihres wahren Lebens und
ihrer Liebe, und in diesem ist dieser Philosophie zu glauben. Wenn sie
aber noch weiter sagt, daß dieses von ihr als wirklich seiendes voraus=
gesetzte Sein und das Absolute eins sei und eben dasselbe, so ist ihr
hierin, so vielmal sie es auch beteuern mag, und wenn sie auch manchen
Eidschwur hinzufügte, nicht zu glauben; sie weiß dies nicht, sondern sie
sagt es nur auf gutes Glück hin, einer andern Philosophie, der sie dies
nicht abzustreiten wagt, es nachbetend. Sollte sie es wissen, so müßte
sie nicht von der Zweiheit, die sie durch jenen Machtspruch nur aufhebt
und dennoch stehen läßt, als einer unbezweifelten Thatsache ausgehen,
sondern sie müßte von der Einheit ausgehen und aus dieser die Zwei=
heit und mit ihr alle Mannigfaltigkeit verständlich und einleuchtend ab=
zuleiten vermögen. Hierzu bedarf es aber des Denkens der durchgeführten
und mit sich selbst zu Ende gekommenen Reflexion. Die Kunst dieses
Denkens hat sie teils nicht gelernt und ist derselben überhaupt unfähig,
sie vermag nur zu schwärmen, teils ist sie diesem Denken feind, und mag
es gar nicht versuchen, weil sie dadurch in der geliebten Täuschung ge=
stört werden würden.

Dies ist es nun, worin unsere Philosophie sich jener Philosophie
ernstlich entgegensetzt, und dies haben wir bei dieser Veranlassung einmal
so vernehmlich als möglich aussprechen und bezeugen wollen.

---

[1]) Schellings. Vgl. zu dieser Stelle namentlich Wesen d. Gel. WW. VI. 363.

Achte Rede.

Was ein Volk sei, in der höhern Bedeutung des Worts, und was Vaterlandsliebe.

110. Die vier letzten Reden haben die Frage beantwortet: was ist der Deutsche im Gegensatze mit andern Völkern germanischer Abkunft? Der Beweis, der durch dieses alles für das Ganze unsrer Untersuchung geführt werden soll, wird vollendet, wenn wir noch die Untersuchung der Frage hinzufügen: was ist ein Volk? welche letztere Frage gleich ist einer andern und zugleich mit beantwortet diese andere, oft aufgeworfene und auf sehr verschiedene Weisen beantwortete Frage, diese: was ist Vaterlandsliebe, oder, wie man sich richtiger ausdrücken würde, was ist Liebe des Einzelnen zu seiner Nation?[1])

Sind wir bisher im Gange unsrer Untersuchung richtig verfahren, so muß hiebei zugleich erhellen, daß nur der Deutsche — der ursprüngliche und nicht in einer willkürlichen Satzung erstorbene Mensch wahrhaft ein Volk hat, und auf eins zu rechnen befugt ist, und daß nur er der eigentlichen und vernunftgemäßen Liebe zu seiner Nation fähig ist.

Wir bahnen uns den Weg zur Lösung der gestellten Aufgabe durch folgende, fürs erste außer dem Zusammenhange des bisherigen zu liegen scheinende Bemerkung.

111. Die Religion, wie wir dies schon in unserer dritten Rede angemerkt haben, vermag durchaus hinweg zu versetzen über alle Zeit und über das gegenwärtige und sinnliche Leben, ohne darum der Rechtlichkeit, Sittlichkeit und Heiligkeit des von diesem Glauben ergriffenen Lebens den mindesten Abbruch zu thun. Man kann, auch bei der sichern Überzeugung, daß alles unser Wirken auf dieser Erde nicht die mindeste Spur hinter sich lassen und nicht die mindeste Frucht bringen werde, ja, daß das göttliche sogar verkehrt und zu einem Werkzeuge des Bösen

---

[1]) Eine Vaterlandsliebe, die nicht Liebe zur Nation ist, nennt Fichte einen dunklen und verworrenen Begriff und eine Ausgeburt der Lüge und der ungeschickten Schmeichelei. Patr. Gespr. WW. XI. 233.

und noch tieferer sittlicher Verderbnis werde gebraucht werden, dennoch
fortfahren in diesem Wirken, lediglich, um das in uns ausgebrochene
göttliche Leben aufrecht zu erhalten, und in Beziehung auf eine höhere
Ordnung der Dinge in einer künftigen Welt, in welcher nichts in Gott
geschehenes zu Grunde geht. So waren z. B. die Apostel und überhaupt
die ersten Christen durch ihren Glauben an den Himmel schon im Leben
gänzlich über die Erde hinweggesetzt, und die Angelegenheiten derselben,
der Staat, irdisches Vaterland und Nation waren von ihnen so gänzlich
aufgegeben, daß sie dieselben auch sogar ihrer Beachtung nicht mehr
würdigten. So möglich dieses nun auch ist und so leicht auch dem
Glauben, und so freudig auch man sich darein ergeben muß, wenn es
einmal unabänderlich der Wille Gottes ist, daß wir kein irdisches Vaterland mehr haben und hienieden ausgestoßne und Knechte seien: so ist
dies dennoch nicht der natürliche Zustand und die Regel des Weltganges,
sondern es ist eine seltene Ausnahme; auch ist es ein sehr verkehrter
Gebrauch der Religion, der unter andern auch sehr häufig vom Christentume gemacht worden, wenn dieselbe gleich von vorn herein und ohne
Rücksicht auf die vorhandenen Umstände darauf ausgeht, diese Zurückziehung von den Angelegenheiten des Staates und der Nation als wahre
religiöse Gesinnung zu empfehlen. In einer solchen Lage, wenn sie wahr
und wirklich ist, und nicht etwa bloß durch religiöse Schwärmerei herbeigeführt, verliert das zeitliche Leben alle Selbstbeständigkeit, und es wird
lediglich zu einem Vorhofe des wahren Lebens und zu einer schweren
Prüfung, die man bloß aus Gehorsam und Ergebung in den Willen
Gottes erträgt, und dann ist es wahr, daß, wie es von vielen vorgestellt
worden, unsterbliche Geister nur zu ihrer Strafe in irdische Leiber, als
in Gefängnisse, eingetaucht sind. In der regelmäßigen Ordnung der
Dinge hingegen soll das irdische Leben selber wahrhaftig Leben sein,
dessen man sich erfreuen, und das man freilich in Erwartung eines
höhern dankbar genießen könne; und obwohl es wahr ist, daß die Religion
auch der Trost ist des widerrechtlich zerdrückten Sklaven, so ist dennoch
vor allen Dingen dies religiöser Sinn, daß man sich gegen die Sklaverei
stemme, und so man es verhindern kann, die Religion nicht bis zum
bloßen Troste der Gefangenen herabsinken lasse. Dem Tyrannen steht
es wohl an, religiöse Ergebung zu predigen, und die, denen er auf
Erden kein Plätzchen verstatten will, an den Himmel zu verweisen; wir
andern müssen weniger eilen, diese von ihm empfohlene Ansicht der Religion
uns anzueignen, und, falls wir können, verhindern, daß man die Erde zur
Hölle mache, um eine desto größere Sehnsucht nach dem Himmel zu erregen.

112. Der natürliche, nur im wahren Falle der Not aufzugebende
Trieb des Menschen ist der, den Himmel schon auf dieser Erde zu
finden und ewig Dauerndes zu verflößen in sein irdisches Tagewerk; das
Unvergängliche im Zeitlichen selbst zu pflanzen und zu erziehen, — nicht

bloß auf eine unbegreifliche Weise und allein durch die sterblichen Augen undurchdringbare Kluft mit dem ewigen zusammenhängend, sondern auf eine dem sterblichen Auge selbst sichtbare Weise.[1])

Daß ich bei diesem gemeinfaßlichen Beispiele anhebe: Welcher Edeldenkende will nicht und wünscht nicht, in seinen Kindern und wiederum in den Kindern dieser, sein eigenes Leben von neuem auf eine verbesserte Weise zu wiederholen, und in dem Leben derselben veredelt und vervollkommnet, auch auf dieser Erde noch fortzuleben, nachdem er längst gestorben ist; den Geist, den Sinn und die Sitte, mit denen er vielleicht in seinen Tagen abschreckend war für die Verkehrtheit und das Verderben, befestigend die Rechtschaffenheit, aufmunternd die Trägheit, erhebend die Niedergeschlagenheit, der Sterblichkeit zu entreißen und sie als sein bestes Vermächtnis an die Nachwelt niederzulegen in den Gemütern seiner Hinterlassenen, damit auch diese sie einst eben also verschönert und vermehrt wieder niederlegen? Welcher Edeldenkende will nicht durch Thun oder Denken ein Samenkorn streuen zu unendlicher immerfortgehender Vollkommnung seines Geschlechts, etwas neues und vorher nie dagewesenes hineinwerfen in die Zeit, das in ihr bleibe und nie versiegende Quelle werde neuer Schöpfungen; seinen Platz auf dieser Erde und die ihm verliehene kurze Spanne Zeit bezahlen mit einem auch hinieden ewig dauernden, so daß er, als dieser Einzelne, wenn auch nicht genannt durch die Geschichte, (denn Durst nach Nachruhm ist eine verächtliche Eitelkeit) dennoch in seinem eigenen Bewußtsein und seinem Glauben offenbare Denkmale hinterlasse, daß auch er dagewesen sei? Welcher Edeldenkende will das nicht, sagte ich; aber nur nach den Bedürfnissen der also Denkenden, als der Regel, wie alle sein sollten, ist die Welt zu betrachten und einzurichten, und um ihrer willen allein ist eine Welt da. Sie sind der Kern derselben, und die anders Denkenden sind als selbst nur ein Teil der vergänglichen Welt, so lange sie also denken, auch nur um ihrer willen da und müssen sich nach ihnen bequemen so lange, bis sie geworden sind, wie sie.

113. Was könnte es nun sein, das dieser Aufforderung und diesem Glauben des Edlen an die Ewigkeit und Unvergänglichkeit seines Werkes die Gewähr zu leisten vermöchte? Offenbar nur eine Ordnung der Dinge, die er für selbst ewig und für fähig, Ewiges in sich aufzunehmen, anzuerkennen vermöchte.[2]) Eine solche Ordnung aber ist die, freilich in

---

[1]) Auf diese Weise soll die Religiosität das bleibende Element unseres höheren geistigen Lebens überhaupt sein, sowie der Patriotismus das bleibende Element und die Grundform all unseres bürgerlichen Lebens sein soll. A. a. O. 227.

[2]) Da Gott an sich selbst nur als moralisches Prinzip existiert und uns kein anderes Mittel gegeben ist, ihn im Begriffe, so daß dieser nicht leer sei, zu erfassen oder wirklich in ihm, mit ihm vereinigt zu leben, außer in diesem Elemente, so giebt es darum ein Ordnendes und ein zu Ordnendes und Sphären dieser Ordnung bis herab auf die Sinnenwelt. Zu „Jakobi an Fichte" W W. XI. 392. Vergl. unten § 126, 204.

keinem Begriffe zu erfassende, aber dennoch wahrhaft vorhandene, besondere geistige Natur der menschlichen Umgebung, aus welcher er selbst mit allem seinen Denken und Thun, und mit seinem Glauben an die Ewigkeit desselben hervorgegangen ist, das Volk, von welchem er abstammt, und unter welchem er gebildet wurde, und zu dem, was er jetzt ist, heraufwuchs. Denn so unbezweifelt es auch wahr ist, daß sein Werk, wenn er mit Recht Anspruch macht auf dessen Ewigkeit, keineswegs der bloße Erfolg des geistigen Naturgesetzes seiner Nation ist und mit diesem Erfolge rein aufgeht, sondern daß es ein Mehreres ist denn das, und insofern unmittelbar ausströmt aus dem ursprünglichen und göttlichen Leben; so ist es dennoch eben so wahr, daß jenes mehrere sogleich bei seiner ersten Gestaltung zu einer sichtbaren Erscheinung unter jenes besondere geistige Naturgesetz sich gefügt und nur nach demselben sich einen sinnlichen Ausdruck gebildet hat.[1]) Unter dasselbe Naturgesetz nun werden, so lange dieses Volk besteht, auch alle ferneren Offenbarungen des göttlichen in demselben eintreten und in ihm sich gestalten. Dadurch aber, daß auch er da war und so wirkte, ist selbst dieses Gesetz weiter bestimmt, und seine Wirksamkeit ist ein stehender Bestandteil desselben geworden. Auch hiernach wird alles folgende sich fügen und an dasselbe sich anschließen müssen. Und so ist er denn sicher, daß die durch ihn errungene Ausbildung bleibt in seinem Volke, so lange dieses selbst bleibt und fortdauernder Bestimmungsgrund wird aller ferneren Entwicklung desselben.

114. Dies nun ist in höherer vom Standpunkte der Ansicht einer geistigen Welt überhaupt genommener Bedeutung des Wortes, ein Volk; das Ganze der in Gesellschaft mit einander fortlebenden und sich aus sich selbst immerfort natürlich und geistig erzeugenden Menschen, das insgesamt unter einem gewissen besondern Gesetze der Entwicklung des göttlichen aus ihm steht. Die Gemeinsamkeit dieses besondern Gesetzes ist es, was in der ewigen Welt und eben darum auch in der zeitlichen diese Menge zu einem natürlichen und von sich selbst durchdrungenen Ganzen verbindet.[2]) Dieses Gesetz selbst seinem Inhalte nach, kann wohl im ganzen erfaßt werden, so wie wir es an den Deutschen, als einem Urvolke, erfaßt haben; es kann sogar durch Erwägung der Erscheinungen eines solchen Volkes noch näher in manchen seiner weitern Bestimmungen begriffen werden; aber es kann niemals von irgend einem,

---

[1]) Hiermit ist eine schon öfters beobachtete Thatsache in einer dem synthetischen Verfahren Fichte's entsprechenden Weise zum Ausdruck gebracht, daß in den Systemen der originalsten Denker, z. B. Platons und Aristoteles, wie Zeller (Phil. d. Gr. II. 2. 359) nachgewiesen, die Nachwirkungen nationaler Denkweise offenbar werden, und daß, worauf das Folgende hindeutet, zwischen einem Volke und seinen großen Männern eine sehr lebendige Wechselwirkung besteht.

[2]) zu einem Totum im Gegensatze zu einem Compositum, s. Einl. 5. Kap. S. 79.

der ja selbst immerfort unter demselben ihm unbewußten Einflusse bleibt, ganz mit dem Begriffe durchdrungen werden; obwohl im allgemeinen klar eingesehen werden kann, daß es ein solches Gesetz gebe. Es ist dieses Gesetz ein Mehr der Bildlichkeit, das mit dem Mehr der un= bildlichen Ursprünglichkeit, in der Erscheinung unmittelbar verschmilzt;[1] und so sind denn, in der Erscheinung eben, beide nicht wieder zu trennen. Jenes Gesetz bestimmt durchaus und vollendet das, was man den Nationalcharakter eines Volkes genannt hat; jenes Gesetz der Entwick= lung des ursprünglichen und göttlichen. Es ist aus dem letztern klar, daß Menschen, welche, so wie wir bisher die Ausländerei beschrieben haben, an eine Fortentwicklung desselben gar nicht glauben, sondern bloß an einen ewigen Kreislauf des scheinbaren Lebens, und welche durch ihren Glauben werden, wie sie glauben, im höhern Sinne gar kein Volk sind, und da sie in der That eigentlich auch nicht da sind, eben so wenig einen Nationalcharakter zu haben vermögen.

115. Der Glaube des edlen Menschen an die ewige Fortdauer seiner Wirksamkeit auch auf dieser Erde gründet sich demnach auf die Hoffnung der ewigen Fortdauer des Volkes, aus dem er selber sich entwickelt hat, und der Eigentümlichkeit desselben nach jenem verborgenen Gesetze; ohne Einmischung und Verderbung durch irgend ein fremdes und in das Ganze dieser Gesetzgebung nicht gehöriges. Diese Eigen= tümlichkeit ist das Ewige, dem er die Ewigkeit seiner selbst und seines Fortwirkens anvertraut, die ewige Ordnung der Dinge, in die er sein Ewiges legt; ihre Fortdauer muß er wollen, denn sie allein ist ihm das entbindende Mittel, wodurch die ganze Spanne seines Lebens hienieden zu fortdauerndem Leben hienieden ausgedehnt wird. Sein Glaube und sein Streben, Unvergängliches zu pflanzen, sein Begriff, in welchem er sein eignes Leben als ein ewiges Leben erfaßt, ist das Band, welches zunächst seine Nation, und vermittelst ihrer das ganze Menschengeschlecht, innigst mit ihm selber verknüpft und ihrer aller Bedürfnisse, bis ans Ende der Tage einführt in sein erweitertes Herz.[2] Dies ist seine

---

[1] „Es tritt niemals in der Zeit ein Gottes unmittelbares Bildnis, sondern immer nur ein Bild von seinem zukünftigen Bilde, welches wiederum nur ein Bild ist von dem jedesmal zukünftigen Bilde, und so ins Unendliche fort; das eigentliche Urbild aber wird niemals wirklich, sondern liegt über aller Zeit als ewig unsichtbarer Grund und Gesetz und Musterbild des unendlichen Fortbildens in der Zeit. Nun ist das Erscheinen jedes künftigen in der Zeit möglichen Aus= drucks des Übersinnlichen bedingt durch die geschehene Darstellung des vorherge= gangenen Gesichts in der Sinnenwelt. Nur so, durch die wirkliche That befragt, spricht die ursprüngliche Erscheinung der Gottheit sich weiter aus, und nach diesem Gesetze geht es fort ins Unendliche." Best. des Gel. (1811), WW. XI. 152.

[2] „Der Patriot will, daß der Zweck des Menschengeschlechts zuerst in der= jenigen Nation erreicht werde, deren Mitglied er selber ist." Patr. Gespr. WW. XI. 233. Nicht also die bloße Sympathie für sein erweitertes Selbst und noch weniger das hartköpfige Hängen an der nationalen Eigenart, gleichviel ob sie gut

Liebe zu seinem Volke, zuvörderst achtend, vertrauend, desselben sich freuend, mit der Abstammung daraus sich ehrend. Es ist Göttliches in ihm erschienen, und das Ursprüngliche hat dasselbe gewürdigt, es zu seiner Hülle und zu seinem unmittelbaren Verflößungsmittel in die Welt zu machen; es wird darum auch ferner Göttliches aus ihm hervor= brechen. Sodann thätig, wirksam, sich aufopfernd für dasselbe. Das Leben, bloß als Leben, als Fortsetzen des wechselnden Daseins, hat für ihn ja ohne dies nie Wert gehabt, er hat es nur gewollt als Quelle des dauernden; aber diese Dauer verspricht ihm allein die selbständige Fortdauer seiner Nation; um diese zu retten, muß er sogar sterben wollen, damit diese lebe und er in ihr lebe das einzige Leben, das er von je gemocht hat.

116. So ist es. Die Liebe, die wahrhaftig Liebe sei und nicht bloß eine vorübergehende Begehrlichkeit, haftet nie auf vergänglichem, sondern sie erwacht und entzündet sich und ruht allein in dem Ewigen. Nicht einmal sich selbst vermag der Mensch zu lieben, es sei denn, daß er sich als Ewiges erfasse; außerdem vermag er sich sogar nicht zu achten, noch zu billigen. Noch weniger vermag er etwas außer sich zu lieben, außer also, daß er es aufnehme in die Ewigkeit seines Glaubens und seines Gemüts und es anknüpfe an diese. Wer nicht zuvörderst sich als ewig erblickt, der hat überhaupt keine Liebe und kann auch nicht lieben ein Vaterland, dergleichen es für ihn nicht giebt. Wer zwar vielleicht sein unsichtbares Leben, nicht aber eben also sein sichtbares Leben als ewig erblickt, der mag wohl einen Himmel haben und in diesem sein Vaterland, aber hienieden hat er kein Vaterland, denn auch dieses wird nur unter dem Bilde der Ewigkeit, und zwar der sichtbaren und ver= sinnlichten Ewigkeit erblickt, und er vermag daher auch nicht sein Vater= land zu lieben. Ist einem solchen keins überliefert worden, so ist er zu beklagen; wem eins überliefert worden ist, und in wessen Gemüte Himmel und Erde, Unsichtbares und Sichtbares sich durchdringen und so erst einen wahren und gediegenen Himmel erschaffen, der kämpft bis auf den letzten Blutstropfen, um den teuren Besitz ungeschmälert wieder= um zu überliefern an die Folgezeit.

So ist es auch von jeher gewesen, ohnerachtet es nicht von jeher mit dieser Allgemeinheit und mit dieser Klarheit ausgesprochen worden. Was begeisterte die edlen unter den Römern, deren Gesinnungen und

---

oder schlecht sei, verdient jemals nach Fichte den Namen des Patriotismus. Wessen Liebe zu seiner Nation nicht mit der Erfüllung der höchsten Zwecke der Menschheit vereinbar ist — und nach Fichte ist dies nur beim Deutschen der Fall, dessen Patriotismus muß selbstisch, engherzig und feindselig gegen das übrige Menschengeschlecht ausfallen. A. a. O. 234. Es folgt hieraus von selbst, daß das Staats= und dynastische Gefühl hinter dem Patriotismus in diesem Sinne stehe. S. § 117.

Denkweise noch in ihren Denkmälern unter uns leben und atmen, zu Mühen und Aufopferungen, zum Dulden und Tragen fürs Vaterland? Sie sprechen es selbst oft und deutlich aus. Ihr fester Glaube war es an die ewige Fortdauer ihrer Roma, und ihre zuversichtliche Aus=sicht, in dieser Ewigkeit selber ewig mit fortzuleben im Strome der Zeit. Inwiefern dieser Glaube Grund hatte und sie selbst, wenn sie in sich selber vollkommen klar gewesen wären, denselben gefaßt haben würden, hat er sie auch nicht getäuscht. Bis auf diesen Tag lebt das, was wirklich ewig war, in ihrer ewigen Roma und sie mit demselben, in unsrer Mitte fort, und wird in seinen Folgen fortleben, bis ans Ende der Tage.

117. Volk und Vaterland in dieser Bedeutung als Träger und Unterpfand der irdischen Ewigkeit und als dasjenige, was hienieden ewig sein kann, liegt weit hinaus über den Staat im gewöhnlichen Sinne des Worts, — über die gesellschaftliche Ordnung, wie dieselbe im bloßen klaren Begriffe erfaßt und nach Anleitung dieses Begriffs errichtet und erhalten wird. Dieser will gewisses Recht, innerlichen Frieden, und daß jeder durch Fleiß seinen Unterhalt und die Fristung seines sinnlichen Daseins finde, so lange Gott sie ihm gewähren will. Dieses alles ist nur Mittel, Bedingung und Gerüst dessen, was die Vaterlandsliebe eigentlich will, des Aufblühens des ewigen und göttlichen in der Welt, immer reiner, vollkommner und getroffener im unendlichen Fortgange. Eben darum muß diese Vaterlandsliebe den Staat selbst regieren, als durchaus oberste, letzte und unabhängige Behörde, zuvörderst, indem sie ihn beschränkt in der Wahl der Mittel für seinen nächsten Zweck, den innerlichen Frieden. Für diesen Zweck muß freilich die natürliche Freiheit des Einzelnen auf mancherlei Weise beschränkt werden, und wenn man gar keine andere Rücksicht und Absicht mit ihnen hätte, denn diese, so würde man wohl thun, dieselbe so eng als immer möglich zu beschränken, alle ihre Regungen unter eine einförmige Regel zu bringen und sie unter immerwährender Aufsicht zu erhalten. Gesetzt diese Strenge wäre nicht nötig, so könnte sie wenigstens für diesen alleinigen Zweck nicht schaden. Nur die höhere Ansicht des Menschengeschlechts und der Völker erweitert diese beschränkte Berechnung. Freiheit, auch in den Regungen des äußer=lichen Lebens, ist der Boden, in welchem die höhere Bildung keimt; eine Gesetzgebung, welche diese letztere im Auge behält, wird der ersteren einen möglichst ausgebreiteten Kreis lassen, selber auf die Gefahr hin, daß ein geringerer Grad der einförmigen Ruhe und Stille erfolge, und daß das Regieren ein wenig schwerer und mühsamer werde.

118. Um dies an einem Beispiele zu erläutern: man hat erlebt, daß Nationen ins Angesicht gesagt worden, sie bedürften nicht so vieler Freiheit, als etwa manche andere Nation. Diese Rede kann sogar eine Schonung und Milderung enthalten, indem man eigentlich sagen wollte,

sie könnte so viele Freiheit gar nicht ertragen, und nur eine hohe Strenge
könne verhindern, daß sie sich nicht unter einander selber aufrieben.
Wenn aber die Worte also genommen werden, wie sie gesagt sind, so
sind sie wahr unter der Voraussetzung, daß eine solche Nation des
ursprünglichen Lebens und des Triebes nach solchem durchaus unfähig
sei. Eine solche Nation, falls eine solche, in der auch nicht wenige Edlere
eine Ausnahme von der allgemeinen Regel machten, möglich sein sollte,
bedürfte in der That gar keiner Freiheit, denn diese ist nur für die
höhere über den Staat hinaus liegenden Zwecke; sie bedarf bloß der
Bezähmung und Abrichtung, damit die Einzelnen friedlich neben einander
bestehen und damit das Ganze zu einem tüchtigen Mittel für willkürlich
zu setzende außer ihr liegende Zwecke zubereitet werde. Wir können
unentschieden lassen, ob man irgend einer Nation dies mit Wahrheit
sagen könne; so viel ist klar, daß ein ursprüngliches Volk der Freiheit
bedarf, daß diese das Unterpfand ist seines Beharrens als ursprünglich,
und daß es in seiner Fortdauer einen immer höher steigenden Grad
derselben ohne alle Gefahr erträgt. Und dies ist das erste Stück, in
Rücksicht dessen die Vaterlandsliebe den Staat selbst regieren muß.

119. Sodann muß sie es sein, die den Staat darin regiert, daß
sie ihm selbst einen höhern Zweck setzt, denn den gewöhnlichen der Erhaltung des innern Friedens, des Eigentums, der persönlichen Freiheit,
des Lebens und des Wohlseins aller. Für diesen höhern Zweck allein,
und in keiner andern Absicht bringt der Staat eine bewaffnete Macht
zusammen. Wenn von der Anwendung dieser die Rede entsteht, wenn
es gilt, alle Zwecke des Staats im bloßen Begriffe, Eigentum, persönliche
Freiheit, Leben und Wohlsein, ja die Fortdauer des Staats selbst auf
das Spiel zu setzen; ohne einen klaren Verstandsbegriff von der sichern
Erreichung des beabsichtigten, dergleichen in Dingen dieser Art nie möglich
ist, ursprünglich und Gott allein verantwortlich zu entscheiden: dann lebt
am Ruder des Staates erst ein wahrhaft ursprüngliches und erstes
Leben, und an dieser Stelle erst treten ein die wahren Majestätsrechte
der Regierung, gleich Gott um höhern Lebens willen das niedere Leben
daran zu wagen. In der Erhaltung der hergebrachten Verfassung, der
Gesetze, des bürgerlichen Wohlstandes, ist gar kein rechtes eigentliches
Leben und kein ursprünglicher Entschluß. Umstände und Lage, längst
vielleicht verstorbene Gesetzgeber haben diese erschaffen; die folgenden
Zeitalter gehen gläubig fort auf der angetretenen Bahn und leben so
in der That nicht ein eignes öffentliches Leben, sondern sie wiederholen
nur ein ehemaliges Leben. Es bedarf in solchen Zeiten keiner eigentlichen
Regierung. Wenn aber dieser gleichmäßige Fortgang in Gefahr gerät,
und es nun gilt, über neue nie also da gewesene Fälle zu entscheiden;
dann bedarf es eines Lebens, das aus sich selber lebe. Welcher Geist
nun ist es, der in solchen Fällen sich an das Ruder stellen dürfe, der

mit eigner Sicherheit und Gewißheit und ohne unruhiges Hin= und Her=
schwanken zu entscheiden vermöge, der ein unbezweifeltes Recht habe,
jedem, den es treffen mag, ob er nun selbst es wolle oder nicht, gebietend
anzumuten und den Widerstrebenden zu zwingen, daß er alles bis auf
sein Leben in Gefahr setze? Nicht der Geist der ruhigen bürgerlichen
Liebe zu der Verfassung und der Gesetze, sondern die verzehrende Flamme
der höheren Vaterlandsliebe, die die Nation als Hülle des ewigen umfaßt,
für welche der Edle mit Freuden sich opfert und der Unedle, der nur
um des ersten willen da ist, sich eben opfern soll. Nicht jene bürgerliche
Liebe der Verfassung ist es; diese vermag dies gar nicht, wenn sie bei
Verstande bleibt. Wie es auch ergehen möge, da nicht umsonst regiert
wird, so wird sich immer ein Regent für sie finden. Lasset den neuen
Regenten sogar die Sklaverei wollen (und wo ist Sklaverei, außer in
der Nichtachtung und Unterdrückung der Eigentümlichkeit eines ursprünglichen
Volkes, dergleichen für jenen Sinn nicht vorhanden ist?) — Lasset.ihn
auch die Sklaverei wollen: da aus dem Leben der Sklaven, ihrer Menge,
sogar ihrem Wohlstande sich Nutzung ziehen läßt, so wird, wenn er nur
einigermaßen ein Rechner ist, die Sklaverei unter ihm erträglich ausfallen.
Leben und Unterhalt wenigstens werden sie immer finden. Wofür sollten
sie denn also kämpfen? Nach jenen beiden ist es die Ruhe, die ihnen
über alles geht. Diese wird durch die Fortdauer des Kampfes nur
gestört. Sie werden darum alles anwenden, daß dieser nur recht bald
ein Ende nehme, sie werden sich fügen, sie werden nachgeben, und warum
sollten sie nicht? Es ist ihnen ja nie um mehr zu thun gewesen, und
sie haben vom Leben nie etwas weiteres gehofft, denn die Fortsetzung
der Gewohnheit dazusein unter erleidlichen Bedingungen. Die Verheißung
eines Lebens auch hienieden über die Dauer des Lebens hienieden
hinaus, — allein diese ist es, die bis zum Tode fürs Vaterland be=
geistern kann.

120. So ist es auch bisher gewesen. Wo da wirklich regiert
worden ist, wo bestanden worden sind ernsthafte Kämpfe, wo der Sieg
errungen worden ist gegen gewaltigen Widerstand, da ist es jene Ver=
heißung ewigen Lebens gewesen, die da regierte, und kämpfte, und siegte.
Im Glauben an diese Verheißung kämpften die in diesen Reden früher
erwähnten deutschen Protestanten. Wußten sie etwa nicht, daß auch mit
dem alten Glauben Völker regiert und in rechtlicher Ordnung zusammen=
gehalten werden könnten, und daß man auch bei diesem Glauben seinen
guten Lebensunterhalt finden könne? Warum beschlossen denn also ihre
Fürsten bewaffneten Widerstand, und warum leisteten ihn mit Begeisterung
die Völker? — Der Himmel war es, und die ewige Seligkeit, für
welche sie willig ihr Blut vergossen. — Aber welche irdische Gewalt
hätte denn auch in das innere Heiligtum ihres Gemüts eindringen und
den Glauben, der ihnen ja nun einmal aufgegangen war, und auf welchen

allein sie ihrer Seligkeit Hoffnung gründeten, darin austilgen können? Also auch ihre eigne Seligkeit war es nicht, für die sie kämpften; dieser waren sie schon versichert; die Seligkeit ihrer Kinder, ihrer noch unge= bornen Enkel und aller noch ungebornen Nachkommenschaft war es; auch diese sollten auferzogen werden in derselben Lehre, die ihnen als allein heilbringend erschienen war, auch diese sollten teilhaftig werden des Heils, das für sie angebrochen war; diese Hoffnung allein war es, die durch den Feind bedroht wurde, für sie, für eine Ordnung der Dinge, die lange nach ihrem Tode über ihren Gräbern blühen sollte, verspritzten sie mit dieser Freudigkeit ihr Blut. Geben wir zu, daß sie sich selbst nicht ganz klar waren, daß sie in der Bezeichnung des edelsten, was in ihnen war, mit Worten sich vergriffen und mit dem Munde ihrem Gemüte unrecht thaten; bekennen wir gern, daß ihr Glaubensbekenntnis nicht das einzige und ausschließende Mittel war, des Himmels jenseits des Grabes teilhaftig zu werden; so ist doch dies ewig wahr, daß mehr Himmel diesseits des Grabes, ein mutigeres und fröhlicheres Emporblicken von der Erde und eine freiere Regung des Geistes durch ihre Aufopferung in alles Leben der Folgezeit gekommen ist und die Nachkommen ihrer Gegner eben so wohl, als wir selbst, ihre Nachkommen, die Früchte ihrer Mühen bis auf diesen Tag genießen.

121. In diesem Glauben setzten unsre ältesten gemeinsamen Vor= fahren, das Stammvolk der neuen Bildung, die von den Römern Germanier genannten Deutschen, sich der herandringenden Weltherrschaft der Römer mutig entgegen. Sahen sie denn nicht vor Augen den höhern Flor der römischen Provinzen neben sich, die feinern Genüsse in denselben, dabei Gesetze, Richterstühle, Rutenbündel und Beile in Überfluß? Waren die Römer nicht bereitwillig genug, sie an allen diesen Segnungen Teil nehmen zu lassen? Erlebten sie nicht an mehreren ihrer eigenen Fürsten, die sich nur bedeuten ließen, daß der Krieg gegen solche Wohl= thäter der Menschheit Rebellion sei, Beweise der gepriesenen römischen Klemenz, indem sie die Nachgiebigen mit Königstiteln, mit Anführerstellen in ihren Heeren, mit römischen Opferbinden auszierten, ihnen, wenn sie etwa von ihren Landsleuten ausgetrieben wurden, einen Zufluchtsort und Unterhalt in ihren Pflanzstädten gaben? Hatten sie keinen Sinn für die Vorzüge römischer Bildung, z. B. für die bessere Einrichtung ihrer Heere, in denen sogar ein Arminius das Kriegshandwerk zu erlernen nicht verschmähte? Keine von allen diesen Unwissenheiten oder Nicht= beachtungen ist ihnen aufzurücken. Ihre Nachkommen haben sogar, sobald sie es ohne Verlust für ihre Freiheit konnten, die Bildung derselben sich angeeignet, in wie weit es ohne Verlust ihrer Eigentümlichkeit möglich war. Wofür haben sie denn also mehrere Menschenalter hindurch ge= kämpft im blutigen, immer mit derselben Kraft sich wieder erneuernden Kriege? Ein römischer Schriftsteller läßt es ihre Anführer also aussprechen:

„ob ihnen denn etwas anderes übrig bleibe, als entweder die Freiheit zu behaupten, oder zu sterben, bevor sie Sklaven würden." Freiheit war ihnen, daß sie eben Deutsche blieben, daß sie fortführen ihre An= gelegenheiten selbständig und ursprünglich, ihrem eignen Geiste gemäß zu entscheiden und diesem gleichfalls gemäß auch in ihrer Fortbildung vorwärts zu rücken, und daß sie diese Selbstständigkeit auch auf ihre Nach= kommenschaft fortpflanzten: Sklaverei hießen ihnen alle jene Segnungen, die ihnen die Römer antrugen, weil sie dabei etwas anderes, denn Deutsche, weil sie halbe Römer werden müßten. Es verstehe sich von selbst, setzten sie voraus, daß jeder, ehe er dies werde, lieber sterbe, und daß ein wahrhafter Deutscher nur könne leben wollen, um eben Deutscher zu sein und zu bleiben und die seinigen zu eben solchen zu bilden.

Sie sind nicht alle gestorben, sie haben die Sklaverei nicht gesehen, sie haben die Freiheit hinterlassen ihren Kindern. Ihrem beharrlichen Widerstande verdankt es die ganze neue Welt, daß sie da ist, so wie sie da ist. Wäre es den Römern gelungen, auch sie zu unterjochen, und, wie dies der Römer allenthalben that, sie als Nation auszurotten, · so hätte die ganze Fortentwicklung der Menschheit[1]) eine andere, und man kann nicht glauben erfreulichere Richtung genommen. Ihnen verdanken wir die nächsten Erben ihres Bodens, ihrer Sprache und ihrer Ge= sinnung, daß wir noch Deutsche sind, daß der Strom ursprünglichen und selbstständigen Lebens uns noch trägt, ihnen verdanken wir alles, was wir seitdem als Nation gewesen sind, ihnen, falls es nicht etwa jetzo mit uns zu Ende ist und der letzte von ihnen abgestammte Blutstropfen in unsern Adern versiegt ist, ihnen werden wir verdanken, alles, was wir noch ferner sein werden. Ihnen verdanken selbst die übrigen, uns jetzt zum Auslande gewordenen Stämme, in ihnen unsre Brüder, ihr Dasein; als jene die ewige Roma besiegten, war noch keins aller dieser Völker vorhanden; damals wurde zugleich auch ihnen die Möglichkeit ihrer künftigen Entstehung mit erkämpft.

122. Diese und alle andere in der Weltgeschichte, die ihres Sinnes waren, haben gesiegt, weil das Ewige sie begeisterte, und so siegt immer und notwendig diese Begeisterung über den, der nicht begeistert ist. Nicht die Gewalt der Arme, noch die Tüchtigkeit der Waffen, sondern die Kraft des Gemüts ist es, welche Siege erkämpft. Wer ein begrenztes Ziel sich setzt seiner Aufopferungen und sich nicht weiter wagen mag, als bis zu einem gewissen Punkte, der giebt den Widerstand auf, sobald die Gefahr ihm an diesen durchaus nicht aufzugebenden noch zu entbehr= enden Punkt kommt. Wer gar kein Ziel sich gesetzt hat, sondern alles und das höchste, was man hienieden verlieren kann, das Leben, daran setzt, giebt den Widerstand nie auf und siegt, so der Gegner ein begrenzteres

---

1) S. § 42.

Fichte.   13

Ziel hat, ohne Zweifel. Ein Volk, das da fähig ist, sei es auch nur in seinen höchsten Stellvertretern und Anführern, das Gesicht aus der Geisterwelt, Selbständigkeit fest ins Auge zu fassen und von der Liebe dafür ergriffen zu werden, wie unsre ältesten Vorfahren, siegt gewiß über ein solches, das nur zum Werkzeuge fremder Herrschsucht und zu Unterjochung selbständiger Völker gebraucht wird, wie die römischen Heere; denn die erstern haben alles zu verlieren, die letztern bloß einiges zu gewinnen. Über die Denkart aber, die den Krieg als ein Glücksspiel ansieht, um zeitlichen Gewinn oder Verlust, und bei der schon, ehe sie das Spiel anfängt, fest steht, bis zu welcher Summe sie auf die Karten setzen wolle, siegt sogar eine Grille.[1] Denken sie sich z. B. einen Mahomet, — nicht den wirklichen der Geschichte, über welchen ich kein Urteil zu haben bekenne, sondern den eines bekannten französischen Dich-ters, — der sich einmal fest in den Kopf gesetzt habe, er sei eine der ungemeinen Naturen, die da berufen sind, das dunkle, das gemeine Erdenvolk zu leiten, und dem, zufolge dieser ersten Voraussetzung, alle seine Einfälle, so dürftig und so beschränkt sie auch in der That sein mögen, dieweil es die seinigen sind, notwendig erscheinen müssen, als große und erhabene und beseligende Ideen, und alles, was denselben sich widersetzt, als dunkles gemeines Volk, Feinde ihres eignen Wohls, übelgesinnte und hassenswürdige; der nun, um diesen seinen Eigendünkel vor sich selbst als göttlichen Ruf zu rechtfertigen, und ganz aufgegangen in diesem Gedanken mit all seinem Leben, alles daran setzen muß und nicht ruhen kann, bis er alles, das nicht eben so groß von ihm denken will, denn er selbst, zertreten hat, und bis aus der ganzen Mitwelt sein eigener Glaube an seine göttliche Sendung ihm zurückstrahle; ich will nicht sagen, wie es ihm ergehen würde, falls wirklich ein geistiges Gesicht, das da wahr ist und klar in sich selbst gegen ihn in die Kampfbahn träte, aber jenen beschränkten Glücksspielern gewinnt er es sicher ab, denn er setzt alles gegen sie, die nicht alles setzen; sie treibt kein Geist, ihn aber treibt allerdings ein schwärmerischer Geist, — der seines gewaltigen und kräftigen Eigendünkels.

123. Aus allem geht hervor, daß der Staat als bloßes Regiment des im gewöhnlichen friedlichen Gange fortschreitenden menschlichen Lebens nichts erstes und für sich selbst seiendes, sondern daß er bloß das Mittel ist für den höheren Zweck der ewig gleichmäßig fortgehenden Ausbildung des rein menschlichen in dieser Nation; daß es allein das Gesicht und die Liebe dieser ewigen Fortbildung ist, welche immerfort auch in ruhigen Zeitläufen die höhere Aufsicht über die Staatsverwaltung führen soll, und welche, wo die Selbständigkeit des Volks in Gefahr ist, allein die-selbe zu retten vermag. Bei den Deutschen, unter denen, als einem ur-

---

[1] Vgl. Staatsl. WW. IV. 426 und oben die Einl. 5. Kap. S. 84.

sprünglichen Volke, diese Vaterlandsliebe möglich und, wie wir fest zu wissen glauben, bis jetzt auch wirklich war, konnte dieselbe bis jetzt mit einer hohen Zuversicht auf die Sicherheit ihrer wichtigsten Angelegenheit rechnen. Wie nur noch bei den Griechen in der alten Zeit, war bei ihnen der Staat und die Nation sogar von einander gesondert und jedes für sich dargestellt, der erste in den besondern deutschen Reichen und Fürstentümern, die letzte sichtbar im Reichsverbande, unsichtbar, nicht zu= folge eines niedergeschriebenen, aber eines in aller Gemüter lebenden Rechtes geltend und in ihren Folgen allenthalben in das Auge springend, in einer Menge von Gewohnheiten und Einrichtungen. So weit die deutsche Zunge reichte, konnte jeder, dem im Bezirke derselben das Licht anbrach, sich doppelt betrachten als Bürger, teils seines Geburtsstaates, dessen Fürsorge er zunächst empfohlen war, teils des ganzen gemeinsamen Vaterlandes deutscher Nation. Jedem war es verstattet, über die ganze Oberfläche dieses Vaterlandes hin sich diejenige Bildung, die am meisten Verwandtschaft zu seinem Geiste hatte, oder den demselben angemessensten Wirkungskreis aufzusuchen, und das Talent wuchs nicht hinein in seine Stelle, wie ein Baum, sondern es war ihm erlaubt, dieselbe zu suchen. Wer durch die Richtung, die seine Bildung nahm, mit seiner nächsten Umgebung entzweit wurde, fand leicht anderwärts willige Aufnahme, fand neue Freunde statt der verlorenen, fand Zeit und Ruhe, um sich näher zu erklären, vielleicht die erzürnten selbst zu gewinnen und zu versöhnen und so das Ganze zu einigen. Kein deutschgeborner Fürst hat es je über sich vermocht, seinen Unterthanen das Vaterland innerhalb der Berge oder Flüsse, wo er regierte, abzustecken und dieselben zu betrachten als gebunden an die Erdscholle. Eine Wahrheit, die an einem Orte nicht laut werden durfte, durfte es an einem andern, an welchem viel= leicht im Gegenteile diejenigen verboten waren, die dort erlaubt wurden; und so fand denn bei manchen Einseitigkeiten und Engherzigkeiten der besondern Staaten dennoch in Deutschland, dieses als ein Ganzes ge= nommen, die höchste Freiheit der Erforschung und der Mitteilung statt, die jemals ein Volk besessen; und die höhere Bildung war und blieb allenthalben der Erfolg aus der Wechselwirkung der Bürger aller deutschen Staaten, und diese höhere Bildung kam denn in dieser Gestalt auch all= mählich herab zum größern Volke, daß somit immer fortfuhr, sich selber durch sich selbst im großen und ganzen zu erziehen. Dieses wesentliche Unterpfand der Fortdauer einer deutschen Nation schmälerte, wie gesagt, kein am Ruder der Regierung sitzendes deutsches Gemüt; und wenn auch in Absicht anderer ursprünglichen Entscheidungen nicht immer geschehen sein sollte, was die höhere deutsche Vaterlandsliebe wünschen mußte, so ist wenigstens der Angelegenheit desselben nicht geradezu entgegen gehan= delt worden, man hat nicht gesucht, jene Liebe zu untergraben, sie aus= zurotten und eine entgegengesetzte Liebe an ihre Stelle zu bringen.

124. Wenn nun aber etwa die ursprüngliche Leitung sowohl jener höheren Bildung als der Nationalmacht, die allein für jene und ihre Fortdauer als Zweck gebraucht werden darf, die Verwendung deutschen Gutes und deutschen Blutes, aus der Botmäßigkeit deutschen Gemüts in eine andere kommen sollte, was würde sodann notwendig erfolgen müssen?

Hier ist der Ort, wo es der in unserer ersten Rede in Anspruch genommenen Geneigtheit, sich über die eigenen Angelegenheiten nicht täuschen zu wollen und des Mutes, die Wahrheit sehen zu wollen und sie sich zu gestehen, vorzüglich bedarf; auch ist es, so viel mir bekannt, noch immer erlaubt, in deutscher Sprache mit einander vom Vaterlande zu reden, wenigstens zu seufzen, und wir würden, glaube ich, nicht wohl thun, wenn wir aus unserer eigenen Mitte heraus ein solches Verbot verfrühten und dem Mute, der ohne Zweifel über das Wagnis schon vorher mit sich zu Rate gegangen sein wird, die Fessel der Zaghaftigkeit einzelner anlegen wollten.

Malen sie sich also die vorausgesetzte neue Gewalt so gütig und so wohlwollend vor, als sie irgend wollen, machen sie sie gut, wie Gott; werden sie ihr auch göttlichen Verstand einsetzen können? Mag sie alles Ernstes das höchste Glück und Wohlsein aller wollen, wird das höchste Wohlsein, das sie zu fassen vermag, wohl auch deutsches Wohlsein sein? So hoffe ich über den Hauptpunkt, den ich ihnen heute vorgetragen, von ihnen recht wohl verstanden worden zu sein, ich hoffe, daß mehrere hierbei gedacht und gefühlt haben: ich drücke nur deutlich aus und spreche aus mit Worten, wie es ihnen von jeher im Gemüte gelegen; ich hoffe, daß es auch mit den übrigen Deutschen, die einst dieses lesen werden, sich also verhalten werde; auch haben vor mir mehrere Deutsche ohngefähr dasselbe gesagt; und dem immerfort bezeugten Widerstreben gegen eine bloß mechanische Einrichtung und Berechnung des Staates hat dunkel jene Gesinnung zum Grunde gelegen. Und nun fordere ich alle, die mit der neuen Litteratur des Auslandes bekannt sind, auf, mir nachzuweisen, welcher neuere Weise, Dichter, Gesetzgeber derselben eine diesem ähnliche Ahnung, die das Menschengeschlecht als ein ewig fortschreitendes betrachte und alles sein Regen in der Zeit nur auf diesen Fortschritt beziehe, jemals verraten habe; ob irgend einer, selbst in dem Zeitpunkte, als sie am kühnsten zu politischer Schöpfung sich emporschwangen, mehr, als nur nicht Ungleichheit, inneren Frieden, äußeren Nationalruhm und, wo es aufs höchste getrieben wurde, häusliche Glückseligkeit vom Staate gefordert habe? Ist, wie man aus allen diesen Anzeigen schließen muß, dieses ihr höchstes, so werden sie auch uns keine höheren Bedürfnisse und keine höheren Forderungen an das Leben beimessen und immer jene wohlthätigen Gesinnungen gegen uns und die Abwesenheit alles Eigennutzes und aller Sucht mehr sein zu wollen denn wir, vorausgesetzt, trefflich für uns gesorgt zu haben glauben, wenn wir alles das finden, was sie allein als begehrungswürdig kennen; dasjenige aber, warum der edlere unter uns allein leben mag, ist sodann ausgetilgt aus dem öffent= lichen Leben, und das Volk, das für die Anregungen des Edleren sich stets empfänglich gezeigt hat, und welches man sogar nach seiner Mehr= heit zu jenem Adel emporzuheben hoffen durfte, ist, so wie es behandelt wird, wie jene behandelt sein wollen, herabgesetzt unter seinen Rang, entwürdigt, ausgetilgt aus der Reihe der Dinge, indem es zusammen= fließt mit dem von niederer Art.

125. In wem nun jene höheren Anforderungen an das Leben, nebst dem Gefühle ihres göttlichen Rechts, dennoch lebendig und kräftig bleiben, der fühlt mit tiefem Unwillen sich zurückgedrängt in jene ersten Zeiten des Christentums, zu denen gesagt ist: „Ihr sollt nicht wider= streben dem Übel, sondern so dir jemand einen Streich giebt auf den rechten Backen, dem biete den andern auch dar, und so jemand deinen Rock nehmen will, dem laß auch den Mantel;" mit Recht das letzte, denn so lange er noch einen Mantel an dir sieht, sucht er einen Handel an dich, um dir auch diesen zu nehmen, erst wie du ganz nackend bist, entgehst du seiner Aufmerksamkeit und hast vor ihm Ruhe. Eben sein höherer Sinn, der ihn ehrt, macht ihm die Erde zur Hölle und zum Ekel, er wünscht, nicht geboren zu sein, er wünscht, daß sein Auge je eher je lieber sich dem Anblicke des Tages verschließe, unversiegbare Trauer bis an das Grab erfaßt seine Tage; dem, was ihm lieb ist, kann er keine bessere Gabe wünschen, denn einen dumpfen und genüg= samen Sinn, damit es mit weniger Schmerz einem ewigen Leben jenseits des Grabes entgegen lebe.

Diese Vernichtung jeder etwa ins künftige unter uns ausbrechenden edlern Regung, und diese Heruntersetzung unserer ganzen Nation durch das einzige, nachdem die andern vergeblich angewendet worden sind, noch übrig bleibende Mittel zu verhindern, tragen Ihnen diese Reden an. Sie tragen Ihnen an die wahre und allmächtige Vaterlandsliebe, in der Erfassung unsers Volks als eines ewigen und als Bürgen unsrer eignen Ewigkeit, durch die Erziehung in aller Gemüter recht tief und unaus= löschlich zu begründen. Welche Erziehung dies vermöge, und auf welche Weise, werden wir in den folgenden Reden ersehen.

Neunte Rede.

An welchen in der Wirklichkeit vorhandenen Punkt die neue National-Erziehung der Deutschen anzuknüpfen sei.

126. Durch unsere letzte Rede sind mehrere schon in der ersten versprochene Beweise geführt und vollendet worden. Es sei dermalen nur davon die Rede, sagten wir, und dies sei die erste Aufgabe, das Dasein und die Fortdauer des Deutschen schlechtweg zu retten; alle andere Unterschiede seien dem höhern Überblicke verschwunden; und es würde durch jenes den besondern Verbindlichkeiten, die etwa jemand zu haben glaube, kein Eintrag geschehen. Es ist, wenn uns nur der gemachte Unterschied zwischen Staat und Nation gegenwärtig bleibt, klar, daß auch schon früher die Angelegenheiten dieser beiden niemals in Widerstreit geraten konnten. Die höhere Vaterlandsliebe für das gemeinsame Volk der deutschen Nation mußte und sollte ja ohnedies die oberste Leitung in jedem besondern deutschen Staate führen; keiner von ihnen durfte ja diese höhere Angelegenheit aus den Augen verlieren, ohne alles edle und tüchtige von sich abwendig zu machen und so seinen eignen Untergang zu beschleunigen: je mehr daher jemand von jener höheren Angelegenheit ergriffen und belebt war, ein desto besserer Bürger war er auch für den besondern deutschen Staat, in den sein unmittelbarer Wirkungskreis fiel. Deutsche Staaten konnten mit deutschen Staaten in Streit geraten über besondere hergebrachte Gerechtsame. Wer die Fortdauer des hergebrachten Zustandes wollte, und jeder Verständige ohne Zweifel mußte um der ferneren Folgen willen diese wollen, der mußte wünschen, daß die gerechte Sache siege, in wessen Händen sie auch sein möchte. Höchstens hätte ein besonderer deutscher Staat darauf ausgehen können, die ganze deutsche Nation unter seiner Regierung zu vereinigen, und statt der hergebrachten Völker-Republik Alleinherrschaft einzuführen. Wenn es wahr ist, wie ich z. B. es allerdings dafür halte, daß gerade diese republikanische Verfassung bisher die vorzüglichste Quelle deutscher Bildung und das erste Sicherungsmittel ihrer Eigentümlichkeit gewesen, so wäre, falls die vorausgesetzte Einheit der Regierung nicht etwa selbst die republikanische, sondern die monarchische Form getragen hätte, in der

es dem Gewalthaber doch möglich gewesen wäre, irgend einen Sproß
ursprünglicher Bildung über den ganzen deutschen Boden hinweg für
seine Lebenszeit zu zerdrücken; — wenn dieses wahr ist, sage ich, so
wäre in diesem Falle es allerdings ein großes Mißgeschick für die An=
gelegenheit deutscher Vaterlandsliebe gewesen, wenn dieser Vorsatz ge=
lungen wäre und jeder edle über die ganze Oberfläche des gemeinsamen
Bodens hinweg hätte dagegen sich stemmen müssen. Dennoch auch in
diesem schlimmsten Falle wären es doch immer Deutsche geblieben, die
über Deutsche regiert und ihre Angelegenheiten ursprünglich geleitet hätten,
und wenn auch auf eine vorübergehende Zeit der eigentümliche deutsche
Geist vermißt worden wäre, so wäre doch die Hoffnung geblieben, daß
er wieder erwachen werde, und jedes kräftigere Gemüt über den ganzen
Boden hinweg hätte sich versprechen können, Gehör zu finden und sich
verständlich zu machen; es wäre doch immer eine deutsche Nation im
Dasein verblieben und hätte sich selbst regiert, und sie wäre nicht unter=
gegangen in einem andern von niederer Ordnung.[1] Immer bleibt
hier das wesentliche in unserer Berechnung, daß die deutsche National=
liebe selbst an dem Ruder des deutschen Staates entweder sitze oder
doch mit ihrem Einflüße dahin gelangen könne. Wenn aber, zufolge
unsrer frühern Voraussetzung, dieser deutsche Staat, — ob er nun als
einer oder mehrere erscheine, thut nichts zur Sache, in der That ist es
dennoch einer, — überhaupt aus deutscher Leitung in fremde fiele, so
ist sicher, und das Gegenteil davon wäre gegen alle Natur und schlechter=
dings unmöglich, es ist sicher, sage ich, daß von nun an nicht mehr
deutsche Angelegenheit, sondern eine fremde entscheiden würde. Wo die
gesamte National=Angelegenheit der Deutschen bisher ihren Sitz hatte
und dargestellt wurde, am Ruder des Staats, da wäre sie verwiesen.
Soll sie nun hiermit nicht ganz ausgetilgt sein von der Erde, so
muß ihr ein anderer Zufluchtsort bereitet werden, und zwar in dem,
was allein übrig bleibt, bei den Regierten, in den Bürgern. Wäre sie
aber bei diesen und ihrer Mehrheit schon, so wären wir in den Fall,
über welchen wir uns damals beratschlagen, gar nicht gekommen; sie ist
daher nicht bei ihnen und muß erst in sie hineingebracht werden: das
heißt mit andern Worten, die Mehrheit der Bürger muß zu diesem
vaterländischen Sinne erzogen werden, und damit man der Mehrheit
sicher sei, diese Erziehung muß an der Allheit versucht werden. Und
so ist denn zugleich unumwunden und klar, der gleichfalls ehemals ver=
sprochene Beweis geführt worden, daß es schlechthin nur die Erziehung
und kein anderes mögliches Mittel sei, das die deutsche Selbständigkeit
zu retten vermöge; und es wäre ohne Zweifel nicht unsre Schuld, wenn
man selbst bis jetzt noch nicht den eigentlichen Inhalt und die Absicht

---

[1] S. § 113.

dieser unsrer Reden und den Sinn, in welchem alle unsere Äußerungen zu nehmen sind, zu fassen vermöchte.

127. Um es noch kürzer zu fassen: immer unter unsrer Voraus= setzung, sind den Unmündigen ihre väterlichen und blutsverwandten Vor= münder abgegangen und Herren an ihre Stelle getreten; sollen jene Unmündige nicht gar Sklaven werden, so müssen sie eben der Vormund= schaft entlassen, und damit sie dieses können, zu allererst zur Mündigkeit erzogen werden. Die deutsche Vaterlandsliebe hat ihren Sitz verloren; sie soll einen andern breitern und tiefern erhalten, in welcher sie in ruhiger Verborgenheit sich begründe und stähle, und zu rechter Zeit in jugendlicher Kraft hervorbreche, und auch dem Staate die verlorne Selb= ständigkeit wieder gebe. Wegen des letztern können nun, sowohl das Ausland als die kleinlichen und engherzigen Trübseligkeiten unter uns selbst in Ruhe verbleiben; man kann zu ihrer aller Troste sie versichern, daß sie es insgesamt nicht erleben werden, und daß die Zeit, die es erleben wird, anders denken wird denn sie.

128. Ob nun, so streng auch die Glieder dieses Beweises anein= ander schließen mögen, derselbe auch andere ergreifen und sie zur Thätig= keit aufregen werde, hängt zu allererst davon ab, ob es so etwas, wie wir deutsche Eigentümlichkeit und deutsche Vaterlandsliebe geschildert haben, überhaupt gebe, und ob diese der Erhaltung und des Strebens dafür wert sei oder nicht. Daß der — auswärtige oder einheimische — Ausländer diese Frage mit nein beantwortet, versteht sich; aber dieser ist auch nicht mit zur Beratschlagung berufen. Übrigens ist hierbei an= zumerken, daß die Entscheidung über diese Frage keineswegs auf einer Beweisführung durch Begriffe beruht, welche hierin zwar klar machen, keineswegs aber über wirkliches Dasein oder Wert Auskunft zu geben vermögen, sondern daß die letzteren lediglich durch eines jeglichen un= mittelbare Erfahrung an ihm selber bewährt werden können. In einem solchen Falle mögen Millionen sagen: es sei nicht, so kann dadurch nie= mals mehr gesagt sein, denn daß es nur in ihnen nicht sei, keineswegs, daß es überhaupt nicht sei, und wenn ein einziger gegen diese Millionen auftritt und versichert, daß es sei, so behält er gegen sie alle recht. Nichts verhindert, daß, da ich nun gerade rede, ich in dem angegebenen Falle dieser der einzige sei, der da versichert, daß er aus unmittelbarer Er= fahrung an sich selbst wisse, daß es so etwas wie deutsche Vaterlands= liebe gebe, daß er den unendlichen Wert des Gegenstandes derselben kenne, daß diese Liebe allein ihn getrieben habe, auf jede Gefahr zu sagen, was er gesagt hat und noch sagen wird, indem uns dermalen gar nichts übrig geblieben ist, denn das Sagen, und sogar dieses auf alle Weise gehemmt und verkümmert wird. Wer dasselbe in sich fühlt, der wird überzeugt werden; wer es nicht fühlt, kann nicht überzeugt werden, denn allein auf jene Voraussetzung stützt sich mein Beweis; an ihm habe ich

meine Worte verloren, aber wer wollte nicht etwas so Geringfügiges, als Worte sind, auf das Spiel setzen?

129. Diejenige bestimmte Erziehung, von der wir uns die Rettung der deutschen Nation versprechen, ist in unserer zweiten und dritten Rede im allgemeinen beschrieben worden. Wir haben sie als eine gänzliche Umschaffung des Menschengeschlechts bezeichnet, und es wird passend sein, an diese Bezeichnung eine wiederholte Übersicht des Ganzen anzuknüpfen.

130. In der Regel galt bisher die Sinnenwelt für die rechte eigentliche, wahre und wirklich bestehende Welt, sie war die erste, die dem Zöglinge der Erziehung vorgeführt wurde; von ihr erst wurde er zum Denken, und zwar meist zu einem Denken über diese und im Dienste derselben angeführt. Die neue Erziehung kehrt diese Ordnung geradezu um.[1] Ihr ist nur die Welt, die durch das Denken erfaßt wird, die wahre und wirklich bestehende Welt; in diese will sie ihren Zögling, sogleich wie sie mit demselben beginnt, einführen. An diese Welt allein will sie seine ganze Liebe und sein ganzes Wohlgefallen binden, so daß ein Leben allein in dieser Welt des Geistes bei ihm notwendig entstehe und hervorkomme. Bisher lebte in der Mehrheit allein das Fleisch, die Materie, die Natur; durch die neue Erziehung soll in der Mehr=
heit, ja gar bald in der Allheit, allein der Geist leben und dieselbe treiben; der feste und gewisse Geist, von welchem früher als von der einzigmöglichen Grundlage eines wohleingerichteten Staates gesprochen worden, soll im allgemeinen erzeugt werden.

131. Durch eine solche Erziehung wird ohne Zweifel der Zweck, den wir zunächst uns vorgesetzt haben, und von dem unsere Reden ausge=
gangen sind, erreicht. Jener zu erzeugende Geist führt die höhere Vater=
landsliebe, das Erfassen seines irdischen Lebens als eines ewigen, und des Vaterlandes als des Trägers dieser Ewigkeit, und, falls er in den Deutschen aufgebauet wird, die Liebe für das deutsche Vaterland, als einen seiner notwendigen Bestandteile unmittelbar in sich selber; und aus dieser Liebe folgt der mutige Vaterlandsverteidiger und der ruhige und rechtliche Bürger von selbst. Es wird durch eine solche Erziehung sogar noch mehr erreicht als dieser nächste Zweck; wie das allemal der Fall ist, wo ein großes Ziel durch ein durchgreifendes Mittel gewollt wird; der ganze Mensch wird nach allen seinen Teilen vollendet, in sich selbst abgerundet, nach außen zu allen seinen Zwecken in Zeit und Ewigkeit mit vollkommener Tüchtigkeit ausgestattet. Mit unserer Genesung für Nation und Vaterland hat die geistige Natur unsere vollkommene Heilung von allen Übeln, die uns drücken, unzertrennlich verknüpft.

132. Mit der stumpfen Verwunderung, daß eine solche Welt des bloßen Gedankens behauptet, und sogar als die einzig mögliche Welt

---

[1] S. § 21.

behauptet, dagegen die Sinnenwelt ganz weggeworfen werde, sowie mit
der Ableugnung der erstern entweder überhaupt oder nur der Möglich=
keit, daß selbst die Mehrheit des großen Volks in dieselbe eingeführt
werden könne, haben wir es hier nicht mehr zu thun, sondern haben
dieselben schon früher gänzlich von uns weggewiesen. Wer noch nicht
weiß, daß es eine Welt des Gedankens gebe, der mag indessen ander=
wärts durch die vorhandenen Mittel sich davon belehren, wir haben hier
zu dieser Belehrung nicht Zeit; wie aber sogar die Mehrheit des
großen Volks zu derselben emporgehoben werden könne, dies wollen wir
eben zeigen.

133. Indem nun unserem eigenen wohlbedachten Sinne nach der
Gedanke einer solchen neuen Erziehung keineswegs als ein bloßes zur
Übung des Scharfsinnes oder der Streitfertigkeit aufgestelltes Bild zu
betrachten ist, sondern derselbe vielmehr zur Stunde ausgeübt und ins
Leben eingeführt werden soll, so kommt uns zuvörderst zu, anzugeben,
an welches in der wirklichen Welt schon vorliegende Glied diese Aus=
führung sich anknüpfen solle.

Wir geben auf diese Frage zur Antwort: an den von Johann
Heinrich Pestalozzi erfundenen, vorgeschlagenen und unter dessen Augen
schon in glücklicher Ausübung befindlichen Unterrichtsgang soll sie sich
anschließen. Wir wollen diese unsere Entscheidung tiefer begründen und
näher bestimmen.

Zuvörderst, wir haben die eigenen Schriften des Mannes gelesen
und durchdacht,[1]) und aus diesen unsern Begriff seiner Unterrichts= und
Erziehungskunst uns gebildet; gar keine Kunde aber haben wir genommen
von dem, was die gelehrten Neuigkeitsblätter darüber berichtet und ge=
meint und über die Meinung wieder gemeint haben. Wir merken dies
darum an, um jedem, der über diesen Gegenstand gleichfalls einen Be=
griff zu haben begehrt, denselben Weg und die durchgängige Vermeidung
des entgegengesetzten zu empfehlen. Eben so wenig haben wir bis jetzt
etwas von der wirklichen Ausübung sehen wollen, keineswegs aus Nicht=
achtung, sondern weil wir uns erst einen festen und sichern Begriff von
der wahren Absicht des Erfinders, hinter welcher die Ausübung oft zu=
rückbleiben kann, verschaffen wollten, aus diesem Begriffe aber der Begriff
von der Ausübung und dem notwendigen Erfolge ohne alles Probieren,
sich von selbst ergiebt und man, nur mit diesem ausgestattet, die Aus=
übung wahrhaftig verstehen und richtig beurteilen kann. Sollte, wie
einige glauben, auch dieser Unterrichtsgang schon hier und da in ein
blindes, empirisches Zutappen und in leere Spielerei und Schauauslegerei
ausgeartet sein, so ist meines Erachtens der Grundbegriff des Erfinders
wenigstens daran ganz unschuldig.

---

[1]) S. Einl. 5. Kap. S. 68.

134. Für diesen Grundbegriff nun bürgt mir zuerst die Eigentüm=
lichkeit des Mannes selber, wie er diese in seinen Schriften mit der
treusten und gemütvollsten Offenheit darlegt. An ihm hätte ich ebenso
gut, wie an Luther, oder falls es noch andere diesen gleichende gegeben
hat, an irgend einem andern, die Grundzüge des deutschen Gemüts dar=
legen und den erfreuenden Beweis führen können, daß dieses Gemüt in
seiner ganzen wunderwirkenden Kraft in dem Umkreise der deutschen Zunge
noch bis auf diesen Tag walte. Auch er hat ein mühevolles Leben hin=
durch, im Kampfe mit allen möglichen Hindernissen von innen mit eigner
hartnäckiger Unklarheit und Unbeholfenheit, und selbst höchst spärlich aus=
gestattet mit den gewöhnlichsten Hilfsmitteln der gelehrten Erziehung,
äußerlich mit anhaltender Verkennung, gerungen nach einem bloß ge=
ahndeten ihm selbst durchaus unbewußten Ziele, aufrecht gehalten und
getrieben durch einen unversiegbaren und allmächtigen und deutschen Trieb,
die Liebe zu dem armen verwahrlosten Volke. Diese allmächtige Liebe
hatte ihn, ebenso wie Luthern, nur in einer andern und seiner Zeit an=
gemesseneren Beziehung zu ihrem Werkzeuge gemacht und war das Leben
geworden in seinem Leben, sie war der ihm selbst unbekannte feste und
unwandelbare Leitfaden dieses seines Lebens, der es hindurchführte durch
alle ihn umgebende Nacht, und der den Abend desselben — denn es
war unmöglich, daß eine solche Liebe unbelohnt von der Erde abtrete —
krönte mit seiner wahrhaft geistigen Erfindung, die weit mehr leistete,
denn er je mit seinen kühnsten Wünschen begehrt hatte. Er wollte bloß
dem Volke helfen; aber seine Erfindung, in ihrer ganzen Ausdehnung
genommen, hebt das Volk, hebt allen Unterschied zwischen diesem und
einem gebildeten Stande auf, giebt statt der gesuchten Volkserziehung
Nationalerziehung, und hätte wohl das Vermögen den Völkern und dem
ganzen Menschengeschlechte aus der Tiefe seines dermaligen Elends empor=
zuhelfen.[1])

135. Dieser sein Grundbegriff steht in seinen Schriften mit voll=
kommener Klarheit und unverkennbarer Bestimmtheit da. Zuvörderst
will er in Absicht der Form nicht die bisherige Willkür und das blinde
Herumtappen, sondern er will eine feste und sicher berechnete Kunst der
Erziehung, wie auch wir es wollen und wie deutsche Gründlichkeit es
notwendig wollen muß;[2]) und er erzählt sehr unbefangen, wie eine
französische Phrase, daß er nämlich die Erziehung mechanisieren wolle,
ihm über diesen seinen Zweck aus dem Traume geholfen habe. In Ab=
sicht des Inhalts ist es der erste Schritt der von mir beschriebenen
neuen Erziehung, daß sie die freie Geistesthätigkeit des Zöglings, sein

---

[1]) S. Einleitung S. 38.
[2]) Pestalozzi spricht, was jene „Form" betrifft, in der Schrift „Wie Gertrud
ihre Kinder lehrt", auf welche Fichte sich zunächst beziehen dürfte (F. L. I. 389),
von einer psychologischen Methode.

Denken, in welchem späterhin die Welt seiner Liebe ihm aufgehen soll,
anrege und bilde; mit diesem ersten Schritte beschäftigen sich Pestalozzis
Schriften vorzüglich, und auf diesen Gegenstand geht unsere Prüfung
seines Grundbegriffes zu allererst. In dieser Rücksicht ist nun desselben
Tadel des bisherigen Unterrichts, daß derselbe den Schülern nur in
Nebel und Schatten eingetaucht und denselben niemals zur wirklichen
Wahrheit und Realität habe gelangen lassen, gleichbedeutend mit dem
unsrigen, daß dieser Unterricht nicht vermocht habe, in das Leben einzugreifen, noch die Wurzel desselben zu bilden; und Pestalozzis dagegen
vorgeschlagenes Hilfsmittel, den Zögling in die unmittelbare Anschauung
einzuführen, ist gleichbedeutend mit dem unsrigen, die Geistesthätigkeit
desselben zum Entwerfen von Bildern anzuregen und nur an diesem
freien Bilde ihn lernen zu lassen alles, was er lernt: denn nur
von dem freientworfenen ist Anschauung möglich. Daß der Erfinder es
wirklich also meint und keineswegs unter Anschauung jene blindtappende
und betastende Wahrnehmung[1] versteht, beweist die nachher angegebene
Ausübung. Gleichfalls ganz richtig wird dieser Anregung der Anschauung
des Zöglings durch die Erziehung das allgemeine und sehr tief ein-
greifende Gesetz gegeben, hierin mit dem Anfange und Fortschritte der
zu entwickelnden Kräfte des Kindes genau Schritt zu halten.

136. Dagegen haben die gesamten Mißgriffe dieses Pestalozzischen
Unterrichtsplans in Ausdrücken und Vorschlägen die eine gemeinschaftliche
Quelle, daß der dürftige und begrenzte Zweck, auf welchen anfangs ausgegangen wurde, äußerst vernachläßigten Kindern aus dem Volke, unter
der Voraussetzung, daß das Ganze bliebe, so wie es ist, die notdürftigste
Hilfe zu leisten, von einer Seite und von der andern, das zu einem
weit höhern Zwecke führende Mittel, in Vermengung und Widerstreit
mit einander geraten sind; und man wird vor allem Irrtume gesichert und
erhält einen mit sich vollkommen übereinstimmenden Begriff, wenn man
das erstere und alles, was aus dessen Beachtung gefolgt ist, fallen läßt
und sich bloß an das letztere hält und es folgegemäß durchführt.[2]
Ohne Zweifel entstand lediglich aus dem Wunsche, jene Kinder der
äußersten Armut sobald als möglich aus der Schule zum Broterwerb zu

---

[1] d. i. diejenige Wahrnehmung, welche voraussetzt, daß das (tote) Sein
das Letzte und Absolute und die Wahrheit sei. Fichte machte daher früher aus
Gründen seines Idealismus wenigstens der Theorie Pestalozzis den Vorwurf, daß
die Entwicklung der Anschauung an die objektiven, im Raume befindlichen Dinge
angeknüpft worden sei, während er doch hätte wissen müssen, daß alle Besinnung
und alle Bildung zur Freiheit vom Subjekte ausgehe. Patr. Gespr. W W. XI. 269.

[2] „Nicht als intellektuelle Erziehung nur des armen gedrückten Volkes,
sondern als die absolut unerläßliche Elementarerziehung der ganzen künftigen
Generation und aller Generationen von nun an muß man zuvörderst den
Pestalozzischen Gedanken fassen, um ihn richtig zu verstehen und zu würdigen.‟
A. a. O. 267.

entlassen und dennoch sie mit einem Mittel zu versehen, wodurch sie den abgebrochenen Unterricht nachholen könnten, in Pestalozzis liebendem Gemüte die Überschätzung des Lesens und Schreibens, die Aufstellung dieser beinahe als Ziel und Gipfel des Volksunterrichts, sein unbefangener Glaube an die Aussage der abgelaufenen Jahrtausende, daß dieses die besten Hilfsmittel der Belehrung seien; da er ja außerdem gefunden haben würde, daß gerade dieses Lesen und Schreiben bisher die eigentlichen Werkzeuge gewesen, um die Menschen in Nebel und Schatten einzuhüllen und sie überklug zu machen: [1] daher auch rühren ohne Zweifel mehrere andere mit seinem Grundsatze der unmittelbaren Anschauung im Wider= spruche stehende Vorschläge und besonders seine durchaus irrige Ansicht der Sprache, als eines Mittels unser Geschlecht von dunkler Anschauung zu deutlichen Begriffen zu erheben. [2] Wir unsres Orts haben nicht von Erziehung des Volks im Gegensatze höherer Stände geredet, indem wir Volk in diesem Sinne, niedern und gemeinen Pöbel, gar nicht länger haben wollen, noch er für die deutschen Nationalangelegenheiten ferner ertragen werden kann, sondern wir haben von Nationalerziehung geredet. Soll es jemals zu dieser kommen, so muß der armselige Wunsch, daß die Erziehung doch ja recht bald vollendet sein und das Kind wieder hinter die Arbeit gestellt werden möge, gar nicht mehr zu Odem kommen, sondern sogleich an der Schwelle der Beratung über diese Angelegenheit abgelegt werden. Zwar wird meines Erachtens diese Erziehung nicht kostspielig sein, die Anstalten werden guten Teils sich selbst erhalten können, und es wird der Arbeit kein Eintrag geschehen; und ich werde meine Gedanken hierüber zu seiner Zeit darlegen: aber wenn dies auch nicht so wäre, so muß unbedingt und auf jede Gefahr der Zögling in der Erziehung so lange bleiben, bis sie vollendet ist und vollendet sein

---

[1] „Unsere Generation ist der Anschauung des Lebens unmittelbar nicht empfänglich deswegen, weil von dem Augenblick ihrer ersten Entwicklung an ihr überhaupt alle Anschauung entrückt, und sie mit bedachter Kunst von derselben hinweg in Schatten und Nebel getrieben wird, in welcher Fertigkeit eben unsere Erziehung besteht. Kaum entwickelt sich des Kindes Organ zu dem ersten Lallen und bietet so unserer schon harrenden Kunst eine Blöße, so erhält es Worte statt der Dinge, und Redensarten statt der Empfindungen. Bald werden ihm die lauten Worte, ein der Anschauung noch immer zu naheliegendes Schema, in tote Buch= staben verwandelt, bis durch Geläufigkeit auch diese ihre festen Formen verlieren und die Kinder in einem Meere von ungeformtem Buchstabenelement, als ihrer eigentlichen Welt schwimmen, und so die Erziehung schon einen ihrer ersten Zwecke erreicht hat.“ A. a. O. 260.

[2] „Ein solcher Gebrauch der Sprache, wie Pestalozzi ihn empfiehlt, als eines schon vorhandenen Fachwerks um Anschauungen zu ordnen, ist recht eigentlich das Mittel zum Überspringen der Anschauung und zur früheren Maulbraucherei, denen die Pestalozzische Theorie, wo sie konsequent einhergeht, mit vollem Rechte so sehr Feind ist; und es wird dieser Gebrauch der Sprache, zuwider der Theorie, ihrem Urheber aufgedrungen durch die schon oben erwähnte provisorische Sorgfalt für's Volk.“ A. a. O. 270.

kann; jene halbe Erziehung ist um nichts besser, denn gar keine; sie
läßt es eben beim Alten, und wenn man dies will, so erspare man sich
lieber auch das Halbe und erkläre gleich von vorn herein geradezu, daß
man nicht wolle, daß der Menschheit geholfen werde. Unter jener Voraus=
setzung nun kann in der bloßen Nationalerziehung, so lange dieselbe
dauert, Lesen und Schreiben zu nichts nützen, wohl aber kann es sehr
schädlich werden, indem es von der unmittelbaren Anschauung zum bloßen
Zeichen, und von der Aufmerksamkeit, die da weiß, daß sie nichts fasse,
wenn sie es nicht jetzt und zur Stelle faßt, zur Zerstreutheit, die sich
ihres Niederschreibens tröstet und irgend einmal vom Papiere lernen
will, was sie wahrscheinlich nie lernen wird, und überhaupt zu der den
Umgang mit Buchstaben so oft begleitenden Träumerei leichtlich verleiten
könnte, so wie es dieses auch bisher gethan hat. [1]) Erst am völligen
Schlusse der Erziehung, und als das letzte Geschenk derselben mit auf
den Weg, könnten diese Künste mitgeteilt und der Zögling geleitet werden
durch Zergliederung der Sprache, die er schon längst vollkommen besitzt,
die Buchstaben zu erfinden und zu gebrauchen; welches ihm bei der
übrigen Bildung, die er schon erlangt hat, ein Spiel sein würde.

137. So in der bloßen und allgemeinen Nationalerziehung. Etwas
anderes ist es mit dem künftigen Gelehrten. Dieser soll einst nicht bloß
über das Allgemeingeltende sich aussprechen, wie es ihm ums Herz ist,
sondern er soll auch in einsamen Nachdenken die verborgene und ihm
selber unbewußte eigentümliche Tiefe seines Gemüts in das Licht der
Sprache erheben, und er muß darum früher an der Schrift das Werf=
zeug dieses einsamen und dennoch lauten Denkens in die Hände bekommen
und bilden lernen; doch wird auch mit ihm weniger zu eilen sein, als
es bisher geschehen. Es wird dies zu seiner Zeit bei der Unterscheidung
der bloßen Nationalerziehung von der gelehrten deutlicher erhellen.

138. In Gemäßheit dieser Ansicht ist alles, was der Erfinder
über Schall und Wort, als Entwicklungsmittel der geistigen Kraft spricht,
zu berichtigen und zu beschränken. In das Einzelne zu gehen, erlaubt
mir nicht der Plan dieser Reden. Nur noch die folgende tief in das
Ganze greifende Bemerkung. Die Grundlage seiner Entwicklung aller
Erkenntnis enthält sein Buch für Mütter; indem er unter andern gar
sehr auf häusliche Erziehung rechnet. Was zuvörderst diese, die häusliche
Erziehung selbst anbelangt, so wollen wir zwar mit ihm keineswegs über
die Hoffnungen, die er sich von den Müttern macht, streiten; was aber
unsern höhern Begriff einer Nationalerziehung anbelangt, so sind wir
fest überzeugt, daß diese, besonders bei den arbeitenden Ständen, im
Hause der Eltern und überhaupt ohne gänzliche Absonderung der Kinder

---

[1]) „Es kommt zuletzt weit mehr darauf an, daß man aufmerken lerne, als
daß man gewisse Sätze lerne." Anweisung WW. V. 565.

von ihnen durchaus weder angefangen, noch fortgesetzt oder vollendet werden kann.[1]) Der Druck, die Angst um das tägliche Auskommen, die kleinliche Genauigkeit und Gewinnsucht, die sich hierzufügt, würde die Kinder notwendig anstecken, herabziehen und sie verhindern, einen freien Aufflug in die Welt des Gedankens zu nehmen. Dies ist auch eine der Voraussetzungen, die bei der Ausführung unsers Plans unbedingt ist, und auf keine Weise zu erlassen. Was daraus wird, wenn die Menschheit im ganzen in jedem folgenden Zeitalter sich also wiederholt, wie sie im vorhergehenden war, haben wir nun zur Genüge ersehen; soll eine gänzliche Umbildung mit derselben vorgenommen werden, so muß sie einmal ganz losgerissen werden von sich selber und ein trennender Einschnitt gemacht werden in ihr hergebrachtes Fortleben. Erst nachdem ein Geschlecht durch die neue Erziehung hindurch gegangen sein wird, wird sich beratschlagen lassen, welchen Teil von der Nationalerziehung man dem Hause anvertrauen wolle.

139. Dies nun abgerechnet, und das Pestalozzische Buch für die Mütter lediglich als erste Grundlage des Unterrichts betrachtet, ist auch der Inhalt desselben, der Körper des Kindes, ein vollkommener Miß= griff. Er geht von dem sehr richtigen Satze aus, der erste Gegenstand der Erkenntnis des Kindes müsse das Kind selbst sein. Aber ist denn der Körper des Kindes das Kind selbst?[2]) Wäre, wenn es doch ein menschlicher Körper sein sollte, der Körper der Mutter ihm nicht weit näher und sichtbarer? Und wie kann doch das Kind eine anschauliche Erkenntnis von seinem Körper bekommen, ohne zuerst gelernt zu haben, denselben zu gebrauchen? Jene Kenntnis ist keine Erkenntnis, sondern ein bloßes Auswendiglernen von willkürlichen Wortzeichen, daß durch die Überschätzung des Redens herbeigeführt wird. Die wahre Grundlage des Unterrichts und der Erkenntnis wäre, um es in der Pestalozzischen Sprache zu bezeichnen, ein ABC der Empfindungen. Wie das Kind anfängt, Sprachtöne zu vernehmen und selbst notdürftig zu bilden, müßte es geleitet werden, sich vollkommen deutlich zu machen, ob es hungere oder schläfrig sei, ob es die mit dem oder dem Ausdrucke bezeichnete ihm gegenwärtige Empfindung sehe, oder ob es vielmehr dieselbe höre, u. s. f., oder ob es wohl gar etwas ·bloß hinzudenke; wie die ver=

---

[1]) S. Einl. 5. Kap. S. 77.

[2]) „Hierdurch wird das Kind sich objektiviert, und zwar viel zu früh sich ob= jektiviert, indem es dem regelmäßigen Gange der Entwicklung nach, auf den Pesta= lozzi anderwärts mit ganzem Rechte so ernstlich hält, seinen Körper erst muß brauchen lernen, ehe es ihn objektive von sich aussondern und ihn kennen lernen soll." Patr. Gespr. W. W. XI. 269. Fichte setzt auf Grund seiner idealistischen Anschauung hinzu: „Hätte Pestalozzi eine andere Anwendung seiner an sich richtigen Voraussetzung, daß die Bildung vom Subjekte ausgehen müsse, finden können, so würde er gewiß entdeckt haben, daß dieser Anfang mit der Kenntnis des Körpers seinem eigenen Grundprinzipe widerspreche."

schiedenen durch besondere Wörter bezeichneten Eindrücke auf denselben
Sinn, z. B. die Farben, die Schalle der verschiedenen Körper u. s. f.
verschieden seien, und in welchen Abstufungen; alles dies in richtiger und
das Empfindungsvermögen selbst regelmäßig entwickelnder Folge. Hier=
durch erhält das Kind erst ein Ich, das es im freien und besonnenen
Begriffe absondert und mit demselben durchdringt, und gleich bei seinem
Erwachen ins Leben wird dem Leben ein geistiges Auge eingesetzt, das
von nun an wohl nicht wieder von demselben lassen wird. Hierdurch
erhalten auch für die nachfolgenden Übungen der Anschauung die an sich
leeren Formen des Maßes und der Zahl ihren deutlich erkannten innern
Gehalt, der bei der Pestalozzischen Verfahrungsweise doch nur durch
dunklen Hang und Zwang ihnen hinzugesetzt werden kann. Es kommt
in den Pestalozzischen Schriften ein in dieser Rücksicht merkwürdiges Ge=
ständnis eines seiner Lehrer vor, der, in dieses Verfahren eingeweiht,
anfing, nur noch ausgeleerte geometrische Körper zu erblicken. So müßte
es allen Zöglingen dieses Verfahrens ergehen, wenn nicht unvermerkt
die geistige Natur dagegen sicherte. Hier auch, bei diesem deutlichen
Erfassen dessen, was eigentlich empfunden wird, ist der Ort, wo, zwar
nicht das Sprachzeichen, aber das Reden selbst und das Bedürfnis, sich
für andere auszusprechen, den Menschen bildet und ihn aus der Dunkel=
heit und Verworrenheit zur Klarheit und Bestimmtheit erhebt. Auf das
zuerst zum Bewußtsein erwachende Kind dringen alle Eindrücke der das=
selbe umgebenden Natur zugleich ein und vermischen sich zu einem dumpfen
Chaos, in welchem nichts einzelnes aus dem allgemeinen Gewühl her=
vorsteht. Wie soll es jemals herauskommen aus dieser Dumpfheit?
Es bedarf der Hilfe anderer; es kann diese Hilfe auf keine andere
Weise an sich bringen, denn dadurch, daß es sein Bedürfnis bestimmt
ausspreche, mit den Unterscheidungen von ähnlichen Bedürfnissen, die
schon in der Sprache niedergelegt sind.[1]) Es wird genötigt, nach An=
leitung jener Unterscheidungen mit Zurückziehung und Sammlung auf
sich zu merken, das, was es wirklich fühlt, zu vergleichen und zu unter=
scheiden von anderem, das es wohl auch kennt, aber gegenwärtig nicht
fühlt. Hierdurch sondert sich erst ab in ihm ein besonnenes und freies

---

[1]) „Nicht zwar die Sprache, aber das Sprechen selber ist das allererste Mittel
zur Entwicklung der Selbstbesinnung. Das Kind liegt da in einem dumpfen Chaos
aller Gefühle, die unaufhörlich ineinander schwimmen. Wie hebt es jemals aus
dieser Flut irgend etwas einzeln und abgesondert heraus und taucht in diesem
Herausheben selber empor aus der Flut, und gebiert sich zur Ichheit? Was giebt
ihm das Bedürfnis dieses Herausbebens und den Anstoß dazu, sowie zu diesem
sich selbst Erzeugen? Offenbar, bei seiner absoluten Hilflosigkeit, die Notwendigkeit,
das Dringendste, das seine Erhaltung am unmittelbarsten Fordernde oder Bedrohende
a u s z u s p r e c h e n gegen die zu seiner Hilfe bereitstehende Menschheit, die eben durch
kein anderes Medium mit ihm zusammenhängt, außer durch das der Sprache."
A. a. O. 271.

Ich). Diesen Weg nun, den Not und Natur mit uns anhebt, soll die Erziehung mit besonnener und freier Kunst fortsetzen.

140. Im Felde der objektiven Erkenntnis, die auf äußere Gegenstände geht, fügt die Bekanntschaft mit dem Wortzeichen der Deutlichkeit und Bestimmtheit der inneren Erkenntnis für den Erkennenden selbst durchaus nichts hinzu, sondern sie erhebt dieselbe bloß in den völlig verschiedenen Kreis der Mitteilbarkeit für andere. Die Klarheit jener Erkenntnis beruht gänzlich auf der Anschauung, und dasjenige, was man nach Belieben in allen seinen Teilen, gerade so wie es wirklich ist, in der Einbildungskraft wieder erzeugen kann, ist vollkommen erkannt, ob man nun dazu ein Wort habe oder nicht. Wir sind sogar der Überzeugung, daß jene Vollendung der Anschauung der Bekanntschaft mit dem Wortzeichen vorausgehen müsse, und daß der umgekehrte Weg gerade in jene Schatten= und Nebelwelt und zu dem frühen Maulbrauchen, welche beide Pestalozzi'n mit Recht so verhaßt sind, führe, ja, daß der, der nur je eher je lieber das Wort wissen will und der seine Erkenntnisse für vermehrt hält, sobald er es weiß, eben in jener Nebelwelt lebt und bloß um deren Erweiterung bekümmert ist. Des Erfinders Denkgebäude im ganzen erfassend, glaube ich, daß es gerade dieses ABC der Empfindung war, was er, als erste Grundlage der geistigen Entwicklung und als Inhalt seines Buches der Mütter, anstrebte, und was ihm dunkel bei allen seinen Äußerungen über die Sprache vorschwebte, und daß allein der Mangel an philosophischen Studien ihn verhinderte, in diesem Punkte sich selber vollkommen klar zu werden.

141. Diese Entwicklung nun des erkennenden Subjekts selbst, an der Empfindung, vorausgesetzt, und der Nationalerziehung, die wir beabsichtigen, als allererste Grundlage untergelegt, ist das Pestalozzische ABC der Anschauung, die Lehre von den Zahl= und Maßverhältnissen die vollkommen zweckmäßige und vortreffliche Folge. An diese Anschauung kann ein beliebiger Teil der Sinnenwelt geknüpft werden, sie kann eingeführt werden in das Gebiet der Mathematik, so lange, bis an diesen Vorübungen der Zögling hinlänglich gebildet sei, um zur Entwerfung einer gesellschaftlichen Ordnung der Menschen, und zur Liebe dieser Ordnung, als dem zweiten und wesentlichen Schritte seiner Bildung, angeführt zu werden.

142. Noch ist gleich beim ersten Teile der Erziehung ein anderer von Pestalozzi gleichfalls in Anregung gebrachter Gegenstand nicht zu übergehen; die Entwicklung der körperlichen Fertigkeit des Zöglings, die mit der geistigen notwendig Hand in Hand gehend fortschreiten muß. Er fordert ein ABC der Kunst, d. h. des körperlichen Könnens. Seine hervorstechendsten Äußerungen hierüber sind folgende: „Schlagen, Tragen, Werfen, Stoßen, Ziehen, Drehen, Ringen, Schwingen u. s. f. seien die einfachsten Übungen der Kraft. Es gebe eine naturgemäße Stufenfolge

von den Anfängen in diesen Übungen bis zu ihrer vollendeten Kunst,
d. i. bis zum höchsten Grade des Nerventaktes, der Schlag und Stoß,
Schwung und Wurf in hundertfachen Abwechselungen sichere und Hand
und Fuß gewiß mache." Alles kommt hierbei auf die naturgemäße
Stufenfolge an, und es reicht nicht hin, daß man mit blinder Willkür
hineingreife und irgend eine Übung einführe, damit doch von uns gesagt
werden könne, wir hätten auch, etwa wie die Griechen, körperliche Erziehung. In dieser Rücksicht ist nun noch alles zu thun, denn Pestalozzi
hat kein A B C der Kunst geliefert. Dieses müßte erst geliefert werden,
und zwar bedarf es dazu eines Mannes, der, in der Anatomie des
menschlichen Körpers und in der wissenschaftlichen Mechanik auf gleiche
Weise zu Hause mit diesen Kenntnissen ein hohes Maß philosophischen
Geistes verbände, und der auf diese Weise fähig wäre, in allseitiger
Vollendung diejenige Maschine zu finden, zu der der menschliche Körper
angelegt ist, und anzugeben, wie diese Maschine allmählich, also daß
jeder Schritt in der einzig möglichen richtigen Folge geschähe, durch jeden
alle künftigen vorbereitet und erleichtert, und dabei die Gesundheit und
Schönheit des Körpers und die Kraft des Geistes nicht nur nicht ge-
fährdet, sondern sogar gestärkt und erhöht würde, wie, sage ich, auf
diese Weise diese Maschine aus jedem gesunden menschlichen Körper entwickelt werden könne. Die Unerlaßlichkeit dieses Bestandteils für eine
Erziehung, die den ganzen Menschen zu bilden verspricht und die besonders für eine Nation sich bestimmt, welche ihre Selbständigkeit wieder
herstellen und fernerhin erhalten soll, fällt ohne weitere Erinnerung in
die Augen.

　　Was für nähere Bestimmung unseres Begriffes von deutscher
Nationalerziehung noch ferner zu sagen ist, behalten wir vor der nächst-
künftigen Rede.

Zehnte Rede.

____

Zur näheren Bestimmung der deutschen Nationalerziehung.

143. Die Anführung des Zöglings, zuerst seine Empfindungen, sodann seine Anschauungen sich klar zu machen, mit welcher eine folgegemäße Kunstbildung seines Körpers Hand in Hand gehen muß, ist der erste Hauptteil der neuen deutschen Nationalerziehung. Was die Bildung der Anschauung betrifft, haben wir eine zweckmäßige Anleitung von Pestalozzi; die noch ermangelnde zur Bildung des Empfindungsvermögens wird derselbe Mann und seine Mitarbeiter, die zur Lösung dieser Aufgabe zunächst berufen sind, leicht geben können. Eine Anweisung zur folgegemäßen Ausbildung der körperlichen Kraft fehlt noch: es ist angegeben, was zur Lösung dieser Aufgabe erfordert werde, und es ist zu hoffen, daß, wenn die Nation Begierde nach dieser Lösung bezeugen sollte, dieselbe sich finden werde. Dieser ganze Teil der Erziehung ist nur Mittel und Vorübung zu dem zweiten wesentlichen Teile derselben, der bürgerlichen und religiösen Erziehung. Was hierüber im allgemeinen zu sagen dermalen not thut, ist in unserer zweiten und dritten Rede schon beigebracht, und wir haben in dieser Rücksicht nichts hinzuzusetzen. Eine bestimmte Anweisung zur Kunst dieser Erziehung zu geben ist, — immer wie sich versteht in Beratung und Rücksprache mit der Pestalozzischen eigentlichen Erziehungskunst — die Sache derselben Philosophie, die eine deutsche Nationalerziehung überhaupt in Vorschlag bringt; und diese Philosophie wird, wenn nur erst das Bedürfnis einer solchen Anweisung durch vollendete Ausübung des ersten Teils eintritt, nicht säumen, dieselbe zu liefern. Wie es möglich sein werde, daß jedweder Zögling, auch aus dem niedrigsten Stande geboren, indem der Stand der Geburt wahrhaftig keinen Unterschied in den Anlagen macht, den Unterricht über diese Gegenstände, der allerdings, wenn man so will, die allertiefste Metaphysik enthält und die Ausbeute der abgezogensten Spekulation ist, und welche zu fassen dermalen sogar Gelehrten und selbst spekulierenden Köpfen so unmöglich fällt, fassen, und sogar leicht fassen werde; darüber ermüde man sich nur vorläufig nicht im Hin- und Herzweifeln; wenn man nur in Absicht der ersten Schritte folgen will, so wird dies später-

14*

hin die Erfahrung lehren. Nur darum, weil unsere Zeit überhaupt in der Welt der leeren Begriffe gefesselt und an keiner Stelle in die Welt der wahrhaftigen Realität und Anschauung hineingekommen ist, ist es ihr nicht anzumuten, daß sie gerade bei der allerhöchsten und geistigsten Anschauung, und nachdem sie schon über alles Maß klug ist, das An= schauen anfange. Ihr muß die Philosophie anmuten, ihre bisherige Welt aufzugeben und eine ganz andere sich zu verschaffen, und es ist kein Wunder, wenn eine solche Anmutung ohne Erfolg bleibt. Der Zögling unserer Erziehung aber ist gleich von Anbeginn an einheimisch geworden in der Welt der Anschauung und hat niemals eine andere ge= sehen; er soll seine Welt nicht verändern, sondern sie nur steigern, und dieses ergiebt sich von selbst. Jene Erziehung ist zugleich, wie wir schon oben darauf deuteten, die einzig mögliche Erziehung für Philosophie und das einzige Mittel, diese letztere allgemein zu machen.

144. Mit dieser bürgerlichen und religiösen Erziehung nun ist die Erziehung beschlossen und der Zögling zu entlassen, und so wären wir denn fürs erste in Absicht des Inhalts der vorgeschlagenen Erziehung im Reinen.

145. Es müsse niemals das Erkenntnisvermögen des Zöglings an= geregt werden, ohne daß die Liebe für den erkannten Gegenstand es zu= gleich werde, indem außerdem die Erkenntnis tot und ebenso niemals die Liebe, ohne daß sie der Erkenntnis klar werde, indem außerdem die Liebe blind bleibe: ist einer der Hauptgrundsätze der von uns vorge= schlagenen Erziehung, mit welchem auch Pestalozzi seinem ganzen Denk= gebäude zufolge einverstanden sein muß. Die Anregung und Entwicklung dieser Liebe nun knüpft sich an den folgegemäßen Lehrgang am Faden der Empfindung und der Anschauung von selbst, und kommt ohne allen unsern Vorsatz oder Zuthun. Das Kind hat einen natürlichen Trieb nach Klarheit und Ordnung; dieser wird in jenem Lehrgange immerfort befriedigt und erfüllt so das Kind mit Freude und Lust; mitten in der Befriedigung aber wird er durch die neuen Dunkelheiten, die nun zum Vorschein kommen, wiederum angeregt und so ferner befriediget, und so geht das Leben hin in Liebe und Lust am Lernen.[1] Dies ist die Liebe, wodurch jeder einzelne an die Welt des Gedankens geknüpft wird, das Band der Sinnen= und Geisterwelt überhaupt. Durch diese Liebe ent= steht, in dieser Erziehung sicher und berechnet, so wie bisher durch das Ohngefähr bei wenigen vorzüglich begünstigten Köpfen, die leichte Ent= wicklung des Erkenntnisvermögens und die glückliche Bearbeitung der Felder der Wissenschaft.

146. Noch aber giebt es eine andere Liebe, diejenige, welche den Menschen an den Menschen bindet und alle Einzelne zu einer einigen

---

[1] S. Einl. 5. Kap. S. 74.

Vernunftgemeinde der gleichen Gesinnung verbindet. Wie jene die Erkenntnis, so bildet diese das handelnde Leben und treibt an, das erkannte in sich und andern darzustellen. Da es für unsern eigentlichen Zweck wenig helfen würde, bloß die Gelehrtenerziehung zu verbessern, und die von uns beabsichtigte Nationalerziehung zunächst nicht darauf ausgeht, Gelehrte, sondern eben Menschen zu bilden, so ist klar, daß neben jener ersten auch die Entwicklung der zweiten Liebe unerläßliche Pflicht dieser Erziehung ist.

Pestalozzi redet [1] von diesem Gegenstande mit herzerhebender Begeisterung; dennoch aber müssen wir bekennen, daß alles dieses uns nicht im mindesten klar geschienen hat und am allerwenigsten so klar, daß es einer kunstmäßigen Entwicklung jener Liebe zur Grundlage dienen könne. Es ist darum nötig, daß wir unsere eigenen Gedanken zu einer solchen Grundlage mitteilen.

147. Die gewöhnliche Annahme, daß der Mensch von Natur selbstsüchtig sei und auch das Kind mit dieser Selbstsucht geboren werde, und daß es allein die Erziehung sei, die demselben eine sittliche Triebfeder einpflanze, gründet sich auf eine sehr oberflächliche Beobachtung und ist durchaus falsch. Da aus nichts sich nicht etwas machen läßt, die noch so weit fortgesetzte Entwicklung eines Grundtriebes aber ihn doch niemals zu dem Gegenteile von sich selbst machen kann; wie sollte doch die Erziehung vermögen, jemals Sittlichkeit in das Kind hineinzubringen, wenn diese nicht ursprünglich und vor aller Erziehung vorher in demselben wäre? [2] So ist sie es denn auch wirklich in allen menschlichen Kindern, die zur Welt geboren werden; die Aufgabe ist bloß die ursprünglichste und reinste Gestalt, in der sie zum Vorschein kommt, zu ergründen.

148. Durchgeführte Spekulation sowohl, als die gesamte Beobachtung stimmen überein, daß diese ursprünglichste und reinste Gestalt der Trieb nach Achtung sei, und daß diesem Triebe erst das sittliche als einzig möglicher Gegenstand der Achtung, das Rechte und Gute, die Wahrhaftigkeit, die Kraft der Selbstbeherrschung in der Erkenntnis aufgehe. Beim Kinde zeigt sich dieser Trieb zuerst als Trieb, auch geachtet zu werden von dem, was ihm die höchste Achtung einflößt; und es richtet sich dieser Trieb zum sichern Beweise, daß keineswegs aus der Selbstsucht die Liebe stamme, in der Regel weit stärker und entschiedener auf den ernsteren, öfter abwesenden und nicht unmittelbar als Wohlthäter erscheinenden Vater, denn auf die mit ihrer Wohlthätigkeit stets gegenwärtige Mutter. Von diesem will das Kind bemerkt sein, es will seinen Beifall haben; nur inwiefern dieser mit ihm zufrieden ist, ist es selbst mit sich zufrieden: dies ist die natürliche Liebe des Kindes zum

---

[1] Ansichten, Erfahrungen und Mittel zur Beförderung einer der Menschennatur angemessenen Erziehungsweise. (Leipzig 1807). (Anmerkung Fichte's).
[2] S. Einl. 5. Kap. S. 70 und Herbart, W.W. XI. 330.

Vater; keineswegs als zum Pfleger seines sinnlichen Wohlseins, sondern als zu dem Spiegel, aus welchem ihm sein eigner Wert oder Unwert ent= gegenstrahlt; an diese Liebe kann nun der Vater selbst schweren Gehor= sam und jede Selbstverleugnung leicht anknüpfen; für den Lohn seines herzlichen Beifalls gehorcht es mit Freuden. Wiederum ist dies die Liebe, die es vom Vater begehrt, daß dieser bemerke sein Bestreben, gut zu sein, und es anerkenne, daß er sich merken lasse, es mache ihm Freude, wenn er billigen könne, und thue ihm herzlich wehe, wenn er mißbilligen müsse, er wünsche nichts mehr, als immer mit demselben zufrieden sein zu können, und alle seine Forderungen an dasselbe haben nur die Absicht, das Kind selbst immer besser und achtungswürdiger zu machen; deren Anblick wiederum die Liebe des Kindes fortdauernd belebt und verstärkt und ihm zu allen seinen ferneren Bestrebungen neue Kraft giebt. Da= gegen wird diese Liebe ertötet durch Nichtbeachtung oder anhaltendes un= billiges Verkennen, ganz besonders aber erzeugt sogar Haß, wenn man in der Behandlung desselben Eigennützigkeit blicken läßt, und z. B. einen durch die Unvorsichtigkeit desselben verursachten Verlust als ein Haupt= verbrechen behandelt. Es sieht sich sodann als ein bloßes Werkzeug be= trachtet, und dies empört sein zwar dunkles, aber dennoch nicht abwesendes Gefühl, daß es durch sich selbst einen Wert haben müsse.

149. Um dies an einem Beispiele zu belegen. Was ist es doch, daß dem Schmerze der Züchtigung beim Kinde noch die Scham hinzu= fügt, und was ist diese Scham? Offenbar ist sie das Gefühl der Selbst= verachtung, die es sich zufügen muß, da ihm das Mißfallen seiner Eltern und Erzieher bezeugt wird. Daher denn auch in einem Zusammenhange, wo die Bestrafung von keiner Scham begleitet wird, es mit der Erziehung zu Ende ist, und die Bestrafung erscheint als eine Gewaltthätigkeit, über die der Zögling mit hohem Sinne sich hinwegsetzt und ihrer spottet.[1]

150. Dies also ist das Band, was die Menschen zur Einheit des Sinnes verknüpft, und dessen Entwicklung ein Hauptbestandteil der Er= ziehung zum Menschen ist, — keineswegs sinnliche Liebe, sondern Trieb zu gegenseitiger Achtung. Dieser Trieb gestaltet sich auf eine doppelte Weise: im Kinde, ausgehend von unbedingter Achtung für die erwachsene Menschheit außer sich, zu dem Triebe, von dieser geachtet zu werden und an ihrer wirklichen Achtung, als seinem Maßstabe, abzunehmen, in= wiefern es auch selbst sich achten dürfe. Dieses Vertrauen auf einen fremden und außer uns befindlichen Maßstab der Selbstachtung ist auch der eigentümliche Grundzug der Kindheit und Unmündigkeit, auf dessen Vorhandensein ganz allein die Möglichkeit aller Belehrung und aller Erziehung der nachwachsenden Jugend zu vollendeten Menschen sich gründet.

---

[1] Wie die Scham, so soll nach Fichte auch die Schamhaftigkeit dem Menschen ursprünglich angehören. Staatsl. WW. IV. 481. VII. 597. Vergl. unten § 152.

Der mündige Mensch hat den Maßstab seiner Selbstschätzung in ihm selber und will von anderen geachtet sein, nur inwiefern sie selbst erst seiner Achtung sich würdig gemacht haben; und bei ihm nimmt dieser Trieb die Gestalt des Verlangens an, andere achten zu können und Achtungswürdiges außer sich hervorzubringen. Wenn es nicht einen solchen Grundtrieb im Menschen gebe, woher käme doch die Erscheinung, daß es dem auch nur erträglich guten Menschen wehe thut, die Menschen schlechter zu finden, als er sie sich dachte, und daß es ihn tief schmerzt, sie verachten zu müssen; da es ja der Selbstsucht im Gegenteile wohl thun müßte, über andere sich hochmütig erheben zu können? Diesen letzten Grundzug der Mündigkeit nun soll der Erzieher darstellen, so wie auf den ersten bei dem Zöglinge sicher zu rechnen ist. Der Zweck der Er= ziehung in dieser Rücksicht ist es eben, die Mündigkeit in dem von uns angegebenen Sinne hervorzubringen, und nur, nachdem dieser Zweck er= reicht ist, ist die Erziehung wirklich vollendet und zu Ende gebracht. Bisher sind viele Menschen ihr ganzes Leben hindurch Kinder geblieben; diejenigen, welche zu ihrer Zufriedenheit des Beifalls der Umgebung be= durften und nichts rechtes geleistet zu haben glaubten, als wenn sie dieser gefielen. Ihnen hat man entgegengesetzt, als starke und kräftige Charak= tere, die wenigen, die über fremdes Urteil sich zu erheben und sich selbst zu genügen vermochten, und hat diese in der Regel gehaßt, indes man jene zwar nicht achtete, aber dennoch sie liebenswürdig fand.

151. Die Grundlage aller sittlichen Erziehung ist es, daß man wisse, es sei ein solcher Trieb im Kinde, und ihn festiglich voraussetze, sodann, daß man ihn in seiner Erscheinung erkenne und ihn durch zweck= mäßige Aufregung und durch Darreichung eines Stoffes, woran er sich befriedige, allmählich immer mehr entwickle. Die allererste Regel, daß man ihn auf den ihm allein angemessenen Gegenstand richte, auf das sittliche, keineswegs aber etwa in einem ihm fremdartigen Stoffe ihn abfinde. Das Lernen z. B. führt seinen Reiz und seine Belohnung in sich selber; höchstens könnte angestrengter Fleiß, als eine Übung der Selbstüberwindung, Beifall verdienen; aber dieser freie und über die Forderung hinaus gehende Fleiß wird wenigstens in der bloßen allge= meinen Nationalerziehung kaum eine Stelle finden. Daß daher der Zögling lerne, was er soll, muß betrachtet werden als etwas, das sich eben von selbst versteht und wovon nicht weiter geredet wird; selbst das schnellere und bessere Lernen des fähigeren Kopfes muß betrachtet werden eben als ein bloßes Naturereignis, das ihm selber zu keinem Lobe oder Auszeichnung dient, am allerwenigsten aber andere Mängel verdeckt. Nur im sittlichen soll diesem Triebe sein Wirkungskreis angewiesen werden; aber die Wurzel aller Sittlichkeit ist die Selbstbeherrschung, die Selbst= überwindung, die Unterordnung seiner selbstsüchtigen Triebe unter den Begriff des Ganzen. Nur durch diese und schlechthin durch nichts anderes

sei es dem Zöglinge möglich), den Beifall des Erziehers zu erhalten,
dessen für seine eigene Zufriedenheit zu bedürfen er von seiner geistigen
Natur angewiesen und durch die Erziehung gewöhnt ist. Es giebt, wie
wir schon in unserer zweiten Rede erinnert haben, zwei sehr verschiedene
Weisen jener Unterordnung des persönlichen Selbst unter das Ganze.
Zuvörderst diejenige, die schlechthin sein muß und keinem in keinem Stücke
erlassen werden kann, die Unterwerfung unter das um der bloßen Ord=
nung des Ganzen willen entworfene Gesetz der Verfassung. Wer gegen
dieses sich nicht vergeht, den trifft nur nicht Mißfallen, keineswegs aber
wird ihm Beifall zu teil; so wie den, der sich dagegen verginge, wirk=
liches Mißfallen und Tadel treffen würde, der, da wo öffentlich gefehlt
worden, auch öffentlich ergehen müßte, und, wo er fruchtlos bliebe, sogar
durch hinzugefügte Strafe geschärft werden könnte. Sodann giebt es
eine Unterordnung des Einzelnen unter das Ganze, die nicht gefordert,
sondern nur freiwillig geleistet werden kann: daß man durch eigene Auf=
opferung den Wohlstand desselben steigere und vermehre. Um das Ver=
hältnis der bloßen Gesetzmäßigkeit und dieser höheren Tugend [1]) zu ein=
ander den Zöglingen gleich von Jugend auf recht einzuprägen, wird es
zweckmäßig sein, nur demjenigen, gegen den einen gewissen Zeitraum hin=
durch in der ersten Rücksicht keine Klage gewesen, solche freiwillige Auf=
opferungen, gleichsam als den Lohn der Gesetzmäßigkeit, zu gestatten, dem
aber, der in Regelmäßigkeit und Ordnung seiner selbst noch nicht ganz
sicher ist, die Erlaubnis dazu zu versagen. Die Gegenstände solcher frei=
willigen Leistungen sind im allgemeinen schon oben angezeigt und werden
tiefer unten sich noch näher ergeben. Dieser Art der Aufopferung werde
zuteil thätige Billigung, wirkliche Anerkennung ihrer Verdienstlichkeit,
keineswegs zwar öffentlich, als Lob, was das Gemüt verderben und
eitel machen und es von der Selbständigkeit ableiten könnte, sondern in
geheim und mit dem Zöglinge allein. Diese Anerkennung soll nichts
mehr sein als das eigene, dem Zöglinge auch äußerlich dargestellte gute
Gewissen desselben und die Bestätigung seiner Zufriedenheit mit sich
selbst, seiner Selbstachtung und die Ermunterung, sich auch ferner zu
vertrauen. Die hierbei beabsichtigten Vorteile würde folgende Einrichtung
vortrefflich befördern. Wo mehrere Erzieher und Erzieherinnen sind,
wie wir denn dies als die Regel voraussetzen, da wähle jedes Kind frei,
und so wie sein Vertrauen und sein Gefühl dasselbe treibt, einen da=
runter zum besonderen Freunde und gleichsam Gewissensrate. [2]) Bei
diesem suche es Rat in allen Fällen, wo es ihm schwer wird, recht zu
thun; er helfe ihm durch freundliche Zusprache nach); er sei der Ver=
traute der freiwilligen Leistungen, die es übernimmt; und er sei endlich

---

[1]) Mit anderen Worten: Der Legalität und Moralität.
[2]) Diese von den Kindern gewählten Freunde sollen wohl gleichsam den elter=
lichen Ersatz in der kleinen Kinderrepublik darstellen.

derjenige, der das Treffliche mit seinem Beifalle krönt. In den Personen dieser Gewissensräte nun müßte die Erziehung, jedem einzelnen nach seiner Weise, folgegemäß zu immer größerer Stärke in der Selbstüber= windung und Selbstbeherrschung emporhelfen; und so wird allmählich Festigkeit und Selbständigkeit entstehen, durch deren Erzeugung die Er= ziehung sich selbst abschließt und für die Zukunft aufhebt. Durch eigenes Thun und Handeln schließt sich uns am klarsten der Umfang der sittlichen Welt auf, und wem sie also aufgegangen ist, dem ist sie wahrhaftig auf= gegangen. Ein solcher weiß nun selbst, was in ihr enthalten ist, und bedarf keines fremden Zeugnisses mehr über sich, sondern vermag es, selbst ein richtiges Gericht über sich zu halten, und ist von nun an mündig.

152. Wir haben durch das soeben Gesagte eine Lücke, die in unserem bisherigen Vortrage blieb, geschlossen, und unsern Vorschlag erst wahrhaftig ausführbar gemacht. Das Wohlgefallen am Rechten und Guten um sein selbst willen soll durch die neue Erziehung an die Stelle der bisher gebrauchten sinnlichen Hoffnung oder Furcht gesetzt werden, und dieses Wohlgefallen soll, als einzig vorhandene Triebfeder, alles künftige Leben in Bewegung setzen: Dies ist die Hauptsache unseres Vor= schlages. Die erste hierbei sich aufdringende Frage ist: aber, wie soll denn nun jenes Wohlgefallen selbst erzeugt werden? Erzeugt werden, im eigentlichen Sinne des Wortes, kann es nun wohl nicht; denn der Mensch vermag nicht aus nichts etwas zu machen. Es muß, wenn unser Vorschlag irgend ausführbar sein soll, dieses Wohlgefallen ur= sprünglich vorhanden sein und schlechthin in allen Menschen ohne Aus= nahme vorhanden sein und ihnen angeboren werden. So verhält es sich denn auch wirklich. Das Kind ohne alle Ausnahme will recht und gut sein, keineswegs will es, so wie ein junges Tier, bloß wohl sein. Die Liebe ist der Grundbestandteil des Menschen; diese ist da, so wie der Mensch da ist, ganz und vollendet, und es kann ihr nichts hinzugefügt werden; denn diese liegt hinaus über die fortwachsende Erscheinung des sinnlichen Lebens und ist unabhängig von ihm. Nur die Erkenntnis ist es, woran sich dieses sinnliche Leben knüpft, und welche mit demselben entsteht und fortwächst. Diese entwickelt sich nur langsam und allmählich im Fortlaufe der Zeit. Wie soll nun so lange, bis ein geordnetes Ganzes von Begriffen des Rechten und Guten entstehe, an welches das treibende Wohlgefallen sich knüpfen könne, jene angeborene Liebe über die Zeiten der Unwissenheit hinwegkommen, sich entwickeln und üben? Die vernünftige Natur hat ohne alles unser Zuthun der Schwierigkeit abge= holfen. Das dem Kinde in seinem Innern abgehende Bewußtsein stellt sich ihm äußerlich und verkörpert dar an dem Urteile der erwachsenen Welt. Bis in ihm selbst ein verständiger Richter sich entwickle, wird es durch einen Naturtrieb an diese verwiesen, und so ihm ein Gewissen außer ihm gegeben, bis in ihm selber sich eins erzeuge. Diese bis jetzt

wenig bekannte Wahrheit soll die neue Erziehung anerkennen, und sie soll die ohne ihr Zuthun vorhandene Liebe auf das Rechte leiten. Bis jetzt ist in der Regel diese Unbefangenheit und diese kindliche Gläubigkeit der Unmündigen an die höhere Vollkommenheit der Erwachsenen zum Verderben derselben gebraucht worden; ihre Unschuld gerade, und ihr natürlicher Glauben an uns macht es uns möglich, ihnen statt des Guten, das sie innerlich wollten, unser Verderbnis, das sie verabscheut haben würden, wenn sie es zu erkennen vermocht hätten, einzupflanzen, noch ehe sie Gutes und Böses unterscheiden konnten.

153. Dies ist eben die allergrößte Vergehung, die unsrer Zeit zur Last fällt; und es wird hierdurch auch die täglich sich darbietende Er= scheinung erklärt, daß in der Regel der Mensch um so schlechter, selbst= süchtiger, für alle guten Regungen erstorbener und zu jedem rechten Werke untauglicher wird, je mehrere Jahre er zählt,[1]) und um je weiter daher er sich von den ersten Tagen seiner Unschuld, die fürs erste noch immer in einigen Ahnungen des Guten leise nachklingen, entfernt hat; es wird dadurch ferner bewiesen, daß das gegenwärtige Geschlecht, wenn es nicht einen durchaus trennenden Abschnitt in sein Fortleben macht, eine noch verdorbnere Nachkommenschaft und diese eine abermals ver= dorbnere notwendig hinterlassen werde. Von solchen sagt ein verehrungs= würdiger Lehrer des Menschengeschlechts mit treffender Wahrheit, daß es besser sei, wenn ihnen bei Zeiten ein Mühlstein an den Hals gehängt würde und sie ersäuft würden im Meere, da wo es am tiefsten ist. Es ist eine abgeschmackte Verleumdung der menschlichen Natur, daß der Mensch als Sünder geboren werde; wäre dies wahr, wie könnte doch jemals an ihn auch nur ein Begriff von Sünde kommen, der ja nur im Gegensatze mit einer Nichtsünde möglich ist? Er lebt sich zum Sünder; und das bisherige menschliche Leben war in der Regel eine im steigenden Fortschritte begriffene Entwicklung der Sündhaftigkeit.

154. Das Gesagte zeigt in einem neuen Lichte die Notwendigkeit, ohne Verzug Anstalt zu einer wirklichen Erziehung zu machen. Könnte nur die nachwachsende Jugend ohne alle Berührung mit den Erwachsenen und völlig ohne Erziehung aufwachsen, so möchte man ja immer den Versuch machen, was sich hieraus ergeben würde. Aber, wenn wir sie auch nur in unsrer Gesellschaft lassen, macht ihre Erziehung ohne allen unsern Wunsch oder Willen sich von selbst; sie selbst erziehen sich an uns:[2]) unsre Weise zu sein, bringt sich ihnen auf als ihr Muster, sie eifern uns nach, auch ohne daß wir es verlangen, und sie begehren nichts anderes, denn also zu werden, wie wir sind. Nun aber sind wir in der Regel und nach der großen Mehrheit genommen, durchaus verkehrt, teils

---

[1]) In den Staatsl. (WW. IV. 409 Vgl VII. 519) setzt Fichte hinzu, je älter und je vornehmer der Mensch sei, desto schlechter werde er.

[2]) Vgl. § 145.

ohne es zu wissen, und indem wir selbst eben so unbefangen, wie unsre
Kinder, unsere Verkehrtheit für das Rechte halten; oder, wenn wir es
auch wüßten, wie vermöchten wir doch in der Gesellschaft unsrer Kinder
plötzlich das, was ein langes Leben uns zur zweiten Natur gemacht hat,
abzulegen und unsern ganzen alten Sinn und Geist mit einem neuen zu
vertauschen? In der Berührung mit uns müssen sie verderben, dies ist un=
vermeidlich; haben wir einen Funken Liebe für sie, so müssen wir sie ent=
fernen aus unserm verpestenden Dunstkreise und einen reinern Aufenthalt für
sie errichten. Wir müssen sie in die Gesellschaft von Männern bringen,
welche, wie es auch übrigens um sie stehen möge, dennoch durch anhaltende
Übung und Gewöhnung wenigstens die Fertigkeit sich erworben haben, sich
zu besinnen, daß Kinder sie beobachten und das Vermögen, wenigstens so
lange sich zusammenzunehmen, und die Kenntnis, wie man vor Kindern er=
scheinen muß; wir müssen aus dieser Gesellschaft in die unsrige sie nicht eher
wieder zurücklassen, bis sie unser ganzes Verderben gehörig verabscheuen ge=
lernt haben und vor aller Ansteckung dadurch völlig gesichert sind.

So viel haben wir über die Erziehung zur Sittlichkeit im allge=
meinen hier beizubringen für nötig erachtet.

155. Daß die Kinder in gänzlicher Absonderung von den Er=
wachsenen mit ihren Lehrern und Vorstehern allein zusammenleben sollen,
ist mehrmals erinnert. Es versteht sich ohne unser besonderes Bemerken,
daß beiden Geschlechtern diese Erziehung auf dieselbe Weise zu teil werden
müsse. Eine Absonderung dieser Geschlechter in besondere Anstalten für
Knaben und Mädchen würde zweckwidrig sein und mehrere Hauptstücke
der Erziehung zum vollkommenen Menschen aufheben.[1]) Die Gegenstände
des Unterrichts sind für beide Geschlechter gleich; der in den Arbeiten
stattfindende Unterschied kann, auch bei Gemeinschaftlichkeit der übrigen
Erziehung, leicht beobachtet werden. Die kleinere Gesellschaft, in der
sie zu Menschen gebildet werden, muß eben so wie die größere, in die
sie einst als vollendete Menschen eintreten sollen, aus einer Vereinigung

---

[1]) „Was die Erziehung des Weibes anbelangt (dem die bisherige menschliche
Einrichtung zunächst die Sorgfalt für die äußerlichen kleinen Bedürfnisse oder auch
die Dekorationen des menschlichen Lebens anheim gab, Anweisung WW. V. 414),
scheint mir die Sache ganz einfach. Erziehe man nur im Mädchen den Menschen,
der ja ohne Abbruch in ihr ruht. Als Weib wird dieser vollkommen ausgebildete
Mensch sich schon von selbst und ohne weiteres Zuthun der Kunst finden." Brief
vom 1. Febr. 1812. F. L. II. 568. Die Forderung derselben Erziehung für beide
Geschlechter folgte sowie bei Platon aus der Aufhebung der Familienerziehung.
Nicht so „einfach" würde sich die Sache der Erziehung des Weibes vom Stand=
punkte des Naturrechts (1796), falls nämlich Fichte auf diese Frage schon damals
näher eingegangen wäre, dargestellt haben. Denn hier wird behauptet, daß man
zwar nicht sagen könne, das Weib stehe an Geistestalenten unter dem Manne,
aber der Geist beider habe von Natur aus einen verschiedenen Charakter: Der
Mann bringe alles auf deutliche Begriffe, das Weib habe ein natürliches Unter=
scheidungsgefühl für das Wahre, Schickliche, Gute (WW. III. 351).

beider Geschlechter bestehen; beide müssen erst gegenseitig in einander die gemeinsame Menschheit anerkennen und lieben lernen, und Freunde haben und Freundinnen, ehe sich ihre Aufmerksamkeit auf den Geschlechtsunter= schied richtet und sie Gatten und Gattinnen werden. Auch muß das Verhältnis der beiden Geschlechter zu einander im ganzen starkmütiger Schutz von der einen, liebevoller Beistand von der andern Seite in der Erziehungsanstalt dargestellt und in den Zöglingen gebildet werden.

156. Wenn es zur Ausführung unsers Vorschlags kommen sollte, würde das erste Geschäft sein, ein Gesetz für die innere Verfassung dieser Erziehungsanstalten zu entwerfen. Wenn der von uns aufgestellte Grund= begriff nur gehörig durchdrungen ist, so ist dies eine sehr leichte Arbeit, und wir wollen uns hier dabei nicht aufhalten.

157. Ein Haupterfordernis dieser neuen Nationalerziehung ist es, daß in ihr Lernen und Arbeiten vereinigt sei, daß die Anstalt durch sich selbst sich zu erhalten den Zöglingen wenigstens scheine, und daß jeder in dem Bewußtsein erhalten werde, zu diesem Zwecke nach aller seiner Kraft beizutragen. Dies wird, durchaus noch ohne alle Beziehung auf den Zweck der äußern Ausführbarkeit und der Sparsamkeit hiebei, die man unserm Vorschlage ohne Zweifel anmuten wird, schon unmittelbar durch die Aufgabe der Erziehung selbst gefordert; teils darum, weil alle, die bloß durch die allgemeine Nationalerziehung hindurch gehen, zu den arbeitenden Ständen bestimmt sind, und zu deren Erziehung die Bildung zum tüchtigen Arbeiter ohne Zweifel gehört; besonders aber darum, weil das gegründete Vertrauen, daß man sich stets durch eigne Kraft werde durch die Welt bringen können und für seinen Unterhalt keiner fremden Wohlthätigkeit bedürfe zur persönlichen Selbständigkeit des Menschen gehört und die sittliche, weit mehr als man bis jetzt zu glauben scheint, bedingt. Diese Bildung würde einen andern, bis jetzt auch in der Regel dem blinden Ohngefähr preisgegebenen Teil der Er= ziehung abgeben, den man die wirtschaftliche Erziehung nennen könnte, und der keineswegs aus der dürftigen und beschränkten Ansicht, über welche einige unter Benennung der Ökonomie spotten, sondern aus dem höhern sittlichen Standpunkte angesehen werden muß. Unsere Zeit stellt es oft als einen über alle Gegenrede erhabenen Grundsatz auf, daß man eben schmeicheln, kriechen, sich zu allem gebrauchen lassen müsse, wenn man leben wolle, und daß es auf keine andere Weise angehe. Sie besinnt sich nicht, daß, wenn man sie auch mit dem heroischen, aber durchaus wahren Gegenspruche verschonen wollte, daß wenn es so ist, sie eben nicht leben; sondern sterben solle, noch die Bemerkung übrig bleibt, daß sie hätte lernen sollen, mit Ehren leben zu können.[1)] Man

---

[1)] „Würde, Ehre, was ist das? Eben sich ansehen als ein selbständiges Glied des göttlichen Zwecks, nicht als Anhängsel eines Andern. — Mitglied der Klarheit. Dies ist ein sehr großer Gedanke.“ WW. VII. 560.

erkundige sich nur näher nach den Personen, die durch ehrloses Betragen sich auszeichnen; immer wird man finden, daß sie nicht arbeiten gelernt haben oder die Arbeit scheuen, und daß sie noch überdies üble Wirtschafter sind. Darum soll der Zögling unsrer Erziehung an Arbeitsamkeit gewöhnt werden, damit er der Versuchung zur Unrechtlichkeit durch Nahrungssorgen überhoben sei, und tief, und als allererster Grundsatz der Ehre, soll es in sein Gemüt geprägt werden, daß es schändlich sei, seinen Lebensunterhalt einem andern, denn seiner Arbeit verdanken zu wollen.

158. Pestalozzi will während des Lernens zugleich allerlei Handarbeiten treiben lassen. Indem wir die Möglichkeit dieser Vereinigung unter der von ihm angegebenen Bedingung, daß das Kind die Handarbeit schon vollkommen fertig könne, nicht leugnen wollen, scheint uns dennoch dieser Vorschlag aus der Dürftigkeit des ersten Zwecks hervorzugehen. Der Unterricht muß meines Erachtens, als so heilig und ehrwürdig dargestellt werden, daß er der ganzen Aufmerksamkeit und Sammlung bedürfe, und nicht neben einem andern Geschäfte empfangen werden könne. Sollen in Jahreszeiten, welche die Zöglinge ohnedies ins Zimmer einschließen, in den Arbeitsstunden dergleichen Arbeiten, als da ist Stricken, Spinnen u. dergl. getrieben werden, so wird es, damit der Geist in Thätigkeit bleibe, sehr zweckmäßig sein, gemeinschaftliche Geistesübungen unter Aufsicht damit zu verknüpfen; dennoch ist jetzt die Arbeit die Hauptsache, und diese Übungen sind nicht zu betrachten als Unterricht, sondern bloß als ein erheiterndes Spiel.[1]

159. Alle Arbeiten dieser niedern Art müssen überhaupt nur als Nebensache, keineswegs als die Hauptarbeit vorgestellt werden. Diese Hauptarbeit ist die Ausübung des Acker- und Gartenbau's, der Viehzucht und derjenigen Handwerke, deren sie in ihrem kleinen Staate bedürfen.[2] Es versteht sich, daß der Anteil hieran, der einem zugemutet wird, mit der körperlichen Kraft seines Alters in Gleichgewicht zu bringen und die abgehende Kraft durch neu zu erfindende Maschinen und Werkzeuge zu ersetzen ist. Die Hauptrücksicht hierbei ist die, daß sie, so weit möglich, in seinen Gründen verstehen müssen, was sie treiben, daß sie die zu ihren Geschäften nötigen Kenntnisse von der Erzeugung der Pflanzen, von den Eigenschaften und Bedürfnissen des tierischen Körpers, von den Gesetzen der Mechanik schon erhalten haben. Auf diese Art wird teils ihre Erziehung schon ein folgegemäßer Unterricht über die Gewerbe, die sie künftig zu treiben haben, und es wird der denkende und verständige Landwirt in unmittelbarer Anschauung gebildet, teils wird schon jetzt

---

[1] Dies erinnert an A. H. Francke's „Rekreationen."

[2] Infolge dieser Hervorhebung des Ackerbaus entstand zwischen Fichte und Fellenberg, dessen Ackerbauschulen in den politischen Fragmenten erwähnt werden, (WW. VII. 604), ein Briefwechsel (F. L. II. 561 f.).

ihre mechanische Arbeit veredelt und vergeistigt, sie ist in eben dem Grade Beleg in der freien Anschauung dessen, was sie begriffen haben, als sie Arbeit um den Unterhalt ist, und auch in Gesellschaft mit dem Tiere und der Erdscholle bleiben sie dennoch im Umkreise der geistigen Welt und sinken nicht herab zu den letztern.

160. Das Grundgesetz dieses kleinen Wirtschaftsstaates sei dieses, daß in ihm kein Artikel zu Speise, Kleidung u. s. w. noch, so weit dies möglich ist, irgend ein Werkzeug gebraucht werden dürfe, das nicht in ihm selbst erzeugt und verfertigt sei. Bedarf diese Haushaltung einer Unterstützung von außen, so werden ihr die Gegenstände in Natur, aber keine anderer Art, als die sie auch selbst hat, gereicht, und zwar, ohne daß die Zöglinge erfahren, daß ihre eigne Ausbeute vermehrt worden, oder daß sie, wo das letztere zweckmäßig ist, es nur als Darlehn erhalten und es zu bestimmter Zeit wieder zurück erstatten. Für diese Selbständigkeit und Selbstgenügsamkeit des Ganzen arbeite nun jeder einzelne aus aller seiner Kraft, ohne daß er doch mit demselben abrechne oder für sich auf irgend ein Eigentum Anspruch mache. Jeder wisse, daß er sich dem Ganzen ganz schuldig ist, und genieße nur oder darbe, wenn es sich so fügt mit dem Ganzen. Dadurch wird die ehrgemäße Selbständigkeit des Staats und der Familie, in die er einst treten soll, und das Verhältnis ihrer einzelnen Glieder zu ihnen der lebendigen Anschauung dargestellt und wurzelt unaustilgbar ein in sein Gemüt.

161. Hier bei dieser Anführung zur mechanischen Arbeit ist der Ort, wo die in der allgemeinen Nationalerziehung liegende und auf sie gestützte Gelehrtenerziehung von der erstern sich absondert, und wo von derselben zu sprechen ist. Die in der allgemeinen Nationalerziehung liegende Gelehrtenerziehung habe ich gesagt. Ob es nicht auch fernerhin jedem, der eigenes Vermögen genug zu haben glaubt, um zu studieren, oder der sich aus irgend einem Grunde zu den bisherigen höheren Ständen rechnet, frei stehen werde, den bisher üblichen Weg der Gelehrten= erziehung zu beschreiten, lasse ich dahin gestellt sein: wie, wenn es nur einmal zur Nationalerziehung kommen sollte, die Mehrheit dieser Ge= lehrten, ich will nicht sagen gegen den in der neuen Schule gebildeten Gelehrten, sondern sogar gegen den aus ihr hervorgehenden gemeinen Mann mit ihrer erkauften Gelehrsamkeit bestehen werde, wird die Er= fahrung lehren: ich aber will jetzt nicht davon, sondern von der Ge= lehrtenerziehung in der neuen Weise reden.

In den Grundsätzen derselben muß auch der künftige Gelehrte durch die allgemeine Nationalerziehung hindurch gegangen sein und den ersten Teil derselben, die Entwicklung der Erkenntnis an Empfindung, An= schauung und dem, was an die letztere geknüpft wird, vollständig und klar erhalten haben. Nur dem Knaben, der eine vorzügliche Gabe zum Lernen und eine hervorstechende Hinneigung nach der Welt der Begriffe

zeigt, kann die neue Nationalerziehung erlauben,[1]) diesen Stand zu ergreifen; jedem aber, der diese Eigenschaften zeigt, wird sie es ohne Ausnahme und ohne Rücksicht auf einen vorgeblichen Unterschied der Geburt
erlauben müssen; denn der Gelehrte ist es keineswegs zu seiner eigenen
Bequemlichkeit, und jedes Talent dazu ist ein schätzbares Eigentum der
Nation, das ihr nicht entrissen werden darf.

162. Der Ungelehrte ist bestimmt, das Menschengeschlecht auf dem
Standpunkte der Ausbildung, die es errungen hat, durch sich selbst zu
erhalten, der Gelehrte nach einem klaren Begriffe und mit besonnener
Kunst, dasselbe weiter zu bringen.[2]) Der letztere muß mit seinem Begriffe der Gegenwart immer voraus sein, die Zukunft erfassen und dieselbe in die Gegenwart zu künftiger Entwicklung hinein zu pflanzen vermögen. Dazu bedarf es einer klaren Übersicht des bisherigen Weltzu-
standes, einer freien Fertigkeit im reinen und von der Erscheinung unabhängigen Denken, und damit er sich mitteilen könne, des Besitzes der
Sprache bis in ihre lebendige und schöpferische Wurzel hinein. Alles
dieses erfordert geistige Selbstthätigkeit ohne alle fremde Leitung, und
einsames Nachdenken, in welchem darum der künftige Gelehrte von der
Stunde an, da sein Beruf entschieden ist, geübt werden muß, keineswegs
bloß, wie beim Ungelehrten, ein Denken unter dem Auge des stets gegenwärtigen Lehrers; es erfordert eine Menge Hilfskenntnisse, die dem Ungelehrten für seine Bestimmung durchaus unbrauchbar sind. Die Arbeit
des Gelehrten und das Tagwerk seines Lebens wird eben jenes einsame
Nachdenken sein; zu dieser Arbeit ist er nun sogleich anzuführen, die
andere mechanische Arbeit ihm dagegen zu erlassen. Indes also die Erziehung des künftigen Gelehrten zum Menschen überhaupt mit der allgemeinen Nationalerziehung wie bisher fortginge, und er dem dahin ein-
schlagenden Unterrichte mit allen übrigen beiwohnte, würden ihm nur
diejenigen Stunden, die für die anderen Arbeitsstunden sind, gleichfalls
zu Lehrstunden gemacht werden müssen in demjenigen, was sein einstiger
Beruf eigentümlich erfordert; und dieses wäre der ganze Unterschied.
Die allgemeinen Kenntnisse des Ackerbaues, anderer mechanischen Künste
und der Handgriffe dabei, die schon dem bloßen Menschen anzumuten
sind, wird er ohne Zweifel schon bei seinem Durchgange durch die erste
Klasse gelernt haben, oder diese Kenntnisse wären, -falls dies nicht der
Fall sein sollte, nachzuholen. Daß er, weit weniger denn irgend ein
anderer, von den eingeführten körperlichen Übungen losgesprochen werden
könne, versteht sich von selbst. Die besonderen Lehrgegenstände aber, die
in den gelehrten Unterricht fallen würden, sowie den dabei zu beobach-
tenden Lehrgang noch anzugeben, liegt außerhalb des Planes dieser Reden.

---

[1]) S. Einleitung, 5. Kap. S. 70.
[2]) S. Einleitung S. 41.

Elfte Rede.

Wem die Ausführung dieses Erziehungsplanes anheimfallen werde.

163. Der Plan der neuen deutschen Nationalerziehung ist für unsern Zweck hinreichend dargelegt. Die nächste Frage, die sich nun aufdringt, ist die: wer soll sich an die Spitze der Ausführung dieses Planes stellen, auf wen ist dabei zu rechnen, und auf wen haben wir gerechnet?

Wir haben diese Erziehung als die höchste und dermalen sich einzig aufdringende Angelegenheit der deutschen Vaterlandsliebe aufgestellt und wollen an diesem Bande die Verbesserung und Umschaffung des gesamten Menschengeschlechts zuerst in die Welt einführen. Jene Vaterlandsliebe aber soll zunächst den deutschen Staat, allenthalben wo Deutsche regiert werden, begeistern und den Vorsitz haben und die treibende Kraft sein bei allen seinen Beschlüssen. Der Staat also wäre es, auf welchen wir zuerst unsere erwartenden Blicke zu richten hätten.

Wird dieser unsere Hoffnungen erfüllen? Welches sind die Erwartungen, die wir, immer wie sich versteht, auf keinen besonderen Staat, sondern auf ganz Deutschland sehend, nach dem bisherigen von ihm fassen können.

164. Im neueren Europa ist die Erziehung ausgegangen nicht eigentlich vom Staate, sondern von derjenigen Gewalt, von der die Staaten meistens auch die ihrige hatten, von dem himmlischgeistigen Reiche der Kirche. Diese betrachtete sich nicht sowohl als ein Bestandteil des irdischen Gemeinwesens, sondern vielmehr als eine demselben ganz fremde Pflanzstatt aus dem Himmel, die abgesandt sei, diesem auswärtigen Staate allenthalben, wo sie Wurzel fassen konnte, Bürger anzuwerben; ihre Erziehung ging auf nichts anderes, denn daß die Menschen in der anderen Welt keinesweges verdammt, sondern selig würden. Durch die Reformation wurde diese kirchliche Gewalt, die übrigens fortfuhr sich eben so anzusehen, wie bisher, mit der weltlichen Macht, mit der sie bisher gar oft sogar im Widerstreite gelegen hatte, nur vereinigt; dies war der ganze Unterschied, der in dieser Rücksicht aus jener Begebenheit erfolgte. Es blieb daher auch die alte Ansicht des Erziehungswesens.

Auch in den neuesten Zeiten und bis auf diesen Tag ist die Bildung der vermögenderen Stände betrachtet worden, als eine Privatangelegenheit der Eltern, die sich nach eigenem Gefallen einrichten möchten, und die Kinder dieser wurden in der Regel nur dazu angeführt, daß sie sich selbst einst nützlich würden; die einzige öffentliche Erziehung aber, die des Volkes, war lediglich Erziehung zur Seligkeit im Himmel; die Hauptsache war ein wenig Christentum und Lesen, und falls es zu erschwingen war, Schreiben, alles um des Christentums willen. Alle andere Entwicklung der Menschen wurde dem ohngefähren und blind wirkenden Einflusse der Gesellschaft, in welcher sie aufwuchsen, und dem wirklichen Leben selbst überlassen. Sogar die Anstalten zur gelehrten Erziehung waren vorzüglich auf die Bildung von Geistlichen berechnet; dies war die Hauptfakultät, zu der die übrigen nur den Anhang bildeten und meistens auch nur den Abgang von jener abgetreten erhielten.

165. So lange diejenigen, die an der Spitze des Regiments standen, über den eigentlichen Zweck desselben im Dunkeln blieben und selbst für ihre eigene Person ergriffen waren von jener gewissenhaften Sorge für ihre und anderer Seligkeit, konnte man auf ihren Eifer für diese Art der öffentlichen Erziehung und auf ihre ernstlichen Bemühungen dafür sicher rechnen. Sobald sie aber über den ersten ins klare kamen und begriffen, daß der Wirkungskreis des Staates innerhalb der sichtbaren Welt liege, so mußte ihnen einleuchten, daß jene Sorge für die ewige Seligkeit ihrer Unterthanen ihnen nicht zur Last fallen könne, und daß, wer da selig werden wolle, selbst sehen möge, wie er es mache. Sie glaubten von nun an genug zu thun, wenn sie nur die aus gottseligeren Zeiten herrührenden Stiftungen und Anstalten ihrer ersten Bestimmung fernerhin überließen; so wenig angemessen und ausreichend dieselben auch für die ganz veränderten Zeiten sein mochten, ihnen mit Ersparung an ihren anderweitigen Zwecken selbst zuzulegen, hielten sie sich nicht für verbunden, thätig einzugreifen und das zweckmäßige Neue an die Stelle des Veralteten und Unbrauchbaren zu setzen, nicht für berechtigt, und auf alle Vorschläge dieser Art war die stets fertige Antwort: hierzu habe der Staat kein Geld. Wurde ja einmal eine Ausnahme von dieser Regel gemacht, so geschah es zum Vorteile der höheren Lehranstalten, die einen Glanz weit umher verbreiten und ihren Beförderern Ruhm bereiten; die Bildung derjenigen Klasse aber, die der eigentliche Boden des Menschengeschlechts ist, aus welcher die höhere Bildung sich immerfort ergänzt, und auf welche die letztere fortdauernd zurückwirken muß, die des Volks blieb unbeachtet und befindet sich seit der Reformation bis auf diesen Tag im Zustande des steigenden Verfalles.

166. Sollen wir nun für die Zukunft und von Stund an für unsere Angelegenheit vom Staate eine bessere Hoffnung fassen können, so wäre nötig, daß derselbe den Grundbegriff vom Zwecke der Erziehung,

den er bisher gehabt zu haben scheint, mit einem ganz anderen vertausche; daß er einsehe, er habe mit seiner bisherigen Ablehnung der Sorge für die ewige Seligkeit seiner Mitbürger vollkommen recht, indem es für diese Seligkeit gar keiner besonderen Bildung bedürfe und eine solche Pflanzschule für den Himmel, wie die Kirche, deren Gewalt zuletzt ihm übertragen worden, gar nicht stattfinde, aller tüchtigen Bildung nur im Wege stehe und des Dienstes entlassen werden müsse; daß es dagegen gar sehr bedürfe der Bildung für das Leben auf der Erde, und daß aus der gründlichen Erziehung für dieses, sich die für den Himmel als eine leichte Zugabe von selbst ergebe.[1]) Der Staat scheint bisher, je aufgeklärter er zu sein meinte, desto fester geglaubt zu haben, daß er auch ohne alle Religion und Sittlichkeit seiner Bürger, durch die bloße Zwangsanstalt seinen eigentlichen Zweck erreichen könne, und daß in Absicht jener diese es halten möchten, wie sie könnten. Möchte er aus den neuen Erfahrungen wenigstens dies gelernt haben, daß er das nicht vermag, und daß er gerade durch den Mangel der Religion und der Sittlichkeit dahin gekommen ist, wo er sich dermalen befindet.[2])

167. Möchte man ihn, in Absicht seines Zweifels, ob er auch wohl das Vermögen habe, den Aufwand einer Nationalerziehung zu bestreiten, überzeugen können, daß er durch diese einzige Ausgabe, seine meisten übrigen auf die wirtschaftlichste Weise besorgen, und daß, wenn er diese nur übernimmt, er bald nur diese einzige Hauptausgabe haben werde. Bis jetzt ist der bei weitem größte Teil der Einkünfte des Staats auf die Unterhaltung stehender Heere gewendet worden. Den Erfolg dieser Verwendung haben wir gesehen; dies reicht hin; denn tiefer in die besondern Gründe dieses Erfolgs, aus der Einrichtung dieser Heere hinein zu gehen, liegt außerhalb unsers Plans. Dagegen würde der Staat, der die von uns vorgeschlagene Nationalerziehung allgemein einführte, von dem Augenblicke an, da ein Geschlecht der nachgewachsenen Jugend durch sie hindurch gegangen wäre, gar keines besondern Heeres bedürfen, sondern er hätte an ihnen ein Heer, wie es noch keine Zeit gesehen. Jeder einzelne ist zu jedem möglichen Gebrauche seiner körperlichen Kraft vollkommen geübt und begreift sie auf der Stelle, zu Ertragung jeder Anstrengung und Mühseligkeit gewöhnt, sein in unmittelbarer Anschauung aufgewachsener Geist ist immer gegenwärtig und bei sich selbst, in seinem

---

[1]) Das von der Vernunft geforderte Reich des Rechts, und das vom Christentume verheißene Reich des Himmels auf der Erde, ist Eins und dasselbe. Staatsl. WW. IV. 582.

[2]) „Erziehung des Volkes zur Religiosität und Sittlichkeit ist die Grundlage aller Reg'rerung." WW. VII. 526. „Es muß eine ununterbrochen fortdauernde Anstalt zu dieser Erziehung geben: diese Erziehungsanstalt ist ein das Reich (d. i. den Vernunftstaat) in seiner Fortdauer begleitender und von ihm unabtrennlicher Bestandteil. Staatsl. WW. IV. 583.

Gemüte lebt die Liebe des Ganzen, dessen Mitglied er ist, des Staats und des Vaterlandes, und vernichtet jede andere selbstische Regung. Der Staat kann sie rufen und sie unter die Waffen stellen, so bald er will, und kann sicher sein, daß kein Feind sie schlägt. Ein andrer Teil der Sorgfalt und der Ausgaben in weise regierten Staaten ging bisher auf die Verbesserung der Staatswirtschaft im ausgedehntesten Sinne und in allen ihren Zweigen, und es ist hierbei durch die Ungelehrigkeit und Unbehülflichkeit der niedern Stände manche Sorgfalt und mancher Aufwand vergebens gemacht worden, und die Sache hat allenthalben nur geringen Fortgang gehabt. Durch unsere Erziehung erhält der Staat arbeitende Stände, die des Nachdenkens über ihr Geschäft von Jugend auf gewohnt sind, und die schon sich selbst durch sich selbst zu helfen Vermögen und Neigung haben; vermag nun noch überdies der Staat ihnen auf eine zweckmäßige Weise unter die Arme zu greifen, so werden sie ihn auf das halbe Wort verstehen und seine Belehrung sehr dankbar aufnehmen. Alle Zweige der Haushaltung werden ohne viele Mühe in kurzer Zeit einen Flor gewinnen, den auch noch keine Zeit gesehen hat, und dem Staate wird, wenn er ja rechnen will, und wenn er etwa bis dahin nebenbei auch noch den wahren Grundwert der Dinge kennen lernen sollte, seine erste Auslage tausendfältige Zinsen tragen. Bisher hat der Staat für Gerichts= und Polizeianstalten vieles thun müßen, und doch niemals genug für sie thun können; Zucht und Verbesserungshäuser haben ihm Ausgaben gemacht, die Armenanstalten endlich erforderten, je mehr auf sie gewendet wurde, einen um so größern Aufwand und erschienen in der ganzen bisherigen Lage eigentlich als Anstalten Arme zu machen. Die erstern werden in einem Staate, der die neue Erziehung allgemein macht, sehr verringert werden, die letztern gänzlich wegfallen. Frühe Zucht sichert vor der spätern sehr mißlichen Zucht und Verbesserung; Arme aber giebt es unter einem also erzognen Volke gar nicht.[1])

168. Möchte der Staat und alle, die denselben beraten, es wagen, seine eigentliche dermalige Lage ins Auge zu fassen und sie sich zu gestehen; möchte er lebendig einsehen, daß ihm durchaus kein anderer Wirkungskreis übrig gelassen ist, in welchem er als ein wirklicher Staat ursprünglich und selbständig sich bewegen und etwas beschließen könne außer diesem, der Erziehung der kommenden Geschlechter; daß, wenn er nicht überhaupt nichts thun will, er nur noch dieses thun kann; daß man aber auch dieses Verdienst ihm ungeschmälert und unbeneidet über= lassen werde. Daß wir es nicht mehr vermögen, thätigen Widerstand zu leisten, ist, als in die Augen springend und von jedermann zugestanden,

---

1) Auch im „geschlossenen Handelsstaat" würde die Armenpflege wegfallen, wiebald jeder den gleichen Anteil erhielte, worauf ein „Recht" besitze (Geschl. Handelsst. W.W. III. 402). Insofern gelangt Fichte aus pädagogischen und wirt= schaftlichen Gründen zu demselben Resultate. Vgl. Einl. 5. Kap. S. 77.

ſchon früher von uns vorausgeſetzt worden. Wie können wir nun die
Fortdauer unſers dadurch verwirkten Daſeins gegen den Vorwurf der
Feigheit und einer unwürdigen Liebe zum Leben rechtfertigen? Auf keine
andere Weiſe, als wenn wir uns entſchließen, nicht für uns ſelbſt zu
leben, und dieſes durch die That darthun; wenn wir uns zum Samen=
korne einer würdigern Nachkommenſchaft machen und lediglich um dieſer
willen uns ſo lange erhalten wollen, bis wir ſie hingeſtellt haben.
Jenes erſten Lebenszwecks verluſtig, was könnten wir denn noch anderes
thun? Unſere Verfaſſungen wird man uns machen, unſere Bündniſſe
und die Anwendung unſerer Streitkräfte wird man uns anzeigen, ein
Geſetzbuch wird man uns leihen, ſelbſt Gericht und Urteilsſpruch und
die Ausübung derſelben wird man uns zuweilen abnehmen; mit dieſen
Sorgen werden wir auf die nächſte Zukunft verſchont bleiben. Bloß
an die Erziehung hat man nicht gedacht; ſuchen wir ein Geſchäft, ſo
laßt uns dieſes ergreifen! Es iſt zu erwarten, daß man in demſelben
uns ungeſtört laſſen werde. Ich hoffe, — vielleicht täuſche ich mich
ſelbſt darin, aber da ich nur um dieſer Hoffnung willen noch leben mag,
ſo kann ich es nicht laſſen, zu hoffen; — ich hoffe, daß ich einige
Deutſche überzeugen und ſie zur Einſicht bringen werde, daß es allein
die Erziehung ſei, die uns retten könne von allen Übeln, die uns drücken.
Ich rechne beſonders darauf, daß die Not uns zum Aufmerken und zum
ernſten Nachdenken geneigter gemacht habe. Das Ausland hat andern
Troſt und andere Mittel; es iſt nicht zu erwarten, daß es dieſem
Gedanken, falls er je an daſſelbe kommen ſollte, einige Aufmerkſamkeit
ſchenken, oder einigen Glauben beimeſſen werde; ich hoffe vielmehr, daß
es zu einer reichen Quelle von Beluſtigung für die Leſer ihrer Journale
gedeihen werde, wenn ſie je erfahren, daß ſich jemand von der Erziehung
ſo große Dinge verſpreche.

169. Möge der Staat und diejenigen, die denſelben beraten, ſich
nicht läſſiger machen laſſen, in Ergreifung dieſer Aufgabe durch die
Betrachtung, daß der gehoffte Erfolg in der Entfernung liege. Wollte
man unter den mannigfaltigen und höchſt verwickelten Gründen, die unſer
dermaliges Schickſal zur Folge gehabt haben, das, was allein und eigen=
tümlich den Regierungen zur Laſt fällt, abſondern, ſo würde ſich finden,
daß dieſe, die vor allen andern verbunden ſind, die Zukunft ins Auge
zu faſſen und zu beherrſchen, beim Andrange der großen Zeitbegebenheiten
auf ſie immer nur geſucht, ſich aus der unmittelbar gegenwärtigen Ver=
legenheit zu ziehen, ſo gut ſie es vermocht; in Abſicht der Zukunft aber
nicht auf ihre Gegenwart, ſondern auf irgend einen Glückszufall, der
den ſtetigen Faden der Urſachen und Wirkungen abſchneiden ſollte, gerechnet
haben. Aber dergleichen Hoffnungen ſind betrüglich. Eine treibende
Kraft, die man einmal in die Zeit hinein kommen laſſen, treibt fort
und vollendet ihren Weg, und, nachdem einmal die erſte Nachläſſigkeit

begangen worden, kann die zu spät kommende Besinnung sie nicht auf= halten. Des ersten Falles bloß die Gegenwart zu bedenken, hat fürs nächste unser Schicksal uns überhoben; die Gegenwart ist nicht mehr unser. Mögen wir nur nicht den zweiten beibehalten, eine bessere Zukunft von irgend etwas anderem zu hoffen, denn von uns selber. Zwar kann keinen unter uns, der zum Leben noch etwas mehr bedarf, denn Nahrung, die Gegenwart über die Pflicht zu leben trösten; die Hoffnung einer bessern Zukunft allein ist das Element, in dem wir noch atmen können. Aber nur der Träumer kann diese Hoffnung auf etwas anderes gründen, denn auf ein solches, das er selbst für die Entwicklung einer Zukunft in die Gegenwart zu legen vermag. Vergönnen diejenigen, die über uns regieren, daß wir eben so gut auch von ihnen denken, als wir unter uns von einander denken und als der Bessere sich fühlt; stellen sie sich an die Spitze des auch uns ganz klaren Geschäfts, damit wir noch vor unsern Augen dasjenige entstehen sehen, was die, dem deutschen Namen vor unsern Augen zugefügte Schmach, einst von unserm Andenken ab= waschen wird!

170. Übernimmt der Staat die ihm angetragene Aufgabe, so wird er diese Erziehung allgemein machen über die ganze Oberfläche seines Gebiets für jeden seiner nachgebornen Bürger ohne alle Ausnahme; auch ist es allein diese Allgemeinheit, zu der wir des Staats bedürfen, indem zu einzelnen Anfängen und Versuchen hier und da auch wohl das Vermögen von wohlgesinnten Privatpersonen hinreichen würde. Nun ist allerdings nicht zu erwarten, daß die Eltern allgemein willig sein werden, sich von ihren Kindern zu trennen und sie dieser neuen Erziehung, von der es schwer sein wird, ihnen einen Begriff beizubringen, zu über= lassen; sondern es ist nach der bisherigen Erfahrung darauf zu rechnen, daß jeder, der noch etwa das Vermögen zu haben glaubt, seine Kinder im Hause zu nähren, gegen die öffentliche Erziehung und besonders gegen eine so scharf trennende und so lange dauernde öffentliche Erziehung sich setzen wird. In solchen Fällen ist man nun bei zu erwartender Widersetzlichkeit von den Staatsmännern bisher gewohnt, daß sie den Vorschlag mit der Antwort abweisen: der Staat habe nicht das Recht, für diesen Zweck Zwang anzuwenden. Indem sie nun warten wollen, bis die Menschen im allgemeinen den guten Willen haben, ohne Erziehung aber es niemals zu allgemeinem guten Willen kommen kann, so sind sie dadurch gegen alle Verbesserung geschützt und können hoffen, daß es beim Alten bleiben wird bis an das Ende der Tage. Inwiefern dies nun etwa solche sind, welche entweder überhaupt die Erziehung für einen entbehrlichen Luxus halten, in Rücksicht dessen man sich so spärlich ein= richten müsse als möglich, oder, die in unserm Vorschlage nur einen neuen wagenden Versuch mit der Menschheit erblicken, der da gelingen könne, oder auch nicht, ist ihre Gewissenhaftigkeit zu loben; solchen, die von der

Bewunderung des bisherigen Zustandes der öffentlichen Bildung und von dem Entzücken, zu welcher Vollkommenheit dieselbe unter ihrer Leitung emporgewachsen sei, eingenommen sind, läßt sich nun vollends gar nicht anmuten, daß sie auf etwas, das sie nicht auch schon wissen, eingehen sollten; mit diesen insgesamt ist für unsern Zweck nichts zu thun, und es wäre zu beklagen, wenn die Entscheidung über diese Angelegenheit ihnen anheim fallen sollte. Möchten sich aber Staatsmänner finden und hierbei zu Rate gezogen werden, welche vor allen Dingen durch ein tiefes und gründliches Studium der Philosophie und der Wissenschaft überhaupt sich selbst Erziehung gegeben haben, denen es ein rechter Ernst ist mit ihrem Geschäfte, die einen festen Begriff vom Menschen und seiner Bestimmung besitzen, die da fähig sind, die Gegenwart zu verstehen und zu begreifen, was eigentlich der Menschheit dermalen unausbleiblich Not thut; hätten diese aus jenen Vorbegriffen etwa selbst eingesehen, daß nur Erziehung vor der, außerdem unaufhaltsam über uns hereinbrechenden Barbarei und Verwilderung uns retten könne, schwebte ihnen ein Bild vor von dem neuen Menschengeschlechte, das durch diese Erziehung ent= stehen würde, wären sie selbst innig überzeugt von der Unfehlbarkeit und Untrüglichkeit der vorgeschlagenen Mittel, so ließe von solchen sich auch erwarten, daß sie zugleich begriffen, der Staat, als höchster Verweser der menschlichen Angelegenheiten und als der Gott und seinem Gewissen allein verantwortliche Vormund der Unmündigen, habe das vollkommene Recht, die letzteren zu ihrem Heile auch zu zwingen.[1] Wo giebt es denn dermalen einen Staat, der da zweifle, ob er auch wohl das Recht habe, seine Unterthanen zu Kriegsdiensten zu zwingen und den Eltern für diesen Behuf die Kinder wegzunehmen, ob nun eins von beiden, oder beide, wollen, oder nicht wollen? Und dennoch ist dieser Zwang zu Ergreifung einer dauernden Lebensart wider den eignen Willen weit bedenklicher und häufig von den nachteiligsten Folgen für den sittlichen Zustand und für Gesundheit und Leben der Gezwungenen; da hingegen derjenige Zwang, von dem wir reden, nach vollendeter Erziehung die ganze persönliche Freiheit zurück giebt und gar keine andern, denn die heilbringendsten Folgen haben kann. Wohl hat man früher auch die Ergreifung der Kriegsdienste dem freien Willen überlassen; nachdem sich aber gefunden, daß dieser für den beabsichtigten Zweck nicht ausreichend war, hat man kein Bedenken getragen, ihm durch Zwang nachzuhelfen; darum, weil die Sache uns wichtig genug war und die Not den Zwang gebot. Möchten nur auch in dieser Rücksicht uns die Augen aufgehen über unsere Not und der Gegenstand uns gleichfalls wichtig werden, so würde jene Bedenklichkeit von selbst wegfallen; da zumal es nur in dem ersten Geschlechte des Zwanges bedürfen und derselbe in den folgenden,

---

selber durch diese Erziehung hindurch gegangenen, hinweg fällt, auch jener erste Zwang zum Kriegsdienste dadurch aufgehoben wird, indem die also erzogenen alle gleich willig sind, die Waffen für das Vaterland zu führen. Will man ja, um anfangs des Geschreies nicht zu viel zu haben, diesen Zwang zur öffentlichen Nationalerziehung auf dieselbe Weise beschränken, wie bisher der Zwang zum Kriegsdienste beschränkt gewesen, und die von dem letztern befreiten Stände auch von jenem ausnehmen, so ist dies von keinen bedeutenden nachteiligen Folgen. Die verständigen Eltern unter den ausgenommenen werden freiwillig ihre Kinder dieser Erziehung übergeben; die gegen das ganze unbedeutende Anzahl der Kinder unverständiger Eltern aus diesen Ständen mag immer auf die bisherige Weise aufwachsen und in das zu erzeugende bessere Zeitalter hineinreichen, brauchbar, lediglich als ein merkwürdiges Andenken der alten Zeit, und um die neue zur lebhaften Erkenntnis ihres höheren Glücks anzufeuern.

171. Soll nun diese Erziehung NationalErziehung der Deutschen schlechtweg sein und soll die große Mehrheit aller, die die deutsche Sprache reden, keineswegs aber etwa nur die Bürgerschaft dieses oder jenes besonderen deutschen Staates dastehen als ein neues Menschengeschlecht, so müssen alle deutsche Staaten, jeder für sich und unabhängig von allen andern, diese Aufgabe ergreifen. Die Sprache, in der diese Angelegenheit zuerst in Anregung gebracht worden, in der die Hilfsmittel verfaßt sind und ferner werden verfaßt werden, in der die Lehrer geübt werden, der durch alles dieses hindurchgehende eine Gang der Sinnbildlichkeit ist allen Deutschen gemeinsam. Ich kann mir kaum denken, wie, und mit welchen Umwandlungen diese Bildungsmittel insgesamt, besonders in derjenigen Ausdehnung, die wir dem Plane gegeben haben, in irgend eine Sprache des Auslandes übertragen werden könnten, also, daß es nicht als ein fremdes und übersetztes Ding, sondern als einheimisch, und aus dem eignen Leben ihrer Sprache hervorgehend, erschiene. Für alle Deutschen ist diese Schwierigkeit auf die gleiche Weise gehoben; für sie ist die Sache fertig, und sie dürfen nur dieselbe ergreifen.

172. Wohl uns hierbei, daß es noch verschiedene und von einander abgetrennte deutsche Staaten giebt! Was so oft zu unserem Nachteile gereicht ist, kann bei dieser wichtigen Nationalangelegenheit vielleicht zu unserem Vorteile dienen. Vielleicht kann Nacheiferung der mehreren, und die Begierde, einander zuvor zu kommen, bewirken, was die ruhige Selbstgenügsamkeit des Einzelnen nicht hervorgebracht hätte; denn es ist klar, daß derjenige unter allen deutschen Staaten, der in dieser Sache den Anfang machen wird, an Achtung, an Liebe, an Dankbarkeit des Ganzen für ihn den Vorrang gewinnen wird, daß er dastehen wird als der höchste Wohlthäter und der eigentliche Stifter der Nation.

Er wird den übrigen Mut machen, ihnen ein belehrendes Beispiel geben und ihr Muster werden; er wird Bedenklichkeiten, in denen die andern hängen blieben, beseitigen; aus seinem Schoße werden die Lehrbücher und die ersten Lehrer ausgehen und den andern geliehen werden; und wer nach ihm der zweite sein wird, wird den zweiten Ruhm erwerben. Zum erfreulichen Zeugnisse, daß unter den Deutschen ein Sinn für das Höhere noch nie ganz ausgestorben, haben bisher mehrere deutsche Stämme und Staaten mit einander um den Ruhm größerer Bildung gestritten; diese haben ausgedehntere Preßfreiheit, freiere Hinwegsetzung über die hergebrachte Meinung, andere besser eingerichtete Schulen und Universitäten, andere ehemaligen Ruhm und Verdienste, andere etwas anders für sich angeführt, und der Streit hat nicht entschieden werden können. Bei der gegenwärtigen Veranlassung wird er es werden. Diejenige Bildung allein, die da strebt und die es wagt, sich allgemein zu machen, und alle Menschen ohne Unterschied zu erfassen, ist ein wirklicher Bestandteil des Lebens und ist ihrer selbst sicher. Jede andere ist eine fremde Zuthat, die man bloß zum Prunk angelegt, und die man nicht einmal mit recht gutem Gewissen an sich trägt. Es wird sich bei dieser Gelegenheit verraten müssen, wo etwa die Bildung, deren man sich rühmt, nur bei wenigen Personen des Mittelstandes stattfindet, die dieselbe in Schriften darlegen, dergleichen Männer alle deutsche Staaten aufzuweisen haben; und wo hingegen dieselbe auch zu den höhern Ständen, welche den Staat beraten, hinaufgestiegen sei. Es wird sich sodann auch zeigen, wie man den hier und da gezeigten Eifer für die Errichtung und den Flor höherer Lehranstalten zu beurteilen habe, und ob demselben reine Liebe zur Menschenbildung, die ja wohl jedweden Zweig und besonders die allererste Grundlage derselben mit dem gleichen Eifer ergreifen würde, oder ob ihm bloß Sucht zu glänzen und vielleicht dürftige Finanzspekulationen zugrunde gelegen haben.

173. Welcher deutsche Staat in Ausführung dieses Vorschlags der erste sein wird, der wird den größten Ruhm davon haben, sagte ich. Aber ferner, es wird dieser deutsche Staat nicht lange allein stehen, sondern ohne allen Zweifel bald Nachfolger und Nacheiferer finden. Daß nur der Anfang gemacht werde, ist die Hauptsache. Wäre es auch nichts anderes, so wird Ehrgefühl, Eifersucht, die Begierde, auch zu haben, was ein anderer hat, und wo möglich, es noch besser zu haben, einen nach dem andern treiben, dem Beispiele zu folgen. Auch werden sodann die oben von uns beigebrachten Betrachtungen über den eignen Vorteil des Staats, die vielleicht dermalen manchem zweifelhaft vorkommen dürften, in der lebendigen Anschauung bewährt, einleuchtender werden.

Wäre zu erwarten, daß sogleich jetzt und von Stund an alle deutsche Staaten ernstliche Anstalt machten, jenen Plan auszuführen, so könnte schon nach fünfundzwanzig Jahren das bessere Geschlecht, dessen wir bedürfen, dastehen, und wer hoffen dürfte, noch so lange zu leben, könnte hoffen, es mit seinen Augen zu sehen.

174. Sollte aber, wie wir denn freilich auch auf diesen Fall rechnen müssen, unter allen dermalen bestehenden deutschen Staaten, kein einziger sein, der unter seinen höchsten Beratern einen Mann hätte, der da fähig wäre, alles, das oben Vorausgesetzte, einzusehen und davon ergriffen zu werden, und in welchem die Mehrheit der Berater diesem einen sich wenigstens nicht widersetzte; so würde freilich diese Angelegenheit wohlgesinnten Privatpersonen anheim fallen, und es wäre nun von diesen zu wünschen, daß sie einen Anfang mit der vorgeschlagenen neuen Erziehung machten. Zuvörderst haben wir hierbei im Auge große Gutsbesitzer, die auf ihren Landgütern dergleichen Erziehungsanstalten für die Kinder ihrer Unterthanen errichten könnten. Es gereicht Deutschland zum Ruhme und zur sehr ehrenvollen Auszeichnung vor den übrigen Nationen des neuern Europa, daß es unter dem genannten Stande immerfort hier und da mehrere gegeben hat, die sichs zum ernstlichen Geschäfte machten, für den Unterricht und die Bildung der Kinder auf ihren Besitzungen zu sorgen, und die gern das Beste, was sie wußten, dafür thun wollten. Es ist von diesen zu hoffen, daß sie auch jetzt geneigt sein werden, über das Vollkommene, das ihnen angetragen wird, sich zu belehren und das Größere und Durchgreifende eben so gern zu thun, als sie bisher das Kleinere und Unvollständige thaten. Wohl mag hier und da die Einsicht dazu beigetragen haben, daß es vorteilhafter für sie selbst sei, gebildete Unterthanen zu haben, denn ungebildete. Wo etwa der Staat durch Aufhebung des Verhältnisses der Unterthänigkeit diesen letzten Antrieb weggenommen hat, — möge er da desto ernstlicher seine unerlaßliche Pflicht bedenken, nicht zugleich das einzige Gute, das bei Wohldenkenden an dieses Verhältnis geknüpft wurde, mit aufzuheben, und möge er in diesem Falle ja nicht versäumen, zu thun, was ohnedies seine Schuldigkeit ist, nachdem er diejenigen, die es freiwillig statt seiner thaten, dessen erledigt hat. Wir richten ferner in Absicht der Städte, hierbei unsre Augen auf freiwillige Verbindungen gutgesinnter Bürger für diesen Zweck. Der Hang zur Wohlthätigkeit ist noch immer, so weit ich habe blicken können, unter keinem Drucke der Not in deutschen Gemütern erloschen. Durch eine Anzahl von Mängeln in unsern Einrichtungen, die sich insgesamt unter der Einheit der vernachläßigten Erziehung würden zusammenfassen lassen, hilft diese Wohlthätigkeit der Not dennoch selten ab, sondern scheint oft sie noch zu vermehren. Möchte man jenen vortrefflichen Hang endlich vorzüglich auf diejenige Wohlthat richten, die aller Not und aller ferneren Wohlthätigkeit ein Ende macht, auf die Wohlthat der Erziehung. — Noch aber bedürfen wir und rechnen wir auf eine Wohlthat und Aufopferung

anderer Art, die nicht in Geben, sondern in Thun und Leisten besteht. Möchten angehende Gelehrte, denen es ihre Lage verstattet, den Zeit= raum, der ihnen zwischen der Universität und ihrer Anstellung in einem öffentlichen Amte, übrig bleibt, dem Geschäfte, über diese Lehrweise an diesen Anstalten sich zu belehren und an denselben selbst zu lehren, widmen! Abgerechnet, daß sie sich hierdurch höchst verdient um das Ganze machen werden, kann man ihnen noch überdies versichern, daß sie selbst den allerhöchsten Gewinn davon tragen werden. Ihre ge= samten Kenntnisse, die sie aus dem gewöhnlichen Universitätsunterrichte oft so erstorben mit hinweg tragen, werden im Elemente der allgemeinen Anschauung, in welches sie hier hinein kommen, Klarheit und Lebendigkeit erhalten, sie werden lernen, dieselben mit Fertigkeit wiederzugeben nnd zu gebrauchen, sie werden sich, da im Kinde die ganze Fülle der Menschheit unschuldig und offen da liegt, einen Schatz von der wahren Menschenkenntnis, die allein diesen Namen verdient, erwerben, sie werden zu der großen Kunst des Lebens und Wirkens angeleitet werden, zu welcher in der Regel die hohe Schule keine Anweisung giebt.

175. Läßt der Staat die ihm angetragene Aufgabe liegen, so ist es für die Privatpersonen, welche dieselbe aufnehmen, ein desto größerer Ruhm. Fern sei es von uns, der Zukunft durch Mutmaßungen vor= zugreifen, oder den Ton des Zweifels und des Mangels an Vertrauen selber anzuheben: worauf unsere Wünsche zunächst gehen, haben wir deutlich ausgesprochen; nur dies sei uns erlaubt anzumerken, daß, wenn es wirklich also kommen sollte, daß der Staat und die Fürsten die Sache Privatpersonen überließen, dies dem bisherigen, schon oben angemerkten und mit Beispielen belegten Gange der deutschen Entwicklung und Bildung gemäß sein, und dieser bis ans Ende sich gleich bleiben würde. Auch in diesem Falle würde der Staat zu seiner Zeit nachfolgen, fürs erste wie ein Einzelner, der den auf seinen Teil fallenden Beitrag eben auch leisten will, bis er sich etwa später besinnt, daß er kein Teil, sondern das Ganze sei, und daß das Ganze zu besorgen er so Pflicht als Recht habe. Von Stund an fallen alle selbständige Bemühungen der Privat= personen weg und unterordnen sich dem allgemeinen Plane des Staats.

Sollte die Angelegenheit diesen Gang nehmen, so wird es mit der beabsichtigten Verbesserung unsers Geschlechts freilich nur langsam und ohne eine sichere und feste Übersicht und mögliche Berechnung des Ganzen vorwärts schreiten. Aber lasse man sich ja dadurch nicht abhalten, einen Anfang zu machen! Es liegt in der Natur der Sache selbst, daß sie niemals untergehen könne, sondern, nur einmal ins Werk gesetzt, durch sich selbst fortlebe und immer weiter um sich greifend sich verbreite. Jeder, der durch diese Bildung hindurchgegangen ist, wird ein Zeuge für sie und ein eifriger Verbreiter; jeder wird den Lohn der erhaltnen Lehre dadurch abtragen, daß er selbst wieder Lehrer wird und so viele

Schüler, die einst auch wieder Lehrer werden, macht, als er kann; und dies geht notwendig so lange fort, bis das Ganze ohne alle Ausnahme ergriffen sei.

176. Im Falle der Staat sich mit der Sache nicht befassen sollte, so haben Privatunternehmungen zu befürchten, daß alle nur irgend ver= mögende Eltern ihre Kinder dieser Erziehung nicht überlassen werden. Wende man sich sodann in Gottes Namen und mit voller Zuversicht an die armen Verwaisten, an die im Elende auf den Straßen herum= liegenden, an alles, was die erwachsene Menschheit ausgestoßen und weg= geworfen hat! So wie bisher, besonders in denjenigen deutschen Staaten, in denen die Frömmigkeit der Vorfahren, die öffentlichen Erziehungs= anstalten sehr vermehrt und reichlich ausgestattet hatte, eine Menge von Eltern den ihrigen den Unterricht angedeihen ließen, weil sie dabei zu= gleich, wie bei keinem andern Gewerbe, den Unterhalt fanden; so laßt es uns, notgedrungen umkehren und Brot geben denen, denen kein anderer es giebt, damit sie mit dem Brode zugleich auch Geistesbildung annehmen. Befürchten wir nicht, daß die Armseligkeit und die Ver= wilderung ihres vorigen Zustandes unserer Absicht hinderlich sein werde! Reißen wir sie nur plötzlich und gänzlich heraus aus demselben und bringen sie in eine durchaus neue Welt; lassen wir nichts an ihnen, das sie an das alte erinnern könnte, so werden sie ihrer selbst ver= gessen und dastehen, als neue so eben erst erschaffene Wesen. Daß in diese frische und reine Tafel nur das Gute eingegraben werde, dafür muß unser Unterrichtsgang bürgen und unsre Hausordnung. Es wird ein für alle Nachwelt warnendes Zeugnis sein, über unsre Zeit, wenn gerade diejenigen, die sie ausgestoßen hat, durch diese Ausstoßung allein das Vorrecht erhalten, ein besseres Geschlecht anzuheben; wenn diese den Kindern derer, die mit ihnen nicht zusammen sein mochten, die beseligende Bildung bringen, und wenn sie die Stammväter werden unsrer künftigen Helden, Weisen, Gesetzgeber, Heilande der Menschheit.

177. Für die erste Errichtung bedarf es zuvörderst tauglicher Lehrer und Erzieher. Dergleichen hat die Pestalozzische Schule gebildet und ist stets erbötig, mehrere zu bilden. Ein Hauptaugenmerk wird anfangs sein, daß jede Anstalt der Art sich zugleich betrachte als eine Pflanzschule für Lehrer, und daß außer den schon fertigen Lehrern um diese herum sich eine Menge junger Männer versammle, die das Lehren lernen und ausüben zu gleicher Zeit und in der Ausübung es immer besser lernen. Dies wird auch, falls diese Anstalten anfangs mit der Dürftigkeit zu ringen haben sollten, die Erhaltung der Lehrer sehr er= leichtern. Die meisten sind doch in der Absicht gegenwärtig, um selbst zu lernen; dafür mögen sie denn auch ohne anderweitige Entschädigung das Gelernte eine Zeitlang zum Vorteil der Anstalt, wo sie es lernten, anwenden.

Ferner bedarf eine solche Anstalt Dach und Fach), die erste Aus=
stattung und ein hinlängliches Stück Land. Daß im weitern Fortgange
dieser Einrichtungen, wenn die verhältnismäßige Menge von schon heran=
gewachsener Jugend in den Jahren, wo sie nach der bisherigen Ein=
richtung als Dienstboten nicht bloß ihren Unterhalt, sondern zugleich auch
ein Jahrlohn erwerben, sich in diesen Anstalten befinden wird, diese die
schwächere Jugend übertragen und bei der ohnedies notwendigen Arbeit=
samkeit und weisen Wirtschaft diese Anstalten sich größtenteils selbst
werden erhalten können, scheint einzuleuchten. Fürs erste, so lange die
erstgenannte Art der Zöglinge noch nicht vorhanden ist, dürften dieselben
größerer Zuschüsse bedürfen. Es ist zu hoffen, daß man sich zu Bei=
trägen, deren Ende man absieht, williger finden werde. Sparsamkeit,
die dem Zwecke Eintrag thut, bleibe fern von uns; und ehe wir diese
uns erlauben, ist es weit besser, daß wir gar nichts thun.

Und so halte ich denn dafür, daß, bloß guten Willen voraus=
gesetzt, bei der Ausführung dieses Planes keine Schwierigkeit ist, die
nicht durch Vereinigung mehrerer und durch die Richtung aller ihrer
Kräfte auf diesen einigen Zweck leichtlich sollte überwunden werden
können.

Zwölfte Rede.

Über die Mittel, uns bis zur Erreichung unsers Hauptzwecks aufrecht zu erhalten.

178. Diejenige Erziehung, die wir den Deutschen zu ihrer künftigen Nationalerziehung vorschlagen, ist nun sattsam beschrieben. Wird das Geschlecht, das durch dieselbe gebildet ist, nur einmal dastehen, dieses lediglich durch seinen Geschmack am Rechten und Guten und schlechthin durch nichts anderes Getriebene, dieses mit einem Verstande, der für seinen Standpunkt ausreichend, das Rechte allemal sicher erkennt, Versehene, dieses mit jeder geistigen und körperlichen Kraft, das Gewollte allemal durchzusetzen, ausgerüstete Geschlecht, so wird alles, was wir mit unsern kühnsten Wünschen begehren können, aus dem Dasein desselben von selbst sich ergeben und aus ihm natürlich hervorwachsen. Diese Zeit bedarf unserer Vorschriften so wenig, daß wir vielmehr von derselben zu lernen haben würden.

Da inzwischen dieses Geschlecht noch nicht gegenwärtig ist, sondern erst heraufgezogen werden soll, und, wenn auch alles über unser Er= warten trefflich gehen sollte, wir dennoch eines beträchtlichen Zwischen= raums bedürfen werden, um in jene Zeit hinüber zu kommen, so ent= steht die näherliegende Frage, wie sollen wir uns auch nur durch diesen Zwischenraum hindurch bringen? Wie sollen wir, da wir nichts Besseres können, uns erhalten, wenigstens als den Boden, auf dem die Verbesse= rung vorgehen, und als den Ausgangspunkt, an welchen dieselbe sich anknüpfen könne? Wie sollen wir verhindern, daß, wenn einst das also gebildete Geschlecht aus seiner Absonderung hervor unter uns träte, es nicht an uns eine Wirklichkeit vor sich finde, die nicht die mindeste Verwandtschaft habe zu der Ordnung der Dinge, welche es als das Rechte begriffen, und in welcher niemand dasselbe verstehe, oder den mindesten Wunsch und Bedürfnis einer solchen Ordnung der Dinge hege, sondern das Vorhandene als das ganz Natürliche und einzig Mögliche ansehe? Würden nicht diese eine andere Welt in Busen tragenden gar bald irre werden und würde so nicht die neue Bildung eben so unnütz

für die Verbesserung des wirklichen Lebens verhallen, wie die bisherige
Bildung verhallt ist?

179. Geht die Mehrheit in ihrer bisherigen Unachtsamkeit, Ge=
dankenlosigkeit und Zerstreutheit so ferner hin, so ist gerade dieses, als
das notwendig sich Ergebende, zu erwarten. Wer sich, ohne Aufmerk=
samkeit auf sich selbst gehen läßt und von den Umständen sich gestalten,
wie sie wollen, der gewöhnt sich bald an jede mögliche Ordnung der
Dinge. So sehr auch sein Auge durch etwas beleidigt werden mochte,
als er es das erste Mal erblickte, läßt es nur täglich auf dieselbe Weise
wiederkehren, so gewöhnt er sich daran und findet es späterhin natürlich,
und als eben so sein müssend gewinnt es zuletzt gar lieb, und es würde
ihm mit der Herstellung des erstern bessern Zustandes wenig gedient
sein, weil dieser ihn aus seiner nun einmal gewohnten Weise zu sein
herausrisse. Auf diese Weise gewöhnt man sich sogar an Sklaverei,
wenn nur unsere sinnliche Fortdauer dabei ungekränkt bleibt und gewinnt
sie mit der Zeit lieb; und dies ist eben das Gefährlichste an der Unter=
worfenheit, daß sie für alle wahre Ehre abstumpft und sodann ihre
sehr erfreuliche Seite hat für den Trägen, indem sie ihn mancher Sorge
und manches Selbstdenkens überhebt.

180. Laßt uns auf der Hut sein gegen diese Überraschung der
Süßigkeit des Dienens, denn diese raubt sogar unsern Nachkommen die
Hoffnung künftiger Befreiung. Wird unser äußeres Wirken in hemmende
Fesseln geschlagen, laßt uns desto kühner unsern Geist erheben zum Ge=
danken der Freiheit, zum Leben in diesem Gedanken, zum Wünschen und
Begehren nur dieses einigen. Laßt die Freiheit auf einige Zeit ver=
schwinden aus der sichtbaren Welt; geben wir ihr eine Zuflucht im
Innersten unsrer Gedanken so lange, bis um uns herum die neue Welt
emporwachse, die da Kraft habe, diese Gedanken auch äußerlich darzu=
stellen. Machen wir uns mit demjenigen, was ohne Zweifel unserm
Ermessen frei bleiben' muß, mit unserm Gemüte zum Vorbilde, zur
Weissagung, zum Bürgen desjenigen, was nach uns Wirklichkeit werden
wird. Lassen wir nur nicht mit unserm Körper zugleich auch unsern
Geist niedergebeugt und unterworfen und in die Gefangenschaft gebracht
werden!

181. Fragt man mich, wie dies zu erreichen sei, so ist darauf die
einzige alles in sich fassende Antwort diese: wir müssen eben zur Stelle
werden, was wir ohnedies sein sollten, Deutsche. Wir sollen unsern
Geist nicht unterwerfen: so müssen wir eben vor allen Dingen einen
Geist uns anschaffen und einen festen und gewissen Geist; wir müssen
ernst werden in allen Dingen und nicht fortfahren bloß leichtsinniger
Weise und nur zum Scherze da zu sein; wir müssen uns haltbare und
unerschütterliche Grundsätze bilden, die allem unsern übrigen Denken und
unserm Handeln zur festen Richtschnur dienen, Leben und Denken muß

bei uns aus einem Stücke sein, und ein sich durchdringendes und ge-
diegenes Ganzes;[1]) wir müssen in beiden der Natur und der Wahrheit
gemäß werden und die fremden Kunststücke von uns werfen; wir müssen,
um es mit einem Worte zu sagen, uns Charakter anschaffen; denn
Charakter haben und deutsch sein, ist ohne Zweifel gleichbedeutend,[2])
und die Sache hat in unsrer Sprache keinen besondern Namen, weil sie
eben ohne alle unser Wissen und Besinnung aus unserm Sein unmittelbar hervorgehen soll.

182. Wir müssen zuvörderst über die großen Ereignisse unsrer
Tage, ihre Beziehung auf uns und das, was wir von ihnen zu erwarten haben, mit eigner Bewegung unsrer Gedanken nachdenken und
uns eine klare und feste Ansicht von allen diesen Gegenständen und
ein entschiednes und unwandelbares Ja oder Nein über die hieherfallenden
Fragen verschaffen; jeder, der den mindesten Anspruch auf Bildung
macht, soll das. Das tierische Leben des Menschen läuft in allen Zeitaltern ab nach denselben Gesetzen, und hierin ist alle Zeit sich gleich.
Verschiedene Zeiten sind da nur für den Verstand, und nur derjenige,
der sie mit dem Begriffe durchdringt, lebt sie mit und ist da zu dieser
seiner Zeit; ein andres Leben ist nur ein Tier und Pflanzenleben. Alles,
was da geschieht, unvernommen an sich vorübergehen zu lassen, gegen
dessen Andrang wohl gar geflissentlich Auge und Ohr zu verstopfen, sich
dieser Gedankenlosigkeit wohl gar noch als großer Weisheit zu rühmen,
mag anständig sein einem Felsen, an den die Meereswellen schlagen,
ohne daß er es fühlt, oder einem Baumstamme, den Stürme hin und
her reißen, ohne daß er es bemerkt, keineswegs aber einem denkenden
Wesen. — Selbst das Schweben in höhern Kreisen des Denkens spricht
nicht los von dieser allgemeinen Verbindlichkeit, seine Zeit zu verstehen.
Alles Höhere muß eingreifen wollen auf seine Weise in die unmittelbare Gegenwart, und wer wahrhaftig in jenem lebt, lebt zugleich auch
in der letztern; lebte er nicht auch in dieser, so wäre dies der Beweis,
daß er auch in jenem nicht lebte, sondern in ihm nur träumte. Jene
Achtlosigkeit auf das, was unter unsern Augen vorgeht, und die künstliche
Ableitung der allenfalls entstandenen Aufmerksamkeit auf andere Gegenstände wäre das erwünschteste, was einem Feinde unsrer Selbständigkeit

---

[1]) Vergl. § 60.
[2]) Insofern beide etwas Ursprüngliches (nicht Erworbenes) bedeuten, denn
sowie nach Fichte jeder Einzelne seine ursprüngliche Bestimmung hat, edler oder
unedler geboren wird (Staatsl. WW. IV. 454), so sind auch die Völker
Individualitäten mit eigentümlicher Begabung (WW. VII. 563) und Bestimmung
(s. oben § 42) und die Deutschen speziell sind im Gegensatze zu den Romanen
ein ursprüngliches Volk (s. 5. Rede). Aber die ursprüngliche Beschaffenheit des
Edelmetalls kann durch äußere Einflüsse beschmutzt und unkenntlich gemacht werden:
in ähnlicher Weise ist nach Fichtescher Anschauung die Verunstaltung eines Charakters
oder Charakterlosigkeit zu erklären. S. Einl. 5. Kap. S. 70

begegnen könnte. Ist er sicher, daß wir uns bei keinem Dinge etwas denken, so kann er eben, wie mit leblosen Werkzeugen, alles mit uns vornehmen, was er will; die Gedankenlosigkeit eben ist es, die sich an alles gewöhnt, wo aber der klare und umfassende Gedanke und in diesem das Bild dessen, was da sein sollte, immerfort wachsam bleibt, da kommt es zu keiner Gewöhnung.

183. Diese Reden haben zunächst Sie eingeladen, und sie werden einladen die ganze deutsche Nation, in wie weit es dermalen möglich ist, dieselbe durch den Bücherdruck um sich zu versammeln, bei sich selbst eine feste Entscheidung zu fassen und innerlich mit sich einig zu werden über folgende Fragen: 1. ob es wahr sei, oder nicht wahr, daß es eine deutsche Nation gebe, und daß deren Fortdauer in ihrem eigentüm= lichen und selbständigen Wesen dermalen in Gefahr sei. 2. Ob es der Mühe wert sei, oder nicht wert sei, dieselbe zu erhalten. 3. Ob es irgend ein sicheres und durchgreifendes Mittel dieser Erhaltung gebe, und welches dieses Mittel sei.

184. Vorher war die hergebrachte Sitte unter uns diese, daß, wenn irgend ein ernsthaftes Wort, mündlich, oder im Drucke, sich ver= nehmen ließ, das tägliche Geschwätz sich desselben bemächtigte und es in einen spaßhaften Unterhaltungsstoff seiner drückenden Langeweile ver= wandelte. Zunächst um mich herum habe ich dermalen nicht, so wie ehemals,[1]) bemerkt, daß man von meinen gegenwärtigen Vorträgen den= selben Gebrauch gemacht hätte; von dem zeitigen Tone aber der ge= selligen Zusammenkünfte auf dem Boden des Bücherdrucks, ich meine die Litteraturzeitungen und anderes Journalwesen, habe ich keine Kunde genommen und weiß nicht, ob von diesem sich Scherz oder Ernst er= warten lassen. Wie dies sich verhalten möge, meine Absicht wenigstens ist es nicht gewesen, zu scherzen, und den bekannten Witz, den unser Zeit= alter besitzt, wieder in den Gang zu bringen.

185. Tiefer unter uns eingewurzelt, fast zur andern Natur geworden und das Gegenteil beinahe unerhört, war unter den Deutschen die Sitte, daß man alles, was auf die Bahn gebracht wurde, betrachtete als eine Aufforderung an jeden, der einen Mund hätte, nur geschwind und auf der Stelle sein Wort auch dazu zu geben und uns zu berichten, ob er auch derselben Meinung sei, oder nicht; nach welcher Abstimmung denn die ganze Sache vorbei sei und das öffentliche Gespräch zu einem neuen Gegenstande eilen müsse. Auf diese Weise hatte sich aller litterarische Verkehr unter den Deutschen verwandelt, so wie die Echo der alten Fabel, in einen bloßen reinen Laut, ohne allen Leib und körperlichen Gehalt. Wie in den bekannten schlechten Gesellschaften des persönlichen Verkehrs, so kam es auch in dieser nur darauf an, daß die Menschen=

---

[1]) S. Einleitung S. 41, Anmerkung 4.

ſtimme fort halle, und daß jeder ohne Stocken ſie aufnehme und ſie
dem Nachbar zuwerfe, keineswegs aber darauf, was da ertönte. Was
iſt Charakterloſigkeit und Undeutſchheit, wenn es das nicht iſt? Auch
dies iſt nicht meine Abſicht geweſen, dieſer Sitte zu huldigen und nur
das öffentliche Geſpräch rege zu erhalten. Ich habe eben auch, indem
ich etwas anderes wollte, meinen perſönlichen Anteil zu dieſer öffentlichen
Unterhaltung ſchon vorlängſt hinlänglich abgetragen, und man könnte
mich endlich davon losſprechen. Ich will nicht gerade auf der Stelle
wiſſen, wie dieſer oder jener über die in Anregung gebrachten Fragen
denke, d. h. wie er bisher darüber gedacht oder auch nicht gedacht
habe. Er ſoll es bei ſich ſelbſt überlegen und durchdenken, ſo lange
bis ſein Urteil fertig iſt, und vollkommen klar, und ſoll ſich die nötige
Zeit dazu nehmen, und gehen ihm etwa die gehörigen Vorkenntniſſe
und der ganze Grad der Bildung, der zu einem Urteile in dieſen An=
gelegenheiten erfordert wird, noch ab, ſo ſoll er ſich auch dazu die Zeit
nehmen, ſich dieſelben zu erwerben. Hat nun einer auf dieſe Weiſe ſein
Urteil fertig und klar, ſo wird nicht gerade verlangt, daß er es auch
öffentlich abgebe; ſollte daſſelbe mit dem hier Geſagten übereinſtimmen,
ſo iſt dieſes eben ſchon geſagt und es bedarf nicht eines zweiten Sagens,
nur wer etwas anderes und beſſeres ſagen kann, iſt aufgefordert zu
reden; dagegen aber ſoll es jeder in jedem Falle nach ſeiner Weiſe und
Lage wirklich leben und treiben.

186. Am allerwenigſten endlich iſt es meine Abſicht geweſen, an
dieſen Reden unſern deutſchen Meiſtern in Lehre und Schrift eine
Schreibeübung vorzulegen, damit ſie dieſelbe verbeſſern und ich bei dieſer
Gelegenheit erfahre, was ſich etwa von mir hoffen läßt. Auch in dieſer
Rückſicht iſt guter Lehre und Rates ſchon ſattſam an mich gewendet
worden, und es müßte ſich ſchon jetzt gezeigt haben, wenn Beſſerung zu
erwarten wäre.

187. Nein, das war zunächſt meine Abſicht, aus dem Schwarme
von Fragen und Unterſuchungen und aus dem Heere widerſprechender
Meinungen über dieſelben, in welchem die Gebildeten unter uns bisher
herumgeworfen worden ſind, ſo viele derſelben ich könnte, auf einen
Punkt zu führen, bei welchem ſie ſich ſelbſt Stand hielten, und zwar
auf denjenigen, der uns am allernächſten liegt, den unſerer eignen ge=
meinſchaftlichen Angelegenheiten; in dieſem einigen Punkte ſie zu einer
feſten Meinung, bei der es nun unverrückt bleibe, und zu einer Klarheit,
in der ſie wirklich ſich zurecht finden, zu bringen; ſo viel anderes auch
zwiſchen ihnen ſtreitig ſein möge, wenigſtens über dieſes Eine ſie zur
Einmütigkeit des Sinnes zu verbinden; auf dieſe Weiſe endlich einen
feſten Grundzug des Deutſchen hervorzubringen, den, daß er es gewürdigt
habe, ſich über die Angelegenheit der Deutſchen eine Meinung zu bilden;
dagegen derjenige, der über dieſen Gegenſtand nichts hören und nichts

Fichte.   16

denken möchte, von nun an mit Recht angesehen werden könnte als nicht zu uns gehörend.

188. Die Erzeugung einer solchen festen Meinung und die Ver=einigung und das gegenseitige sich Verstehen mehrerer über diesen Gegen=stand wird, so wie es unmittelbar die Rettung ist unsers Charakters aus der unserer unwürdigen Zerflossenheit, zugleich auch ein kräftiges Mittel werden, unserm Hauptzweck, die Einführung der neuen National=erziehung, zu erreichen. Besonders darum, weil wir selber, sowohl jeder mit sich, als alle untereinander, niemals einig waren, heute dieses und morgen etwas anderes wollten und jeder anders hineinschrie in das dumpfe Geräusch, sind auch unsre Regierungen, die allerdings, und oft mehr als ratsam war, auf uns hörten, irre gemacht worden und haben hin und her geschwankt, eben so wie unsre Meinung. Soll endlich einmal ein fester und gewisser Gang in die gemeinsamen Angelegenheiten kommen; was verhindert, daß wir zunächst bei uns selbst anfangen und das Beispiel der Entschiedenheit und Festigkeit geben? Lasse sich nur einmal eine übereinstimmende und sich gleichbleibende Meinung hören, lasse ein entschiedenes und als allgemein sich ankündigendes Bedürfnis sich vernehmen, das der Nationalerziehung, wie wir voraussetzen; ich halte dafür, unsre Regierungen werden uns hören, sie werden uns helfen, wenn wir die Neigungen zeigen, uns helfen zu lassen. Wenigstens würden wir im entgegengesetzten Falle sodann erst das Recht haben, uns über sie zu beklagen; dermalen, da unsre Regierungen ohngefähr also sind, wie wir sie wollen, steht uns das Klagen übel an.

189. Ob es ein sicheres und durchgreifendes Mittel gebe zur Erhaltung der deutschen Nation, und welches dieses Mittel sei, ist die bedeutendste unter den Fragen, die ich dieser Nation zur Entscheidung vorgelegt habe. Ich habe diese Frage beantwortet und die Gründe meiner Art der Beantwortung dargelegt, keineswegs um das Endurteil vorzuschreiben, was zu nichts helfen könnte, indem jeder, der in dieser Sache Hand anlegen soll, in seinem eignen Innern durch eigne Thätig=keit sich überzeugt haben muß, sondern nur, um zum eignen Nachdenken und Urteilen anzuregen. Ich muß von nun an jeden sich selbst über=lassen. Nur warnen kann ich noch, daß man durch seichte und ober=flächliche Gedanken, die auch über diesen Gegenstand sich im Umlaufe befinden, sich nicht täuschen, vom tiefern Nachdenken sich nicht abhalten und durch nichtige Vertröstungen sich nicht abfinden lasse.

190. Wir haben z. B. schon lange vor den letzten Ereignissen gleichsam auf den Vorrat hören müssen, und es ist uns seitdem häufig wiederholt worden, daß, wenn auch unsre politische Selbständigkeit ver=loren sei, wir dennoch unsre Sprache behielten und unsre Litteratur, und in diesen immer eine Nation blieben und damit über alles andere uns leichtlich trösten könnten.

Worauf gründet sich denn zuvörderst die Hoffnung, daß wir auch ohne politische Selbständigkeit dennoch unsre Sprache behalten werden? Jene, die also sagen, schreiben doch wohl nicht ihrem Zureden und ihren Ermahnungen, auf Kind und Kindeskind hinaus und auf alle künftigen Jahrhunderte, diese wunderwirkende Kraft zu? Was von den jetztleben= den und gemachten Männern sich gewöhnt hat, in deutscher Sprache zu reden, zu schreiben, zu lesen, wird ohne Zweifel also fortfahren; aber was wird das nächstkünftige Geschlecht thun, und was erst das dritte? Welches Gegengewicht gedenken wir denn in diese Geschlechter hinein= zulegen, das ihrer Begierde, demjenigen, bei welchem aller Glanz ist, und das alle Begünstigungen austeilt, auch durch Sprache und Schrift zu gefallen, die Wage halte? Haben wir denn niemals von einer Sprache gehört, welche die erste der Welt ist, ohnerachtet bekannt wird, daß die ersten Werke in derselben noch zu schreiben sind, und sehen wir nicht schon jetzt unter unsern Augen, daß Schriften, durch deren Inhalt man zu gefallen hofft, in ihr erscheinen? Man beruft sich auf das Beispiel zweier andern Sprachen, eine der alten, eine der neuen Welt, welche, ohnerachtet des politischen Unterganges der Völker, die sie redeten, dennoch als lebendige Sprachen fortgedauert. Ich will in die Weise dieser Fortdauer nicht einmal hineingehen; so viel aber ist auf den ersten Blick klar, daß beide Sprachen etwas in sich hatten, das die unsrige nicht hat, wodurch sie vor den Überwindern Gnade fanden, welche die unsrige niemals finden kann. Hätten diese Vertröster besser um sich geschaut, so würden sie ein anderes, unseres Erachtens hier durchaus passendes Beispiel gefunden haben, das der wendischen Sprache. Auch diese dauert seit der Reihe von Jahrhunderten, daß das Volk derselben seine Freiheit verloren hat, noch immer fort, in den ärmlichen Hütten des an die Scholle gebundenen Leibeignen nämlich, damit er in ihr, unverstanden von seinem Bedrücker, sein Schicksal beklagen könne.

Oder setze man den Fall, daß unsere Sprache lebendig und eine Schriftstellersprache bleibe und so ihre Litteratur behalte; was kann denn das für eine Litteratur sein, die Litteratur eines Volkes ohne politische Selbständigkeit? Was will denn der vernünftige Schriftsteller, und was kann er wollen? Nichts anderes, denn eingreifen in das all= gemeine und öffentliche Leben und dasselbe nach seinem Bilde gestalten und umschaffen; und wenn er dies nicht will, so ist alles sein Reden leerer Laut zum Kitzel müßiger Ohren. Er will ursprünglich und aus der Wurzel des geistigen Lebens heraus denken für diejenigen, die eben so ursprünglich wirken, d. i. regieren. Er kann deswegen nur in einer solchen Sprache schreiben, in der auch die Regierenden denken, in einer Sprache, in der regiert wird, in der eines Volkes, das einen selbst= ständigen Staat ausmacht. Was wollen denn zuletzt alle unsre Be= mühungen selbst um die abgezogensten Wissenschaften? Lasset sein, der nächste Zweck dieser Bemühungen sei der, die Wissenschaft fortzupflanzen von Geschlecht zu Geschlecht und in der Welt zu erhalten; warum soll sie denn auch erhalten werden? Offenbar nur, um zu rechter Zeit das allgemeine Leben und die ganze menschliche Ordnung der Dinge zu gestalten. Dies ist ihr letzter Zweck; mittelbar dient sonach, sei es auch erst in einer spätern Zukunft, jede wissenschaftliche Bestrebung dem Staate. Giebt sie diesen Zweck auf, so ist auch ihre Würde und ihre Selbst= ständigkeit verloren. Wer aber diesen Zweck hat, der muß schreiben in der Sprache des herrschenden Volkes.

191. Wie es ohne Zweifel wahr ist, daß allenthalben, wo eine besondere Sprache angetroffen wird, auch eine besondere Nation vor= handen ist, die das Recht hat, selbständig ihre Angelegenheiten zu be= sorgen und sich selber zu regieren; so kann man umgekehrt sagen, daß, wie ein Volk aufgehört hat, sich selbst zu regieren, es eben auch schuldig sei, seine Sprache aufzugeben und mit den Überwindern zusammen zu fließen, damit Einheit, innerer Friede und die gänzliche Vergessenheit der Verhältnisse, die nicht mehr sind, entstehe. Ein nur halbverständiger Anführer einer solchen Mischung muß hierauf dringen, und wir können uns sicher darauf verlassen, daß in unserm Falle darauf gedrungen werden wird. Bis diese Verschmelzung erfolgt sei, wird es Übersetzungen der verstatteten Schulbücher in die Sprache der Barbaren geben, d. i. derjenigen, die zu ungeschickt sind, die Sprache des herrschenden Volkes zu lernen, und die eben dadurch von allem Einflusse auf die öffentlichen Angelegenheiten sich ausschließen und sich zur lebenslänglichen Unter= würfigkeit verdammen; auch wird es diesen, die zur Stummheit über die wirklichen Begebenheiten sich selbst verurteilt haben, verstattet werden, an erdichteten Welthändeln ihre Redefertigkeit zu üben oder ehemalige und alte Formen sich selber nachzuahmen, wo man für das erste an der zum Beispiel angeführten alten, für das letztere an der neuen Sprache die Belege aufsuchen mag. Eine solche Litteratur möchten wir vielleicht noch auf einige Zeit behalten, und mit derselben mag sich trösten der, der keinen bessern Trost hat; daß aber auch solche, die wohl fähig wären, sich zu ermannen, die Wahrheit zu sehen und aufgeschreckt zu werden durch ihren Anblick zu Entschluß und That, durch solchen nich= tigen Trost, mit welchem einem Feinde unsrer Selbständigkeit recht eigentlich gedient sein würde, in dem trägen Schlummer erhalten werden, dieses möchte ich verhindern, wenn ich es könnte.

192. Man verheißt uns also die Fortdauer einer deutschen Litte= ratur auf die künftigen Geschlechter. Um die Hoffnungen, die wir hier= über fassen können, näher zu beurteilen, würde es sehr zuträglich sein, sich umzusehen, ob wir denn auch nur bis auf diesen Augenblick eine deutsche Litteratur im wahren Sinne des Wortes noch haben. Das edelste Vorrecht und das heiligste Amt des Schriftstellers ist dies, seine

Nation zu versammeln und mit ihr über die wichtigsten Angelegen=
heiten zu beratschlagen; ganz besonders aber ist dies von jeher das aus=
schließende Amt des Schriftstellers gewesen in Deutschland, indem dieses
in mehrere abgesonderte Staaten zertrennt war und als gemeinsames
Ganzes fast nur durch das Werkzeug des Schriftstellers, durch Sprache
und Schrift, zusammen gehalten wurde; am eigentlichsten und dringendsten
wird es sein Amt in dieser Zeit, nachdem das letzte äußere Band, das
die Deutschen vereinigte, die Reichsverfassung, auch zerrissen ist. Sollte
es sich nun etwa zeigen — wir sprechen hieran nicht etwa aus, was
wir wüßten oder befürchteten, sondern nur einen möglichen Fall, auf den
wir jedoch ebenfalls im voraus Bedacht nehmen müssen — sollte es
sich, sagte ich, etwa zeigen, daß schon jetzt Diener besonderer Staaten
von Angst, Furcht und Schrecken so eingenommen wären, daß sie solchen,
eine Nation eben noch als daseiend voraussetzenden und an dieselbe sich
wendenden Stimmen, zuerst das Lautwerden oder durch Verbote die
Verbreitung versagten; so wäre dies ein Beweis, daß wir schon jetzt
keine deutsche Schriftstellerei mehr hätten, und wir wüßten, wie wir mit
den Aussichten auf eine künftige Litteratur daran wären.

193. Was könnte es doch sein, das sie fürchteten? Etwa, daß
dieser und jener dergleichen Stimmen nicht gern hören werde? Sie
würden für ihre zarte Besorgtheit wenigstens die Zeit übel gewählt
haben. Schmähungen und Herabwürdigungen des Vaterländischen, ab=
geschmackte Lobpreisungen des Ausländischen können sie ja doch nicht ver=
hindern; seien sie doch nicht so strenge gegen ein dazwischen tönendes
vaterländisches Wort! Es ist wohl möglich, daß nicht alle alles gleich
gern hören; aber dafür können wir zur Zeit nicht sorgen, uns treibt
die Not, und wir müssen eben sagen, was diese zu sagen gebietet. Wir
ringen ums Leben; wollen sie, daß wir unsre Schritte abmessen, damit
nicht etwa durch den erregten Staub irgend ein Staatskleid bestäubt
werde? Wir gehen unter in den Fluten; sollen wir nicht um Hilfe
rufen, damit nicht irgend ein schwachnerviger Nachbar erschreckt werde?

194. Wer sind denn diejenigen, die es nicht gern hören könnten,
und unter welcher Bedingung könnten sie es denn nicht gern hören?
Allenthalben ist es nur die Unklarheit und die Finsternis, die da schreckt.
Jedes Schreckbild verschwindet, wenn man es fest ins Auge faßt. Lasset
uns mit derselben Unbefangenheit und Unumwundenheit, mit der wir
bisher jeden in diese Vorträge fallenden Gegenstand zerlegt haben, auch
diesem Schreckenisse unter die Augen treten.

Man nimmt an, entweder, daß das Wesen, dem dermalen die
Leitung eines großen Teils der Weltangelegenheiten anheim gefallen ist,
ein wahrhaft großes Gemüt sei, oder man nimmt das Gegenteil an,
und ein drittes ist nicht möglich. Im ersten Falle, worauf beruht denn
alle menschliche Größe außer auf der Selbständigkeit und Ursprünglichkeit

der Person, und daß sie nicht sei ein erkünsteltes Gemächte ihres Zeit=
alters, sondern ein Gewächs aus der ewigen und ursprünglichen Geister=
welt, ganz so wie es ist hervorgewachsen, daß ihr eine neue und eigen=
tümliche Ansicht des Weltganzen aufgegangen sei, und daß sie festen
Willen habe und eiserne Kraft, diese ihre Ansicht einzuführen in die
Wirklichkeit? Aber es ist schlechthin unmöglich, daß ein solches Gemüt
nicht auch außer sich an Völkern und Einzelnen ehre, was in seinem
Innern seine eigne Größe ausmacht, die Selbständigkeit, die Festigkeit,
die Eigentümlichkeit des Daseins. So gewiß es sich in seiner Größe
fühlt und derselben vertraut, verschmäht es über armseligen Knechtssinn
zu herrschen und groß zu sein unter Zwergen; es verschmäht den Ge=
danken, daß es die Menschen erst herabwürdigen müsse, um über sie zu
gebieten; es ist gedrückt durch den Anblick des dasselbe umgebenden
Verderbens, es thut ihm weh, die Menschen nicht achten zu können;
alles aber was sein verbrüdertes Geschlecht erhebt, veredelt in ein wür=
digeres Licht setzt, thut wohl seinem selbst edlen Geiste und ist sein höchster
Genuß. Ein solches Gemüt sollte ungern vernehmen, daß die Erschütte=
rungen, die die Zeiten herbei geführt haben, benutzt werden, um eine alte
ehrwürdige Nation, den Stamm der mehresten Völker des neuen Europa
und die Bildnerin aller, aus dem tiefen Schlummer aufzuregen und
dieselbe zu bewegen, daß sie ein sicheres Verwahrungsmittel ergreife,
um sich zu erheben aus dem Verderben, welches dieselbe zugleich sichert,
nie wieder herabzusinken und mit sich selbst zugleich alle übrige Völker
zu erheben? Es wird hier nicht angeregt zu ruhestörenden Auftritten;
es wird vielmehr vor diesen als sicher zum Verderben führend, gewarnt,
es wird eine feste unwandelbare Grundlage angegeben, worauf endlich
in einem Volke der Welt die höchste, reinste und noch niemals also
unter den Menschen gewesene Sittlichkeit aufgebaut, für alle folgenden
Zeiten gesichert und von da aus über alle andere Völker verbreitet
werde; es wird eine Umschaffung des Menschengeschlechts angegeben aus
irdischen und sinnlichen Geschöpfen zu reinen und edlen Geistern. Durch
einen solchen Vorschlag, meint man, könne ein Geist, der selbst rein ist
und edel und groß, oder irgend jemand, der nach ihm sich bildet, be=
beleidigt werden?

Was würden dagegen diejenigen, welche diese Furcht hegten und
dieselbe durch ihr Handeln zugeständen, annehmen und laut vor aller
Welt bekennen, daß sie es annehmen? Sie würden bekennen, daß sie
glaubten, daß ein menschenfeindliches und ein sehr kleines und niedriges
Prinzip über uns herrsche, dem jede Regung selbständiger Kraft bange
mache, der von Sittlichkeit, Religion, Veredlung der Gemüter nicht ohne
Angst hören könne, indem allein in der Herabwürdigung der Menschen,
in ihrer Dumpfheit und ihren Lastern für ihn Heil sei und Hoffnung,
sich zu erhalten. Mit diesem ihren Glauben, der unsern andern Übeln

noch die drückende Schmach hinzufügen würde, von einem solchen beherrscht
zu sein, sollen wir nun ohne weiteres und ohne die vorhergegangene
einleuchtende Beweisführung einverstanden sein und in demselben handeln?
Den schlimmsten Fall gesetzt, daß sie recht hätten, keineswegs aber wir,
die wir das erstere durch unsere That annehmen, soll denn nun wirklich,
einem zu gefallen, dem damit gedient ist, und ihnen zu gefallen, die sich
fürchten, das Menschengeschlecht herabgewürdigt werden und versinken und
soll keinem, dem sein Herz es gebietet, erlaubt sein, sie vor dem Verfalle
zu warnen! Gesetzt, daß sie nicht bloß recht hätten, sondern daß man
sich auch noch entschließen sollte, im Angesichte der Mitwelt und der
Nachwelt ihnen recht zu geben und das eben hingelegte Urteil über
sich selbst laut auszusprechen, was wäre denn nun das Höchste und Letzte,
das für den unwillkommenen Warner daraus erfolgen könnte? Kennen
sie etwas Höheres, denn den Tod? Dieser erwartet uns ohne dies alle,
und es haben vom Anbeginn der Menschheit an edle um geringerer An=
gelegenheiten willen — denn wo gab es jemals eine höhere als die gegen=
wärtige? — der Gefahr desselben getrotzt. Wer hat das Recht zwischen
ein Unternehmen, das auf diese Gefahr begonnen ist, zu treten?

195. Sollte es, wie ich nicht hoffe, solche unter uns Deutschen
geben, so würden diese ungebeten, ohne Dank, und wie ich hoffe, zurück=
gewiesen, ihren Hals dem Joche der geistigen Knechtschaft darbieten; sie
würden, bitter schmähend, indem sie staatsklug zu schmeicheln glauben,
weil sie nicht wissen, wie wahrer Größe zu Mute ist, und die Gedanken
derselben nach denen ihrer eignen Kleinheit messen, sie würden die Lit=
teratur, mit der sie nichts anderes anzufangen wissen, gebrauchen, um
durch die Abschlachtung derselben als Opfertier ihren Hof zu machen.
Wir dagegen preisen durch die That unsers Vertrauens und unsers
Mutes weit mehr, denn Worte es je vermöchten, die Größe des Ge=
mütes, bei dem die Gewalt ist. Über das ganze Gebiet der ganzen
deutschen Zunge hinweg, wo irgend hin unsere Stimme frei und unauf=
gehalten ertönt, ruft sie durch ihr bloßes Dasein den Deutschen zu:
niemand will eure Unterdrückung, euren Knechtssinn, eure sklavische Unter=
würfigkeit, sondern eure Selbständigkeit, eure wahre Freiheit, eure
Erhebung und Veredlung will man, denn man hindert nicht, daß man
sich öffentlich mit euch darüber beratschlage und euch das unfehlbare
Mittel dazu zeige. Findet diese Stimme Gehör und den beabsichtigten
Erfolg, so setzt sie ein Denkmal dieser Größe und unsers Glaubens
an dieselbe ein in den Fortlauf der Jahrhunderte, welches keine Zeit
zu zerstören vermag, sondern das mit jedem neuen Geschlechte höher wächst
und sich weiter verbreitet. Wer darf sich gegen den Versuch setzen, ein
solches Denkmal zu errichten?

Anstatt also mit der zukünftigen Blüte unsrer Litteratur über unsre
verlorne Selbständigkeit uns zu trösten und von der Aufsuchung eines

Mittels, dieselbe wieder herzustellen, uns durch dergleichen Trost abhalten zu lassen, wollen wir lieber wissen, ob diejenigen Deutschen, denen eine Art von Bevormundung der Litteratur zugefallen ist, den übrigen selbst schreibenden oder lesenden Deutschen, eine Litteratur im wahren Sinne des Worts noch bis diesen Tag erlauben, und ob sie dafür halten, daß eine solche Litteratur dermalen in Deutschland noch erlaubt sei, oder nicht; wie sie aber wirklich darüber denken, das wird sich demnächst entscheiden müssen.

169. Nach allem ist das Nächste, was wir zu thun haben, um bis zur völligen und gründlichen Verbesserung unsers Stammes uns auch nur aufzubehalten, dies, daß wir uns Charakter anschaffen und diesen zunächst dadurch bewähren, daß wir uns durch eignes Nachdenken eine feste Meinung bilden über unsere wahre Lage und über das sichere Mittel, dieselbe zu verbessern. Die Richtigkeit des Trostes aus der Fortdauer unsrer Sprache und Litteratur ist gezeigt. Noch aber giebt es andere, in diesen Reden noch nicht erwähnte Vorspiegelungen, welche die Bildung einer solchen festen Meinung verhindern. Es ist zweck=
mäßig, daß wir auch auf diese Rücksicht nehmen; jedoch behalten wir dieses Geschäft vor der nächsten Stunde.

Dreizehnte Rede.[1]

Fortſetzung der angefangenen Betrachtung.

197. Es ſeie noch ein mehreres von nichtigen Gedanken und täu-
ſchenden Lehrgebäuden über die Angelegenheiten der Völker unter uns im
Umlaufe, welches die Deutſchen verhindere, eine ihrer Eigentümlichkeit
gemäße feſte Anſicht über ihre gegenwärtige Lage zu faſſen, äußerten
wir am Ende unſerer vorigen Rede. Da dieſe Traumbilder gerade
jetzt mit größerem Eifer zur öffentlichen Verehrung herumgeboten werden,
und, nachdem ſo vieles andere wankend geworden, von manchem lediglich
zur Ausfüllung der entſtandenen leeren Stellen aufgefaßt werden könnten,
ſo ſcheint es zur Sache zu gehören, dieſelben mit größerem Ernſte, als
außerdem ihre Wichtigkeit verdienen dürfte, einer Prüfung zu unterwerfen.

198. Zuvörderſt und vor allen Dingen: — Die erſten, urſprünglichen und wahrhaft natürlichen Grenzen der Staaten ſind ohne Zweifel
ihre innern Grenzen. Was dieſelbe Sprache redet, das iſt ſchon vor
aller menſchlichen Kunſt vorher durch die bloße Natur mit einer Menge
von unſichtbaren Banden an einander geknüpft; es verſteht ſich unter
einander und iſt fähig, ſich immerfort klarer zu verſtändigen, es gehört
zuſammen und iſt natürlich Eins und ein unzertrennliches Ganzes.
Ein ſolches kann kein Volk anderer Abkunft und Sprache in ſich aufnehmen
und mit ſich vermiſchen wollen, ohne wenigſtens fürs erſte ſich zu verwirren und den gleichmäßigen Fortgang ſeiner Bildung mächtig zu
ſtören. Aus dieſer innern, durch die geiſtige Natur des Menſchen ſelbſt
gezogenen Grenze ergiebt ſich erſt die äußere Begrenzung der Wohn-
ſitze, als die Folge von jener, und in der natürlichen Anſicht der Dinge
ſind keineswegs die Menſchen, welche innerhalb gewiſſer Berge und
Flüſſe wohnen, um deswillen Ein Volk, ſondern umgekehrt wohnen die
Menſchen beiſammen, und wenn ihr Glück es ſo gefügt hat, durch Flüſſe

---

[1] Die Überſchrift in der Originalausgabe lautet: „Inhaltsanzeige der drei-
zehnten Rede." Das Manuſkript derſelben war nämlich, nach der Zuſchrift von
ſeiten der Cenſurbehörde „durch irgend einen Zufall verlorengegangen" und die
Nebenblätter, welche bei Ausarbeitung des Textes angelegt worden waren, hatte
Fichte verbrannt: ſo war er genötigt, die Rede reproduzieren zu müſſen.

und Berge gedeckt, weil sie schon früher durch ein weit höheres Natur=
gesetz Ein Volk waren.

199. So saß die deutsche Nation, durch gemeinschaftliche Sprache
und Denkart sattsam unter sich vereinigt und scharf genug abgeschnitten
von den andern Völkern, in der Mitte von Europa da, als scheidender
Wall nicht verwandter Stämme, zahlreich und tapfer genug, um ihre
Grenzen gegen jeden fremden Anfall zu schützen, sich selbst überlassen und
durch ihre ganze Denkart wenig geneigt, Kunde von den benachbarten
Völkerschaften zu nehmen, in derselben Angelegenheiten sich zu mischen
und durch Beunruhigungen sie zur Feindseligkeit aufzureizen. Im Verlaufe
der Zeiten bewahrte sie ihr günstiges Geschick vor dem unmittelbaren
Anteile am Raube der andern Welten; dieser Begebenheit, durch welche
vor allen andern die Weise der Fortentwicklung der neueren Weltgeschichte,
die Schicksale der Völker und der größte Teil ihrer Begriffe und
Meinungen begründet worden sind. Seit dieser Begebenheit erst zerteilte
sich das christliche Europa, das vorher auch ohne sein eigenes deutliches
Bewußtsein Eins gewesen war und als solches in gemeinschaftlichen
Unternehmungen sich gezeigt hatte, in mehrere abgesonderte Teile; seit
jener Begebenheit erst war eine gemeinschaftliche Beute aufgestellt, nach
der jeder auf die gleiche Weise begehrte, weil alle sie auf die gleiche
Weise brauchen konnten, und die jeder mit Eifersucht in den Händen
des andern erblickte; erst nun war ein Grund vorhanden zu geheimer
Feindschaft und Kriegslust aller gegen alle. Auch wurde es nun erst
zum Gewinne für Völker, Völker auch anderer Abkunft und Sprachen
durch Eroberung oder, wenn dies nicht möglich wäre, durch Bündnisse
sich einzuverleiben und ihre Kräfte sich zuzueignen. Ein der Natur treu
gebliebnes Volk kann, wenn seine Wohnsitze ihm zu enge werden, dieselben
durch Eroberung des benachbarten Bodens erweitern wollen, um mehr
Raum zu gewinnen, und es wird sodann die frühern Bewohner ver=
treiben; es kann einen rauhen und unfruchtbaren Himmelsstrich gegen
einen mildern und gesegnetern vertauschen wollen, und es wird in diesem
Falle abermals die frühern Besitzer austreiben; es kann, wenn es auch
ausartet, bloße Raubzüge unternehmen, auf denen es, ohne des Bodens
oder der Bewohner zu begehren, bloß alles Brauchbaren sich bemächtigt
und die ausgeleerten Länder wieder verläßt; es kann endlich die frühern
Bewohner des eroberten Bodens, als eine gleichfalls brauchbare Sache,
wie Sklaven der Einzelnen unter sich verteilen: aber daß es die fremde
Völkerschaft, so wie dieselbe besteht, als Bestandteile des Staats sich
anfüge, dabei hat es nicht den geringsten Gewinn, und es wird niemals
in Versuchung kommen, dies zu thun. Ist aber der Fall der, daß einem
gleich starken oder wohl noch stärkern Nebenbuhler eine reizende gemein=
schaftliche Beute abgekämpft werden soll, so steht die Rechnung anders.
Wie auch übrigens sonst das überwundene Volk zu uns passen möge,

so sind wenigstens seine Fäuste zur Bekämpfung des von uns zu berau=
benden Gegners brauchbar, und jedermann ist uns, als eine Vermehrung
der öffentlichen Streitkraft, willkommen. So nun irgend einem Weisen,
der Friede und Ruhe gewünscht hätte, über diese Lage der Dinge die
Augen klar aufgegangen wären, wovon hätte derselbe Ruhe erwarten
können? Offenbar nicht von der natürlichen Beschränkung der menschlichen
Habsucht dadurch, daß das Überflüssige keinem nütze; denn eine Beute,
wodurch alle versucht werden, war vorhanden: und eben so wenig hätte
er sie erwarten können von dem sich selbst eine Grenze setzenden Willen,
denn unter solchen, von denen jedweder alles an sich reißt, was er ver=
mag, muß der sich selbst Beschränkende notwendig zu Grunde gehen.
Keiner will mit dem andern teilen, was er dermalen zu eigen besitzt;
jeder will dem andern das Seinige rauben, wenn er irgend kann. Ruht
einer, so geschieht dies nur darum, weil er sich nicht für stark genug
hält, Streit anzufangen; er wird ihn sicher anfangen, sobald er die
erforderliche Stärke in sich verspürt. Somit ist das einzige Mittel, die
Ruhe zu erhalten, dieses, daß niemals einer zu der Macht gelange, dieselbe
stören zu können, und daß jedweder wisse, es sei auf der andern Seite
gerade so viel Kraft zum Widerstande, als auf seiner Seite sei zum An=
griffe; daß also ein Gleichgewicht und Gegengewicht der gesamten Macht
entstehe, wodurch allein, nachdem alle andere Mittel verschwunden sind,
jeder in seinem gegenwärtigen Besitzstande und alle in Ruhe erhalten
werden. Diese beiden Stücke demnach: einen Raub, auf den kein einziger
einiges Recht habe, alle aber nach ihm die gleiche Begierde, sodann die
allgemeine, immerfort thätig sich regende wirkliche Raubsucht setzt jenes
bekannte System eines Gleichgewichts der Macht in Europa voraus; und
unter diesen Voraussetzungen würde dieses Gleichgewicht freilich das
einzige Mittel sein, die Ruhe zu erhalten, wenn nur erst das zweite
Mittel gefunden wäre, jenes Gleichgewicht hervorzubringen und es aus
einem leeren Gedanken in ein wirkliches Ding zu verwandeln.

200. Aber waren denn auch jene Voraussetzungen allgemein und
ohne alle Ausnahme zu machen? War nicht im Mittelpunkte von
Europa die übermächtige deutsche Nation rein geblieben von dieser Beute
und von der Ansteckung mit der Lust darnach und fast ohne Vermögen,
Anspruch auf dieselbe zu machen? Wäre nur diese zu Einem gemeinschaft=
lichen Willen und Einer gemeinschaftlichen Kraft vereinigt geblieben; hätten
doch dann die übrigen Europäer sich morden mögen in allen Meeren und
auf allen Inseln und Küsten: in der Mitte von Europa hätte der feste Wall
der Deutschen sie verhindert an einander zu kommen, — hier wäre Friede
geblieben, und die Deutschen hätten sich und mit sich zugleich einen Teil
der übrigen europäischen Völker in Ruhe und Wohlstand erhalten.

201. Es war dem nur den nächsten Augenblick berechnenden
Eigennutze des Auslandes nicht gemäß, daß es also bliebe. Sie fanden

die deutsche Tapferkeit brauchbar, um durch sie ihre Kriege zu führen, und die Hände derselben, um mit ihnen ihren Nebenbuhlern die Beute zu entreißen; es mußte ein Mittel gefunden werden, um diesen Zweck zu erreichen, und die ausländische Schlauheit siegte leicht über die deutsche Unbefangenheit und Verdachtlosigkeit. Das Ausland war es, welches zuerst der über Religionsstreitigkeiten entstandenen Entzweiung der Gemüter in Deutschland sich bediente, um diesen Inbegriff des gesamten christlichen Europa im kleinen aus der innig verwachsenen Einheit eben so in abgesonderte und für sich bestehende Teile künstlich zu zertrennen, wie erst jenes über einen gemeinsamen Raub sich natürlich zertrennt hatte; das Ausland mußte diese also entstandenen besondern Staaten im Schoße der Einen Nation, die keinen Feind hatte, denn das Ausland selbst, und keine Angelegenheit, denn die gemeinsame, gegen die Verführungen und die Hinterlist dieses mit vereinigter Kraft sich zu setzen, — es mußte diese einander gegenseitig vorzustellen als natürliche Feinde, gegen die jeder immerfort auf der Hut sein müsse, sich selbst dagegen darzustellen als die natürlichen Verbündeten gegen diese von den eignen Landsleuten drohende Gefahr; als die Verbündeten, mit denen allein sie selbst ständen oder fielen, und die sie daher gleichfalls in ihren Unternehmungen mit aller ihrer Macht unterstützen müßten. Nur durch dieses künstliche Bindungsmittel wurden alle Zwiste, die über irgend einen Gegenstand in der alten oder neuen Welt sich entspinnen mochten, zu eignen Zwisten der deutschen Stämme unter einander; jeder aus irgend einem Grunde entstandene Krieg mußte auf deutschem Boden und mit deutschem Blute ausgefochten werden, jede Verrückung des Gleichgewichts in derjenigen Nation, der der ganze Urquell dieser Verhältnisse fremd war, ausgeglichen werden, und die deutschen Staaten, deren abgesondertes Dasein schon gegen alle Natur und Vernunft stritt, mußten, damit sie doch etwas wären, zu Zulagen gemacht werden zu den Hauptgewichten in der Wage des europäischen Gleichgewichts, deren Zuge sie blind und willenlos folgten. So wie man in manchem ausländischen Staate die Bürger bezeichnet dadurch, daß sie von dieser oder einer andern fremden Partei seien und für dieses oder jenes auswärtige Bündnis stimmten, solche aber, die von der vaterländischen Partei seien, nicht namhaft zu machen weiß; so waren die Deutschen schon längst nur für irgend eine fremde Partei, und man traf selten auf einen, der die Partei der Deutschen gehalten und gemeint hätte, daß dieses Land sich mit sich selbst verbünden sollte.

202. Dies also ist der wahre Ursprung und die Bedeutung, dies der Erfolg für Deutschland und für die Welt von dem berüchtigten Lehrgebäude eines künstlich zu erhaltenden Gleichgewichts der Macht unter den europäischen Staaten. Wäre das christliche Europa Eins geblieben, wie es sollte und wie es ursprünglich war, so hätte man nie

Veranlaßung gehabt, einen solchen Gedanken zu erzeugen; das Eine ruht auf sich selbst und trägt sich selbst und zerteilt sich nicht in streitende Kräfte, die mit einander in ein Gleichgewicht gebracht werden müßten; nur für das unrechtlich gewordene und zerteilte Europa erhielt jener Gedanke eine notdürftige Bedeutung. Zu diesem unrechtlich gewordenen und zer= teilten Europa gehörte Deutschland nicht. Wäre nur wenigstens dieses Eins geblieben, so hätte es auf sich selbst geruht im Mittelpunkte der gebildeten Erde, so wie die Sonne im Mittelpunkte der Welt; es hätte sich in Ruhe erhalten und durch sich seine nächste Umgebung, und hätte ohne alle künstliche Vorkehrung durch sein bloßes natürliches Dasein allem das Gleichgewicht gegeben. Nur der Trug des Auslandes mischte dasselbe in seine Unrechtlichkeit und seine Zwiste und brachte ihm jenen hinterlistigen Begriff bei, als eins der wirksamsten Mittel, dasselbe über seinen wahren Vorteil zu täuschen und es in der Täuschung zu erhalten. Dieser Zweck ist nun hinlänglich erreicht, und der beabsichtigte Erfolg liegt vollendet da vor unsern Augen. Können wir nun auch diesen nicht aufheben; warum sollen wir nicht wenigstens die Quelle desselben in unserm eignen Verstande, der fast noch das einzige ist, das unsrer Bot= mäßigkeit überlassen geblieben, ausstilgen? Warum soll das alte Traum= bild noch immer uns vor die Augen gestellt werden, nachdem das Übel uns aus dem Schlafe geweckt hat? Warum sollen wir nicht wenigstens jetzt die Wahrheit sehen und das einzige Mittel, das uns hätte retten können, erblicken — ob vielleicht unsre Nachkommen thun möchten, was wir einsehen; so wie wir jetzt leiden, weil unsre Väter träumten. Lasset uns begreifen, daß der Gedanke eines künstlich zu erhaltenden Gleich= gewichts zwar für das Ausland ein tröstender Traum sein konnte bei der Schuld und dem Übel, welche dasselbe drückten; daß er aber, als ein durchaus ausländisches Erzeugnis, niemals in dem Gemüte eines Deutschen hätte Wurzel fassen und die Deutschen niemals in die Lage hätten kommen sollen, daß er bei ihnen Wurzel fassen gekonnt hätte; daß wir wenigstens jetzt in seiner Nichtigkeit ihn durchdringen, und daß wir einsehen müssen, daß nicht bei ihm, sondern allein bei der Einig= keit der Deutschen unter sich selber das allgemeine Heil zu finden sei.

203. Eben so fremd ist dem Deutschen die in unsern Tagen so häufig gepredigte Freiheit der Meere; ob nun wirklich diese Freiheit, oder ob bloß das Vermögen, daß man selbst alle andern von derselben ausschließen könne, beabsichtigt werde. Jahrhunderte hindurch, während des Wetteifers aller andern Nationen, hat der Deutsche wenig Begierde gezeigt, an derselben in einem ausgedehnten Maße Teil zu nehmen, und er wird es nie. Auch bedarf er derselben nicht. Sein reichlich aus= gestattetes Land und sein Fleiß gewährt ihm alles, dessen der gebildete Mensch zum Leben bedarf; an Kunstfertigkeit, dasselbe für den Zweck zu verarbeiten, gebricht es ihm auch nicht; und um den einigen wahr=

haften Gewinn, den der Welthandel mit sich führt, die Erweiterung der
wissenschaftlichen Kenntnis der Erde und ihrer Bewohner, an sich zu
bringen, wird es sein eigner wissenschaftlicher Geist ihm nicht an einem
Tauschmittel fehlen lassen. — O möchte doch nur den Deutschen sein
günstiges Geschick eben so vor dem mittelbaren Anteile an der Beute
der andern Welten bewahrt haben, wie es ihm vor dem unmittelbaren
bewahrte! Möchte Leichtgläubigkeit und die Sucht, auch fein und vor=
nehm zu leben, wie die andern Völker, uns nicht die entbehrlichen
Waren, die in fremden Welten erzeugt werden, zum Bedürfnisse gemacht
haben; möchten wir in Absicht der weniger entbehrlichen lieber unserm
freien Mitbürger erträgliche Bedingungen haben machen, als von dem
Schweiße und Blute eines armen Sklaven jenseit der Meere Gewinn
ziehen wollen; so hätten wir wenigstens nicht selbst den Vorwand geliefert
zu unserm dermaligen Schicksale und würden nicht bekriegt, als Abkäufer,
und zu Grunde gerichtet, als ein Marktplatz. Fast vor einem Jahrzehnt,
ehe irgend jemand voraussehen konnte, was seitdem sich ereignet, ist den
Deutschen geraten worden,[1] vom Welthandel sich unabhängig zu machen
und als Handelsstaat sich zu schließen. Dieser Vorschlag verstieß gegen
unsere Gewöhnungen, besonders aber gegen unsre abgöttische Verehrung
der ausgeprägten Metalle und wurde leidenschaftlich angefeindet und
beiseite geschoben. Seitdem lernen wir, durch fremde Gewalt genötigt,
und mit Unehre, das, und noch weit mehr, entbehren, was wir damals
mit Freiheit und zu unserer höchsten Ehre nicht entbehren zu können
versicherten. Möchten wir diese Gelegenheit, da der Genuß wenigstens
uns nicht besticht, ergreifen, um auf immer unsere Begriffe zu berichtigen!
Möchten wir endlich einsehen, daß alle jene schwindelnden Lehrgebäude
über Welthandel und Fabrikation für die Welt, zwar für den Ausländer
passen und gerade unter die Waffen desselben gehören, womit er von
jeher uns bekriegt hat, daß sie aber bei den Deutschen keine Anwendung
haben, und daß nächst der Einigkeit dieser unter sich selber ihre innere
Selbstständigkeit und Handelsunabhängigkeit das zweite Mittel ist ihres
Heils, und durch sie des Heils von Europa.

204. Wage man es endlich auch noch das Traumbild einer Universal=
monarchie, das an die Stelle des seit einiger Zeit immer unglaublicher
werdenden Gleichgewichts der öffentlichen Verehrung dargeboten zu werden
anfängt, in seiner Hassenswürdigkeit und Vernunftlosigkeit zu erblicken!
Die geistige Natur vermochte das Wesen der Menschheit nur in höchst
mannigfaltigen Abstufungen an einzelnen, und an der Einzelnheit im
großen und ganzen an Völkern darzustellen.[2] Nur wie jedes dieser

---

[1] nämlich in der Schrift: „der geschlossene Handelsstaat," erste Ausgabe,
1800. Vgl. Einl. S. 77 f.
[2] Siehe § 113.

letzten ſich ſelbſt überlaſſen ſeiner Eigenheit gemäß, und in jedem derſelben
jeder Einzelne jener gemeinſamen, ſo wie ſeiner beſondern Eigenheit gemäß
ſich entwickelt und geſtaltet, tritt die Erſcheinung der Gottheit in ihrem
eigentlichen Spiegel heraus, ſo wie ſie ſoll; und nur der, der entweder
ohne alle Ahnung für Geſetzmäßigkeit und göttliche Ordnung, oder ein
verſtockter Feind derſelben wäre, könnte einen Eingriff in jenes höchſte
Geſetz der Geiſterwelt wagen wollen. Nur in den unſichtbaren und den
eignen Augen verborgenen Eigentümlichkeiten der Nationen, als demjenigen, wodurch ſie mit der Quelle urſprünglichen Lebens zuſammenhängen,
liegt die Bürgſchaft ihrer gegenwärtigen und zukünftigen Würde, Tugend,
Verdienſtes; werden dieſe durch Vermiſchung und Verreibung abgeſtumpft,
ſo entſteht Abtrennung von der geiſtigen Natur aus dieſer Flachheit, aus
dieſer die Verſchmelzung aller zu dem gleichmäßigen und an einander
hangenden Verderben. Sollen wir es den Schriftſtellern, die über alle
unſre Übel uns mit der Ausſicht tröſten, daß wir dafür auch Unterthanen der beginnenden neuen Univerſalmonarchie ſein werden, glauben,
daß irgend jemand eine ſolche Zerreibung aller Keime des Menſchlichen
in der Menſchheit beſchloſſen habe, um den zerfließenden Teig in irgend
eine Form zu drücken; und daß eine ſo ungeheure Rohheit oder Feind-
ſeligkeit gegen das menſchliche Geſchlecht in unſerm Zeitalter möglich ſei?
Oder wenn wir uns auch entſchließen wollten, dieſes durchaus unglaubliche
fürs erſte zu glauben, durch welches Werkzeug ſoll denn ferner ein ſolcher
Plan ausgeführt werden; welche Art von Volk ſoll es denn ſein, die
bei dem gegenwärtigen Bildungszuſtande von Europa für irgend einen
Univerſalmonarchen die Welt erobere? Schon ſeit einer Reihe von Jahrhunderten haben die Völker Europas aufgehört, Wilde zu ſein und
einer zerſtörenden Thätigkeit um ihrer ſelbſt willen ſich zu freuen. Alle
ſuchen hinter dem Kriege einen endlichen Frieden, hinter der Anſtrengung
die Ruhe, hinter der Verwirrung die Ordnung; und alle wollen ihre
Laufbahn mit dem Frieden eines häuslichen und ſtillen Lebens gekrönt
ſehen. Auf eine Zeitlang mag ſelbſt ein nur vorgebildeter National-
vorteil ſie zum Kriege begeiſtern; wenn die Aufforderung immer auf
dieſelbe Weiſe zurückkehrt, verſchwindet das Traumbild und die Fieber-
kraft, die daſſelbe gegeben hat; die Sehnſucht nach ruhiger Ordnung
kehrt zurück und die Frage: für welchen Zweck thue und trage ich nun
dies alles, erhebt ſich. Dieſe Gefühle alle müßte zuvörderſt ein Welteroberer unſerer Zeit austilgen, und in dieſes Zeitalter, das durch ſeine
Natur ein Volk von Wilden nicht giebt, mit beſonnener Kunſt eins
hineinbilden. Aber noch mehr. Dem von Jugend auf an einen gebildeten Anbau der Länder, an Wohlſtand und Ordnung gewöhnten
Auge thut, wenn man den Menſchen nur ein wenig zur Ruhe kommen
läßt, der Anblick derſelben allenthalben, wo er ihn antrifft, wohl, indem
er ihm den Hintergrund ſeiner eignen, doch niemals ganz auszurottenden

Sehnsucht, darstellt, und es schmerzt ihn selbst, denselben zerstören zu
müssen. Auch gegen dieses dem gesellschaftlichen Menschen tief eingeprägte
Wohlwollen und gegen die Wehmut über die Übel, die der Krieger
über die eroberten Länder bringt, muß ein Gegengewicht gefunden
werden. Es giebt kein anderes, denn die Raubsucht. Wird es zum
herrschenden Antriebe des Kriegers, sich einen Schatz zu machen, und
wird er gewöhnt bei Verheerung blühender Länder an nichts anderes
mehr zu denken, denn daran, was er für seine Person bei dem allgemeinen
Elende gewinnen könne, so ist zu erwarten, daß die Gefühle des Mit=
leids und des Erbarmens in ihm verstummen. Außer jener barbarischen
Rohheit müßte demnach ein Welteroberer unserer Zeit die Seinigen
auch noch zur kühlen und besonnenen Raubsucht bilden; er müßte Er=
pressungen nicht bestrafen, sondern vielmehr aufmuntern. Auch müßte
die Schande, die natürlich auf der Sache ruht, erst wegfallen, und
Rauben müßte für ein ehrenvolles Zeichen eines feinen Verstandes
gelten, zu den Großthaten gezählt werden und den Weg zu allen Ehren
und Würden bahnen. Wo ist eine Nation im neuern Europa also
ehrlos, daß man sie auf diese Weise abrichten könnte? Oder, setzet daß
ihm selbst diese Umbildung gelänge, so wird nun gerade durch sein
Mittel die Erreichung seines Zwecks vereitelt werden. Ein solches Volk
erblickt von nun an in eroberten Menschen, Ländern und Kunsterzeugungen
nichts mehr, denn ein Mittel in höchster Eile Geld zu machen, um weiter
zu gehen und abermals Geld zu machen; es erpreßt schnell und wirft
das Ausgesogene weg auf jedes mögliche Schicksal; es haut ab den
Baum, zu dessen Füßen es gelangen will: wer mit solchen Werkzeugen
handelt, dem werden alle Künste der Verführung, der Überredung und
des Truges vereitelt; nur aus der Entfernung können sie täuschen, wie
man sie in der Nähe erblickt, fällt die tierische Rohheit und die scham=
lose und freche Raubsucht selbst dem Blödsinnigsten in die Augen, und
der Abscheu des ganzen menschlichen Geschlechts erklärt sich laut. Mit
solchen kann man die Erde zwar ausplündern und wüste machen und
sie zu einem dunkeln Chaos zerreiben, nimmermehr sie aber zu einer
Universalmonarchie ordnen.

205. Die genannten Gedanken und alle Gedanken dieser Art sind
Erzeugnisse eines bloß mit sich selber spielenden und in seinem Gespinste
zuweilen auch hängen bleibenden Denkens, unwert deutscher Gründlichkeit
und Ernstes. Höchstens sind einige dieser Bilder, wie z. B. das eines
politischen Gleichgewichts, taugliche Hilfslinien, um in einem ausgedehnten
und verworrenen Mannigfaltigen der Erscheinung sich zurecht zu finden
und es zu ordnen; aber an das natürliche Vorhandensein dieser Dinge
zu glauben, oder ihre Verwirklichung anzustreben, ist ebenso, als ob
jemand die Pole, die Mittagslinie, die Wendekreise, durch die seine
Betrachtung auf der Erde sich zurecht findet, an der wirklichen Erdkugel

ausgedrückt und bezeichnet aufſuchte. Möchte es Sitte werden in unſerer Nation, nicht bloß zum Scherze und gleichſam verſuchend, was dabei herauskommen werde, zu denken, ſondern alſo, als ob wahr ſein ſolle und wirklich gelten im Leben, was wir denken, ſo wird es überflüſſig werden vor ſolchen Truggeſtalten einer urſprünglich ausländiſchen und die Deutſchen bloß bedrückenden Staatsklugheit zu warnen.

Dieſe Gründlichkeit, Ernſt und Gewicht unſrer Denkweiſe wird, wenn wir ſie einmal beſitzen, auch hervorbrechen in unſerm Leben. Beſiegt ſind wir, ob wir nun zugleich auch verachtet und mit Recht verachtet ſein wollen, ob wir zu allem andern Verluſte auch noch die Ehre verlieren wollen, das wird noch immer von uns abhängen. Der Kampf mit den Waffen iſt beſchloſſen, es erhebt ſich, ſo wir es wollen, der neue Kampf der Grundſätze, der Sitten, des Charakters.

206. Geben wir unſern Gäſten ein Bild treuer Anhänglichkeit an Vaterland und Freunde, unbeſtechlicher Rechtſchaffenheit und Pflichtliebe aller bürgerlichen und häuslichen Tugenden, als freundliches Gaſtgeſchenk mit in ihre Heimat, zu der ſie doch wohl endlich einmal zurückkehren werden. Hüten wir uns ſie zur Verachtung gegen uns einzuladen; durch nichts würden wir es ſicherer, als wenn wir ſie übermäßig fürchteten oder unſre Weiſe da zu ſein aufzugeben und in der ihrigen ihnen ähnlich zu werden ſtrebten. Fern zwar ſei von uns die Ungebühr, daß der Einzelne die Einzelnen herausfordere und reize; übrigens aber wird es die ſicherſte Maßregel ſein, allenthalben unſern Weg alſo fortzugehen als ob wir mit uns ſelber allein wären, und durchaus kein Verhältnis anzuknüpfen, das uns die Notwendigkeit nicht ſchlechthin auflegt; und das ſicherſte Mittel hierzu wird ſein, daß jeder ſich mit dem begnüge, was die alten vaterländiſchen Verhältniſſe ihm zu leiſten vermögen, die gemeinſchaftliche Laſt nach ſeinen Kräften mit trage, jede Begünſtigung aber durch das Ausland für eine entehrende Schmach halte. Leider iſt es beinahe allgemeine europäiſche, und ſo auch deutſche Sitte geworden, daß man im Falle der Wahl lieber ſich wegwerfen, denn als das erſcheinen wolle was man imponierend nennt, und es dürfte vielleicht das ganze Lehrgebäude der angenommenen guten Lebensart auf die Einheit jenes Grundſatzes ſich zurückführen laſſen. Möchten wir Deutſche bei der gegenwärtigen Veranlaſſung lieber gegen dieſe Lebensart, denn gegen etwas Höheres verſtoßen! Möchten wir, obwohl dies ein ſolcher Verſtoß ſein dürfte, bleiben, ſo wie wir ſind, ja, wenn wir es vermöchten, noch ſtärker und entſchiedener werden, alſo wie wir ſein ſollen! Möchten wir der Ausſtellungen, die man uns zu machen pflegt, daß es uns gar ſehr an Schnelligkeit und leichter Fertigkeit gebreche, und daß wir über allem zu ernſt, zu ſchwer und zu gewichtig werden, uns ſo wenig ſchämen, daß wir uns vielmehr beſtrebten, ſie immer mit größerem Rechte und in weiterer Ausdehnung zu verdienen. Es befeſtige uns in dieſem

Fichte. 17

Entschlusse die leicht zu erlangende Überzeugung, daß wir mit aller unsrer Mühe dennoch niemals jenen recht sein werden, wenn wir nicht ganz aufhören wir selber zu sein, was dem überhaupt gar nicht mehr da sein gleich gilt. Es giebt nämlich Völker, welche, indem sie selbst ihre Eigentümlichkeit beibehalten und dieselbe geehrt wissen wollen, auch den andern Völkern die ihrigen zugestehen und sie ihnen gönnen und verstatten; zu diesen gehören ohne Zweifel die Deutschen, und es ist dieser Zug in ihrem ganzen vergangenen und gegenwärtigen Weltleben so tief begründet, daß sie sehr oft, um gerecht zu sein, sowohl gegen das gleichzeitige Ausland als gegen das Altertum ungerecht gewesen sind gegen sich selbst. Wiederum giebt es andere Völker, denen ihr eng in sich selbst verwachsenes Selbst niemals die Freiheit gestattet, sich zu kalter und ruhiger Betrachtung des Fremden abzusondern, und die daher zu glauben genötigt sind, es gebe nur eine einzige mögliche Weise als gebildeter Mensch zu bestehen, und dies sei jedesmal die, welche in diesem Zeitpunkte gerade ihnen irgend ein Zufall angeworfen; alle übrige Menschen in der Welt hätten keine andere Bestimmung, denn also zu werden wie sie sind, und sie hätten ihnen den größten Dank abzustatten, wenn sie die Mühe über sich nehmen wollten, sie also zu bilden. Zwischen Völkern der ersten Art findet eine der Ausbildung zum Menschen überhaupt höchst wohlthätige Wechselwirkung der gegenseitigen Bildung und Erziehung statt und eine Durchdringung, bei welcher dennoch jeder mit dem guten Willen des andern, sich selbst gleich bleibt. Völker von der zweiten Art vermögen nichts zu bilden, denn sie vermögen nichts in seinem vorhandenen Sein anzufassen; sie wollen nur alles Bestehende vernichten und außer sich allenthalben eine leere Stätte hervorbringen, in der sie nur immer die eigne Gestalt wiederholen können; selbst ihr anfängliches scheinbares Hineingehen in fremde Sitte ist nur die gutmütige Herablassung des Erziehers zum jetzt noch schwachen, aber gute Hoffnung gebenden Lehrlinge; selbst die Gestalten der vollendeten Vorwelt gefallen ihnen nicht, bis sie dieselben in ihr Gewand gehüllt haben, und sie würden, wenn sie könnten, dieselben aus den Gräbern aufwecken, um sie nach ihrer Weise zu erziehen. Fern zwar bleibe von mir die Vermessenheit, irgend eine vorhandene Nation im ganzen und ohne Ausnahme jener Beschränktheit zu beschuldigen. Laßt uns vielmehr annehmen, daß auch hier diejenigen, die sich nicht äußern, die bessern sind. Soll man aber die, die unter uns erschienen sind und sich geäußert haben, nach diesen ihren Äußerungen beurteilen, so scheint zu folgen, daß sie in die geschilderte Klasse zu setzen sind. Eine solche Äußerung scheint eines Beleges zu bedürfen, und ich führe von den übrigen Ausflüssen dieses Geistes, die vor den Augen von Europa liegen, schweigend nur den einigen Umstand an, den folgenden: — Wir haben mit einander Krieg geführt; wir unsers Teils sind die Überwundenen, jene die

Sieger, dies ist wahr und wird zugestanden. Damit könnten nun jene ohne Zweifel sich begnügen. Ob nun etwa jemand unter uns fortführe, dafür zu halten, wir hätten dennoch die gerechte Sache für uns gehabt und den Sieg verdient, und es sei zu beklagen, daß er nicht uns zu teil geworden; wäre denn dies so übel und könnten es uns denn jene, die ja von ihrer Seite gleichfalls denken mögen, was sie wollen, so sehr verargen? Aber nein, jenes zu denken, sollen wir uns nicht unterstehen. Wir sollen zugleich erkennen, welch' ein Unrecht es sei, jemals anders zu wollen denn sie und ihnen zu widerstehen; wir sollen unsre Nieder= lagen als das heilsamste Ereignis für uns selbst und sie, als unsre größten Wohlthäter, segnen. Anders kann es ja nicht sein, und man hat diese Hoffnung zu unserm guten Verstande. — Doch was spreche ich länger aus, was beinahe vor zweitausend Jahren mit vieler Ge= nauigkeit z. B. in den Geschichtsbüchern des Tacitus ausgesprochen worden ist? Jene Ansicht der Römer von dem Verhältnisse der be= kriegten Barbaren gegen sie, welche Ansicht bei diesen denn doch auf einen einige Entschuldigung verdienenden Schein sich gründete, daß es verbrecherische Rebellion und Auflehnung gegen göttliche und menschliche Gesetze sei, ihnen Widerstand zu leisten, und daß ihre Waffen den Völkern nichts anders zu bringen vermöchten, denn Segen, und ihre Ketten nichts anders, denn Ehre — diese Ansicht ist es, die man in diesen Tagen von uns genommen und mit sehr vieler Gutmütigkeit uns selbst angemutet und bei uns vorausgesetzt hat. Ich gebe der= gleichen Äußerungen nicht für übermütigen Hohn aus; ich kann begreifen, wie man bei großem Eigendünkel und Beschränktheit im Ernste also glauben und dem Gegenteile ehrlich denselben Glauben zutrauen könne, wie ich denn z. B. dafür halte, daß die Römer wirklich so glaubten; aber ich gebe nur zu bedenken, ob diejenigen unter uns, denen es un= möglich fällt, jemals zu jenem Glauben sich zu bekehren, auf irgend eine Ausgleichung rechnen können.

207. Tief verächtlich machen wir uns dem Auslande, wenn wir vor den Ohren desselben uns einer den andern, deutsche Stämme, Stände, Personen, über unser gemeinschaftliches Schicksal anklagen und einander gegenseitig bittere und leidenschaftliche Vorwürfe machen. Zuvörderst sind alle Anklagen dieser Art größtenteils unbillig, unge= recht, ungegründet. Welche Ursachen es sind, die Deutschlands letztes Schicksal herbeigeführt haben, haben wir oben angegeben; diese sind seit Jahrhunderten bei allen deutschen Stämmen ohne Ausnahme auf die gleiche Weise einheimisch gewesen; die letzten Ereignisse sind nicht die Folgen irgend eines besondern Fehltritts eines einzelnen Stammes oder seiner Regierung, sie haben sich lange genug vorbereitet und hätten, wenn es bloß auf die in uns selbst liegenden Gründe angekommen wäre, schon vor langem uns ebensowohl treffen können. Hierin ist die Schuld

oder Unschuld aller wohl gleich groß, und die Berechnung ist nicht wohl mehr möglich. Bei der Herbeieilung des endlichen Erfolgs hat sich ge= funden, daß die einzelnen deutschen Staaten nicht einmal sich selbst, ihre Kräfte und ihre wahre Lage kannten; wie könnte denn irgend einer sich anmaßen, aus sich selbst herauszutreten und über fremde Schuld ein auf gründliche Kenntnis sich stützendes Endurteil zu fällen?

208. Mag es sein, daß über alle Stämme des deutschen Vater= landes hinweg einen gewissen Stand ein gegründeterer Vorwurf trifft, nicht, weil er eben auch nicht mehr eingesehen oder vermocht, als die andern alle, was eine gemeinschaftliche Schuld ist, sondern weil er sich das Ansehen gegeben, als ob er mehr einsähe und vermöchte und alle übrigen von der Verwaltung der Staaten verdrängt. Wäre nun auch ein solcher Vorwurf gegründet; wer soll ihn aussprechen, und wozu ist es nötig, daß er gerade jetzt lauter und bitterer, denn je, ausgesprochen und verhandelt werde? Wir sehen, daß Schriftsteller es thun. Haben diese nun ehemals, als bei jenem Stande noch alle Macht und alles Ansehen mit der stillschweigenden Einwilligung der entschiedenen Mehr= heit des übrigen Menschengeschlechts sich befand, eben also geredet, wie sie jetzt reden; wer kann es ihnen verdenken, daß sie an ihre durch die Erfahrung sehr bestätigte ehemalige Rede erinnern? Wir hören auch, daß sie einzelne genannte Personen, die ehemals an der Spitze der Ge= schäfte standen, vor das Volksgericht führen, ihre Untauglichkeit, ihre Trägheit, ihren bösen Willen darlegen und klar darthun, daß aus solchen Ursachen notwendig solche Wirkungen hervorgehen mußten. Haben sie schon ehemals, als bei den Angeklagten noch die Gewalt war und die aus ihrer Verwaltung notwendig erfolgen müssenden Übel noch abzuwenden waren, eben dasselbe eingesehen, was sie jetzt einsehen, und es eben so laut ausgesprochen; haben sie schon damals ihre Schuldigen mit derselben Kraft angeklagt und kein Mittel unversucht gelassen, das Vaterland aus ihren Händen zu erretten, und sind sie bloß nicht gehört worden; so thun sie sehr recht, an ihre damals verschmähte Warnung zu erinnern. Haben sie aber etwa ihre dermalige Weisheit nur aus dem Erfolge ge= zogen, aus welchem seitdem alles Volk mit ihnen eben dieselbe gezogen hat, warum sagen jetzt eben sie, was alle andern nun ebensowohl wissen? Oder haben sie vielleicht gar damals aus Gewinnsucht geschmeichelt oder aus Furcht geschwiegen vor dem Stande und den Personen, über die jetzt, nachdem sie die Gewalt verloren haben, ungemäßigt ihre Straf= rede hereinbricht; also vergessen sie künftig nicht unter den Quellen unsrer Übel neben dem Adel und den untauglichen Ministern und Feldherren auch noch die politischen Schriftsteller anzuführen, die erst nach gegebnem Erfolge wissen, was da hätte geschehen sollen, so wie der Pöbel auch; und die den Gewalthabern schmeicheln, die Gefallenen aber schadenfroh verhöhnen!

Oder rügen sie etwa die Irrtümer der Vergangenheit, die freilich durch alle ihre Rüge nicht vernichtet werden kann, nur darum, damit man sie in der Zukunft nicht wieder begehe; und ist es bloß ihr Eifer, eine gründliche Verbesserung der menschlichen Verhältnisse zu bewirken, der sie über die Rücksichten der Klugheit und des Anstandes so kühn hinweg setzt? Gern möchten wir ihnen diesen guten Willen zutrauen, wenn nur die Gründlichkeit der Einsicht und des Verstandes sie be= rechtigte, in diesem Fache guten Willen zu haben. Nicht sowohl die einzelnen Personen die von ohngefähr auf den höchsten Plätzen sich befunden haben, sondern die Verbindung und Verwickelung des Ganzen, der ganze Geist der Zeit, die Irrtümer, die Unwissenheit, Seichtigkeit, Verzagtheit und der von diesen unabtrennliche unsichere Schritt, die ge= samten Sitten der Zeit sind es, die unsere Übel herbeigeführt haben; und so sind es denn weit weniger die Personen, welche gehandelt haben, denn die Plätze und jedermann und die heftigen Tadler selbst können mit hoher Wahrscheinlichkeit annehmen, daß sie, an demselben Platze sich befindend, durch die Umgebungen ohngefähr zu demselben Ziele würden hingedrängt worden sein. Träume man weniger von überlegter Bos= heit und Verrat! Unverstand und Trägheit reichen fast allenthalben aus, um die Begebenheit zu erklären; und dies ist die Schuld, von der keiner ohne tiefe Selbstprüfung sich ganz lossprechen sollte; da zumal, wo in der ganzen Masse sich ein sehr hohes Maß von Kraft der Trägheit befindet, dem Einzelnen, der da durchdringen sollte, ein sehr hoher Grad von Kraft der Thätigkeit beiwohnen müßte. Werden daher auch die Fehler der Einzelnen noch so scharf ausgezeichnet, so ist dadurch der Grund des Übels noch keineswegs entdeckt, noch wird er dadurch, daß diese Fehler in der Zukunft vermieden werden, gehoben. Bleiben die Menschen fehler= haft, so können sie nicht anders, denn Fehler machen, und wenn sie auch die ihrer Vorgänger fliehen, so werden in dem unendlichen Raume der Fehlerhaftigkeit gar leicht sich neue finden. Nur eine gänzliche Umschaffung, nur das Beginnen eines ganz neuen Geistes, kann uns helfen. Werden sie auf desselben Entwicklung mit hinarbeiten, dann wollen wir ihnen neben dem Ruhme des guten Willens auch noch den des rechten und heilbringenden Verstandes gern zugestehen.

209. Diese gegenseitigen Vorwürfe sind, so wie sie ungerecht sind, und unnütz, zugleich äußerst unklug und müssen uns tief herabsetzen in den Augen des Auslandes, dem wir zum Überflusse die Kunde derselben auf alle Weise erleichtern und aufdringen. Wenn wir nicht müde werden, ihnen vorzuerzählen, wie verworren und abgeschmackt alle Dinge bei uns gewesen seien, und in welchem hohen Grade wir elend regiert worden; müssen sie nicht glauben, daß, wie auch irgend sie sich gegen uns be= tragen möchten, sie doch noch immer viel zu gut für uns seien und niemals uns zu schlecht werden könnten? Müssen sie nicht glauben, daß

wir bei unfrer großen Ungeschicktheit und Unbeholfenheit mit dem demütig=
sten Danke jedwedes Ding aufzunehmen haben, das sie aus dem reichen
Schatze ihrer Regierungs=Verwaltungs= und Gesetzgebungskunst uns schon
dargereicht haben, oder noch für die Zukunft uns zudenken? Bedarf es
von unsrer Seite dieser Unterstützung ihrer ohne dies nicht unvorteil=
haften Meinung von sich selbst und der geringfügigen von uns? Werden
nicht dadurch gewisse Äußerungen, die man außerdem für bittern Hohn
halten müßte, als, daß sie erst deutschen Ländern, die vorher kein Vater=
land gehabt hätten, eins brächten, oder, daß sie eine sklavische Abhängig=
keit der Personen als solcher von andern Personen, die bei uns gesetz=
lich gewesen wäre abschafften, zur Wiederholung unsrer eignen Aussprüche
und zum Nachhalle unsrer eignen Schmeichelworte? Es ist eine Schmach,
die wir Deutschen mit keinem der andern europäischen Völker, die in den
übrigen Schicksalen uns gleich geworden sind, teilen, daß wir, sobald nur
fremde Waffen unter uns geboten, gleich als ob wir schon lange auf
diesen Augenblick gewartet hätten und uns schnell, ehe die Zeit vorüber
ginge, eine Güte thun wollten, in Schmähungen uns ergossen über unsre
Regierungen, unsre Gewalthaber, denen wir vorher auf eine geschmacklose
Weise geschmeichelt hatten, und über alles Vaterländische.

210. Wie wenden wir andern, die wir unschuldig sind, die Schmach
ab von unserm Haupte und lassen die Schuldigen allein stehen? Es
giebt ein Mittel. Es werden von dem Augenblicke an keine Schmäh=
schriften mehr gedruckt werden, sobald man sicher ist, daß keine mehr
gekauft werden, und sobald die Verfasser und Verleger derselben nicht
mehr auf Leser rechnen können, die durch Müßiggang, leere Neugier und
Schwatzsucht, oder durch die Schadenfreude gedemütigt zu sehen, was
ihnen einst das schmerzhafte Gefühl der Achtung einflößte, angelockt werden.
Gebe jeder, der die Schmach fühlt, eine ihm zum Lesen dargebotene
Schmähschrift mit der gebührenden Verachtung zurück; thue er es, obwohl
er glaubt, er sei der einzige, der also handelt, bis es Sitte unter uns
wird, daß jeder Ehrenmann also thut; und wir werden ohne gewalt=
same Bücherverbote gar bald dieses schmachvollen Teils unsrer Litteratur
erledigt werden.

211. Am allertiefsten endlich erniedrigt es uns vor dem Auslande,
wenn wir uns darauf legen, demselben zu schmeicheln. Ein Teil von
uns hat schon früher sich sattsam verächtlich, lächerlich und ekelhaft ge=
macht, indem sie den vaterländischen Gewalthabern bei jeder Gelegenheit
groben Weihrauch darbrachten und weder Vernunft noch Anstand, gute
Sitte und Geschmack verschonten, wo sie glaubten, eine Schmeichelrede
anbringen zu können. Diese Sitte ist binnen der Zeit abgekommen, und
diese Lobeserhebungen haben sich zum Teil in Scheltworte verwandelt.
Wir gaben indessen unsern Weihrauchwolken, gleichsam damit wir nicht
aus der Übung kämen, eine andere Richtung, nach der Seite hin, wo

jetzt die Gewalt ist. Schon das erste, sowohl die Schmeichelei selbst, als daß sie nicht verbeten wurde, mußte jeden ernsthaft denkenden Deutschen schmerzen; doch blieb die Sache unter uns. Wollen wir jetzt auch das Ausland zum Zeugen machen dieser unsrer niedrigen Sucht, so wie zu= gleich der großen Ungeschicklichkeit, mit welcher wir uns derselben ent= ledigen, und so der Verachtung unsrer Niedrigkeit auch noch den lächer= lichen Anblick unsrer Ungelenkigkeit hinzufügen? Es fehlt uns nämlich in dieser Verrichtung an aller dem Ausländer eignen Feinheit; um doch ja nicht überhört zu werden, werden wir plump und übertreibend, und heben mit Vergötterungen und Versetzungen unter die Gestirne gleich an. Dazu kommt, daß es bei uns das Ansehen hat, als ob es vorzüglich der Schrecken und die Furcht seie, die unsre Lobeserhebungen uns aus= pressen; aber es ist kein Gegenstand lächerlicher, denn ein Furchtsamer, der die Schönheit und Anmut desjenigen lobpreist, was er in der That für ein Ungeheuer hält, das er durch diese Schmeichelei nur bestechen will, ihn nicht zu verschlingen.

212. Oder sind vielleicht diese Lobpreisungen nicht Schmeichelei, sondern der wahrhafte Ausdruck der Verehrung und Bewunderung, die sie dem großen Genie, das nach ihnen die Angelegenheiten der Menschen leitet, zu zollen genötigt sind? Wie wenig kennen sie auch hier das Ge= präge der wahren Größe! Darin ist dieselbe in allen Zeitaltern und unter allen Völkern sich gleich gewesen, daß sie nicht eitel war, so wie umgekehrt von jeher sicherlich klein war und niedrig, was Eitelkeit zeigte. Der wahrhaften auf sich selber ruhenden Größe gefallen nicht Bildsäulen von der Mitwelt errichtet oder der Beiname des Großen und der schreiende Beifall und die Lobpreisungen der Menge; vielmehr weiset sie diese Dinge mit gebührender Verachtung von sich weg und erwartet ihr Urteil über sich, zunächst von dem eignen Richter in ihrem Innern, und das laute von der richtenden Nachwelt. Auch hat mit derselben immer der Zug sich beisammen gefunden, daß sie das dunkle und rätselhafte Verhängnis ehrt und scheut, des stets rollenden Rades des Geschicks eingedenk bleibt und sich nicht groß oder selig preisen läßt vor ihrem Ende. Also sind jene Lobredner im Widerspruche mit sich selbst und machen durch die That ihrer Worte den Inhalt derselben zur Lüge. Hielten sie den Gegenstand ihrer vorgegebenen Verehrung wirklich für groß; so würden sie sich bescheiden, daß er über ihren Beifall und ihr Lob erhaben sei und ihn durch ehrfurchtvolles Stillschweigen ehren. Indem sie sich ein Geschäft daraus machen, ihn zu loben, so zeigen sie dadurch, daß sie ihn in der That für klein und niedrig halten und für so eitel, daß ihre Lobpreisungen ihm gefallen könnten, und daß sie da= durch irgend ein Übel von sich zu wenden, oder irgend ein Gut sich zu verschaffen vermöchten.

Jener begeisterte Ausruf: welch' ein erhabenes Genie, welch' eine
tiefe Weisheit, welch' ein umfassender Plan! — was sagt er denn nun
zuletzt aus, wenn man ihn recht ins Auge faßt? Er sagt aus, daß das
Genie so groß sei, daß auch wir es vollkommen begreifen, die Weisheit
so tief, daß auch wir sie durchschauen, der Plan so umfassend, daß auch
wir ihn vollständig nachzubilden vermögen. Er sagt demnach aus, daß
der Gelobte ohngefähr von demselben Maße der Größe sei, wie der
Lobende, jedoch nicht ganz, indem ja der letzte den ersten vollkommen
versteht, und übersieht, und sonach über demselben steht, und, falls er
sich nur recht anstrengte, wohl noch etwas größeres leisten könnte. Man
muß eine sehr gute Meinung von sich selbst haben, wenn man glaubt,
daß man also auf eine gefällige Weise seinen Hof machen könne; und
der Gelobte muß eine sehr geringe von sich haben, wenn er solche
Huldigungen mit Wohlgefallen aufnimmt.

213. Nein, biedere, ernste, gesetzte, deutsche Männer und Landsleute, fern bleibe ein solcher Unverstand von unserm Geiste und eine
solche Besudelung von unsrer, zum Ausdrucke des Wahren, gebildeten
Sprache! Überlassen wir es dem Auslande, bei jeder neuen Erscheinung
mit Erstaunen aufzujauchzen; in jedem Jahrzehnte sich einen neuen Maßstab der Größe zu erzeugen und neue Götter zu erschaffen; und Gottes-
lästerungen zu reden, um Menschen zu preisen. Unser Maßstab der Größe
bleibe der alte: daß groß sei nur dasjenige, was der Ideen, die immer
nur Heil über die Völker bringen, fähig sei, und von ihnen begeistert;
über die lebenden Menschen aber laßt uns das Urteil der richtenden
Nachwelt überlassen!

Vierzehnte Rede.

Beschluß des Ganzen.

214. Die Reden, welche ich hierdurch beschließe, haben freilich ihre laute Stimme zunächst an Sie gerichtet, aber sie haben im Auge gehabt die ganze deutsche Nation, und sie haben in ihrer Absicht alles, was, so weit die deutsche Zunge reicht, fähig wäre, dieselben zu verstehen, um sich herum versammelt, in den Raum, in dem sie sichtbarlich atmen. Wäre es mir gelungen, in irgend eine Brust, die hier unter meinem Auge geschlagen hat, einen Funken zu werfen, der da fortglimme und das Leben ergreife, so ist es nicht meine Absicht, daß diese allein und einsam bleiben, sondern ich möchte über den ganzen gemeinsamen Boden hinweg ähnliche Gesinnungen und Entschlüsse zu ihnen sammeln und an die ihrigen anknüpfen, so daß über den vaterländischen Boden hinweg bis an dessen fernste Grenzen aus diesem Mittelpunkte heraus eine einzige fortfließende und zusammenhängende Flamme vaterländischer Denk-art sich verbreite und entzünde. Nicht zum Zeitvertreibe müßiger Ohren und Augen haben sie sich diesem Zeitalter bestimmt, sondern ich will endlich einmal wissen, und jeder Gleichgesinnte soll es mit mir wissen, ob auch außer uns etwas ist, das unserer Denkart verwandt ist. Jeder Deutsche, der noch glaubt, Glied einer Nation zu sein, der groß und edel von ihr denkt, auf sie hofft, für sie wagt, duldet und trägt, soll endlich herausgerissen werden aus der Unsicherheit seines Glaubens; er soll klar sehen, ob er recht habe oder nur ein Thor und Schwärmer sei, er soll von nun an, entweder mit sicherem und freudigen Bewußtsein seinen Weg fortsetzen oder mit rüstiger Entschlossenheit Verzicht thun auf ein Vaterland hienieden und sich allein mit dem himmlischen trösten. Ihnen, nicht als diesen und diesen Personen in unserm täglichen und beschränkten Leben, sondern als Stellvertretern der Nation, und hindurch durch ihre Gehörswerkzeuge, der ganzen Nation, rufen diese Reden also zu:

215. Es sind Jahrhunderte herabgesunken, seitdem ihr nicht also zusammen berufen worden seid, wie heute; in solcher Anzahl, in einer so großen, so dringenden, so gemeinschaftlichen Angelegenheit; so durchaus

als Nation und Deutsche. Auch wird es euch niemals wiederum also geboten werden. Merket ihr jetzt nicht auf und gehet in euch, lasset ihr auch diese Reden wieder als einen leeren Kitzel der Ohren, oder als ein wunderliches Ungetüm an euch vorüber gehen, so wird kein Mensch mehr auf euch rechnen. Endlich einmal höret, endlich einmal besinnt euch. Geht nur dieses Mal nicht von der Stelle, ohne einen festen Entschluß gefaßt zu haben; und jedweder, der diese Stimme vernimmt, fasse diesen Entschluß bei sich selbst und für sich selbst, gleich als ob er allein da sei und alles allein thun müsse. Wenn recht viele einzelne so denken, so wird bald ein großes Ganzes dastehen, das in eine einige eng verbundene Kraft zusammenfließe. Wenn dagegen jedweder, sich selbst ausschließend, auf die übrigen hofft und den andern die Sache überläßt; so giebt es gar keine anderen, und alle zusammen bleiben, so wie sie vorher waren. — Fasset ihn auf der Stelle, diesen Entschluß. Saget nicht, laß uns noch ein wenig ruhen, noch ein wenig schlafen und träumen, bis etwa die Besserung von selber komme. Sie wird niemals von selbst kommen. Wer, nachdem er einmal das Gestern versäumt hat, das noch bequemer gewesen wäre zur Besinnung, selbst heute noch nicht wollen kann, der wird es morgen noch weniger können. Jeder Verzug macht uns nur noch träger und wiegt uns nur noch tiefer ein in die freundliche Gewöhnung an unsern elenden Zustand. Auch können die äußern Antriebe zur Besinnung niemals stärker und dringender werden. Wen diese Gegenwart nicht aufregt, der hat sicher alles Gefühl verloren. — Ihr seid zusammen berufen, einen letzten und festen Entschluß und Beschluß zu fassen; keineswegs etwa zu einem Befehle, einem Auftrage, einer Anmutung an andere, sondern zu einer Anmutung an euch selber. Eine Entschließung sollt ihr fassen, die jedweder nur durch sich selbst und in seiner eignen Person ausführen kann. Es reicht hiebei nicht hin jenes müßige Vorsatznehmen, jenes Wollen, irgend einmal zu wollen, jenes träge Sichbescheiden, daß man sich darein ergeben wolle, wenn man etwa einmal von selber besser würde; sondern es wird von euch gefordert ein solcher Entschluß, der zugleich unmittelbar Leben sei und inwendige That, und der da ohne Wanken oder Erkältung fortdaure und fortwalte, bis er am Ziele sei.

216. Oder ist vielleicht in euch die Wurzel, aus der ein solcher in das Leben eingreifender Entschluß allein hervorwachsen kann, völlig ausgerottet und verschwunden? Ist wirklich und in der That euer ganzes Wesen verdünnt und zerflossen zu einem hohlen Schatten ohne Saft und Blut und eigene Bewegkraft; und zu einem Traume, in welchem zwar bunte Gesichter sich erzeugen und geschäftig einander durchkreuzen, der Leib aber todähnlich und erstarrt daliegen bleibt? Es ist dem Zeitalter seit langem unter die Augen gesagt und in jeder Einkleidung ihm wiederholt worden, daß man ohngefähr also von ihm denke. Seine

Wortführer haben geglaubt, daß man daburch nur schmähen wolle, und haben sich für aufgefordert gehalten, auch von ihrer Seite wiederum zurück zu schmähen, wodurch die Sache wieder in ihre natürliche Ordnung komme. Im übrigen hat nicht die mindeste Änderung oder Besserung sich spüren lassen. Habt ihr es vernommen, ist es fähig gewesen, euch zu entrüsten; nun, so strafet doch diejenigen, die so von euch denken und reden, gerabezu durch eure That der Lüge: zeiget euch anders vor aller Welt Augen, und jene sind vor aller Welt Augen der Unwahrheit über= wiesen. Vielleicht, daß sie gerabe in der Absicht, von euch also wider= legt zu werden, und weil sie an jedem andern Mittel, euch aufzuregen, verzweifelten, also hart von euch geredet haben. Wie viel besser hätten sie es sodann mit euch gemeint, als diejenigen, die euch schmeicheln, damit ihr erhalten werdet in der trägen Ruhe und in der nichts achtenden Gedankenlosigkeit!

So schwach und so kraftlos ihr auch immer sein möget, man hat in dieser Zeit euch die klare und ruhige Besinnung so leicht gemacht, als sie vorher niemals war. Das, was eigentlich in die Verworrenheit über unsre Lage, in unsre Gedankenlosigkeit, in unser blindes Gehen= lassen uns stürzte, war die süße Selbstzufriedenheit mit uns und unsrer Weise da zu sein. Es war bisher gegangen und ging eben so fort; wer uns zum Nachdenken aufforderte, dem zeigten wir statt einer andern Widerlegung triumphierend unser Dasein und Fortbestehen, das sich ohne alles unser Nachdenken ergab. Es ging aber nur darum, weil wir nicht auf die Probe gestellt wurden. Wir sind seitdem durch sie hindurch gegangen. Seit dieser Zeit sollten doch wohl die Täuschungen, die Blendwerke, der falsche Trost, durch die wir alle uns gegenseitig ver= wirrten, zusammen gestürzt sein? — Die angebornen Vorurteile, welche, ohne von hier oder da auszugehen, wie ein natürlicher Nebel über alle sich verbreiteten und alle in dieselbe Dämmerung einhüllten, sollten doch wohl nun verschwunden sein? Jene Dämmerung hält nicht mehr unsre Augen; sie kann uns aber auch nicht ferner zur Entschuldigung dienen. Jetzt stehen wir da, rein, leer, ausgezogen von allen fremden Hüllen und Umhängen, bloß als das, was wir selbst sind. Jetzt muß es sich zeigen, was dieses Selbst ist oder nicht ist.

217. Es dürfte jemand unter euch hervortreten und mich fragen: was giebt gerade dir, dem einzigen unter allen deutschen Männern und Schriftstellern den besondern Auftrag, Beruf und das Vorrecht, uns zu versammeln und auf uns einzudringen? hätte nicht jeder unter den tausenden der Schriftsteller Deutschlands eben dasselbe Recht dazu, wie du; von denen keiner es thut, sondern du allein dich hervordrängst? Ich antworte, daß allerdings jeder dasselbe Recht gehabt hätte, wie ich, und daß ich gerade darum es thue, weil keiner unter ihnen es vor mir gethan hat; und daß ich schweigen würde, wenn ein anderer es früher

gethan hätte. Dies war der erste Schritt zu dem Ziele einer durch=
greifenden Verbesserung; irgend einer mußte ihn thun. Ich war der,
der es zuerst lebendig einsah; darum wurde ich der, der es zuerst that.
Es wird nach diesem irgend ein anderer Schritt der zweite sein; diesen
zu thun haben jetzt alle dasselbe Recht; wirklich thun aber wird ihn
abermals nur ein einzelner. Einer muß immer der erste sein, und wer
es sein kann, der sei es eben!

218. Ohne Sorge über diesen Umstand verweilet ein wenig mit
eurem Blicke bei der Betrachtung, auf die wir schon früher euch geführt
haben, in welchem beneidenswürdigen Zustande Deutschland sein würde,
und in welchem die Welt, wenn das erstere das Glück seiner Lage zu
benutzen und seinen Vorteil zu erkennen gewußt hätte. Heftet darauf
euer Auge auf das, was beide nunmehr sind; und lasset euch durch=
dringen von dem Schmerz und dem Unwillen, der jeden Edlen hierbei
erfassen muß. Kehret dann zurück zu euch selbst und sehet, daß ihr es
seid, die die Zeit von den Irrtümern der Vorwelt lossprechen, von
deren Augen sie den Nebel hinweg nehmen will, wenn ihr es zulaßt;
daß es euch verliehen ist, wie keinem Geschlechte vor euch, das Geschehene
ungeschehen zu machen und den nicht ehrenvollen Zwischenraum auszu=
tilgen aus dem Geschichtsbuche der Deutschen.

Lasset vor euch vorübergehen die verschiedenen Zustände, zwischen
denen ihr eine Wahl zu treffen habt. Gehet ihr ferner so hin in eurer
Dumpfheit und Achtlosigkeit, so erwarten euch zunächst alle Übel der
Knechtschaft, Entbehrungen, Demütigungen, der Hohn und Übermut des
Überwinders; ihr werdet herumgestoßen werden in allen Winkeln, weil
ihr allenthalben nicht recht und im Wege seid so lange, bis ihr durch
Aufopferung eurer Nationalität und Sprache euch irgend ein unter=
geordnetes Plätzchen erkauft und bis auf diese Weise allmählich euer
Volk auslöscht. Wenn ihr euch dagegen ermannt zum Aufmerken, so
findet ihr zuvörderst eine erträgliche und ehrenvolle Fortdauer und sehet
noch unter euch und um euch herum ein Geschlecht aufblühen, das euch
und den Deutschen das rühmlichste Andenken verspricht. Ihr sehet im
Geiste durch dieses Geschlecht den deutschen Namen zum glorreichsten
unter allen Völkern erheben, ihr sehet diese Nation als Wiedergebärerin
und Wiederherstellerin der Welt.

219. Es hängt von euch ab, ob ihr das Ende sein wollt, und
die letzten eines nicht achtungswürdigen und bei der Nachwelt gewiß
sogar über die Gebühr verachteten Geschlechtes, bei dessen Geschichte die
Nachkommen, falls es nämlich in der Barbarei, die da beginnen wird,
zu einer Geschichte kommen kann, sich freuen werden, wenn es mit ihnen
zu Ende ist, und das Schicksal preisen werden, daß es gerecht sei; oder,
ob ihr der Anfang sein wollt und der Entwicklungspunkt einer neuen,
über alle eure Vorstellungen herrlichen Zeit, und diejenigen, von denen

an die Nachkommenschaft die Jahre ihres Heils zähle. Bedenket, daß ihr die letzten seid, in deren Gewalt diese große Veränderung steht. Ihr habt doch noch die Deutschen als Eins nennen hören, ihr habt ein sichtbares Zeichen ihrer Einheit, ein Reich und einen Reichsverband gesehen oder davon vernommen, unter euch haben noch von Zeit zu Zeit Stimmen sich hören lassen, die von dieser höheren Vaterlandsliebe begeistert waren. Was nach euch kommt, wird sich an andere Vorstellungen ge= wöhnen, es wird fremde Formen und einen andern Geschäfts= und Lebensgang annehmen; und wie lange wird es noch dauern, daß keiner mehr lebe, der Deutsche gesehen oder von ihnen gehört habe?

220. Was von euch gefordert wird, ist nicht viel. Ihr sollt es nur über euch erhalten, euch auf kurze Zeit zusammen zu nehmen und zu denken über das, was euch unmittelbar und offenbar vor den Augen liegt. Darüber nur sollt ihr euch eine feste Meinung bilden, derselben treu bleiben und sie in eurer nächsten Umgebung auch äußern und aus= sprechen. Es ist die Voraussetzung, es ist unsre sichere Überzeugung, daß der Erfolg dieses Denkens bei euch allen auf die gleiche Weise aus= fallen werde; und daß, wenn ihr nur wirklich denket und nicht hingeht in der bisherigen Achtlosigkeit, ihr übereinstimmend denken werdet; daß, wenn ihr nur überhaupt Geist euch anschaffet und nicht in dem bloßen Pflanzenleben verharren bleibt, die Einmütigkeit und Eintracht des Geistes von selbst kommen werde. Ist es aber einmal dazu gekommen, so wird alles Übrige, was uns nötig ist, sich von selbst ergeben.

Dieses Denken aber wird denn auch in der That gefordert von jedem unter euch, der da noch denken kann über etwas offen vor seinen Augen Liegendes, in seiner eignen Person. Ihr habt Zeit dazu, der Augenblick will euch nicht übertäuben und überraschen; die Akten der mit euch gepflogenen Unterhandlungen bleiben unter euren Augen liegen. Legt sie nicht aus den Händen, bis ihr einig geworden seit mit euch selbst. Lasset, o lasset euch ja nicht lässig machen durch das Verlassen auf andere oder auf irgend etwas, das außerhalb eurer selbst liegt; noch durch die unverständige Weisheit der Zeit, daß die Zeitalter sich selbst machen ohne alles menschliche Zuthun vermittelst irgend einer unbekannten Kraft. Diese Reden sind nicht müde geworden, euch ein= zuschärfen, daß euch durchaus nichts helfen kann, denn ihr euch selber, und sie finden nötig, es bis auf den letzten Augenblick zu wiederholen. Wohl mögen Regen und Tau und unfruchtbare oder fruchtbare Jahre gemacht werden durch eine uns unbekannte und nicht unter unsrer Ge= walt stehende Macht; aber die ganz eigentümliche Zeit der Menschen, die menschlichen Verhältnisse, machen nur die Menschen sich selber und schlechthin keine außer ihnen befindliche Macht. Nur wenn sie alle ins= gesamt gleich blind und unwissend sind, fallen sie dieser verborgenen Macht anheim: aber es steht bei ihnen, nicht blind und unwissend zu jein. Zwar in welchem höhern oder niedern Grade es uns übel gehen wird, dies mag abhängen teils von jener unbekannten Macht, ganz besonders aber von dem Verstande und dem guten Willen derer, denen wir unterworfen sind. Ob aber jemals es uns wieder wohl gehen soll, dies hängt ganz allein von uns ab, und es wird sicherlich nie wieder irgend ein Wohlsein an uns kommen, wenn wir nicht selbst es uns verschaffen: und insbesondre, wenn nicht jeder einzelne unter uns in seiner Weise thut und wirkt, als ob er allein sei, und als ob lediglich auf ihm das Heil der künftigen Geschlechter beruhe.

221. Dies ists, was ihr zu thun habt; dies ohne Säumen zu thun, beschwören euch diese Reden.

Sie beschwören euch Jünglinge. Ich, der ich schon seit geraumer Zeit aufgehört habe, zu euch zu gehören, halte dafür und habe es auch in diesen Reden ausgesprochen, daß ihr noch fähiger seid eines jeglichen über das Gemeine hinausliegenden Gedankens und erregbarer für jedes Gute und Tüchtige, weil euer Alter noch näher liegt den Jahren der kindlichen Unschuld und der Natur. Ganz anders sieht diesen Grundzug an euch an die Mehrheit der ältern Welt. Diese klaget euch an der Anmaßung, des vorschnellen, vermessenen und eure Kräfte überfließenden Urteils, der Rechthaberei, der Neuerungssucht. Jedoch lächelt sie nur gutmütig dieser eurer Fehler. Alles dieses, meint sie, sei begründet lediglich durch euren Mangel an Kenntnis der Welt, d. h. des allgemeinen menschlichen Verderbens, denn für etwas anders an der Welt haben sie nicht Augen. Jetzt nur, weil ihr gleichgesinnte Gehilfen zu finden hofftet und den grimmigen und hartnäckigen Widerstand, den man euren Entwürfen des Bessern entgegensetzen werde, nicht kenntet, hättet ihr Mut. Wenn nur das jugendliche Feuer eurer Einbildungskraft einmal verflogen sein werde, wenn ihr nur die allgemeine Selbstsucht, Trägheit und Arbeitsscheu wahrnehmen würdet, wenn ihr nur die Süßigkeit des Fortgehens in dem gewohnten Geleise selbst einmal recht würdet geschmeckt haben, so werde euch die Lust, besser und klüger sein zu wollen, denn die andern alle, schon vergehen. Sie greifen diese gute Hoffnung von euch nicht etwa aus der Luft; sie haben dieselbe an ihrer eigenen Person bestätigt gefunden. Sie müssen bekennen, daß sie in den Tagen ihrer unverständigen Jugend eben so von Weltverbesserung geträumt haben, wie ihr jetzt; dennoch seien sie bei zunehmender Reise so zahm und ruhig geworden, wie ihr sie jetzt sehet. Ich glaube ihnen; ich habe selbst schon in meiner nicht sehr langwierigen Erfahrung erlebt, daß Jünglinge, die erst andere Hoffnung erregten, dennoch späterhin jenen wohlmeinenden Erwartungen dieses reifen Alters vollkommen entsprachen. Thut dies nicht länger, Jünglinge, denn wie könnte sonst jemals ein besseres Geschlecht beginnen? Der Schmelz der Jugend zwar wird von euch abfallen, und die Flamme eurer Einbildungskraft wird aufhören, sich aus sich selber zu ernähren; aber fasset die Flamme und verdichtet sie durch klares Denken, macht euch zu eigen die Kunst dieses Denkens, und ihr werdet die schönste Ausstattung des Menschen, den Charakter, noch zur Zugabe bekommen. An jenem klaren Denken erhaltet ihr die Quelle der ewigen Jugendblüte; wie auch euer Körper altere oder eure Knie wanken, euer Geist wird in stets erneuerter Frischheit sich wieder= gebären und euer Charakter fest stehen und ohne Wandel. Ergreift sogleich die sich hier euch darbietende Gelegenheit: denkt klar über den euch zur Beratung vorgelegten Gegenstand; die Klarheit, die in einem Punkte für euch angebrochen ist, wird sich allmählich auch über alle übrige verbreiten.

222. Diese Reden beschwören euch Alte. So wie ihr eben gehört habt, denkt man von euch, und sagt es euch unter die Augen; und der Redner setzt in seiner eignen Person freimütig hinzu, daß, die freilich auch nicht selten vorkommenden und um so verehrungswürdigern Aus= nahmen abgerechnet, in Absicht der großen Mehrheit unter euch man vollkommen recht hat. Gehe man durch die Geschichte der letzten zwei oder drei Jahrzehnte; alles außer ihr selbst stimmt überein, sogar ihr selbst, jeder in dem Fache das ihn nicht unmittelbar trifft, stimmt mit überein, daß, immer die Ausnahmen abgerechnet und nur auf die Mehr= heit gesehen, in allen Zweigen, in der Wissenschaft, so wie in den Ge= schäften des Lebens die größere Untauglichkeit und Selbstsucht sich bei dem höheren Alter gefunden habe. Die ganze Mitwelt hat es mit angesehen, daß jeder, der das Bessere und Vollkommnere wollte, außer dem Kampfe mit seiner eigenen Unklarheit und den übrigen Umgebungen noch den schwersten Kampf mit euch zu führen hatte; daß ihr des festen Vorsatzes waret, es müsse nichts aufkommen, was ihr nicht eben so ge= macht und gewußt hättet; daß ihr jede Regung des Denkens für eine Beschimpfung eures Verstandes ansahet; und daß ihr keine Kraft un= gebraucht ließet, um in dieser Bekämpfung des Besseren zu siegen, wie ihr denn gewöhnlich auch wirklich siegtet. So waret ihr die aufhaltende Kraft aller Verbesserungen, welche die gütige Natur aus ihrem stets jugendlichen Schoße uns darbot, so lange, bis ihr versammelt wurdet zu dem Staube, der ihr schon vorher waret und das folgende Geschlecht, im Kriege mit euch, euch gleich geworden war, und eure bisherige Ver= richtung übernahm. Ihr dürft nur auch jetzt handeln, wie ihr bisher bei allen Anträgen zur Verbesserung gehandelt habt, ihr dürft nur wiederum eure eitle Ehre, daß zwischen Himmel und Erde nichts sein solle, das ihr nicht schon erforscht hättet, dem gemeinsamen Wohle vorziehen, so seid ihr durch diesen letzten Kampf alles fernern Kämpfens überhoben, es wird keine Verbesserung erfolgen, sondern Ver= schlimmerung auf Verschlimmerung, so daß ihr noch manche Freude erleben könnt.

Man wolle nicht glauben, daß ich das Alter als Alter verachte und herabsetze. Wird nur durch Freiheit die Quelle des ursprünglichen Lebens und seiner Fortbewegung aufgenommen in das Leben, so wächst die Klarheit und mit ihr die Kraft, so lange das Leben dauert. Ein solches Leben lebt sich besser, die Schlacken der irdischen Abkunft fallen immer mehr ab, und es veredelt sich herauf zum ewigen Leben und blüht ihm entgegen. Die Erfahrung eines solchen Alters söhnt nicht aus mit dem Bösen, sondern sie macht nur die Mittel klarer und die Kunst gewandter, um dasselbe siegreich zu bekämpfen. Die Verschlimmerung durch zunehmendes Alter ist lediglich die Schuld unsrer Zeit, und allenthalben, wo die Gesellschaft sehr verdorben ist, muß dasselbe erfolgen. Nicht die Natur ist es, die uns verdirbt, diese erzeugt uns in Unschuld, die Gesellschaft ist's. Wer nun der Einwirkung derselben einmal sich übergiebt, der muß natürlich immer schlechter werden, je länger er diesem Einflusse ausgesetzt ist. Es wäre der Mühe wert, die Geschichte anderer sehr verdorbener Zeitalter in dieser Rücksicht zu untersuchen und zu sehen, ob nicht z. B. auch unter der Regierung der römischen Imperatoren das, was einmal schlecht war, mit zunehmendem Alter immer schlechter geworden.

Euch Alte sonach und Erfahrne, die ihr die Ausnahme macht, euch zuvörderst beschwören diese Reden, bestätigt, bestärkt, beratet in dieser Angelegenheit die jüngere Welt, die ehrfurchtsvoll ihre Blicke nach euch richtet. Euch andere aber, die ihr in der Regel seid, beschwören sie: helfen sollt ihr nicht, störet nur dieses einzigemal nicht, stellt euch nicht wieder, wie bisher immer, in den Weg mit eurer Weisheit und euren tausend Bedenklichkeiten. Diese Sache, so wie jede vernünftige Sache in der Welt, ist nicht tausendfach, sondern einfach, welches auch unter die tausend Dinge gehört, die ihr nicht wißt. Wenn eure Weisheit retten könnte, so würde sie uns ja früher gerettet haben, denn ihr seid es ja, die uns bisher beraten haben. Dies ist nun, so wie alles andere, vergeben und soll euch nicht weiter vorgerückt werden. Lernt nur endlich einmal euch selbst erkennen und schweiget.

223. Diese Reden beschwören euch Geschäftsmänner. Mit wenigen Ausnahmen waret ihr bisher dem abgezogenen Denken und aller Wissenschaft, die für sich selbst etwas zu sein begehrte, von Herzen feind, obwohl ihr euch die Miene gabet, als ob ihr dieses alles nur vornehm verachtet; ihr hieltet die Männer, die dergleichen trieben, und ihre Vorschläge so weit von euch weg, als ihr irgend konntet; und der Vorwurf des Wahnsinnes oder der Rat, sie ins Tollhaus zu schicken, war der Dank, auf den sie bei euch am gewöhnlichsten rechnen konnten. Diese hinwiederum getrauten sich zwar nicht über euch mit derselben Freimütigkeit sich zu äußern, weil sie von euch abhingen, aber ihres innern Herzens wahrhafte Meinung war die, daß ihr mit wenigen Ausnahmen seichte

Schwätzer seiet und aufgeblasene Prahler, Halbgelehrte, die durch die Schule nur hindurch gelaufen, blinde Zutapper und Fortschleicher im alten Geleise, und die sonst nichts wollten oder könnten. Straft sie durch die That der Lüge und ergreifet hierzu die jetzt euch dargebotene Gelegenheit; legt ab jene Verachtung für gründliches Denken und Wissenschaft, laßt euch bedeuten und höret und lernet, was ihr nicht wißt; außerdem behalten eure Ankläger recht.

224. Diese Reden beschwören euch Denker, Gelehrte, Schriftsteller, die ihr dieses Namens noch wert seid. Jener Tadel der Geschäftsmänner an euch war in gewissem Sinne nicht ungerecht. Ihr ginget oft zu unbesorgt im Gebiete des bloßen Denkens fort, ohne euch um die wirkliche Welt zu bekümmern und nachzusehen, wie jenes an diese angeknüpft werden könne; ihr beschriebet euch eure eigene Welt und ließet die wirkliche zu verachtet und verschmähet auf der Seite liegen. Zwar muß alle Anordnung und Gestaltung des wirklichen Lebens ausgehen vom höheren ordnenden Begriffe, und das Fortgehen im gewohnten Geleise thuts ihm nicht; dies ist eine ewige Wahrheit und drückt in Gottes Namen mit unverhohlner Verachtung jeglichen nieder, der es wagt, sich mit den Geschäften zu befassen, ohne dieses zu wissen. Zwischen dem Begriffe jedoch und der Einführung desselben in jedwedes besondere Leben liegt eine große Kluft. Diese Kluft auszufüllen, ist sowohl das Werk des Geschäftsmanns, der freilich schon vorher so viel gelernt haben soll, um euch zu verstehen, als auch das eurige, die ihr über der Gedankenwelt das Leben nicht vergessen sollt. Hier trefft ihr beide zusammen. Statt über die Kluft hinüber einander scheel anzusehen und herabzuwürdigen, beeifere sich vielmehr jeder Teil von seiner Seite, dieselbe auszufüllen und so den Weg zur Vereinigung zu bahnen. Begreifet es doch endlich, daß ihr beide untereinander euch also notwendig seid, wie Kopf und Arm sich notwendig sind.

Diese Reden beschwören noch in andern Rücksichten euch Denker, Gelehrte, Schriftsteller, die ihr dieses Namens noch wert seid. Eure Klagen über die allgemeine Seichtigkeit, Gedankenlosigkeit und Verflossenheit, über den Klugdünkel und das unversiegbare Geschwätz, über die Verachtung des Ernstes und der Gründlichkeit in allen Ständen mögen wahr sein, wie sie es denn sind. Aber welcher Stand ist es denn, der diese Stände insgesamt erzogen hat, der ihnen alles Wissenschaftliche in ein Spiel verwandelt und von der frühsten Jugend an zu jenem Klugdünkel und jenem Geschwätze sie angeführt hat? Wer ist es denn, der auch die der Schule entwachsenen Geschlechter noch immerfort erzieht? Der in die Augen fallendste Grund der Dumpfheit des Zeitalters ist der, daß es sich dumpf gelesen hat an den Schriften, die ihr geschrieben habt. Warum laßt ihr dennoch immerfort euch so angelegen sein, dieses müßige Volk zu unterhalten, ohneracht ihr wißt, daß es nichts gelernt hat und nichts lernen will; nennt es Publikum, schmeichelt ihm als eurem Richter, hetzt es auf gegen eure Mitbewerber und sucht diesen blinden und verworrenen Haufen durch jedes Mittel auf eure Seite zu bringen; gebt endlich selbst in euren Recensier-Anstalten und Journalen ihm so Stoff wie Beispiel seiner vorschnellen Urteilerei, indem ihr da eben so ohne Zusammenhang und so aus freier Hand in den Tag hinein urteilt, meist eben so abgeschmackt, wie es auch der letzte eurer Leser könnte? Denkt ihr nicht alle so, giebt es unter euch noch besser Gesinnte, warum vereinigen sich denn nicht diese Bessergesinnten, um dem Unheile ein Ende zu machen? Was ins besondere jene Geschäftsmänner anbelangt; diese sind bei euch durch die Schule gelaufen, ihr sagt es selbst. Warum habt ihr denn diesen ihren Durchgang nicht wenigstens dazu benutzt, um ihnen einige stumme Achtung für die Wissenschaften einzuflößen und besonders dem hochgebornen Jünglinge den Eigendünkel bei Zeiten zu brechen und ihm zu zeigen, daß Stand und Geburt in Sachen des Denkens nichts fördert? Habt ihr ihm vielleicht schon damals geschmeichelt und ihn ungebührlich hervorgehoben, so traget nun, was ihr selbst veranlaßt habt!

Sie wollen euch entschuldigen, diese Reden, mit der Voraussetzung, daß ihr die Wichtigkeit eures Geschäfts nicht begriffen hättet; sie beschwören euch, daß ihr euch von Stund an bekannt macht mit dieser Wichtigkeit und es nicht länger als ein bloßes Gewerbe treibt. Lernt euch selbst achten und zeigt in eurem Handeln, daß ihr es thut, und die Welt wird euch achten. Die erste Probe davon werdet ihr ablegen durch den Einfluß, den ihr auf die angetragene Entschließung euch gebt, und durch die Weise, wie ihr euch dabei benehmen werdet.

225. Diese Reden beschwören euch Fürsten Deutschlands. Diejenigen, die euch gegenüber so thun, als ob man euch gar nichts sagen dürfte oder zu sagen hätte, sind verächtliche Schmeichler, sie sind arge Verläumder eurer selbst; weiset sie weit weg von euch. Die Wahrheit ist, daß ihr eben so unwissend geboren werdet, als wir andern alle, und daß ihr hören müßt und lernen, gleichwie auch wir, wenn ihr herauskommen sollt aus dieser natürlichen Unwissenheit. Euer Anteil an der Herbeiführung des Schicksals, das euch zugleich mit euren Völkern betroffen hat, ist hier auf die mildeste, und wie wir glauben, auf die allein gerechte und billige Weise dargelegt worden, und ihr könnt euch, falls ihr nicht etwa nur Schmeichelei, niemals aber Wahrheit hören wollt, über diese Reden nicht beklagen. Dies alles sei vergessen, so wie wir andern alle auch wünschen, daß unser Anteil an der Schuld vergessen werde. Jetzt beginnt, so wie für uns alle, also auch für euch ein neues Leben. Möchte doch diese Stimme durch alle die Umgebungen hindurch, die euch unzugänglich zu machen pflegen, bis zu euch dringen! Mit stolzem Selbstgefühl darf sie euch sagen: ihr beherrschet Völker, treu, bildsam,

des Glücks würdig, wie keiner Zeit und keiner Nation Fürsten sie be=
herrscht haben. Sie haben Sinn für die Freiheit und sind derselben
fähig; aber sie sind euch gefolgt in den blutigen Krieg gegen das, was
ihnen Freiheit schien, weil ihr es so wolltet. Einige unter euch haben
späterhin anders gewollt, und sie sind euch gefolgt in das, was ihnen
ein Ausrottungskrieg scheinen mußte gegen einen der letzten Reste deutscher
Unabhängigkeit und Selbständigkeit; auch weil ihr es so wolltet. Sie
dulden und tragen seitdem die drückende Last gemeinsamer Übel; und
sie hören nicht auf, euch treu zu sein, mit inniger Ergebung an euch
zu hangen und euch zu lieben, als ihre ihnen von Gott verliehene Vor=
münder. Möchtet ihr sie doch, unbemerkt von ihnen, beobachten können;
möchtet ihr doch, frei von den Umgebungen, die nicht immer die schönste
Seite der Menschheit euch darbieten, herabsteigen können in die Häuser
des Bürgers, in die Hütten des Landmanns und dem stillen und ver=
borgenen Leben dieser Stände, zu denen die in den höhern Ständen
seltner gewordene Treue und Biederkeit ihre Zuflucht genommen zu haben
scheint, betrachtend folgen können; gewiß, o gewiß würde euch der Ent=
schluß ergreifen, ernstlicher denn jemals nachzudenken, wie ihnen geholfen
werden könne. Diese Reden haben euch ein Mittel der Hilfe vorge=
schlagen, das sie für sicher, durchgreifend und entscheidend halten. Lasset
eure Räte sich beratschlagen, ob sie es auch so finden, oder ob sie ein
besseres wissen, nur daß es eben so entscheidend sei. Die Überzeugung
aber, daß etwas geschehen müsse und auf der Stelle geschehen müsse
und etwas Durchgreifendes und Entscheidendes geschehen müsse, und daß
die Zeit der halben Maßregeln und der Hinhaltungsmittel vorüber sei:
diese Überzeugung möchten sie gern, wenn sie könnten, bei euch selbst
hervorbringen, indem sie zu eurem Biedersinne noch das meiste Ver=
trauen hegen.

226. Euch Deutsche insgesamt, welchen Platz in der Gesellschaft
ihr einnehmen möget, beschwören diese Reden, daß jeder unter euch, der
da denken kann, zuvörderst denke über den angeregten Gegenstand, und
daß jeder dafür thue, was gerade ihm an seinem Platze am nächsten liegt.

227. Es vereinigen sich mit diesen Reden, und beschwören euch
eure Vorfahren. Denket, daß in meine Stimme sich mischen die Stimmen
eurer Ahnen aus der grauen Vorwelt, die mit ihren Leibern sich ent=
gegen gestemmt haben der heranströmenden römischen Weltherrschaft, die
mit ihrem Blute erkämpft haben die Unabhängigkeit der Berge, Ebenen
und Ströme, welche unter euch den Fremden zur Beute geworden sind.
Sie rufen euch zu: vertretet uns, überliefert unser Andenken eben so
ehrenvoll und unbescholten der Nachwelt, wie es auf euch gekommen ist,
und wie ihr euch dessen und der Abstammung von uns gerühmt habt.
Bis jetzt galt unser Widerstand für edel und groß und weise, wir
schienen die Eingeweihten zu sein und die Begeisterten des göttlichen

18*

Weltplans. Gehet mit euch unser Geschlecht aus, so verwandelt sich unsre Ehre in Schimpf und unsre Weisheit in Thorheit. Denn sollte der deutsche Stamm einmal untergehen in das Römertum, so war es besser, daß es in das alte geschähe, denn in ein neues. Wir standen jenem und besiegten es; ihr seid verstäubt worden vor diesem. Auch sollt ihr nun, nachdem einmal die Sachen also stehen, sie nicht besiegen mit leiblichen Waffen; nur euer Geist soll sich ihnen gegenüber erheben und aufrecht stehen. Euch ist das größere Geschick zu teil geworden, überhaupt das Reich des Geistes und der Vernunft zu begründen und die rohe körperliche Gewalt insgesamt, als Beherrschendes der Welt, zu vernichten. Werdet ihr dies thun, dann seid ihr würdig der Abkunft von uns.

228. Auch mischen in diese Stimmen sich die Geister eurer spätern Vorfahren, die da fielen im heiligen Kampfe für Religions- und Glaubens= freiheit. Rettet auch unsere Ehre, rufen sie euch zu. Uns war nicht ganz klar, wofür wir stritten; außer dem rechtmäßigen Entschlusse, in Sachen des Gewissens durch äußere Gewalt uns nicht gebieten zu lassen, trieb uns noch ein höherer Geist, der uns niemals sich ganz enthüllte. Euch ist er enthüllt, dieser Geist, falls ihr eine Sehkraft habt für die Geisterwelt, und blickt euch an mit hohen klaren Augen. Das bunte und -verworrene Gemisch der sinnlichen und geistigen Antriebe durch ein= ander soll überhaupt der Weltherrschaft entsetzt werden, und der Geist allein, rein und ausgezogen von allen sinnlichen Antrieben, soll an das Ruder der menschlichen Angelegenheiten treten. Damit diesem Geiste die Freiheit werde, sich zu entwickeln und zu einem selbständigen Dasein empor zu wachsen, dafür floß unser Blut. An euch ists, diesem Opfer seine Bedeutung und seine Rechtfertigung zu geben, indem ihr diesen Geist einsetzt in die ihm bestimmte Weltherrschaft. Erfolgt nicht dieses, als das letzte, worauf alle bisherige Entwicklung unsrer Nation zielte, so werden auch unsre Kämpfe zum vorüberrauschenden leeren Possenspiele, und die von uns erfochtene Geistes= und Gewissensfreiheit ist ein leeres Wort, wenn es von nun an überhaupt nicht länger Geist oder Gewissen geben soll.

229. Es beschwören euch eure noch ungeborne Nachkommen. Ihr rühmt euch eurer Vorfahren, rufen sie euch zu, und schließt mit Stolz euch an an eine edle Reihe. Sorget, daß bei euch die Kette nicht ab= reiße: machet, daß auch wir uns eurer rühmen können und durch euch, als untadeliges Mittelglied hindurch, uns anschließen an dieselbe glorreiche Reihe. Veranlasset nicht, daß wir uns der Abkunft von euch schämen müssen, als einer niedern, barbarischen, sklavischen, daß wir unsre Ab= stammung verbergen oder einen fremden Namen und eine fremde Ab= kunft erlügen müssen, um nicht sogleich ohne weitere Prüfung wegge= worfen und zertreten zu werden. Wie das nächste Geschlecht, das von

euch ausgehen wird, sein wird, also wird euer Andenken ausfallen in der Geschichte; ehrenvoll, wenn dieses ehrenvoll für euch zeugt: sogar über die Gebühr schmählich, wenn ihr keine laute Nachkommenschaft habt und der Sieger eure Geschichte macht. Noch niemals hat ein Sieger Neigung oder Kunde genug gehabt, um die Überwundenen gerecht zu beurteilen. Je mehr er sie herabwürdigt, desto gerechter steht er selbst da. Wer kann wissen, welche Großthaten, welche treffliche Einrichtungen, welche edle Sitten manches Volkes der Vorwelt in Vergessenheit geraten sind, weil die Nachkommen unterjocht wurden und der Überwinder, seinen Zwecken gemäß, unwidersprochen Bericht über sie erstattete.

230. Es beschwöret euch selbst das Ausland, in wiefern dasselbe nur noch im mindesten sich selbst versteht, und noch ein Auge hat für seinen wahren Vorteil. Ja, es giebt noch unter allen Völkern Gemüter, die noch immer nicht glauben können, daß die großen Verheißungen eines Reichs des Rechts, der Vernunft und der Wahrheit an das Menschengeschlecht eitel und ein leeres Trugbild seien, und die daher annehmen, daß die gegenwärtige eiserne Zeit nur ein Durchgang sei zu einem bessern Zustande. Diese, und in ihnen die gesamte neuere Menschheit, rechnet auf euch. Ein großer Teil derselben stammt ab von uns, die übrigen haben von uns Religion und jedwede Bildung erhalten. Jene beschwören uns bei dem gemeinsamen vaterländischen Boden, auch ihrer Wiege, den sie uns frei hinterlassen haben; diese bei der Bildung, die sie von uns als Unterpfand eines höhern Glücks, bekommen haben, — uns selbst auch für sie und um ihrer willen zu erhalten, so wie wir immer gewesen sind, aus dem Zusammenhange des neu entsprossenen Geschlechts nicht dieses ihm so wichtige Glied herausreißen zu lassen, damit, wenn sie einst unsers Rates, unsers Beispiels, unsrer Mitwirkung gegen das wahre Ziel des Erdenlebens hin bedürfen, sie uns nicht schmerzlich vermissen.

231. Alle Zeitalter, alle Weise und Gute, die jemals auf dieser Erde geatmet haben, alle ihre Gedanken und Ahnungen eines Höhern, mischen sich in diese Stimmen und umringen euch und heben flehende Hände zu euch auf; selbst, wenn man so sagen darf, die Vorsehung und der göttliche Weltplan bei Erschaffung eines Menschengeschlechts, der ja nur da ist, um von Menschen gedacht und durch Menschen in die Wirklichkeit eingeführt zu werden, beschwöret euch, seine Ehre und sein Dasein zu retten. Ob jene, die da glaubten, es müsse immer besser werden mit der Menschheit, und die Gedanken einer Ordnung und einer Würde derselben seien keine leeren Träume, sondern die Weissagung und das Unterpfand der einstigen Wirklichkeit Recht behalten sollen, oder diejenigen, die in ihrem Tier- und Pflanzenleben hinschlummern und jedes Auffluges in höhere Welten spotten — darüber ein letztes Endurteil zu begründen, ist euch anheim gefallen. Die alte Welt mit ihrer

Herrlichkeit und Größe, so wie mit ihren Mängeln, ist versunken durch die eigne Unwürde und durch die Gewalt eurer Väter. Ist in dem, was in diesen Reden dargelegt worden, Wahrheit, so seid unter allen neuren Völkern ihr es, in denen der Keim der menschlichen Vervollkommnung am entschiedensten liegt, und denen der Vorschritt in der Entwicklung derselben aufgetragen ist. Gehet ihr in dieser eurer Wesenheit zu Grunde, so gehet mit euch zugleich alle Hoffnung des gesamten Menschengeschlechts auf Rettung aus der Tiefe seiner Übel zu Grunde. Hoffet nicht und tröstet euch nicht mit der aus der Luft gegriffenen, auf bloße Wiederholung der schon eingetretenen Fälle rechnenden Meinung, daß ein zweites Mal nach Untergang der alten Bildung eine neue auf den Trümmern der ersten aus einer halb barbarischen Nation hervorgehen werde. In der alten Zeit war ein solches Volk, mit allen Erfordernissen zu dieser Bestimmung ausgestattet, vorhanden und war dem Volke der Bildung recht wohl bekannt und ist von ihnen beschrieben; und diese selbst, wenn sie den Fall ihres Unterganges zu setzen vermocht hätten, würden an diesem Volke das Mittel der Wiederherstellung haben entdecken können. Auch uns ist die gesamte Oberfläche der Erde recht wohl bekannt und alle die Völker, die auf derselben leben. Kennen wir denn nun ein solches, dem Stammvolke der neuen Welt ähnliches Volk, von welchem die gleichen Erwartungen sich fassen ließen? Ich denke, jeder, der nur nicht bloß schwärmerisch meint und hofft, sondern gründlich untersuchend denkt, werde diese Frage mit n e i n beantworten müssen. Es ist daher kein Ausweg: wenn ihr versinkt, so versinkt die ganze Menschheit mit, ohne Hoffnung einer einstigen Wiederherstellung.

Dies war es, E. V. was ich Ihnen, als meinen Stellvertretern der Nation, und durch Sie der gesamten Nation am Schlusse dieser Reden noch einschärfen wollte und sollte.

Errata.

S. 7 Z. 1 v. o. l. Leitung st. Leistung.
S. 57 Anmerk. 1 l. VIII st. VII.
S. 69 Z. 9 v. u. l. nach einem Monat st. nach einer Woche.
S. 99 Z. 2 v. u. ist das Wort „Besitztume" zu streichen.
S. 99 Anmerk. Z. 5 l. dieser st. diesen.
S. 100 Z. 12 v. o. fehlen nach dem Worte gegen uns die Worte: „dienen, von uns."
S. 107 Z. 23 v. o. fehlt nach d. Worte Kraft d. Wort: „sie."
S. 107 Anmerk. 2 l. VI st. IV.
S. 110 Z. 1 v. o. fehlt nach d. Worte ist d. Wort: „daher."
S. 111 Z. 8 v. o. fehlt nach d. Worte und d. Wort: „daß."
S. 111 Anmerk. 1 Z. 3 l. Fassen st. lassen.
S. 112 Anmerk. 1 l. Sprechübungen st. Sprachübungen.